THE

PUBLICATIONS

OF THE

SURTEES SOCIETY.

ESTABLISHED IN THE YEAR

M.DCCC.XXXIV.

VOL. XXXII.

FOR THE YEAR M.DCCC.LVI.

BISHOP HATFIELD'S SURVEY,

A RECORD OF THE POSSESSIONS OF THE SEE OF DURHAM,

MADE BY ORDER OF

THOMAS DE HATFIELD,

BISHOP OF DURHAM.

WITH AN APPENDIX OF ORIGINAL DOCUMENTS, AND A GLOSSARY.

BY

THE REV. WILLIAM GREENWELL, M.A.

DURHAM:

Published for the Society by

GEORGE ANDREWS, SADLER STREET.

LONDON: WHITTAKER & CO., 13 AVE MARIA LANE; T. & W. BOONE, 29 NEW BOND STREET.

EDINBURGH: WILLIAM BLACKWOOD AND SONS.

1857.

Reprinted 1967 for
Wm. DAWSON & SONS LTD., LONDON
with the permission of
THE SURTEES SOCIETY

ORIGINALLY PRINTED IN GREAT BRITAIN BY
MITCHELL AND SON, WARDOUR STREET, LONDON

PRINTED IN GREAT BRITAIN
BY PHOTOLITHOGRAPHY
UNWIN BROTHERS LIMITED
WOKING AND LONDON

PREFACE.

THE SURTEES SOCIETY in this volume continues the series of Durham Surveys, which was begun by the printing of Boldon Buke. The present volume contains the Survey made by order of Bishop Hatfield, who held the see from 1345 to 1381. It is more than probable that others were compiled in the interval between Pudsey's death, and Hatfield's accession to the Episcopal chair; indeed at p. 51 we have the expression, "Videatur antiquum rentale Lodowici," referring to some rental of Lewis Beaumont, Bishop from 1818 to 1333, nor indeed is it unlikely that a Survey was compiled during each Bishop's reign. If such was the case, all which were made before the time of Hatfield have perished, as has been the case with most of the Palatinate documents up to that time : a reference to the preface to Boldon Buke, p. vij, will amply account for these losses which have occurred.

Thomas de Hatfield, the Bishop, during whose time the Survey printed in this volume was compiled, was a scion of the knightly family of Hatfield, of Hatfield in Holdernesse. After the death of Bury, he, being then Keeper of the Privy Seal, and holding some ecclesiastical benefices, was on May 8th, 1345, elected Bishop of Durham. He had a long possession of the Episcopal chair, having been Bishop of Durham until his death, at his Manor House of Alford, near London, on the 8th of May, 1381. It may suffice to notice a few matters worthy of remark during his Episcopate, or works of which he was the author. The celebrated battle of Neville's Cross, near Durham, was fought in 1346; the defeat of the Scottish invaders was total, and King David was taken prisoner by Copeland, a Northumberland knight. The castle of Durham was indebted to him for many repairs and additions to its defences. He materially added to the great hall, at present occupied by University College as their dining hall, though not in its original integrity. A considerable portion at the south end was cut off by Bishop Fox, and still remains divided from the hall. The splendid tomb under which he lies buried, and the Bishop's throne in the Cathedral, are monuments of his taste and munificence: a very elaborate effigy in alabaster of the Bishop in his Episcopal robes, marks the spot where he lies interred. The task would not be an unworthy one which should restore this fine specimen of decorative work of the fourteenth century to its original glory. He enlarged and completed the endowment of Durham College in Oxford, first founded by the Prior and Convent in 1290, an act which betokened some desire for the increase of learning, and the recollection of which the University of Durham has desired to perpetuate by calling its first Hall after the name of Bishop Hatfield. He was a prelate in every way worthy of the temporal honours of the See of Durham; dignified, lordly, hospitable, munificent and charitable, he ruled 'with a temperate yet firm hand, and was kind and indulgent, except when crossed in his wishes.

His presence was noble and commanding, and indeed he appears in all ways to have been a man well qualified to fill the throne which had been occupied by Pudsey, Bek, and Bury.

The Survey, though drawn up during the life-time of the Bishop, had not the form in which we have it until after his death ; perhaps its completion may date about the year 1382. Reference is made at p. 19 to a Halmote Court held at Auckland in 1381, the last year of the Bishop's life; at p. 25 to land granted by Bishop Thomas, predecessor of the present Bishop (Fordham); at p. 101 to a new letting by John Heron, Senescall, and others of the Bishop's Council, he being dead, and the same occurs at p. 104, where the Bishop Thomas is described as being dead. The original compilation must have been some time between the years 1377 and 1380; this is proved by the mention of two tenants, incumbents of churches in the diocese of Durham ;—John Henley, Parson of Sedgfield, is mentioned as a holder of freehold land, now he was Rector from 1361 to 1380 :—Robert Hanslap, Vicar of Middleham, occurs as holding land, and he was Vicar from 1377 to 1387. It is evident therefore the materials for the Survey must have been collected between the coming of Hanslap to Middleham and the death of Henley, and this limits it to the years between 1377 and 1380. A few additions in a later hand have been made, where they occur is noted; with this exception the whole record is in one handwriting, and has been written some little time before the end of the fourteenth century. Only one copy, as far as is known, is in existence; it is preserved in

the office of the Bishop's Auditor, and is a marvellously
dog's-eared volume, bearing evident tokens of constant reference having been made to its pages. The record is written
on parchment; had it been upon paper, it would long ago
have been worn away. It bears upon the cover, in an early,
but scarcely coeval hand, the Titles, SUPERVISUS TEMPORE
THOMÆ HATFIELD EPISCOPI; and, SUPERVISUS TEMPORE
HUGONIS EPISCOPI, 1183. At the end of the volume are
two notices of its having been produced in evidence upon
commissions from courts of law, once from the Court of
Chancery at Westminster in 1742, in a suit between John
Emerton, Esquire, and the Bishop of Durham; the second
time, in the Exchequer, in 1824, in a suit between James
Miller, clerk, and Thomas Jackson and others. The copy of
Boldon Buke which was used for the text in the edition
printed by the Surtees Society, is appended to Hatfield's
Survey, and is in the same handwriting. It also contains,
scattered through the volume, divers entries, made at various
times and in different hands, of a very multifarious character.
Among them are some legal forms, an order of the Justices
of Peace, by order of the Bishop, about burning moors and
whins,* a list of knights of the county who were present at
the battle of Lewes,† receipts for curing a fester, a canker,
a skalding, for the stone, described as being my Lord of

* Printed at the end of the Preface, No. I.

† This list of knights of the Bishoprick, said to have been present at
the battle of Lewes, fought in 1264 between Henry III. and the Earl of
Leicester, has been printed by Hutchinson, vol. i., p. 220. As it has not
been quite correctly printed by him, it will be found at the end of the
Preface, No. II.

Northumberland's, a malediction against grooms for mal-
treating horses,* a medecine for dryness in the stomach, for
rattez, a table of statutable measures, a medecine for the
pestilence, a receipt for making ink, an order against tracing
hares in the snow, or taking them with any hair, pypes,
prynnes or snare,† medycyne guyd for the mangge of dogge
or horsye, to make a galon of ipocrace, for the bytyng of a
mad hound, and many such like.

As will be seen at once, it is a much more extended
record than Boldon Buke. It contains a full list of all the
tenants, with the quantity of land they held, in addition to
the enumeration of services belonging to each manor, which
it contains in common with Boldon Buke, and thus possesses
a still further interest than does that valuable record. It is
singularly curious as a repertory of names during the fourteenth century. Many of them are very remarkable; and it
shews how much more settled had become the family name
than it was at the time Pudsey made his Survey in 1183.

In addition to the manors, etc., noticed in Boldon Buke,
this Survey contains an account of the land and tenants in
the Wappentake of Sadberg, which, though conferred by
King Richard the First upon Bishop Hugh Pudsey, did
not appear in his Survey; it contains also the Barony of
Evenwood, which was acquired from John Haunsard by
Bishop Bek, and by him again attached to the See. There
are in it two remarkable omissions. Bedlingtonshire, which
had a full notice in Boldon Buke, is only very shortly

---

* Printed at the end of the Preface, No. III.

† Printed at the end of the Preface, No. IIII.

referred to under Chester Ward at p. 125. Norhamshire, also described at length in Boldon Buke, is entirely omitted in Hatfield's Survey. In common with Boldon Buke, the manor of Creyke in Yorkshire is wanting.

A few additions by way of appendix have been made. The first is a bailiff's roll of the manor of Auckland of the fifth year of Richard de Bury, the predecessor of Bishop Hatfield. It is the first bailiff's roll of any of the manors of the See now in existence, and the only one of Bishop Bury which is left to us. It is a document of much interest, especially in the account of repairs and work done about the Bishop's residence at Auckland, and contains a copious list of terms in masons' and carpenters' work, and throws very considerable light upon parts of the Survey. This is followed by several bailiffs' rolls of the fifth year of Bishop Hatfield, which will also be found of great use in illustrating the text, as well as in affording much independent information on the state of the Bishop's manors at that period. It is a matter of great regret that rolls of all the manors are not to be found; it will be seen that only a few in the South Eastern portion of the county are printed. They are, however, all the bailiffs' rolls of Bishop Hatfield which remain, and constitute, with the Survey, his close rolls preserved in the Cursitor's Office, and his Episcopal Register, in the custody of the Dean and Chapter, all the documents connected with a prelate, who occupied for so long a time the Episcopal chair of Durham, which are in existence.

The last document is a General Receiver's roll of John

de Fordham, the successor of Bishop Hatfield, which sup-
plies, in a great measure, the want of such a record of
Hatfield's time, as it was drawn up very shortly after the
Survey was completed, and therefore forms a valuable and
illustrative addition to it.

These bring down the Palatinate records, as far as re-
lates to the property of the See, and the expenditure connected therewith, to the time of Bishop Langley, when we
reach a rich mine of matter, headed by a Survey made by
order of that Bishop in the year 1418. The Surtees
Society purposes to print that Survey, with such additional
documents of the period as may be necessary. This will
complete the series of early Durham Surveys, and the mem-
bers of the Society will then have before them a collection
of records, dating from the twelfth to the fifteenth century,
which illustrate the social condition of the people, the tenure
of land, the mode of agriculture, and other cognate sub-
jects, such as can scarcely be too highly estimated.

A short Glossary has been added, in which it is hoped
almost every word not in common use has been explained.
One or two terms, which have been noted, have quite baffled
the research or ingenuity of the Editor, and he leaves them
for others to puzzle over as he has done himself; he hopes
with better success in the final issue. An index of places,
in which the modern spelling of the different villages has
been adopted, and another of free and drengage tenants,
with a few of the more remarkable names among the other
holders, closes the volume. The Editor at one time intended
giving a full Index of names; that ultimately appeared to

be only swelling out the book without any corresponding benefit, and he expects the Index of names as he has given them will amply suffice to aid the research of the enquirer.

The thanks of the Society are due to Henry Greenwell, Esq., the Deputy Auditor of the Bishop of Durham, for affording every facility to the Editor in his researches among the records which remain under his charge.

Cosin's Hall, May 1, 1857.

I.

MEMORANDUM, that it is orderit by the Justices of Peas wythin the Bysshopprick of Duresme, by the Commaundement of my Lord of Duresme, in eschewyng of more bryne which gretly hurtyth the hole contre, as hereafter folowyth.

Fyrst, that no maner person ne persons bryne ne more fro the 16th day of March unto the fyrst day of Octobre, accordyng to the lawe and custome of this realme of long tyme used. And yf any person or persons bryne any more or whynnys at any tyme fro this ordenans be publyshed contrary to this ordenans, that the townshyp, wythin whoos bownds or feldis the sayd more or whynnes is brynt, shall attach the bryner or brynners, be it man, woman, or chyld of what age soever he or they be, and hym or them bryng to and afore oone of the Justices of Peas wythin the sayd Countie, whiche Justices shall examyne the sayd person or persons so broght to hym by the towneshyp, and yf he or she be fownd gilty to be comytt to pryson by the sayd Justice, theyre to remane and abyde my sayd lordis pleasour.

And yf any townshyp hereafter, at any tyme, when any more is brynte wythin the bowndis or feldis of there towne, bryng not the brynner or brynners afore oone of the Justices as is afore said wythin vj days next after the sayd brynnyng, that the sayd town-shyp shal be amercyed 10s., whereoff 6s. 8d. to be to my sayd lord, and the residewe to any baylle or other officer that wyll attach the sayd brynner or brynners, and bryng hym or them afore oone of the sayd Justices wythin xx days next after the aforsayd vj days, the same Justices to comytt theym to pryson by examinacion as afore is expressid.

And ferthermore it is orderit that every oone of the sheryffis baylyffs, wythin the sayd Bysshoppryck, shall at every countye to be holdyn, wythin the sayd Bysshopprick, present all more brynnes sett or brynt, wythin the circuit of his bayllywyk, sens the last countye holdyn byfore, in what town it was brynt, the tyme when it was done, and the person or persons that bryntt it, yf he in any wyse can gett knowlege of his or there names, and thys upon payn for every baylle, not doyng accordyng to this ordenans, to forffete to my lord 6s. 8d. for every tyme.

II.

Les nomes des Chivallers demorantez en le franchise de Duresme demz Tyne et Teys qui furent a baner en le temps le Roy Henry fitz le Roy John a le bataill de Lewes entre lavaunt dit Roy Henry et Sir Symond de Monford counte de Leicestre et Countz et Barons qui furent avesque luy.

Sir John de Bailliof demorant a Chastell Bernard.
Sir Hugh de Bailliof son fitz demorant a Seleby.
Sir Eustace de Bailliof demorant a Querundon.
Sir Robert de Nevill demorant a Raby.
Sir Robert de Amondevill demorant a Wotton in Werdale.
Sir Walter de Audrey demorant a Brunynghill.
Sir Gilbert Hanserd demorant a Walworth.
Sir Peirs de Bruys demorant a Hert.
Sir Robert son fitz demorant a Thoreston.
Sir Robert de Hilton demorant a Hilton.
Sir Marmaduk Filz Geffray demorant a Silkesworth.
Sir Roger Bertram demorant a Gretham.

Les nomes des Chivallers qui ne furent a baner.

Sir Willyam de Herington demorant a Herverton.
Sir Willyam Bisset demorant a Ufferton.
Sir Richerd de Yeland demorant a Ravenshelme.

Sir Hugh de Gubyon demorant a Tudhowe.
Sir Rauff de Stanlawe demorant a Stanlawe.
Sir Walter de Wotton demorant a Edisknoll.
Sir Willyam de Heswell demorant a Heswell.
Sir Thomas de Bardolf demorant a Frosterley.
Sir Henry de Merley demorant a Herkeld.
Sir Jurdan Heron demorant a Graunte Chilton.
Sir Jurdan de Eschouland demorant a Conkysheud.
Sir John de Ferneacres demorant a Ferneacres.
Sir Willyam de Yeland demorant a Seham.
Sir John Gildeford demorant a Colyerley.
Sir Roger Lomley demorant a Lomley.
Sir John de Monkton demorant a Shiriveton.
Sir Roger Eplynden demorant a Epplyden.
Sir Walter de Ludworth demorant a Ludworth.
Sir Willyam de Frenyers demorant a Brerton.
Sir Walter de Carrowe demorant a Seton Carrowe.
Sir Geffray de Parke demorant a Fulthorpp.
Sir Hugh de Chapell demorant a Wynyard.
Sir Willyam de Eggysclyff demorant a Eggysclyff.
Sir Rauff de Cotom demorant a Cotom.
Sir Thomas de Aslakby demorant a Aslakby.
Sir Henry de Ewe demorant a Elleton.
Sir Walter Arsy demorant a Lang Newton.
Sir Rycherd Harpyn demorant a Shotton.
Sir Willyam Filz Randolf demorant a Consclyff.
Sir Richard de Langton demorant a Langton.
Sir John de Cresseby demorant a Stranton.
Sir Gilbert de Laton demorant a Laton.
Sir Willyam de Caune demorant a Elmeden.
Sir Simond de Bromptoft demorant a Bromptoft.
Sir Willyam de Mustres demorant a Bradbery.
Sir Rauff Surteys demorant a Didynsale.
Sir Symond de More demorant a Moreton.
Sir Randolf de Fyshburne demorant a Fyshburne.
Sir Rauff de Midilton demorant a Petit Halghton.
Sir John de Morton demorant a Morton.

Sir Humfrey de Conyers demorant a Socburn.

Sir Evayne de Puncherdon demorant a Thikley.

Sir Henry Spryng demorant a Houghton.

Sir Hught de Burdon demorant a Grendon.

Sir Gilbert de Heworth demorant a Heworth.

Sir Thomas de Quytworth demorant a Quytworth.

Sir Roger Bernard demorant a Helmden.

Sir Adam Boltby demorant a Bolom.

Sir John de Hamyldon demorant a Shipley.

Sir Adam Fiz John demorant a Kevyrston.

Sir Robert Trayner demorant a Stretlam.

Sir Willyam Cavasas (Vavasar) demorant a Cokfeld.

Sir Richard Chaunceller demorant a Brafferton.

Sir Robert Wybers demorant a Somerhous.

Sir Nicholl Aubelyne demorant a Langley.

Sir John Graunsard demorant a Haughthorn.

Sir John de Eggilston demorant a Eggislton.

Sir Hugh de Mauburn demorant a Sledwye.

Sir Walter de Weshyngton demorant a Weshyngton.

Sir Jurdan de Dalden demorant a Dalden.

Sir Rychard Dalden demorant a Thorp Bulmer.

Sir John Bulmer demorant a Thorp Bulmer.

Sir Adam Lumesden demorant a Grendon.

Sir John de la Ley demorant a le Pavylloun.

Sir Nicholl de Hadham demorant a Seham.

Sir Richard de Chartnay demorant a Hurworth sur Teys.

Sir Willyam de la Ley demorant a Taundfeld.

Sir Richard de Chilton demorant a Petit Chilton.

Sir John Gylet demorant a Bermeton.

Sir Humfray del Tours demorant a Brafferton.

Sir Willyam Turnay demorant a Tunstall.

Sir Bertram Monboucher demorant a Bewmys.

Sir Willyam de Herez demorant a Claxton.

III.

Ihesu bone, spes reorum, garciones destrue,
Sublevator miserorum, garciones destrue.
Et in penis inferorum corpora restitue,
Garcionum rebellorum corpora restitue.

Deleantur de libro viventium, et cum justis non scribantur.

Deus, qui hos nequissimos, falsissimos, fetosissimos, indignis-
simos, et ab ore Dei maledictissimos, gromos et garciones, ad
nocumentum humani generis, in hunc mundum, ab ano diaboli,
provenire fecisti, presta quesumus, ut per equos, quos male cus-
todiunt, ad furcas detrahi et ibidem suspendi valeant, et cum
Sathana et angelis suis in perpetuum possint remanere, per
Christum Dominum nostrum. Amen.

IIII.

Anno Sexto Domini Johannis Episcopi Dunelm. Shirwod.

Proclamatio scilicet. We charge and comaund on my Lordis
behalff of Duresme, lord of this franchies, that no maner of man,
what degre or condicyon he be of, from hensffurth trace any
hayres in the snowe, or sla eny with bowe as cokkers and other,
and set eny hayr pypes prynnes or snares for to take hayr or
conye, or take eny partrykes with tonellys or gilders, upon the
payn of forfeityng of 6s. 8d., that to be raysyd and leveyd be the
Shirreff of the Bysshopprick of Duresme for the tyme beyng, and
the tene halff to be payd to my Lord of Duresme, and the tother

halff to be payd to him or them that makys knawelege of the said trespassis and shewis hit. And that every man, knawyng such trespasses to be done, shewe hit to the sayd shirreff, and not conceyll and kep hit secret, upon peyn of forfettyng, to my sayd Lord of Duresme, 6s. 8d. to be rasyd be the sayd shirreff.

This proclamacyon was mayd at Brauncepath in the moneth of Octobre the vj yere of my Lord John Shirwod Bysshop of Duresme, be the consent of my Lord of Westmerland, Sir John Chyney Knyght for the Kingis body and cheiff of Councell with my sayd Lord of Westmerland, Sir Willyam Hilton Knyght, Sir Rauff Bowes Knyght, Willyam Claxton Esquyre, with other Knyghts Esquyers and gentilmen of the inhabitaunts of the Bysshopprick of Duresme, and the councell of my sayd Lord of Westmerland, this to indure duryng the pleasour of the said gentilmen, for the savyng of gam, which is utterly distroyd be bych hunters and cokkers.

SUPERVISUS

TEMPORE THOMÆ HATFIELD

EPISCOPI.

DERLYNGTON CUM BONDEGATE.

Liberi Tenentes. Johannes Okerby capellanus tenet iij rodas terræ, unde, super le Crosseflat dimidium acræ, et in le Bekfeld j rodam, reddendo per annum per servitium forinsecum ad iiij terminos usuales (*blank*). Mariota Richemond ten. j rod. terræ, ut supra, red. per annum ad eosdem terminos.* (*blank*). Juliana de Eseby ten. dim. acr. terræ ibidem ut supra, red. p. a. ad e. t. (*blank*). Gilbertus Tours ten. dim. acr. terræ ibidem ut supra, red. p. a. ad e. t. (*blank*). Agnes Norman ten. ij acr. terræ ibidem ut supra, red. p. a. ad e. t. (*blank*). Johannes Ferrour de Conescliff ten. iiij acr. et dim. terræ ut supra, red. ad e. t. 2s. Thomas Surteys ten. vj acr. terræ ibidem ut supra, red. p. a. ad e. t. 2s. Idem Thomas ten. iiij acr. terræ ibidem ut supra, red. p. a. ad e. t. 12d. Idem Thomas ten. iiij acr. terræ ibidem ut supra, red. p. a. ad e. t. 2s. Johannes Clervax ten. viij acr. terræ ibidem in Cramelbothem ut supra, red. p. a. ad e. t. 3s. 10d. Willelmus Okerby ten. iij acr. terræ, unde redditus solebat esse, et est solutus infra summam de 3s. 10d. per predictum Johannem Clervaux ut supra, 8d. Dominus de Nevill ten. iij acr. terræ, quondam Willelmi Walworth, red. 10d. Predictus Willelmus Okerby ten. j acr. super Ravenesnab potagr' red. (*blank*.) Idem Willelmus ten. j acr. terræ apud Hundhawe et Holkerre, red. (*blank*). Idem Willelmus. ten. j acr. terræ in Dodmorefeld, red. p. a. ad e. t. (*blank*). Alexander Barton ten.

---

* Throughout the remainder of the Survey, the following abbreviations are used: *ten.* for *tenet ; red. p. a. ad e. t.* for *reddendo per annum ad eosdem terminos ; acr., rod., bov., mess.,* for *acra, roda, bovata, messuagium,* and their parts.

ij acr. terræ et dim., quondam Thomæ de Morton, red. (*blank*).
Idem Alexander ten. j acr. et j rod. terræ ibidem, red. p. a. ad
e. t. (*blank*). Galfridus Kellawe ten. j acr. et dim. rodæ terræ,
red. p. a. ad e. t. (*blank*). Johannes Redhod capellanus ten. iiij
acr. terræ ibidem, red. p. a. ad e. t. (*blank*). Willelmus Morton
ten. dim. bov. terræ, quondam Radulphi Troys, red. p. a. 8s. 8d.
Idem Willelmus ten. dim. bov. terræ, unde 8s. 8d. pro terra
quondam Radulphi Tours superius, red. p. a. infra firmam. Johannes Lister ten. iiij acr. terræ, quondam Roberti Colynson, red.
p. a. 16d. Idem Johannes ten. j acr. terræ et dim., quondam
Willelmi Littester, red. p. a. 6d. Predictus Johannes ten. ij
mess. in Northgate, red. p. a. ut supra, 3s. 4d., et solvit ad
altare Beatæ Mariæ Ecclesiæ de Derlyngton ex antiqua consuetudine 3s. 4d. Willelmus de Midelton ten. j mess. et ij bov.
terræ, red. p. a. ad e. t. 10s. Nicholaus Belgrave ten. j mess.
et j bov. terræ ibidem, red. p. a. 6s. Idem Nicholaus ten. dim.
bov. terræ ibidem, red. p. a. ad e. t. 2s. Robertus Ploumer
ten. ij mess. et iiij bov. terræ, quondam Willelmi Bradley, red.
p. a. 26s. 8d. Willelmus Strigate capellanus ten. j mess. et j
bov. terræ ut supra, red. 10d. Predictus Robertus Plommer
ten. certas terras vocatas Dentenesland, red. firmam infra summam predictam de 26s. 8d. Thomas Grey ten. ij tofta et x acr.
terræ ibidem, ut supra, red. p. a. 3s. 4d. Idem Thomas ten. et
reddit pro quodam redditu super dictam terram et tenementum
per extentam, 13s. 4d. Dominus de Nevill ten. ij mess. et iiij
bov. terræ, quondam Johannis Perisson, red. 20s. Idem Dominus de Nevill ten. j mess. et ij bov. terræ, quondam Johannis
Perisson, red. 20s. Predictus Dominus de Nevill ten. iiij acr.
terræ de Furland, red. p. a. ad e. t. 16s. Idem Dominus ten.
j mess. et dim. bov. terræ, quondam Roberti Colynson, red.
p. a. 2s. 6d. Thomas Surteys ten. j mess. et dim. bov. terræ
ibidem, red. p. a. 2s. 6d. Idonea Stampe fatua de natura ten.
j mess. cum gardino, red. p. a. 3s. Johannes Donyngton ten.
j mess. et j acr. et dim. terræ de herede Ricardi Pays ibidem ad
terminum vitæ ut dicunt, red. p. a. ed e. t. 2s. 2d. Dominus
de Nevill ten. iij mess. et iij bov. terræ et dim., quondam
Willelmi Walworth, red. p. a. 9s. Robertus Benet ten. j mess.
et iiij bov. terræ ut supra, red. p. a. ad e. t. 20s. Johannes
Alblew ten. j mess. et j rod. terræ ut supra, red. p. a. 2s. 8d.
Thomas Taillour ten. dim. acr. terræ ibidem, ut supra, red. p. a.
ad e. t. 2d. Johannes Barbour ten. j mess. et j bov. terræ,
quondam Petri Betson, red. 5s. Robertus Birden ten. j placeam ut inferius, red. p. a. ad e. t. 10d. Idem Robertus pro
terris escaetis ibidem, red. p. a. ad e. t. 2s. Thomas Grey ten.
iij acr. terræ de quadam bov., quondam Johannis Arteys, red.

12d. Johannes Tesdale ten. iij acr. terræ de dicta bov., quæ quidam iij acr. dantur altari Beatæ Mariæ apud Stayndrop sine licencia, ideo &c., red. p. a. 12d. Johannes Ferrour ten. ij acr. terræ de terra predicta, red. p. a. ad e. t. 8d. Ricardus Birden ten. v acr. terræ ibidem, red. p. a. ad e. t. 20d. Idem Ricardus Birden reddit pro terra sua ibidem p. a. ad e. t. 8d. Johannes Tesedale ten. j rod. dictæ bov. terræ ibidem, red. p. a. 1d. Ricardus Preston ten. dim. bov. terræ ibidem, red. p. a. ad e. t. 2s. 10d. Willelmus Morton ten. j pratum, continens ij acr., quondam Willelmi Tremeldon, red. p. a. ad e. t. 6s. 8d. Dominus de Nevill ten. j tenementum jacens ultra aquam, continens ij acr. prati, 12d. Alexander Barton ten. j gardinum, continens ij acr. terræ, quondam Radulphi Troys, red. ½d., unam gallinam, ½d. pro wodsilver ad festum Natalis Domini, unde Magister forestæ reddit (blank). Galfridus Kellow ten. j tenementum super corneram occidentalem de Northgate, red. (blank). Johannes Ferrour ten. j mess. red p. a. ut supra j gallinam, et ½d. pro wodsilver, et ½d. pro gall. (blank). Willelmus Tyndale ten. j mess. et dim. bov. terræ voc. Milnerland, red. p. a. 10s. 4d. Johannes Cravan ten. j acr. terræ, red. p. a. ad e. t. ibidem 4d. Est ad manerium ibidem quidam parcus et unum virgultum quæ dimittuntur ad firmam, præter ix acr. prati vocati pratum de Fyton, pro 9l. Tenentes tenent inter se certas terras, videlicet, Calfhous, Swatergate, Elefbankes, Sadberigate, Cokyrtongate, Bathelgate, Duresmgate, Croftgate, et Hurworthgate, ex antiquo ut dicunt, unde Dominus nihil recipit, non obstante quod sunt de proprio vasto Domini, ideo inquiratur. Item est ibidem quoddam pratum vocatum Hellyng, continens iiij acr. et iij rod. quæ appreciantur communibus annis ut dictum est ibidem, 21s., et reddit p. a. ad e. t. 21s. Item est ibidem in parco j acr. quæ appreciatur communibus annis ad 6s. 8d. Willelmus Eseby ten. viij acr. terræ ibidem, quondam Willelmi Troys, solebat reddere p. a. 13s. 4d., modo reddit p. a. ad terminos predictos 8s. Vicarius Ecclesiæ de Derlyngton ten. j placeam, quondam Galfridi Lorimer, red. 4d. Idem Vicarius ten. j placeam, quondam Petri Norandyne, red. ad e. t. 8d. Johannes Tesedale et Willelmus Huton ten. iiij seldas sub le Tolboth, red. 10s. Johannes Boner senior ten. j placeam terræ vocatam le Grisseyard, quondam Willelmi Spicer, red. p. a. 16d. Dominus de Nevill ten. j tenementum ultra aquam, continens ij acr. terræ, red. p. a. 12d. Thomas Surteys ten. j mess. et dim. bov. terræ ultra aquam, red. p. a. 18d.

TERRÆ DOMINICÆ. Johannes Feuler ten. j bov. terræ, red. p. a. ad quatuor terminos usuales sine operibus 20s. Willelmus Eriom ten. cum Radulpho de Eseby j bov. terræ, red. ad e. t.

20s.   Johannes Thorp et Ricardus Raskelf ten. j bov. terræ,
red. p. a. ad e. t. 20s.   Johannes Boner ten. j bov. terræ, red.
p. a. ad e. t. 20s.   Ricardus Burdon et Willelmus Tyas ten. j
bov. terræ, red. p. a. ad e. t. 20s.   Willelmus Archer ten. j
bov. terræ ibidem, red. p. a. ad e. t. 20s.   Johannes Lewte ten.
j bov. terræ ibidem, red. p. a. ad e. t. 20s.   Johannes Stowtlok
et Thomas Akris ten. j. bov. terræ ibidem, red. p. a. ad e. t. 20s.
Johannes Brygman senior et Johannes Brigman junior ten. j
bov. terræ ibidem, red. p. a. ad e. t. 20s.   Simon Acrys ten.
j bov. terræ, præter ij bov. infra liberos tenentes, red. p. a. 20s.
Item est ibidem quædam placea terræ inter manerium et vi-
cariam de Derlyngton, et valet p. a. ut dicunt ibidem, 12d.   Et
est ibidem una placea infra clausuram dicti manerii cum curtilagio, super quam edificatur una domus quo janitor manet, et
valet p. a. ut dicunt 3s. 4d.

   TERRÆ BONDORUM.   Radulphus de Eseby ten. ij mess. et ij
bov. terræ, red. p. a. pro qualibet bov. 5s., et debet falcare
totum pratum Episcopi, et facere fenum et ducere, et semel
habere corrodium, et claudere virgultum et curiam, et facere
operationes quas solent facere ad molendinum, et unaquæque
bovata unam quadrigatam de wodelade, et facere ladas in itineribus Episcopi, et præterea iij ladas p. a. ad vinum, allec, et sal
ferendum, red. in toto ad quatuor terminos usuales 10s.   Johannes Fewler ten. iij mess. et iiij bov. terræ et dim. ut supra,
red. p. a. 15s.   Johannes Grene ten. ij mess. et iiij bov. terræ ut
supra, red. p. a. ad e. t. 20s.   Johannes Elmeden ten. j mess.
et ij bov. terræ ut supra, red. p. a. ad e. t. 10s.   Johannes
Bomer ten. iij mess. et iiij bov. terræ ut supra, red. p. a. ad e. t.
20s.   Johannes Lynskales ten. j mess. et j bov. terræ ut supra,
red. p. a. ad e. t. 5s.   Johannes Lewte ten. j mess. et j bov.
terræ ut supra, red. p. a. ad e. t. 5s.   Rogerus Adelson ten.
j mess. et iij bov. terræ ut supra, red. p. a. ad e. t. 15s.   Adam
Poom ten. iiij mess. et iiij bov. terræ et dim., red. p. a. ad e. t.
25s.   Robertus Tod ten. ij mess. et iij bov. terræ ibid., red.
p. a. ad e. t. 15s.   Johannes Dowe ten. j mess. et j bov. terræ
red. p. a. ad e. t. 5s.   Willelmus Percebrig ten. j mess. et ij bov.
terræ, red. p. a. ad e. t. 10s.   Thomas Dykonson ten. j mess.
et j bov. terræ, red. p. a. ad e. t. 5s.   Willelmus Sanderson ten.
ij bov. terræ, preter iiij bov. infra liberos tenentes, red. 10s.   De
operibus bondorum nichil hic, quia postea in villa de Cokirton.

   COMMUNE FORGIUM.   Omnes tenentes ibidem tenent commune forgium red. p. a. ad iiij. t. usuales 4d.

   TOLNETUM CERVISIÆ.   De tolneto cervisiæ ibidem de villi-
nagio ad iiij. t. predictos red. 12d.   De tolneto cervisiæ burgen-
sium de Derlyngton ad e. t. 2s.

PISCARIA. Willelmus de Hoton et Johannes de Tesedale ten. totam piscariam ibidem per metas et bundas in campo ibidem, red. p. a. ad e. t. 2s.

WODLADES. Tenentes bondi red. p. a. ad festum Nativitatis Sancti Johannis Baptistæ pro wodlades 11s. 4d. Idem tenentes red. p. a. pro officio punderi ad quod officium pertinent ix acr. terræ et prati, unde in Nesfeld iij acr. terræ, in Dodmersfeld dim. acr., in le Westfeld dim. acr., in virgulto manerii dim. acr. prati, ad finem prati de Ellyng de acr. prati j acr. prati, ad Polumpole j acr. terræ ibid., red. p. a. ad. iiij. t. pred. 53s. 4d.

BURGUS CUM MOLENDINIS ET ALIIS PROFICUIS. De tolneto fori et mercati de Derlyngton cum proficuis molendinorum de Derlyngton, Blakwell, Houghton, et sectæ tenentium de Qweshowe, furnorum, assisæ panis et cervisiæ, proficuis curiæ burgi cum tinctoriis red. 90l.

Predicti tenentes bondi inter se red. p. a. ad festum Nativitatis Domini xxxv gallinas. Iidem tenentes red. p. a. pro wodsilver ad festum predictum, 2s.

TERRÆ SCACCARII. Robertus Clerkson ten. j acr. prati, quondam Ceciliæ Towdy, red. ad iiij term. usuales 2s. 10d. Idem Robertus ten. dim. acr. terræ, et dim. acr. prati ibid., red. p. a. ad eosdem terminos 16d. Idem Robertus ten. j cotagium cum gardino ibid., red: p. a. ad e. t. 12d. Agnes Cravan ten. v acr. terræ ibid., red. p. a. ad e. t. 2s. Hugo Boner ten. j toftum et j acr. terræ, quondam Eudenis Bell, red. 2s. Johannes Boner senior pro quodam incremento tenementi sui, quondam Matildæ Bradley, red. 4d. Johannes Fewler ten. ibid. j cotagium ibid., red. p. a. ad e. t. 6d. Johannes Grome ten. ibid. j cot., red. p. a. ad e. t. predictos 6d. Willelmus Tyndale ten. j cot., quondam Thomæ Sparowe, red. p. a. 2s. Johannes Tesedale ten. j tenementum, quondam Hugonis Blakwell, red. p. a. 8d. Dominus de Nevill dat pro j ponte habendo retro gardinum suum ibid. 1d. Henricus Swynhird, per plegium Johannis Boner et Thomæ Norman senioris, red. 4s. Alexander Barton ten. j tenementum, juxta pistrinam, vocatum Pennes Place ibidem, et est j forgium, et valet p. a. ut dicunt 14s., modo red. nisi 10d. Elizabeth Nonnewyk ten. j mess. captum de vasto Domini, continens in longitudine xiiij pedes et in latitudine viij pedes, red. p. a. ad iiij term. usuales 2d. Isabella Barton ten. j placeam, quondam Thomæ Okirby, red. p. a. ad e. t. 6d. Johannes Tesedale ten. j cotagium, quondam Hugonis Westwyk, red. p. a. ad e. t. 4d. Willelmus Eriom ten. j tenementum, quondam Johannis Bondgate capellani, red. p. a. ad e. t. 6d. Willelmus Tyndale ten. j tenementum, quondam Willelmi Fabri, red. p. a. ad e. t. 8d. Thomas Smyth ten. j forgium ibidem, red. p. a. ad e. t. 8d. Jo-

hannes Grene ten. j tenementum quondam Roberti Stamp, red.
p. a. ad e. t. 3s.   Idem Johannes ten. j rod. terræ et iiij perticatas et j rod. prati apud Thornwell, red. p. a. ad iiij term.
usuales pred. 4d.   Adam Poom ten. j placeam de vasto, contin-
entem xx pedes et latitudine xx pedes, et red. p. a. ad e. t. 2d.
Johannes Stapillton de bondis, et facit opera ut villani, red. p. a.
ad e. t. 2s.   Johannes Tesedale ten. j placeam de bond., et facit
opera ut supra, red. 18d.   Willelmus Stelle ten. j placeam de
bond. et facit opera ut supra, red. p. a. 4d.   Robertus Byrden
ten. j placeam, quondam Johannis Morfell, de escaeta, red. p. a.
2d.   Willelmus Catrik ten. j placeam de bond. et facit ut supra,
red. ad festum Nativitatis Domini ½d. et j gallinam.   Willelmus
Sanderson ten. j placeam, quondam Matildæ de Bradley, red. 6d.
Willelmus Percebrig ten. j acr. terræ in Clouebankes ibid., red.
p. a. ad e. t. 6d.   Johannes Fewler ten. ij placeas terræ conti-
nentes dim. rodæ, quondam Willelmi filii clerici, red. 8d.   Adam
Poom ten. dim. acr. terræ, jacens in Crauhawbothome, red. p.
a. 4d.   Elena Sparowe ten. j placeam de bond., red. p. a. ut
supra in omnibus ½d. et j gallinam.   Johannes Tesedale ten.
cum Agnete Johnwyfe j bond. ut supra, red. ½d. et j gallinam.
Robertus Clercson ten. j mess. et vj acr. terræ, quondam Johannis Arteys, de parcella j bov. terræ, unde firma ejusdem
bovatæ 2s. de libero redditu, red. 6s. 8d.   Omnes tenentes terræ
scaccarii faciunt inter se operationes iiij cotagiorum, videlicet, ad
faciendum millat' feni, et portant fructus, et operantur ad molendina quousque declaratur quæ cotagia deberent facere dictas
operationes.

Ingelramus Gentill et socii sui ten. burgum de Derlyngton
cum proficuo molendini, et cum tinctura et aliis proficuis dicto
burgo spectantibus, et red. p. a. 93l. 6s. 8d.

COTHOME AMUNDVILL.

MANERIUM.   Et dicunt quod est ibidem quoddam manerium
quod nichil valet ultra reprisas.   Et est ibidem quoddam clausum vocatum le Halgarth appreciatum communibus annis ad 4s.
Item quoddam clausum vocatum le Dophousgarth appreciatum
communibus annis ad 2s.   Item quoddam columbarium ibidem
nichil quia decad et vastum.   Item dicunt quod sunt ibidem
ccxlij acr. terræ et j rod., precium acræ (blank).   Item xxj acr. et
iij rod. prati.

LIBERI TENENTES.   Thomas Surteys ten. j mess. et c acr.
terræ et prati cum medietate molendini ibidem, preter wardam

castri pro quo ballivus Sadberge red., per forinsecum servitium
9s. 3d. Johannes Morton, Patricius de Morton, Henricus Al-
lewent, Willelmus Smyth de Wynston, Adam Casson et heredes
Roberti Ogle de Kyllerby ten. c acr. terræ, prati, cum alia medietate molendini, preter wardam castri pro quo ballivus de Sadberge red., et omnes predicti solvunt ad festum Pentecostes et
Martini 9s. 4d., j lib. piperis. Willelmus filius Radulphi de
Rikenhale ten. j mess. et lx acr. terræ, red. p. a. j lib. cimini.
Hugo Hawkyn ten. manerium de GRAYSTANS, red. p. a. ad e. t.
j lib. et dim. cimini. Isabella Tempest ten. manerium de TREF-
FORTH per servitium forinsecum, red. p. a. pro j pari cirotecarum
2d. Idem Hugo Hawkyn ten. manerium de CRAYSTONS, red.
pro j pari calcarium 6d. Willelmus de Cotum ten. xij acr. terræ
in campo de Cotum per servitium forinsecum, red. (blank). Persona Ecclesiæ de Halghton ten. ij mess. et xij acr. terræ, red.
(blank).

TERRÆ DOMINICÆ DE BEAUMOND. Johannes Fewler et socii
sui ten. lx acr. terræ dominicæ de Bewmond ad firmam ut dicunt
ibidem, red. p. a. ad t. usuales 55s. 6d. Hugo de Westwyk ten.
lx acr. terræ ibidem in campo vocato ibidem Halykeldfeld in
Bewmond, red. p. a. ad e. t. pred. 54s.

HALGHTON.

LIBERI TENENTES. Robertus Plommer ten. j mess. et ij bov.
terræ per servitium forinsecum, red. ad iiij t. 2s. Johannes Ingleby ten. j mess. et ij bov. terræ ibidem per serv. pred., et multurat blada sua ad xiij vas, red. 18d. Idem Johannes ten. j mess.
terræ ibidem per serv. pred., red. p. a. ad e. t. 6d. Willelmus
Walworth chivaler ten. j mess. et j bov. terræ, red. ut supra 6s.
Johannes de Morton et parcenarii sui ten. j bov. terræ ut supra,
red. p. a. ad e. t. 6s. Ricardus de Scrop miles ten. manerium de
PARVA HALGHTON cont. iiij acr., red. p. a. ad festum Sancti
Cuthberti in Septembri 6d., vel j par calcarium. De Priore
Dunolm. pro firmatione stagni molendini de Burdon p. a. 12s.

TERRÆ BONDORUM. Willelmus Donkan ten. ij mess. et ij
bov. terræ, bovata continens xv acr., red. p. a. pro qualibet bov.
12d. pro firma, et serculat bladum iiij diebus cum j homine, et
falcat prata ij diebus cum uno homine, et quadrigat fenum j die,
et bladum j die, et operabit a festo Sancti Petri ad vincula usque
ad festum Sancti Martini j septimana ij diebus cum uno homine, et altera septimana j die cum uno homine, et facit
iiij precationes in autumpno, et arat et herciat dim. acr. terræ,

8 BISHOP HATFIELD'S SURVEY.

et herciat j die cum j equo, et triturat dim. sheldræ frumenti, et
quadrigat j quadrigatam de wodlade, et facit summagia per librum
de Boldon, et cariabit meremium pro edificatione et emenda-
tione ejusdem molendini cum necesse fuerit, et faciet muros, et
coopereet molendinum sumptibus suis propriis, et emet et cariabit petras dicti molendini, et mundabit stagnum molendini ibidem et le fleme, et red. j gall. ad festum Nativitatis, et pundero
de Derlyngton j gall., in toto 2s. Johannes Clerk ten. j mess.
et j bov. terræ ut supra, red. ad e. t. p. a. 12d. Thomas Walker
ten. j mess. et j bov. terræ ibidem, et facit ut supra, 12d. Thomas Sisson ten. j mess. et j bov. terræ ibidem ut supra, red. p.
a. ad e. t. 12d. Tenentes ibidem tenent j mess. et j bov. terræ,
quod fuit Johannis Crobbes, red. p. a. ad e. t. 12d. Willelmus
Schort ten. j mess. et j bov. terræ, et facit ut supra, red. p. a. ad
e. t. 12d. Acris Qweshaw ten. j mess. et j bov. terræ, et facit
ut supra, red. p. a. ad e. t. 12d. Nicholaus Bennes ten. j mess.
et j bov. terræ, et facit ut supra, red. p. a. ad e. t. 12d.

WODLADES. De bondis de Halghton pro wodlades ad festum
Sancti Johannis, red. 2s. 3d.

TOLNETUM CERVISIÆ. De tolneto cervisiæ ibidem ad iiij
term. pred. ibidem ad e. t. 4s.

COMMUNIS FURNUS. Predicti tenentes ibidem red. pro communi furno ibidem ad e. t. pred. p. a. 2s.

OPERA BONDORUM. Predicti tenentes bondi red. inter se
pro operibus ad festum Michaelis, tantum, videlicet, pro qualibet bovata ibidem 8s., unde in toto pro omnibus 72s. Iidem
red. de 12s. pro operibus cotagiorum predictorum nichil hic, quia
supra in summa cotagiorum.

TERRÆ DOMINICÆ. Hugo de Westwyk capellanus ten. lxxij
acr. et iij rod. terræ de dominicis dominii ibidem, red. p. a. ad
iiij term. usuales 51s., et solebat reddere 79s.—51s. Idem Hugo
ten. medietatem manerii de Halghton vocatam Bewmond, red. p.
a. 6l. 13s. 4d. Et alia medietas dicti manerii est in manu domini, unde ballivus de Derlyngton red. in compoto suo. Et
sunt ibidem in dicto manerio iiij carucatæ terræ, quælibet carucata continens cxx acr., precium acræ 4d. Et sunt ibidem ix acr.
prati in Halikeldholm, quæ solebant vendi pro 46s. 8d., et modo
in manu domini, unde ballivus de Derlyngton red. in compoto
suo.

COTAGIA. Cecilia Dyconwyf ten. j cotagium cum j crofto,
continens iij rod. terræ, red. p. a. 19d., quondam Willelmi de
Camera pro incremento j tofti, nunc in manu ejus, 18d. pro
operibus, et sol. operari ix diebus in anno, et iiij precationes
in autumpno, et levare fenum, in toto ad quatuor term. usuales
5s. 7d. Henricus Rogerson ten. j cot. cum j crofto, cont. dim.

rodæ terræ, red. p. a. 8d., et 18d. pro operibus ut supra, red. in
toto ad e. t. 2s. 2d. Willelmus Dunkan ten. j cot. cum j crofto,
cont. dim. rodæ terræ ibidem, red. p. a. 8d., et 18d. pro operibus,
red. 2s. 2d. Ricardus Carlel ten. j cot. cum j crofto, cont. j rodam terræ, red. ut supra ad e. t. 2s. 2d. Hugo de Westwyk
capellanus ten. j cot. cum j crofto, cont. j rodam terræ, ut supra
2s. 2d. Robertus Skayf ten. j cot. cum j crofto, cont. j rodam
terræ, red. ut supra 2s. 2d. Johannes Bennes ten. j cot. cum
j crofto, cont. j rodam terræ, red. ut supra 2s. 2d. Dominus
Hugo de Westwyk ten. j cot. cum j crofto, cont. dim. rodæ terræ,
sine operibus 2s. Et est commune forgium villæ et dimittitur cuidam fabro pro 8s., ideo, &c. Nicholaus Bennes ten. j cot.
cum j crofto, cont. dim. rodæ terræ, red. p. a. 8d., et 18d. pro
operibus ut supra, red. in toto p. a. 2s. 2d. Idem Dominus Hugo
ten. quamdam placeam vocatam Calfgrene, cont. dim. acr. terræ,
red. p. a. 12d. Agris de Qweshowe ten. j placeam prati, quondam Walteri filii prepositi, red. p. a. 2d.

MOLENDINUM. De firma molendini aquatici ibidem nichil,
quod solebat reddere p. a. 53s. 4d., quia firmarii de Derlyngton
habent infra firmam suam, ideo, &c.

OXENHALE.

Dominus de Nevill ten. manerium de OXENHALL red. p. a. ad
ad iiij term. usuales 60s. Item pro operibus ad terminum Martini 6s. 8d., videlicet, pro arrura iiij acr. terræ et herciatura se-
minatæ cum semine Episcopi, et pro iiij precationibus in autumpno, videlicet, iij cum omnibus hominibus suis et tota familia sua,
excepta howsewiva, et quarterio cum j homine, et de unaquaque
domo, excepta propria domo sua, et custodit canem et equum
per quartam partem anni, et quadrigat vinum cum iiij bobus, et
facit outeward in Episcopatu positum, quantum pertinet ad iiij
partes unius dringagii, red. p. a. ad term. pred. in toto 66s. 8d.

QUESSHOWE.

LIBERI TENENTES. Johannes Redhode ten. j mess. et vij
bov. terræ, red. p. a. cum 2s. de terris, quondam Matildæ
Brouncroft, quæ est parcella dict. vij bov., per serv. for., red. ad
iiij term. usuales 12s. 4d. Willelmus Wakerfeld ten. j mess. et j
bov. terræ ut supra, red. ad e. t. 6s. 1d. Willelmus Newhous
ten. ij mess. et iij bov. terræ ut supra, red. ad e. t. 14s. Agnes
Stokesley ten. j placeam ibidem, red. p. a. ad festum Sancti
Cuthberti in Septembri, j lib. cimini.

TERRÆ BONDORUM. Johannes Shephird ten. iij mess. et iiij
bov. terræ, red. p. a. pro qualibet bov. 12d. ad iiij term. principales, et operatur unaquaque septimana p. a. j die, et falcat pratum iij diebus, et facit iiij precationes in autumpno cum omni
familia domus, excepta howsewiva, et quælibet caruca arat et herciat j acr. et dim., et quælibet bov. ducit j quadrigatam de wodlade,
et facit summagia et opera ad molendinum ut tenentes de Halghton, pro quibus operibus solvit annuatim 5s. 8d. plus inter omnes
1d., preter wodlades, quia extenduntur ut supra, red. p. a. 26s. 8d.
Johannes Gilloccesson ten. j mess. et ij bov. terræ, et facit ut supra, red. p. a. ad e. t. 13s. 4d. Idem Johannes Stokeslay ten. j
bov. terræ, red. et facit ut supra ad e. t. 6s. 8d. Johannes
Webster ten. ij mess. et iiij bov. terræ ibidem, et facit ut supra,
red. p. a. ad e. t. 20s. Rogerus Loof ten. j mess. et ij bov. terræ
ibidem, red. et facit ut supra 13s. 4d. Johannes Hervy ten. ij
mess. et ij bov. terræ ibidem, facit ut supra, red. p. a. ad e. t.
13s. 4d.

BRACINAGIUM. Bracinagium ejusdem villæ red. p. a. ad iiij
ter. usuales 12d.

FORGIUM. Iidem tenentes red. pro j forgio ibidem p. a. ad
e. t. 4d.

WODLADES. Predicti tenentes solvunt inter se pro wodlades
ad festum Sancti Johannis 3s. 6d.

WODSILVER. Tenentes bondi solvunt inter se ad festum
Nativitatis pro wodsilver 12d. et x gall.

OFFICIUM PUNDERI. Punderus ibidem solvit p. a. ad festum
Nativitatis Domini pred. vij gall.

COTAGIA. Johannes Gillocson ten. j cotagium cum j crofto
ibidem, et solet operari per vj dies, et facit iiij precationes in
autumpno pro quibus red. p. a. 16d., et quando facit opera non
solvit nisi 6d., red. p. a. ad e. t. 16d. Johannes Shephird ten.
j placeam de vasto sibi concessam pro incremento tenementi sui
ibidem, et red. p. a. 6d. Willelmus Loof ten. j toftum, quondam
Willelmi filii Johannis, red. ad e. t. 6d. Johannes Hervy ten.
j toftum, quondam Michaelis filii Sampsonis, red. p. a. ad e. t.
3s. Iidem tenentes ten. inter se j placeam pasturæ vocatam le
Flaske, red. p. a. ad festum Sancti Cuthberti in Martio 8s.

ANTIQUA OPERA. Memorandum quod terræ, quondam Roberti filii Mildredi nunc in tenura Johannis Redhode ut supra,
tenentur facere iiij precationes cum omnibus hominibus suis,
excepta hosewyva et propria domo sua, et ipse vel aliquis in
loco suo erit super precationes, et homines sui arant et herciant
j acr. et dim., et pascunt canem et equum, et faciunt oughtward
quantum pertinet ad iiij partes j dringagii, et inveniet iiij
boves ad vinum ducendum. Willelmus de Qweshowe facit vj

precationes in autumpno cum omni familia domus, excepta
housewyva, et vadit in legationibus Episcopi, ratione terræ quam
modo tenet, ut dicunt ibidem, &c.   Willelmus Wakerfeld facit
ij precationes cum omni familia sua, excepta husewyva, et vadit
in legationibus Episcopi, ut patet in libro de Boldon.

BLAKEWELL.

LIBERI TENENTES.   Johannes Midelton ten. de jure uxoris
suæ j mess. et v bov. terræ per cartam, quondam Johannis de
Blakwell per servitium forinsecum, et multurat blada sua ad
xvj vas, et cooperabit molas supra le louthre, red. 23s. 8d.
Idem Johannes ten. quamdam culturam vocatam Gromball,
cont. xvj acr. et iij rod. terræ, red. ad iiij term. pred. (blank).
Idem Johannes ten. ibidem ij culturas, vocatas Lynholm et
Ellestantoftes, cont. xvi acr. per estimacionem, red. p. a. (blank).
Idem Johannes ten. j tenementum vocatum le Castelhill cum
herbagio de Bathley, cont. iiij acr. prati et pasturæ, red. p. a.
ad e. t. (blank).   Idem Johannes ten. j placeam edificatam et
dim. bov. terræ, red. p. a. ad e. t. (blank).   Idem Johannes ten.
j toftum cum j crofto, cont. dim. rodæ terræ red. p. a. ad e. t.
12d.   Idem Johannes ten. j toftum, quondam Willelmi de Oxenhall, cum j crofto, cont. j acr. terræ ibidem, red. per cartam
2d.   Willelmus Walworth ten. v acr. et j rod. terræ per serv.
forinsecum red. (blank).   Willelmus Okerby ten. ij acr. et j rod.
terræ per serv. forins. tantum red. (blank).   Willelmus Strygate
capellanus ten. j acr. terræ apud Ellestentoftes per serv. for. ut
dicunt ibidem, &c., red. 4d.   Hugo de Orwell ten. j acr. terræ
ibidem per serv. for. red. p. a. ad e. t. 4d.   Elizabeth Nonwyk
ten. j mess. et dim. bov. terræ, quondam Adæ Aleynson, red.
p. a. ad e. t. 2s. 6d.   Emma Moriell ten. iij acr. terræ apud
Spykbyt per serv. for. red. p. a. ad e. t. 15d.   Petrus Thomesson ten., de jure uxoris suæ, dim. acr. et dim. rod., jac. in
Oxhenhalflat, quondam Petri clerici, red. p. a. ad e. t. 16d.
TERRÆ BONDORUM.   Johannes Verty ten. j bov. terræ, red.
p. a. 5s. ad iiij term. usuales, et debet falcare totum pratum
Episcopi, et facere fenum et ducere, et semel habere corrodium,
et claudere virgultum et curiam, et facere operationes, quas
solebant facere ad molendinum, et quadrigare j quadrigatam de
wodlade, et facere ladas in itineribus Episcopi, et preterea iij
ladas p. a. ad vinum, allec et sal ferendum, red. p. a. ad iiij
term. usual. 5s.   Willelmus Jakson ten. ij mess. et iij bov.
terræ et dim. bond. ut supra, red. p. a. ad e. t. 15s.   Simon

filius Thomæ ten. j mess. et ij bov. terræ ut supra, red. p. a. ad
e. t. 10s.   Thomas Jakson ten. j mess. et iij bov. terræ ibidem,
et facit ut supra, red. p. a. ad e. t. 15s.   Johannes filius Johannis Wilkynson ten. j mess. et j bov. terræ ut supra, red.
p. a. ad e. t. 5s.   Alicia Nichol ten. j mess. et ij bov. terræ
ibidem, et facit ut supra, red. 10s.   Johannes Brigman senior
ten. j mess. et ij bov. terræ ibidem ut supra, red. 10s.   Thomas
Rogerson ten. j mess. et ij bov. terræ et facit ut supra, red. 10s.
Alicia quæ fuit uxor Roberti Thomson ten. j mess. et ij bov.
terræ, red. 10s.   Johannes Adamman ten. j mess. et ij bov. terræ
et dim., red. ut supra ad e. t. 12s. 6d.   Petrus Thomson ten.
j mess. et dim. bov. terræ, et facit ut supra, red. 2s. 6d.   Robertus Hosier ten. j mess. et ij bov. terræ, et facit ut supra,
red. p. a. 10s.   Johannes Lambe ten. j mess. et ij bov. terræ
ut supra, red. ad e. t. 10s.   Johannes Wilkynson ten. ij mess.
et iij bov. terræ ut supra, red. p. a. ad e. t. 15s.   Thomas
Huchon ten. j mess. et ij bov. terræ ut supra, red. p. a. 10s.
Agnes filia Custanciæ ten. j mess. et dim. bov. terræ, red. ut
supra p. a. 2s. 6d.   Johannes Brigman junior ten. ij mess. et
ij bov. terræ et dim. ut supra, red. 12s. 6d.   Willelmus Burgh
ten. ij bov. terræ et dim. ut supra, red. p. a. ad e. t. 12s. 6d.
Thomas de Acris ten. iij mess. et v bov. terræ ut supra, red.
p. a. ad e. t. 25s.   Willelmus de Meryngton ten. ij mess. et j
bov. terræ ut supra, red. p. a. ad e. t. 5s.

Predicti tenentes bondi tenent inter se v bov. terræ, quondam bondorum, red. p. a. ad festum Purificationis Beatæ Mariæ
ibidem, ut dicitur, x quart. frumenti, et v quart. ordei, et xv quart.
avenarum.   De operibus bondorum nichil hic, quia postea in
villa de Cokirton.

COTAGIA.   Johannes Pothow et Petrus Thomesson ten. j cot.
et faciunt molliones feni, et portant fructum, et operantur ad
molendinum, red. p. a. ad iiij term. usuales 22d.   Willelmus
Kellaw et Johannes Bynchestre ten. j cot. de jure uxorum suarum, red. p. a. ad e. t. 22d.   Johannes Verty ten. j cot. et facit
ut supra, red. ad e. t. p. a. 18d.   Johannes Lambe ten j cot., et
facit ut supra, red. p. a. ad e. t. 18d.   Willelmus Burgh ten. j
cot., et facit ut supra, red. p. a. ad e. t. 20d.

TERRÆ SCACCARII.   Isabella Yong ten. j toft. cum crofto,
cont. dim. rod., quondam Ricardi Pedell, red. p. a. ad iiij t. usual.
quolibet anno 12d.   Johannes Lilie ten. dim. tofti cum crofto,
quondam Roberti Dowe, red. p. a. ad e. t. 12d.   Johannes Pot-
howe ten. j toft. cum crofto, quondam Thomæ filii Willelmi, red.
p. a. ad e. t. 6d.   Idem Johannes ten. j toft. cum crofto, quondam
Nicholai filii Roberti, red. p. a. ad e. t. 6d.   Willelmus Jakson
ten. j toft. cum crofto, quondam Johannæ Clay, red. p. a. ad e.

t. 16d. Willelmus filius Simonis ten. j toft. cum crofto, quondam Willelmi Sekker, red. p. a. ad e. t. 6d. Willelmus Smyth ten. j toft. cum crofto, quondam Johannis Dowe, red. p. a. ad e. t. 6d. Elizabeth Milner ten. j toft. cum crofto, quondam Adæ May, red. p. a. ad e. t. 2s. Robertus Shephird ten. j toft. cum crofto, quondam Roberti filii Willelmi Blakwell, 12d. Hawisia Huchon ten. j toft. cum crofto, red. p. a. ad e. t. ibid. 12d. Thomas Hedon ten. j toft. cum crofto, quondam Stephani, red. p. a. ad e. t. 12d. Robertus Hoser ten. j toft. cum crofto, quondam Rogeri Russell, red. p. a. ad e. t. 6d. Johannes Herd ten. j toft. cum crofto, quondam Eliæ filii Rogeri, red. p. a. ad e. t. 6d. Johannes Lambe ten. j toft. cum crofto, quondam Willelmi Stevenson, red. p. a. ad e. t. 12d. Willelmus Copyn ten. dim. toft. cum crofto, quondam Hawysiæ pred., red. p. a. ad e. t. 18d. Robertus de Haryngton ten. j toft. cum crofto, quondam Johannæ filiæ Willelmi, 18d. Thomas Halman punderus ten. j toft. cum crofto, quondam Benedicti Harald, red. p. a. 12d. Robertus Hoser ten. j aliud toft. cum crofto, quondam Roberti Johnson, red. p. a. ad e. t. 3s. Johannes Geffrayson ten. j toft. cum crofto et dim. acr. terræ, quondam Adæ Wright, red. p. a. 3s. Idem Robertus Hoser ten. j toft. cum crofto, voc. Pudelplace, red. p. a. ad e. t. 12d. Johannes Nichol ten. j toft. cum crofto, et dim. bov.- terræ de Furland, red. p. a. ad e. t. 7s. Johannes Williamson ten. j purpresturam de terra scaccarii, quondam Roberti Tod, 4d. Thomas Huchonson ten. j aliam purpresturam, quondam Willelmi Brand, red. p. a. ad e. t. 4d. Johannes Wilkynson ten. j rod. terræ jacentem super Longstonhousyde, red. p. a. ad e. t. 3d. Alicia Nichol ten. j rod. terræ, jacentem ibid., quondam Nicholai Wynles, red. p. a. ad e. t. 3d. Ricardus Mayland ten. ij tenementa ibid., red. p. a. ad e. t. (blank). Idem Ricardus ten. terras, quondam Petri Lang, red. p. a. ad e. t. 4s. Tenentes bondi ten. j acr. terræ, voc. Punderland, red. p. a. ad e. t. 2s. 6d. Omnes tenentes villæ ten. quoddam tenem. Rogeri Stapilton, red. p. a. ad e. t. 8d. Iidem tenentes bondi ten. inter se tolnetum cervisiæ, red. p. a. ad e. t. 3s. Iidem tenentes bondi ten. inter se quamdam pasturam voc. Bathel, red. p. a. ad e. t. 10s. 8d. Iidem tenentes solvunt ad festum Nativitatis Sancti Johannis pro wodlades 11s. 9d. Iidem tenentes solvunt pro officio punderi p. a. 10s. Iidem tenentes solvunt p. a. pro communi forgio ibid., red. ad e. t. 8d. Est ibidem quoddam molendinum aquaticum, et est in manu tenentium villæ de Derlyngton cum firma, ut dicunt &c. ideo &c. Robertus Hoser ten. iiij acr. terræ, voc. Oldmenbuttes, red. p. a. ad. e. t. 6s. De villata pro incremento unius tofti p. a. ad e. t. 18d. De eadem villata pro superplusagio ibid., red. p. a. ad t. pred. 42s. De eadem villata pro quadam pastura voc. le Longdraght, red. p. a. ad e. t. 16s. Omnes tenentes de scaccario ut supra, red. pro operibus v cotag. ut supra, quousque certificetur pro quibus tenentibus pred. opera extendunt (*blank*). De villata pred. de wodsilver ad festum Martini, et gallinis ad Nativitatem red. 2s., xxxij gall.

COKIRTON.

LIBERI TENENTES. Johannes Morton ten. j mess. et iiij bov. terræ, red. per serv. forin. ad iiij term. usual. 20s. Galfridus Kellaw ten. j mess. et j bov. terræ red. p. a. j gallinam ad festum Nativitatis Domini, et ½d. ad festum Michaelis, unde p. a. ½d., j gall. Idem Johannes Morton ten. j placeam, quondam Margaretæ Radulphi, red. p. a. ad t. pred. 12d. Johannes Dowe ten. j tenem. quod adquisivit de Johanne Morton, red. p. a. ad e. t. 12d.

COTAGIA. Johannes Dow ten. j cot. cum gardino, cont. dim. acr. prati, red. p. a. ad iiij term. usuales 3s. 4d., et fugabit animalia ad manerium Domini quum premunitus fuerit, et mundat domos infra manerium de Derlyngton contra adventum Domini et ministrorum. Alicia quondam uxor Roberti Brandson ten. j cot., et facit ut supra, red. p. a. ad e. t. 14d. Willelmus Malynson ten. j cot., et facit ut supra, red. p. a. ad e. t. 8d. Agnes Sissedoughter ten. j cot., et facit ut supra, red. p. a. ad e. t. 8d. Omnes tenentes cot. pred. faciunt mulliones feni, et portant fructus, et operantur ad molendinum.

TENENTES BONDI. Johannes Cornforth ten. ij mess. et ij bov. terræ, red. p. a. pro qualibet bov. 5s. ad iiij term. usual., et debit falcare totum pratum Episcopi, et facere fenum et ducere, et semel habere corrodium, et claudere virgultum et curiam, et quadrigare j quadrigatam de wodlades, et facere ladas in itineribus Episcopi, et ultra iij ladas p. a. ad vinum, allec et sal ferendum, et facere operationes quas solebat facere ad molendinum, red. ad term. pred. 10s. Thomas Peytevyn ten. j mess. et j bov. terræ, et facit ut supra, et red. p. a. ad e. t. 5s. Willelmus Symson ten. j mess. et dim. bov. terræ, et facit ut supra, et red. p. a. ad e. t. 2s. 6d. Robertus de Pothow ten. j mess. et ij bov. terræ ut supra, red. p. a. ad e. t. 10s. Johannes Dowe ten. iiij mess. et iiij bov. terræ ut supra, red. p. a. ad e. t. 20s. Willelmus filius Johannis Dowe ten. j mess. et ij bov. terræ ut supra, red. p. a. ad e. t. 10s. Johannes Alisson ten. j mess. et. ij bov. terræ, et facit ut supra, et red. p. a. ad e. t. 10s. Johannes Hudson ten. j mess. et dim. bov. terræ, et facit ut supra et red. p. a. ad e. t.

2s. 6d. Johannes Skarlet ten. j mess. et j bov. terræ ibid., red.
p. a. ad e. t. 5s. Johannes Aleynson ten. iij mess. et iiij bov.
terræ ut supra, red. p. a. ad e. t. 20s. Johannes Pothow ten. ij
mess. et ij bov. terræ ut supra, red. p. a. ad e. t. 10s. Johannes
Cuthbert ten. j mess. et ij bov. terræ et facit ut supra, red. p. a.
ad e. t. 10s. Robertus Souterson ten. ij mess. et ij bov. terræ,
et facit ut supra, red. p. a. ad e. t. 10s. Willelmus Chirie ten.
j mess. et j bov. terræ ut supra, red. p. a. ad e. t. 5s. Willelmus
Tunnok ten. ij mess. et iiij bov. terræ ut supra, red. p. a. ad e. t.
15s. Alicia Brandson ten. iij mess. et iiij bov. terræ ut supra,
red. p. a. ad e. t. 20s. Robertus Boner ten. ij mess. et iiij bov.
terræ ut supra, red. p. a. ad e. t. 15s. Willelmus Fewler ten. j
mess. et j bov. terræ ut supra, red. p. a ad e. t. 5s. Willelmus
Cuthbert ten. j mess. et ij bov. terræ ut supra, red. p. a. ad e. t.
10s. Iidem bondi red. p. a. ad festum Sancti Johannis pro wodlades 11s. 10d. Iidem tenentes pro officio ponderi, p. a. 10s.
Iidem tenentes pro tolneto cervisiæ ibid. p. a. 2s. Omnes tenentes ibid. debent reddere de redditu j placeæ juxta portam, quondam de tenura Stephani Pundere, 16d. Iidem tenentes pro incremento cujusdam crofti et j tofti, quondam Roberti filii Radulphi, red. p. a. 2s.

OPERA. De operibus bondorum de Bondgate, Blakwell, et
Cokirton, videlicet, pro cxiij bovatis, pro qualibet 15d, plus in
toto 2s 4d. ad festum Michaelis ibid. ut dicunt, unde summa
totalis &c. (blank).

REDDITUS BONDORUM AD PENYFERME. Robertus de Pothow
ten. dim. bov. terræ, red. p. a. ad iiij term. usuales 9s. 4½d.
Johannes Dowe ten. j bov. terræ ibid., red. p. a. ad e. t. 18s. 9d.
Johannes Hudson ten. dim. bov. terræ, red. p. a. ad e. t. 9s. 4½d.
Johannes Aleynson ten. j bov. terræ, red. p. a. ad e. t. 18s. 9d.
Johannes de Pothow ten. dim. bov. terræ, red. p. a. ad e. t. 9s.
4½d. Johannes Cuthbert ten. j bov. terræ, red. p. a. ad e. t. 18s.
9d. Willelmus Chirie ten. j bov. terræ, red. p. a. ad e. t. 18s.
9d. Willelmus Tonnok ten. j bov. terræ, red. p. a. ad e. t. 18s.
9d. Alicia Brandson ten. dim. bov. terræ, red. p. a. ad e. t. 9s.
4½d. Johannes Conan ten. dim. bov. terræ, red. p. a. ad e. t.
9s. 4½d. Willelmus Fowler ten. dim. bov. terræ, red. p. a. ad e.
t. 9s. 4½d.

TERRÆ SCACCARII. Willelmus Tonnok ten. j tenementum
ibid., red. p. a. ad iiij term. usuales 8d. Johannes Morton ten.
j placeam extra portam suam, red. p. a. ad e. t. 2d. Ricardus
Pundere ten. j tenem., quondam Ricardi Salter, red. p. a. ad e.
t. 12d. Johannes Aleynson ten j tenem. ibid., red. p. a. ad e.
t. 3s. Johannes Rogerson ten. j tenem. ibid., red. p. a. ad e. t.
12d. Thomas Pynkell ten. j tenem., red. p. a. ad e. t. 9d. A-

licia Evenwod ten. j tenem., red. p. a. ad e. t. 9d. Predictus
Thomas Pynkell ten. j tenem., red. p. a. ad e. t. 6d. Margareta
Tuk ten. j tenem., quondam Benedicti Milner, red. p. a. ad e. t.
12d., 1 gall. Willelmus Symson ten. j tenem. ibid., red. p. a.
ad e. t. 8d. Johannes Dowe ten. j placeam vastam, super quam j
forgium edificatur, red. p. a. ad e. t. 6d. Tenentes ibidem red.
p. a. pro j forgio communi ibid., ad e. t. 6d. Robertus Pothow
ten. j rod. terræ, quondam Harald, red. p. a. ad e. t. 4d. Johannes (blank) ten. j rod. terræ, quondam Roberti Fyssher, red.
p. a. ad e. t. 1d. Robertus filius Willelmi Boner ten. j placeam,
quondam captam de vasto per quemdam Harald prepositum ante
hostium, red. 2d. Omnes tenentes terræ scaccarii, preter illos
qui onerantur supra operibus, faciunt opera inter se communiter,
quantum pertinet ad ij cot., quousque declaretur, &c.

HEGHINGTON.

LIBERI TENENTES. Robertus Gilloth ten. j mess. et ij bov.
terræ, bov. cont. xv acr., per serv. forins., red. ad iiij term. usuales 8d. Johannes Chilton ten. j mess. et ij bov. terræ. red. p.
a. 16d., et pro dictis ij mess. et iiij bov. terræ, quondam Simonis
Hostiarii, sol. reddere bisancium, 16d. Robertus Menvile et
Johannes Couhird ten. de jure uxorum suarum j mess. et ij bov.
terræ ut supra, red. 3s. Willelmus North ten j bov. terræ per
sectam curiæ, red. p. a. ad e. t. 18d. Johannes Braferton ten. j
mess. et j bov. terræ, red. p. a. ad e. t. 12d. Johannes Gerard
ten. j mess. et j bov. terræ, red. p. a. ad e. t. 8d. Idem Johannes ten. j mess. et iij acr. terræ, red. p. a. ad e. t. (blank). Johannes de Notingham ten. ij acr. terræ, voc. le Berils, red. p. a.
ad e. t. 2s.

TERRÆ SCACCARII. Johannes Midelton ten., de jure uxoris
suæ, viij acr. terræ, et j mess., red. p. a. ad iiij term. usuales 20d.
Johannes Redworth ten. j tenem., iiij acr. terræ et dim., red. p.
a. ad e. t. 5d. Emma del Welles ten. j tenem., iiij acr. terræ et
dim., red. p. a. ad e. t. 5d. Willelmus del North ten. j acr. terræ, nichil reddit nisi servitium forinsecum, sed dicitur quod tenet
de Roberto Menvyle et Johanne Cowhird pro j rosa. Willelmus
Smyth ten. j toft., red. p. a. 22d. Johannes Redworth ten. j
toft., red. p. a. 18d. Item idem Johannes ten. j tenuram voc.
Catherirfrith, cont. per estimationem xvij acr. et j rod. per estimationem, red. p. a. 3s., unde summa totalis 6s. 4d. Johannes
Heighington ibid. ten. j placeam inclusam in le Bankden, cont.
xl acr., quondam de dominicis, red. 3s. 6d. Ricardus Scrop chivaler ten. j peciam terræ voc. les Brakkes, cont. c acr. terræ, ni-

chil red. Johannes Redworth ten. ij acr. terræ, in iiij locis campi, quondam Thomæ Gregorii ibid., et nichil red. ut dicunt.

SKULACLEY. De villa de SCHOLACHI in tenura Ricardi Blank de libero redditu ibid. per serv. forins. ad iiij term. usuales ibid. 26s. 8d.

HEWORTH. Willelmus Bruys ten. villam de HEWORTH per idem servitium, red. ad e. t. 15s.

Liberi tenentes et tenentes toftorum de Heghyngton solvunt inter se pro cornagio, a festo Sancti Cuthberti in Septembri, 4s.

COTAGIA. Johannes Redworth capellanus ten. j cot. et xv acr. terræ, red. p. a. ad e. t. 8s., et j bus. frumenti de scat cumulatum, et iij bus. avenarum de mensura fori, et iij bus. brasei ordei, et solvit portionem suam de metrich, videlicet 1d., et pro yolewayting 1d., et solebat operari per totum annum ij diebus in ebdomada, et sarculare bladum, et falcare prata, et ducere fenum, claudere virgultum et curiam, et facere iij precationes in autumpno, et metere unaquaque ebdomada ij diebus in autumpno cum uno homine, et red. 8s., iij opera autumpnalia. Johannes de Redworth ten. ibid. j cot. et xv. acr. terræ ut supra, red. p. a. ad e. t. 8s., iij op. aut. Alicia filia Henrici Johanson ten. j cot. et iiij acr. ut supra, red. p. a. 5s. 2d, et solet operari a festo Sancti Petri ad vincula usque festum Sancti Martini ij diebus in ebdomada, et sarculare, falcare et cariare ut supra, red. p. a. ad e. iiij t. pred. 5s. 2d. Ricardus Evenwode ten. j cot. et iiij acr. terræ ut pred. Alicia, red 5s. 2d. Willelmus Hunter ten j cot. et iiij acr. terræ ut supra, red. p. a. 5s. 2d. Et ista iiij cot. solvunt inter se p. a. plus per x op. aut.

TERRÆ BONDORUM. Walterus Bryghous ten. j mess. et ij bov. terræ bond., bov. cont. xv acr. terræ, red. de frumento, braseo et avena de scat sicut bondi de Kyllerby, et facit alia opera in omnibus sicut pred. bondi, red. p. a. 10s. 1½d. Thomas del North ten. ij mess. et iij bov. ut supra, red. pro portione 15s. 3d. Alicia Wolfray ten. j mess. et ij bov. terræ, red. p. a. ad e. t. 10s. 1½d. Willelmus Hunter ten. j mess. et ij bov. terræ, red. p. a. ad e. t. 10s. 1½d. Johannes Gillesson ten. j mess. et ij bov. terræ, red. p. a. ad e. t. 10s. 1½d. Willelmus Wodrof ten. j mess. et ij bov. terræ, red. p. a. ad e. t. 10s. 1½d. Vicarius ibidem ten. j mess. et ij bov. terræ, red. p. a. ad e. t. 10s. 1½d. Johannes del North ten. j mess. et j bov. terræ, red. p. a. ad e. t. 5s. ½ ¼d. Walterus de Brighous ten. j mess. et j bov. terræ, red. p. a. ad e. t. 5s. ½ ¼d. Et sunt ibidem v mess. et dim., et xj bov. terræ, quæ solebant reddere et facere in omnibus pro portione sicut bondi superius, et modo sunt in manu firmarii ibid. cum grangia ibid.

CASTELMEN.   Predicti bondi solvunt inter se pro castelmen ad iiij term. 20s.

YOLWAYTYNG.   Iidem bondi solvunt pro yollwaytyng ad festum Nativitatis 6s.

MICHELMET.   Iidem bondi solvunt pro michelmet ad festum Sancti Michaelis, 16s.

GALLINÆ.   Iidem tenentes red. inter se ad festum Nativitatis Domini p. a. xxxij gall.

METRITH.   Omnes bondi et cotagii solvunt inter se pro j vacca de metrith ad festum Sancti Martini ibid. quolibet anno, ut dicunt, &c., 6s.

CORNAGIUM.   Iidem tenentes tam liberi (quam) bondi solvunt pro cornagio ad Cuthbertum in Septembri, 36s.

WODLADES.   Iidem tenentes solvunt inter se pro wodlades ad festum Sancti Johannis Baptistæ, 6s. 4½d.

MOLENDINUM.   Et est ibid. quoddam molendinum aquaticum, red. p. a. ad iiij term. usual. 4l. 13s. 4d.

OPERA.   De operibus bondorum qui reddunt ad festum Michaelis pro quolibet bondo 4s. 11d. — 78s. 8d.

Petrus Gerard ten. ij mess. et iiij bov. terræ de bondagio ut supra, red. p. a. 20s. 3d.   Iidem tenentes bondi ten. inter se quamdam parcellam terræ, cont. v acr., voc. les Steweland, sol. reddere p. a. 10s., et modo red. p. a. 20d.

OFFICIUM PUNDERI.   Tenentes villæ de Heighingtonshire ten. inter se vj acr. terræ, voc. Punderland, pro quibus solvunt de qualibet carucata terræ ibid. j thravam avenarum, et alia blada, et arentantur p. a. ut dicunt ad 13s. 4d.   Punderus ibid. solet reddere lxxx gall. et ccccc ova ad festa Nativitatis et Paschæ.

COMMUNE FORGIUM.   Et est ibid. quoddam forgium, red. p. a. ad e. t. 6d.

COMMUNIS FURNUS.   Et est ibid. quidam communis furnus, et red. p. a. ad e. t. 12d.

TERRÆ SCACCARII.   Robertus Cawod ten. de jure uxoris suæ j toftum, et facit iij precationes in autumpno, et solebat esse j cot., red. ad iiij term. usuales 12d.   Robertus Clerc ten. iij acr. terræ ibid., red. p. a. ad e. t. 2s. 11d.   Robertus Redworth ten. xvij acr. terræ et j rod. terræ supra pretium 3s. de libero redditu supra, red. 8s. 6d.   Willelmus Daniel ten. toft. cum crofto, et facit iij prec. in aut., red. ad e. t. 3s.   Johannes filius Giliani ten. j toft. cum crofto, et facit ut supra, red. p. a. ad e. t. 3s.   Johannes Notyngham ten. iiij acr. terræ, quondam Willelmi filii Simonis de Newbygging, apud Harowdyk, — 2s.   Et sunt ibid. vj acr. terræ, quondam in tenura ipsius Willelmi, modo in manu tenentis grangiæ, red. p. a. ad e. t. 9s.   Et sunt ibid. ij toft.

cum croftis, quondam in tenura Rogeri Uriell et Roberti Webster, et modo dimittuntur Waltero Brighous cum iij bov. ad
penyferm, sol. red. 6s. Et est ibid. j toft. cum crofto, quondam
Radulphi filii Thomæ ibid., et modo in tenura firmarii grangiæ
ibid., et red. 3s. Et est ibid. j alia placea, quondam Willelmi
Nuter, modo in tenura ut supra, sol. red. 2s. Johannes Braffirton ten. j acr. terræ, et sol. computari per j cot., red. p. a. 12d.
Rogerus Gillot et Johannes Chilton ten. j placeam inter tenuram
pro porta habenda, 12d. Willelmus Smyth ten. j mess. et iiij
acr. terræ, et facit ferramenta ij carucatarum de ferro domini, et
facit ferruras iiij averiorum ibid. de ferro domini, et ista opera
facit firmarius predictus ut dicunt, et valet (blank). Tenentes
in bondagio ten. inter se v acr. terræ, cum incremento per mensuram, jacentes ibid. apud Helleflake, red. p. a. ad e. t. 10s. Et
est ibid. j pecia terræ, voc. Calgarchroft, cont. iij acr. jacentes
sub Shakkerdounlawe, et sol. reddere p. a. 4s., modo vasta, sed
occupatur et depascitur per tenentes de Heighington, Redworth
et Newbygging, unde prepositus ibid., red. de firma 2s. Robertus Clericus ten. ij toft., et facit vj precationes in aut., et recipit pro dieto 1d de domino, et red. 4s. Johannes Gilotesson
ten. j toft., et facit iij prec. consimiliter, modo red. 2s. Johannes Cok ten. j toft., et facit iij prec., red. p. a. 2s. 6d.

DIMISSIO AD PENYFERME. Walterus Brighous de Heighington cepit, coram Johanne de Heron senescallo domini Thomæ
Episcopi, anno pontificatus ejusdem xxxvj, j mess. et dim., et iij
bov. terræ bondorum, et ij gardina jacentia juxta le Halyerde,
de quibus bov. j fuit quondam in tenura Johannis Gerard, et ij
bov. in tenura quondam Petri Gerard, ad terminum vj annorum
proxime sequentium, in penyferme, red. 30s., primo termino solucionis dictæ firmæ in festo Sancti Cuthberti in Martio, anno
Domini M.CCC. octogesimo secundo, prout patet in rotulo Hal-
moti tenti apud Aukland die lunæ proxime post festum Sancti
Cuthberti in Martio anno pred., et sol. reddere et facere ut illi
qui tenent in bondagio ut supra, red. p. a. ad iiij term. usuales
30s.

VALOR MANERII. Et est ibid. j manerium edificatum cum j
boveria et ij grangiis, et nichil valet ultra reprisas. Et est ibid.
j curtilagium cujus herbagium valet p. a. ut dicunt, 12d. Et
sunt ibid xxviij bov. terræ, quælibet bov. cont. xv acr., precium
acr. 5d. Et sunt ibid. xxviij bov. terræ, quælibet bov. cont. xv
acr., precium acr. 5d. Et sunt ibid. viij acr. prati, unde v acr.
valent 12s., et jacent in le Estker juxta Kyngeskerr, et iij acr.
prati appreciatæ ad 6s., et jacent ibid. in Colbrygmere, dimittuntur Willelmo Hunter et aliis pro 10l. 13s. 4d.

MIDRICH.

LIBERI TENENTES. Thomas de Heighington ten. ibid. j
mess. et xl acr. terræ per serv. forin., red. p. a. 4s. Adam del
Stanes ten. j mess. de jure uxoris suæ et xx acr. terræ voc. Uke-
manland, red. 2s. Iidem Thomas et Adam debent facere iij
prec. in aut., et erunt super precationes, et vadunt in legationibus
Episcopi, et arant et herciant j die, et falcant j die, et quadrigant fenum et bladum ij diebus. Rogerus Fulthorp ten. j mess.
et j bov. terræ, quondam Ulkyni Cotman, et solet operari
per totum annum qualibet septimana ij diebus, ut patet in libro
de Boldon, et dat partem suam de scat cum villanis, pro quibus
operibus red. p. a. per serv. forin. ad iiij term. usuales 3s.   Idem
Rogerus ten. j mess. et ij bov. terræ, quondam Anketill, et facit
iij prec. in aut., et erit super prec., et arat et herciat j die, et
falcat j die, et quadrigat fenum et bladum ij diebus, et dat
partem suam de scat cum villanis, j castelmann, et vadit in legationibus Episcopi, ut patet in predicto libro de Boldon, red. p. a.
ad. iiij term. usuales 3s.   Willelmus de Heyghington ten. xx
acr. terræ dominicæ, voc. le Brok, de dominicis grangiæ ibid.,
red. 16s. 8d.   Ricardus de Scrop miles ten. xvj acr. terræ in
mora de Midrich in ij parcellis, quondam Willelmi Newbygging,
quæ solebant reddere p. a. 22s., et modo tenentur per cartam
Ricardi quondam Episcopi Dunelm., nichil red. ut dictum est, &c.
Johannes Hunter ten. xv acr. terræ, quondam Constantinæ de
Chilton, et quondam de dominicis de Midrich, red. p. a. ad iiij
term. pred. 10s.   Willelmus de Heighington ten. iiij acr. terræ,
quondam parcellam dominicarum grangiæ, red. p. a. 2s.

TENENTES TERRARUM DOMINICARUM.   Willelmus Wodrof
ten. xx acr. terræ dominicæ, red. p. a. ad iiij term. usuales 20s.
Petrus Diconson ten. x acr. terræ de eisdem, red. p. a. ad e. t.
10s.   Thomas filius Stephani ten. x acr. terræ de eisdem, red. p.
a. ad e. t. 10s.   Petrus Cornforth ten. iiij acr. terræ de eisdem,
red. p. a. ad e. t. 4s.   Rogerus Hoggeson ten. vj acr. terræ de
eisdem, red. p. a. ad e. t. 6s.   Willelmus Barton ten. v acr. terræ
de eisdem, red. p. a. ad e. t. 5s.   Robertus Thomesson ten. v
acr. terræ de eisdem, red. p. a. ad e. t. 5s.*   Rogerus Hoggeson
ten. vij acr. terræ de eisdem, red. p. a. ad e. t. 7s.   Petrus Midrich ten. v acr. terræ de eisdem, red. p. a. ad e. t. 5s.   Petrus

---

* At the foot of the page is added in a later hand, "Memorandum, quod iste
collector de Midrige habebit allocationem annuam de 20s. de firma j peciæ terræ vocatæ le Oldtowen, continentis xl acr. terræ, quæ reddere solebant collectori pred. p. a.
70s. Hic allocatio a festo Sancti Michaelis anno Domini millesimo ccccxxxj usque ad
finem xl annorum, eo quod dimittitur Ricardo Denom per indenturam cum grangia de
Midrige ad terminum supradictum ; ideo, &c."

Johnson ten. iij acr. terræ de eisdem, red. p. a. ad e. t. 3s. Robertus Cornforth ten iij acr. et j rod. terræ de eisdem, red. p. a. ad e. t. 3s. 3d. Predicti ten. inter se xlvj acr. terræ de dominicis deficientes de summa contenta in antiquo rentali, et red. p. a. quousque inveniant terram vel tenementum, &c., 46s. Dicti tenentes solebant tenere inter se j pratum, voc. Kempilburn, cont. vj acr. terræ, et modo in manibus firmarii grangiæ, red. ibid. infra firmam. Iidem ten. inter se vij acr. terræ, quondam Petri de Mitrich, in Wydopmore, cum incremento, quæ sol. red. p. a. 7s., modo in tenura firmarii grangiæ ibid. Iidem tenentes ten. inter se tenuram, quondam Petri Midrich, quousque &c., red. p. a. 17s. 6d. Petrus Diconson ten. iiij acr. et j rod. terræ, quondam Thomæ filii Stephani, quæ solebant red. p. a. 6s. 8d., et red. modo p. a. 4s. 3d.

TERRÆ BONDORUM. Petrus Johnson ten. j mess. et dim. et iij bov. terræ, red. p. a. de blado de scat, videlicet, de frumento, avenis, et braseo, eodem modo sicut tenentes de Esyngton, et facit opera aut., et feni et arruræ, et omnia alia &c., et pro omnibus operibus preter opera in prato et feno, quilibet bondus pro ij bov. solvit p. a. 5s. 5d., unde in toto red. ad iiij term. usuales 17s. 1½ ¼d. Robertus Johnson ten. j mess. et. ij bov. terræ, red. p. a. ad e. t. 6s. 5¼d. Robertus Hogesson ten. j mess. et ij bov. terræ, et facit ut supra, red. p. a. ad e. t. 11s. 5¼d. Thomas filius Stephani ten. j mess. et ij bov. terræ, et facit ut supra, red. p. a. ad e. t. 11s 5¼d. Johannes filius Willelmi ten. j mess. et dim. et iij bov. terræ ut supra, red. p. a. 17s. 1½ ¼d. Robertus Cornforth ten. j mess. et dim. et iij bov. terræ ut supra, red. p. a. 17s. 1½ ¼d. Petrus de Cornforth ten. j mess. et dim. et iij bov. terræ ut supra, red. p. a. 17s. 1½ ¼d. Petrus Diconson ten. j mess. et dim. et iij bov. terræ ut supra, red. p. a. 17s. 1½ ¼d. Petrus Medrich ten. j mess. et dim. et iij bov. terræ ut supra, red. p. a. 17s. 1½ ¼d. Thomas Wodrof ten. j mess. et dim. et iij bov. terræ ut supra, red. p. a. 17s. 1½ ¼d. Robertus Thomesson ten. medietatem j mess. et j bov. terræ ad penyferme, red. p. a. 15s. Willelmus Barton ten. j mess. et ij bov. terræ ad penyferme, red. p. a. 30s. Et illi pred. ij tenentes ten. ad terminum vj annorum, hoc anno primo, red. ad festum Sancti Cuthberti in Martio, et solebant operari sicut illi bondi.

OFFICIUM PUNDERI. Omnes pred. tenentes red. inter se pro officio punderi, red. p. a. ad iiij term. usuales 20s.

CASTELMEN. Iidem tenentes red. p. a. pro castelmen, ad e. t. 20s.

METRICH. Iidem tenentes red. p. a. pro j vacca de metrich, 6s.

CORNAGIUM. Iidem tenentes red. pro cornagio, ad festum Sancti Cuthberti in Septembri, 40s.

YHOLWAYTING.   Iidem tenentes red. p. a. pro yolwayting, ad festum Nativitatis Domini, 5s.

MICHELMET.   Iidem tenentes red. p. a. pro michelmet, ad festum Sancti Michaelis, 15s.

WODLADES.   Iidem red. inter se pro xiiij quadrigatis et dim. de wodlades, ad festum Sancti Johannis Baptistæ, videlicet, pro quadrigata 3d., in toto 22½d.

GALLINÆ.   De tenentibus bondis ibid. ut supra, red. inter se ad terminum Nativitatis Domini xxx gall.

OPERA.   De operibus bondorum superius ad festum Michaelis pro quolibet bondagio 5s. 5d., in toto 75s. 10d.

COTAGIA ONERANTUR CUM GRANGIA.   Thomas filius Johannis ten. j cot. et v acr. terræ pro quibus solet operari a festo Sancti Petri ad vincula usque ad festum Sancti Martini ij diebus in ebdomada, et a dicto festo Sancti Martini usque ad festum Sancti Petri ad vincula j die in ebdomada, sarculare bladum, falcare pratum, et ducere fenum, et claudere curiam et virgultum, et pro istis operibus red. p. a. ad grangiam ibid. 5s. 2d.   Robertus Hoggeson ten. j cot. et v acr. terræ, et solet operari et red. ut supra, 5s. 2d.   Robertus de Cornforth ten. j cot. et v acr. terræ, et red. ut supra, 5s. 2d.

TERRÆ SCACCARII.   Thomas filius Stephani ten. j tenem. et xv acr. terræ, quondam Johannis Cotman, red. ad grangiam 8s. Adam del Stanes ten. j toft., quondam Sibillæ Johanswyf, red. p. a. 8d.   Johannes Bysshop ten. j toft. cum crofto, cont. j acr., et facit vj precationes, 12d.   Tenentes villæ ibid. ten. inter se j toft., red. p. a. ad e. t. 8d.   Iidem tenentes ten. inter se vj acr. terræ de vasto, quondam Willelmi Newbygging, red. p. a. 3s. Petrus Cornforth ten. iij rod. terræ, quondam Radulphi prepositi, solebat red. 2s., modo red. 2s.   Willelmus de Heighington ten. j acr. de vasto super les Leys, red. p. a. 2s.*

COMMUNIS FURNUS.   Est ibid. communis furnus, et j forgium, pro quibus red. p. a. 6d.

BRACINAGIUM.   Iidem solvunt pro bracinagio villæ ibid. p. a., red. ad iiij term. 2s.

VALOR MANERII.   Et est ibid. unum manerium edificatum de grangia et boveria, cum j camera et salario pro ballivo juxta portam, et non extenduntur propter reprisas domus. Et sunt ibidem xxj bov. terræ arabilis, quælibet bov. cont. xv. acr., summa cccxv acr. terræ, precium acræ 6d., unde summa in denariis 7l. 3s. 9d. Et sunt cxiij acr. prati falcandi in diversis locis, precium acræ 3s., unde summa in denariis 16l. 19s.   Et sunt ibid. diversæ pasturæ quæ valent p. a. ibid., 56s. 8d.   Item quædam pastura in Wyd-

* To this entry is added in the margin, "infra firmam grangiæ."

hopley, cont. clxxx acr. pasturæ, quondam terræ arabilis, quæ solebat dimitti quælibet acra pro 12d., modo dimittitur in toto pro 40s. Item dicunt quod est ibid. quædam placea bosci, voc. Drighthop de solo domini, et communis pastura quam Willelmus de Lilburn clamat esse suam, et impedit tenentes domini depascere animalia sua ibid., ideo &c. Summa totalis, 28l. 9s. 5d. Et dicta grangia dimittitur ad firmam Willelmo Hunter, p. a. pro. 20l. 13s. 4d.

KYLLIRBY.

LIBERI TENENTES. Johannes Killerby ten. j mess. et lxj acr. terræ per serv. forins., quondam Simonis hostiarii vel Simonis dorwardi, et solebat red. p. a. 40s. per cartam, modo per xij partem feodi unius militis, 40s. Johannes Robertson ten. j mess. et xxvij acr. terræ et dim. ut supra, red. p. a. (*blank*). Hugo Henrison ten. de jure uxoris suæ j acr. et dim. libere per forin. serv. red. (*blank*).

TENENTES BONDI. Henricus Burdon ten. ij mess. et iiij bov. terræ, bov. cont. xv acr., red. pro singulis ij bov. 8s., ad iiij term. usuales, et vij quadrigatas de wodlade, et iij prec. in aut. cum tota familia &c., et·habebit corrodium, et facit iij magnas ladas inter Tynam et Teysam, et quadrigat bladum per iiij dies in aut., et sarculat pro parte sua totum bladum Episcopi in Heighington, et inveniet unaquaque ebdomada per ij dies j hominem ad metendum ibid., et arat et herciat ibid. dim. acr. davererth, et arat et herciat j acr., et tunc habebit corrodium Episcopi, et facit j prec. cum herciis suis, et facit opera, et cariat ad molendinum sicut tenentes de Heighington, red. 23s. 7d. Willelmus Pyroules ten. ij mess. et iiij bov. terræ, red. p. a. ad e. t. 23s. 7d. Gilbertus Suallok ten. ij mess. et iiij bov. terræ, red. p. a. ad e. t. 23s. 7d. Willelmus Adamson de Wodham ten. j mess. et ij bov. terræ, red. p. a. ad e. t. 11s. 9½d. Johannes Smyth ten. dim. mess., et j bov. terræ, red. p. a. ad e. t. 5s. 10¹¹⁄₂₄d. Adam Peg ten. aliam mediet. mess., et j bov. terræ, red. p. a. ad e. t. 5s. 10½¼d. Idem Adam ten. j mess., et ij bov. terræ, red. p. a. ad e. t. 11s. 9½d. Maria Serle ten. j mess. et ij bov. terræ, red. p. a. ad e. t. 11s. 9½d. Johannes Howne ten. j mess. et ij bov. terræ, red. p. a. ad e. t. 11s. 9½d. Willelmus Serle ten. j mess. et ij bov. terræ, et facit ut supra, et falcat pratum Episcopi et ducit fenum, et claudit curiam et virgultum, red. p. a. ad e. t. 11s. 9½d.

BLADUM DE SCAT. Et predicti tenentes in bondagio red., pro singulis vj bov., j quart. frumenti mensuræ fori, unde summa iiij quart., et red. pro singulis vj bov. terræ, ij quart. avenarum

p. a., pro sing. vj bov., x quart. brasei, unde summa viij quart. avenarum et xl quart. brasei; in toto, iiij quart. frumenti, viij quart. aven., xl quart. brasei.

METRICH. Iidem tenentes red. inter se ad terminum Martini pro j vacca de metrich 6s.

CORNAGIUM. Iidem tenentes red. pro cornagio, ad festum Sancti Cuthberti in Septembri, 32s.

CASTELMEN. Iidem red. inter se pro castelmann ad iiij term. usuales 20s.

MICHELMET. Iidem red. inter se pro michelmet, ad festum Sancti Michaelis, 12s.

YHOLWAYTYNG. Iidem solvunt pro yolwayting, ad terminum Nativitatis Domini, 4s.

GALLINÆ. Item quilibet bondus, pro qualibet bov., red. ad fest. Nativitatis Domini ibid., quolibet anno, j gall., in toto xxiiij gall.

CARIAGIUM. Et similiter predicti tenentes bondi faciunt ladas de dominicis ubi Episcopus voluerit inter Teysam et Were, et unusquisque eorum invenit unam cordam ad magnam chaceam Episcopi.

OPERA. De operibus xij bondorum pred., videlicet, pro qualibet bov. 2s. 8¼¼d. ad festum Michaelis, in toto 65s. 6d.

COTAGIA. Adam Banes ten. j cot. cum curtilagio, et facit iij prec. in aut., red. p. a. ad iiij term. usuales 8d. Reginaldus Webster ten. j cot., et solebat red. 3s. 9d., modo red. sine operibus 2s.

MOLENDINUM. Iidem ten. inter se j molendinum aquaticum, et solebat computari cum molendino de Heighington, red. p. a. 40s.

TERRÆ SCACCARII. Johannes Killerby ten. de terra scaccarii, pro quadam cultura, voc. les Buites, red. p. a. ad festum Sancti Cuthberti in Septembri, ad iiij term. usuales 1d. Idem Johannes ten. j rod. et dim. vasti juxta pratum suum, voc. Estmed, red. p. a. 9d. Willelmus filius Radulphi, Petrus filius Willelmi, Thomas Hode et Henricus filius Willelmi tenuerunt inter se xxij acr. terræ cum mensura in Wydop, et solebant red. 22s., et modo extra tenuram, sed fermarii grangiæ de Midrich habent proficuos inde provenientes.

COMMUNE FORGIUM. Tenentes inter se solvunt pro quodam forgio ibid., quod solebat esse j cot. in Heighington, red. 12d.

De furno ibid. occupato et non arentato.

De iij placeis ibid. annexis liberis tenentibus, et non arentatis.

RYKENHALL.

Et sunt ibid. xij bov. terræ, quælibet bov. cont. xv acr., et
pro unaquaque bov. sol. operari a festo Sancti Petri ad vincula
usque ad festum Sancti Martini iij diebus in ebdomada, et a
festo Sancti Martini usque ad festum Sancti Petri ad vincula
ij diebus in ebdomada, et facit iiij prec in aut., et reddit unusquisque ij gall. et xx ova. Et sunt ibid. diversæ parcellæ reddituum, videlicet, de pundero de Riknal pro dim. tofti, sol. red.
p. a. 12d., de Johanne Uttyng pro incremento redditus Willelmi
Pityng in iij parcellis 2s. 6d., de Gilberto Preston pro j placea
ad edificationem j tofti, 2s. 6d., de Johanne Pawlyn pro ij
placeis Willelmi Dunpynthewell et Radulphi de Preston 3s., de
Roberto de Midrig pro pastura ibid. apud Merlepites 6s. 8d., et
tenentes villæ solent red. inter se xxiiij gall. et ccxl ova.

VILLA DE RIKENHALL. Willelmus Tedy de Ocly ten. totam
villam pred. cum pertinentiis et cum operibus supradictis ad
firmam, et red. ad iiij term. usuales 100s. 6d.

GRANGIA IBIDEM. Johannes del Loge ten. grangiam ibid.
ad firmam cum terris dominicis prati et pasturæ, cont. iiij carucatas, et quælibet caruc. viij bov., et quælibet bov. xx acr., red.
p. a. ad iiij term. pred. 20*l.*

LIBERI TENENTES, Prior Dunolm. red. pro situ molendini
de Acly p. a. 12d.

REDWORTH.

TENENTES IN DRINGAGIO. Ricardus Redworth ten. ij mess.
et xxxiiij acr. terræ per serv. forins., 5s. 8d. Willelmus Heighington ten. iij mess. et lxxv acr. terræ, red. ut supra, 13s. 4d.
Johannes Smale ten. j mess. et vij acr. et dim. terræ de jure
uxoris suæ, red. 15d. Alicia Broun ten j mess. et vij acr. terræ,
red. ad iiij term. pred. 15d. Johannes Redworth ten. ij mess.
et xxvj acr. terræ, red. ad e. t. 4s. 10d. Willelmus Elmeden
ten. j mess. et xix acr. terræ, quondam terra de escaeta, quod
tempore Domini Thomæ Episcopi predecessoris Domini Episcopi
nunc, et concessæ per dictum Thomam Episcopum cuidam
Johanni de Midelham in feodo simplici, et idem Johannes
feoffavit Willelmum Elmeden de dictis terris in feodo simplici, red. p. a. ad iiij term. pred. 3s. 2d. Willelmus Hunter
et Ricardus Hetheworth ten. j mess. et v acr. terræ de escaeta
Domini, quondam Johannis Storour indicti et fugativi, red. p. a.
pro libera firma 10d., et de residuo proficuum dictæ terræ red.
est inferius,—10d. Willelmus Taillour ten. j mess. et xv acr.

terræ, red. p. a. ut supra 2s. 6d.   Thomas Hunter ten. ij mess. et xlvj acr. terræ, red. ut supra 7s. 8d.   Johannes Willesson ten. j mess. et iij acr. terræ, red. ut supra 6d.   Johannes Smale ten. iiij acr. terræ de escaeta, per adquisitionem Simonis filii Willelmi quondam nativi Domini, red. p. a. ad e. t. pro libera firma 8d,, et de residuo proficuum dictæ (terræ) red. est inferius,—8d.   Johannes Latimer ten. de jure uxoris suæ j mess. et iij acr. et dim. terræ ut supra, red. ad e. t. 7d.   Quælibet bovata terræ red. j gall. ad festum Nativitatis Domini, et facit iij prec. in aut. cum j homine, et falcat j die cum viij hominibus, et quadrigat fenum j die cum viij quadrigis, et arat j die.*

GALLINÆ DRINGAGII.   Tenentes xvj bov. villæ red., ad festum Nativitatis Domini, xvj gall.

LIBERI TENENTES.   Willelmus Lilburn ten. villam de OLD THIKLEY de jure uxoris suæ, quæ villa facta fuit de territorio de Redworth, et red. p. a. pro cornagio, ad festum Sancti Cuthberti in Septembri, 13s. 4d.

TERRÆ SCACCARII.   Johannes Smale ten. j toft. cum vj acr. terræ, quondam Alani Tewe, red. p. a. ad iiij term. usuales, 9s. 4d.   Idem Johannes ten. iiij acr. et j rod. terræ et j fossam, quondam Willelmi Scot, red. p. a. ad e. t. 8s. 8d.   Johannes Redworth ten. j mess. et iiij acr. terræ jacentes in Lentynbank ibid., red. pro quolibet anno 5s. 2d.†   Johannes Redeworth capellanus ten. j tenem., quondam Petri filii Johannis, red. p. a. 3s.   Ricardus de Redworth ten. j toft., red. p. a. ad e. t. 12d.   Willelmus de Heyghinton ten. j placeam, voc. Forgeplace, red. p. a. ad e. t. 6d.   Johannes Redworth ten. j acr. terræ de parcella cot. de Heighinton, red. p. a. ad e. t. 12d.   Johannes Smale pro incremento terræ, quondam Simonis filii Willelmi, in manu Domini per escaetam, red. 3s. 4d.   Item pro incremento red. v. acr. terræ, quondam Johannis Storour, in manu Domini per escaetam ultra red. liberum tenentium, red. ad e. t. 4s. 2d.‡   Willelmus de Heighington ten. viij acr. terræ, quondam Ricardi de Midrich de Redworth, red. p. a. ad e. t. 6s. 8d.   Idem Willelmus ten. iiij acr. et iiij acr. et iij rod. terræ, quondam Ricardi Redworth, red. p. a. 13s. 2d.‖

---

* At the foot of the page is added in a later hand, " Memorandum, quod iste collector de Redworth habebit allocationem annuatim de 9s. de firma j peciæ terræ, voc. Scottesland, cont. x acr. terræ, quæ reddere solebat collectori pred. p. a. 9s. Hic debet allocari a festo Sancti Michaelis anno Domini Millesimo ccccxxxj usque ad finem xl annorum, eo quod dimittitur Ricardo Denom per indenturam cum grangia de Midrige ad terminum supradictum, ideo, &c."

† To this entry is added in the margin, " Cum grangia de Midrich."

‡ To this entry is added in the margin, " Reddit vic."

‖ This and the preceding entry are bracketed, and there is added in the margin, " Cum grangia de Heghyngton."

TERRÆ VASTÆ. Et sunt ibid. ij acr. terræ, quondam in tenura Alani Tewe, et solebant red. p. a. 2s. Item iiij acr. et dim. rod. terræ, quondam ejusdem Alani in Byllingsyde, et sol. red. p. a. 4s. 2d. Item ij acr. terræ, quondam in tenura Aliciæ Hunter, sol. red. p. a. 2s. Item iiij acr. terræ apud Billingsyde, quondam in tenura Hugonis Coci, sol. red. 4s. ix perticatæ terræ, quondam Aliciæ Hunter, sol. red. 2d. ij acr. terræ, quondam in tenura Willelmi prepositi, sol. red. p. a. 2s. iij acr. terræ, quondam in tenura Rogeri Wysk, sol. red. p. a. 3s. ij acr. terræ et xj pert. terræ, quondam ejusdem Rogeri in Westhikley, sol. red. p. a. 3s. 6d. iij rodæ terræ, quondam Willelmi de Newbigging, sol. red. p. a. 2s. iij acr. terræ, quondam ipsius Willelmi, sol. red. p. a. 3s. iiij acr. terræ, quondam in tenura Johannis Smyth apud Byllingside, sol. red. p. a. 4s. iiij acr. terræ, quondam in tenura Stephani Redworth, sol. red. p. a. 4s. ij acr. terræ, quondam Thomæ Carl, sol. red. p. a. 2s. Omnes istæ parcellæ continentur per antiquum rentale in Redworth, quibus parcellis pred. juratores dedicunt, &c.

BRAFFIRTON.

De tenentibus de Brafyrton pro j vacca de metrich ad festum Martini tantum 6s. De eisdem tenent. pro castelman ad iiij term. 15s. De eisdem pro cornagio ad festum Sancti Cuthberti in Septembri 22s. 6d. De eisdem tenent. pro bladis de scat, vij buz. frumenti, vij buz. brasei, j quart. vj buz. avenarum.

WESTHYKLEY.

TERRÆ DOMINICÆ. Johannes Gregory ten. 1 acr. terræ dominicæ, red. p. a. ad iiij term. usuales 50s. Johannes de Stanesby ten. iiij acr. terræ domin., red. p. a. ad e. t. 4s. Johannes Shephird ten. ij acr. terræ de eisdem, red. p. a. ad e. t. 2s. Johannes del Hall ten. vj acr. terræ de eisdem, red. p. a. ad e. t. 6s. Item sunt ibidem in Wydehopleys lxxiiij acr. et dim. rodæ terræ, quondam in tenura diversorum tenentium per parcellas in antiquo rentali, quæ solebant reddere pro qualibet acra 12d., et modo sunt extra tenuram defectu tenentium, sed firmarius grangiæ de Midrich occupat pred. terras ut parcellas grangiæ, sol. red. 74s. 1½d.

COTAGIUM. Johannes Shiphird ten. j cot., red. p. a. 4d., et certa opera, modo red. 12d.

TENENTES BONDI. Johannes Gregori ten. iij. mess. et. iij

bov. terræ, cont. xl acr. terræ, red. ad iiij term. usuales 24s.
Johannes Staynesby ten. j mess. et ij bov. terræ, red. p. a. ad. e.
t. 23s. 4d.   Johannes Shephird ten. ix acr. bond., j bov. terræ,
red. p. a. ad e. t. 8s.   Johannes Cayton ten. ij mess. et viij acr.
et j acr. prati, red. p. a. ad e. t. 10s. 8d.   Johannes del Hall
ten. x acr. terræ bond., red. p. a. ad e. t. 6s. 6d.   Robertus
Hunter ten. iij mess. et viij bov. terræ, quondam Walteri Den-
ton, et xxxv acr. terræ in le Wodfeld, solebant reddere 35s., modo
red. p. a. ad iiij term. usual. 70s. 8d.

ANTIQUI BONDI.   In dicta villa de Thikley sunt viij bondi,
unde quilibet ten. j mess. et ij bov. terræ, cont. xxx acr., pro
quibus solebant reddere bladum de scat, videlicet, de frumento,
avenis et braseo, eodem modo sicut bondi de Heighington, et reddere gallinas, et facere opera arruræ, herciaturæ et sarculationis,
et opera feni et autumpnalia consimili modo sicut bondi de Heyghington, et modo arentantur ad penyferme ut supra, et quilibet
red. pro medietate j castelmann, et quilibet eorum iiij quadrigatas de wodlades.

* METRICH.   Predicti tenentes solvunt pro metrich ad festum Martini 3s.

* CORNAGIUM.   Iidem solvunt cornagium, ad festum Sancti
Cuthberti in Septembri ibid., 16s.

* MICHELMET.   Iidem solvunt pro michelmet, ad festum
Sancti Michaelis ibid., 8s.

* YHOLWAYTING.   Iidem solvunt pro yolwayting, ad festum
Nativitatis quolibet anno, 2s. 8d.

TERRÆ SCACCARII.   Johannes Gregori ten. j toft. et croft. et
v acr. terræ, quondam Willelmi Wham, red. p. a. 6s.   Johannes
Shephird ten. xiij acr. terræ, quondam Willelmi Grenwelbrok, et
solebat reddere p. a. 14s., modo red. p. a. ad e. t. 3s. 4d.
Johannes Cayton ten. j toft. et ij acr. terræ, quondam Petri
Colier, red. p. a. 4s.   Item idem Johannes ten. j placeam, cont.
dim. acr., quondam J. fil. Aliciæ, red. 2s.   Emma ad Towneshend ten. j toft., et j rod. terræ, red. p. a. 2s.   Willelmus de
Lylburn ten. xv acr. terræ, quondam bond. in tenura Willelmi
Wright, et postea Margaretæ White, solebat reddere p. a. 10s.,
modo red. 5s.   Willelmus Daniell ten. j tenem. et ij gardina et j
acr. terræ in crofto, quondam Willelmi Aukland, 4s.   Johannes
de Thikley ten. j mess. et ij acr. terræ, quondam Willellmi
Grenwell, red. 5s. 1d.

NEWBIGGYNG.

DRINGAGIA.   Johannes Notyngham ten. novam villam juxta

* This clause is included under the general heading, "Antiqui Bondi."

Thikley, red. p. a. ad iiij term. 13s. 4d., et inveniet xij homines
j die vel j hominem xij diebus in autumpno ad metendum ad
grangiam de Metrich, et arat ibid. j die, et operabit ad stagnum
molendini, et vadit in legationibus Episcopi, et quadrigat vinum
cum iiij bobus, 13s. 4d. Henricus Staynesby ten. ibid. j mess.
et certas terras de novo asserto, red. p. a. 5s. Willelmus de
Heighington, ten. j placeam in mora de Newbygging, quondam
Ifmaiginæ filiæ Rogeri, red. p. a. ad e. t. 12d.

WEST AUKLAND.

LIBERI TENENTES. Johannes de Sokburn ten. j mess. et l
acr. terræ, quondam Aliciæ de Camera, per serv. forin., red. p. a.
14s. 2d. Idem Johannes ten. j mess. et xx acr. terræ, quondam
Willelmi filii Jacobi ibid., per serv. ringagii, red. 5s. Ricardus
Perkynson ten. j mess. et xx acr. terræ, quondam Petri filii Johannis, per serv. ringagii, red. 5s. Johannes Sokburn ten. cum
Johanne de Dalton j mess. et xx acr. terræ, quondam Johannis
Coupman, per cartam, red. p. a. ad e. t. 3s. Thomas Perkynson
ten. iij mess. et xxiiij acr. terræ, quondam Willelmi Clerkson per
serv. forin., red. 5s. Idem Thomas ten. j mess. et vj acr. terræ,
quondam Ricardi Algat, per serv. forin., red. p. a. 2s. Thomas
Surteys ten. j mess., vocatum Wolley et Foulesik, quondam Gilberti de Burdon, et postea Willelmi Wodemous, red. p. a. ad e.
t. 10s.

TENENTES IN DRINGAGIO. Johannes Sokburn et Johannes de
Dalton ten. v mess. et xl acr. terræ, quondam Willelmi Coupman,
et arant et herciant dim. acr., et adjuvant ad fenum Episcopi
faciendum, et faciunt iij prec. in aut., et vadunt in legationibus
Episcopi inter Tynam et Tesam, et red. p. a. 3s., et pro dictis
operibus 20d., ad iiij term. usuales, red. in toto 4s., et pro operibus 20d. Johannes Sokburn ten. j mess. et xx acr. terræ, quondam Johannis Ewenwod, quas Johanna de Langton ten. in dote,
et facit fenum, et iij prec. in aut. cum j homine tantum, et red.
p. a. ad e. t. 5s. Walterus Sawter et Robertus Baron ten. j
mess. et xx acr. terræ, quondam Utringi filii Roberti, et arant et
herciant dim. acr., et faciunt iij prec. in aut. cum j homine, et
faciunt fenum, et vadunt in legationibus Episcopi, 4s. Willelmus Bateman ten. ij mess. et xl acr. terræ, quondam Utredi
Forester, et facit in omnibus ut supra, red. 9s. 4d. Thomas Lax
ten., de jure uxoris suæ, j mess. et xl acr. terræ, quondam Eus-
tachii Dryng, et facit in omnibus ut supra, red. p. a. ad e. t. 5s.
Thomas Percebrig, Johannes Coke, Rogerus Walssh, Johannes
de Budlegh ten. ij mess. et xl acr. terræ, quondam Johannis

Horne et Simonis Heyde per serv. pred., red. p. a. ad e. t. 8s.
4d. Willelmus Tudhowe ten. j mess. et xx acr. terræ, voc. New-
byggingland, et facit ut supra, red. 5s.

Dominus Willelmus de Bowes ten. villam de LUTRINGTON,
et facit iij prec. in aut. ad manerium de Condon omnibus hominibus suis, excepta propria domo sua, et vadit in legationibus
Episcopi, et inveniet iiij boves ad quadrigandum vinum, et est
in magnam chaceam Episcopi, red. p. a. 20s.

COTAGIA. Alexander Colier ten. j cot., et red. p. a. 12d., et
iij prec. in aut., et facit fenum, et opera ad stagnum molendini,
red. p. a. ad iiij term. usuales 12d. Johannes Milner ten. j cot.,
et facit opera ut supra, red. ad e. t. 12d. Willelmus Spurenrose
et Walterus Mertyn ten. j cot. ut supra, red. p. a. 12d. Alexander Colier ten. j cot., et facit opera ut supra, red. p. a. 12d.
Willelmus Wynch et Walterus Sawter ten. j cot., et faciunt
opera ut supra, red. p. a. 12d. Idem Alexander ten. medietatem
j cot., red. p. a. sine operibus 6d.

TENENTES BONDI. Alexander Colier ten. iiij mess. et iiij
bov. terræ, quælibet bov. cont. xx acr., red. pro qualibet bov. 5s.
ad iiij term., et de qualibet bov. in autumpno iij homines in ebdomada ad metendum et falcandum pratum, et cariandum fenum,
et tunc semel habebit corrodium Episcopi, et cariat bladum ij
diebus, et red. j gall. et x ova, et iij ladas inter Tynam et Tesam,
et inveniet j cordam ad chaceam Episcopi, et facit pro parte sua
aulam Episcopi in foresta longitudinis lx pedum et latitudinis
infra postes xvj pedum, et panetram et boteram cameræ, et priva-
vatam capellam longitudinis xl pedum et latitudinis xv pedum, et
habebit partem suam de 2s. de caritate Episcopi, et facit partem
suam de haya et circa logias, et habebit in recessu Episcopi partem suam tonelli vel dim. cervisiæ si remanserit, et custodit pro
parte sua ayereas aucipitrum in Warda de Auckland, et facit partem
suam de xviij botharum in nundinis Sancti Cuthberti, et eat in
rahunt ad summonitionem Episcopi, et facit opera ad molendina
de Auklandshire, — 20s. Thomas Smyth ten. iij mess. et iij bov.
terræ ut supra, red. p. a. pro bov. 5s., — 15s. Robertus (blank)
ten. j mess. et j bov. terræ, et facit ut supra, red. p. a. ad e. t. 5s.
Willelmus Taillour ten. j mess. et ij bov. terræ ut supra, red. p. a.
ad e. t. 10s. Willelmus Bateman ten. j mess. et j bov. terræ ut
supra, red. p. a. ad e. t. 5s. Walterus Sowter et Rogerus Raket ten.
j mess. et j bov. terræ, red. p. a. 5s. Alicia uxor Ricardi Bysshop
ten. ij mess. et ij bov. terræ ibid., red. p. a. 10s. Willelmus Tod-
how ten. j mess. et j bov. terræ, red. p. a. 5s. Willelmus Brak ten.
j mess. et j bov. terræ, red. p. a. ad e. t. 5s. Willelmus Carter
ten. j mess et j bov. terræ ibid., red. p. a. ut supra, 5s. Alexander Colier ten. molendinum aquaticum ibid., et solebat red-

dere 10*l*. 13s. 4d, et modo 6*l*. 6s. 8d. Et omnes bondi tenentes
red. inter se pro j vacca de metrich ad festum Sancti Martini
quolibet anno ibid., ut dicunt, 6s. Et red. inter se pro operibus
in pratis falcandis et cariandis de West Aukland usque Condom
8s. 10d. quolibet anno ut dicunt, — 8s. 10d. Et quælibet bov.
red. pro outlad ad terminum Martini p. a. 12s. 11d. Iidem tenentes red. pro wodlades, ad festum Sancti Johannis Baptistæ
pro qualibet bov., 8d. Unde summa in universo ibid. p. a. 9s.
11d. Tenentes villæ ten. inter se terram Johannis Teddy, red.
quousque, &c., 12d. Iidem ten. j acr. prati in Auklandhawe,
quondam Alani Bateman, red. p. a. (*blank*).

Et sunt ibid. xj acr. et j rod. prati jacentes in Thurnomed,
solebant reddere 56s. 8d., modo dimittunter cum grangia de
Condon.

GALLINÆ ET OVA. De bondis ibid. red. ad festum Nativitatis Domini et Paschæ xvij gall. et clxx ova.

OPERA. De operibus xvij bov. pred. pro operibus autumpnalibus pro qualibet bov. 2s. 3d. ad terminum Michaelis, 38s. 3d.
De eisdem pro cariagio bladi ibid. ad e. t. 22s. 8d.

GLEBA DE STAYNDROP. Rector Ecclesiæ de Standrop ten.
j mess. et xvi acr. terræ, quondam Roberti Scriptoris, et est
gleba Ecclesiæ pred., red. p. a. ad iiij term. usuales 10s.

TERRÆ SCACCARII. Willelmus de Bowes ten. j tenem. et
certas terras, quondam Thomæ Barbour, in Lutrington, 6s. 8d.
Willelmus Carter ten. viij acr. et dim. terræ super Farugholes,
solebat reddere 8s. 6d., modo 4s. 3d. Willelmus Brak ten.
cum Thoma Flesshewer ten. v acr. terræ apud Hullingthorn,
2s. 6d. Johannes Cokerton ten. j acr. terræ ibid., red. p. a. ad
e. t. 12d. Idem Johannes ten. ij acr. terræ ibid., red. p. a. ad
e. t. 12d. Walterus Sowter ten. dim. acr. terræ, quondam
Roberti Alexander, red. p. a. ad e. t. 6d. Johannes Milner ten.
iij rod. terræ, quondam Spoom, red. p. a. ad e. t. 12d. Willelmus Freland, ten. x acr. terræ in Capilheued, red, p. a. ad e. t.
5s. Johannes Hoggeson ten. j acr. terræ juxta Wodhows, red.
p. a. ad e. t. 12d. Johannes Dobson ten. j acr. terræ apud Hal-
lyngthorn, red. p. a. ad e. t. 6d. Rogerus Raket ten. j rod.
terræ apud Hertisholyn, red. p. a. ad e. t. 4d. Cristiana White-
heued ten. j mess., cont. j acr. terræ, quondam Willelmi Spen-
love, red. 7d. Ricardus Perkynson ten. j placeam de vasto
Domini, quondam Jacobi Forester, longitudinis xl pedum, latitudinis x pedum, red. p. a. ad e. t. 2d. Johannes Dalton ten. j
placeam de vasto, red. p. a. ad e. t. 2d. Idem Johannes ten. j
placeam aliam de vasto ex parte tenem. sui, cont. in longitudine
xxx pedes et latitudine xviij pedes, red. p. a. ad e. t. 2d. Alicia
Wydowson ten. vj acr. terræ, quondam Johannis de Burton,

apud Toft, red. 4s. Johannes Loge ten. j clausuram, voc. Ba-
thanclos, cont. v acr. terræ, red. p. a. 3s. 4d. Johannes at
Towneshend ten. dim. acr. terræ, red. p. a. ad e. t. 8d. Walterus Ald ten. j placeam vastam in augmentum gardini sui, red.
p. a. 1d. Alexander Colier pro consimili red. ibid. ad e. t. 1d.
Johannes Flesshewer ten. j botham de novo edificatam super vastum, longitudinis xx pedum et latitudinis xiiij pedum, red. p. a.
ad e. t. 4d. Thomas Flesshewer et Willelmus Brak ten. j
bothe, longitudinis xx pedum et latitudinis xviij pedum, red. 8d.

    *Forgium. Thomas Smyth et tenentes villæ ten. j forgium,
long. xx pedum latitudinis xvj pedum, red. 8d.

    *Communis furnus. Iidem tenentes ten. inter se commu-
nem furnum villæ ibid. edificatum, red. 6d.

    Willelmus Bateman ten. j toft. juxta tenem. suum., red. p. a.
18d. Johannes Lax ten. j toft. ibid. red. p. a. ad e. t. 6d. Willelmus Bowes chivaler ten. j acr. terræ apud Willyngshaw, quondam Odonis de Lutryngton, red. 12d. Idem Willelmus ten. iij
acr. terræ, quondam Walteri de Lutrington, voc. le Fricheley, red.
3s. 4d. Thomas Surteys ten. c acr., voc. le Knyghtfeld, red. p. a.
20s. Idem Thomas ten. j mess. et xxxvij acr. terræ, voc. le Ryddyng, quondam Ricardi Rede, red. 18s. Idem Thomas ten. xxiiij
acr. terræ in les Leys, quondam Eudonis del Riddyng, red. 2s.
Idem Thomas ten. iij acr. vasti juxta gardinum suum, red. p. a.
2s. Idem Thomas ten. v acr. terræ, quondam de terra Johannis Percy et dicti Eudonis, red. 4s. 8d. Johannes de Dalton
ten. xxvj acr. terræ, quondam Walteri de Burton, sol. red. p. a.
pro qualibet acr. 8d., et xiiij acr. terræ, quondam Thomæ de
Hawden, sol. red. pro acr. 8d., et xv acr. et dim. terræ, quondam Willelmi Aldburnwyk, red. pro acr. 8d., et v acr. terræ,
quondam Rogeri Mody, sol. red. pro acr. 8d., unde summa
acrarum lx acr. et dim., in denariis 40s. 4d., et pro dictis acr.
modo red. p. a. 13s. 4d. Item sunt ibid. c acr. terræ in tenura
Ricardi de Parco, quondam Petri de Brakenburn, red. 13s. 4d.
Tenentes de Bolam red. p. a. fermario grangiæ de Metrich pro
licencia adequandi animalia sua ad vivarium de Wydhop, quam
summam firmarius grangiæ pred. de Midrich, red. p. a. 5s.
Johannes de Dalton ten. j placeam retro gardinum suum, quondam Thomæ de Skelton, red. 2d. Thomas Surteys ten. dim.
acr. terræ juxta terram Johannis Percy, red. p. a. 3d. Ten-
tentes villæ solvunt inter se pro j acr. terræ vast., quondam
Alexandri Gamel, 12d. Predicti tenentes solvunt inter se pro
j acr., quondam Willelmi filii Alexandri, 12d. Iidem tenentes
solvunt inter se pro terris Michaelis Milner de residuo terræ

---

    * This clause is included under the general heading, " Terræ Scaccarii."

Johannis Percy, red. 13d. Iidem solvunt inter se pro terris Johannis Coupman, videlicet, pro j placea cont. xx pedes de incremento iiij acr., red. p. a. ad e. t. 16d. Et sunt xxiiij acr. terræ in Wydhopmore, quondam in tenura Ricardi Catlynson et postea Thomæ Barbour, et modo in tenura Willelmi Bowes, red. 6s. 8d. Idem Willelmus ten. iiij acr. terræ, quondam in tenura Eudonis de Lutrington, red. 16d. Walterus Sawter ten. j toftum, red. p. a. ibid. ad e. t. 6d.

BRACINAGIUM. De 10s. de brasinagio cervisiæ nichil hic, quia cum firma burgi de Aukland, et solebat reddere p. a. 40s.

Et sunt ibid. lxiij acr. et dim. terræ in Wydhopmore in manu Domini, et extra tenuram, et solebant arentari acr. ad 8d., unde in toto 42s. 4d., et modo firmarii grangiæ de Midrich habent proficuum ejusdem in pastura, et dimittuntur p. a. pro 30s. —— 30s.*

TERRÆ VASTÆ. De v acr. terræ ibid., quondam Alexandri Warkman, unde apud Fyldynggate ij acr., et super Warkmanflat iij acr., et solebant reddere p. a. 3s. 6d., et modo jacent vastæ, j acr. in campo de Warkmanfeld sol. red. p. a. 8d., et modo vasta ut supra, dim. acr. terræ, quondam Adæ filii Eliæ prepositi de Heighington, sol. red. p. a. 16d., sicut continetur per rentale. Item sunt ibid. x acr. terræ in Hunthank, quondam Umfridi Skelton, sol. red. p. a. pro acr. 8d., modo vast. Item x acr. terræ, quondam ejusdem Umfridi, voc. Lynsakland, sol. red. 3s. 4d., modo vast., ix acr. j rod. terræ in Wolleycrok, quondam in tenura ejusdem Umfridi et Willelmi Brak, et sol. red. p. a. 6s. 2d. De 4s. de vj acr. terræ, quondam Roberti Carpenter de Cok Riddyng, nichil, quia vastæ.

NORTH AUKLAND.

LIBERI TENENTES. Johannes Pollard ten. j tenementum, voc. le Wodhous, cont. c acr. terræ, red. p. a. ad iiij term. usuales 109s. Dominus Willelmus Colvyll ten. xl acr. terræ, quæ fuerunt Walteri Burdon, et postea Roberti Herle, red. 20s. 4d. Johannes Pollard ten. j tenem., et lxxxij acr. terræ, per quod servitium ignorant ut dicunt &c., ideo &c., red. 10s. Idem Johannes ten. v acr. terræ, quondam Willelmi filii Henrici Escombe, red. 10d. Idem Johannes ten. xx acr. terræ, quondam de bondis, red. p. a. ad e. t. 6s. 8d. Idem Johannes ten. j tenuram, quondam Umfridi Smyth, red. p. a. ad duo festa Sancti Cuthberti, 12d. Idem Johannes ten. j placeam, quondam Adæ de Carlo', red. p. a. ad e. t. 4d. Idem Johannes ten. xx acr. terræ

* To this entry is added in the margin, " cum firma grangiæ de Midrich."

juxta bercariam suam juxta Pollarden, voc. le Newfeld, sol. red.
p. a. 6s. 8d., modo red. p. a. ad e. t. 3s. 4d.   Idem Johannes
ten. lj acr. terræ, quondam Adæ Huntyngton, red. p. a. ad e. t.
7s. 9d.   Heredes Willelmi de Kereby ten. x acr. terræ in Wel-
crok, red. p. a. 8s. 8d.   Iidem heredes ten. j rod. terræ in les
Byres, red. p. a. ad e. t. 2d.   Idem Willelmus ten. iiij acr. terræ,
quondam Johannis Hawkyn, red. p. a. 4s.   Johannes Pollard ten.
iiij acr. terræ, quondam Nicholai Fissher, red. p. a. 12d.   Willelmus del Bowes chivaler ten. lx acr. terræ apud le Wellyng-
thorn, quondam Petri de Bolton ibid., red. p. a. ad e. t. 30s.

Robertus Bynchestre ten. BYNCHESTRE et HUNWYK per cartam Domini Episcopi per servitium forinsecum, quondam tent. in
dryngagio per librum de Boldon, et pro aliis servitiis et redditibus
in Hunwyk 8s., et pro assarto Roberti 4s., red. p. a. ad iiij term.
usuales ibid. &c., ut dicunt &c., 8*l.* 12s.

Ricardus de Parco ten. in Byres Geffrey j mess. et certas
terras, red. p. a. ad e. t. 13s. 4d.

Johannes de Whitworth ten. villam de WHITWORTH per serv.
forins., cum 14s. 10d. de redd. quondam Mariæ Muschance, pro
tercia parte ij partium manerii de Whitworth, red. p. a. 4*l.* 18d.

Thomas Claxton ten. manerium de ALDPARK, quondam Petri
Kellawe, cont. clx acr. terræ, per serv. forins., red. p. a. per serv.
forins. 60s.

Johannes Belasys ten. manerium de HENKNOLL, et facit
forins. serv., et quadrigat vinum cum iiij bobus.—8s.

Johannes Pollard ten. j mess. et xx acr. terræ, quondam Adæ
de Hunton, unde x acr. quondam fuerunt Roberti Eggeacre, red.
p. a. ad e. t. 5s.   Decanus de Aukland ten. iij acr. terræ juxta
campum de Wodhows, quondam magistri Johannis de Insula
ibid., red. p. a. ad e. t. 2s.   Idem Decanus ten. vj acr. terræ
juxta bercariam suam, red. p. a. ad e. t. 4s.   Predictus Decanus
de Aukland ten. iij acr. terræ, quondam Johannis de Insula, red.
p. a. 2s.   Idem Decanus (ten.) dim. acr. terræ jacens ante ostium bercariæ predicti Decani, et red. p. a. 4d.   Johannes Pollard ten. j clausuram, voc. le Frith, et red. p. a. 2s.*   Willelmus
Huton ten. j mess. et xx acr. terræ, per quod servitium ignorant,
red. p. a. ad iiij term. usual. 2s.   Willelmus Brus ten. xij acr.
terræ, voc. Sawterland, quondam Johannis Throcton, red. p. a.
8s.   Idem Willelmus ten. v acr. terræ, voc. le Riddyng, quondam ipsius Johannis, red. p. a. 20d.   Adam Yeman ten. j
placeam de vasto, cont. in longitudine (*blank*), red. p. a. 6d.   Johannes Galway capellanus ten. xxij acr. terræ et j rod., red. p. a.
13s. 10d.   Thomas Barker ten. iij acr. terræ et dim. de dicta

---

* Below this entry is added in the margin, " Memorandum de 6d. pro Ulschawe."

terra, red. p. a. 2s. 4d. Willelmus Smyth ten. ij acr. et j rod. de eadem terra, red. p. a. 18d. Robertus Cornbrigh ten., de jure uxoris suæ, iij acr. et j rod. terræ, red. p. a. 2s. 2d. Willelmus Norton ten. j acr. dictæ terræ, red. p. a. 8d. Johannes Verti senior ten. j acr. dictæ terræ, red. p. a. 8d. Johannes Verti capellanus ten. j acr. dictæ terræ, red. p. a. 8d. Radulphus Euere miles ten. j acr. dictæ terræ, red. p. a. 8d. Willelmus Cokky ten. ij acr. terræ ibid., red. p. a. 16d. Agnes Brid ten. j acr. et iij rod. dictæ terræ, red. p. a. 14d. Willelmus filius Ricardi Maceon ten. j acr. dictæ terræ, red. p. a. 8d. Johannes Alerton junior ten. ij acr. et dim. dictæ terræ, red. p. a. 20d. Ricardus Bedlyngton capellanus ten. j acr. ejusdem terræ eidem concessam per Willelmum de Punfald, 8d., et valet ultra 16d., quam adquisivit ad manum mortuam sine licencia, &c. Robertus Corbrig ten., de jure uxoris suæ, xx acr. terræ, super le Brak, quondam Gilberti Walker, red. p. a. ad e. t. 13s. 4d. Johannes Richemond ten. cum Agnete Brid j acr. terræ,. quondam Johannis Bird, voc. Pundere acre, red. 4d. Johannes Burdon junior ten. j croftum, voc. Amblerriddyng, red. p. a. 20d. Thomas del Kychyn red. pro terra, quondam Johannis Carhill, ad festum Sancti Cuthberti in Septembri quolibet anno, j librum piperis. Alanus Cowton capellanus et Johannes Burdon junior et Willelmus Fowler pro terris, quondam Galfridi Cook, red. p. a. ad e.✥ j librum piperis. Idem Alanus capellanus pro terra Johannis Ardrin red. p. a. ad e. t., j librum cimini. Est ibid. j acr. juxta Duresmegate ex parte orientali, quondam Johannis Kemp, et solebat reddere 8d., unde prepositus vel punderus oneratur ad distringendum pro redditu, et modo ad firmam cum grangia ut supra. Ricardus Bedlyngton capellanus ten. viij acr. terræ Nicholai Fissher, red. p. a. 2s. Idem Ricardus Bedlyngton capellanus ten. xx acr. terræ, quondam Willelmi Faukes, red. p. a. 5s. 3d. Predictus Ricardus de Bedlyngton capellanus ten. xx acr. terræ in campo, voc. ibid. Prestfeld, — 10s., et est juxta Welgate, in puram et perpetuam elemosinam ex consessione Domini Thomæ Episcopi.

COTAGIA. Johannes Pollard ten. ij cot. cum crofto, cont. dim. acr., et solebat reddere p. a. 2s., modo cum terra de Wodhous. Adam Yoman ten. iij cot. cum crofto, cont. iij rod. terræ, red. p. a. ad e. t. 3s. Willelmus Robson ten. j cot. cum crofto, red. p. a. ad e. t. 12d. Johannes Sawsery ten. j cot. cum crofto, red. p. a. ad e. t. 12d. Johannes Alverton wright ten. ij cot., red. p. a. ad e. t. 2s. Ricardus Maunce ten. j cot. cum crofto, et facit iij dies in feno, si facit opera integra habebit per j diem ½d. de Domino — 2s. Johannes punderus ten. j cot. cum crofto, cont. dim. acr. ut supra, red. p. a. 2s. Hugo Barker ten. j cot. cum

crofto, cont. dim. acr. ut supra, red. p. a. 2s.   Cecilia filia Willelmi de Norton ten. j cot. cum crofto ut supra, red. p. a. 2s.
Predictus Hugo Barker ten. j cot. cum crofto, cont. dim. acr. ut
supra, red. p. a. 2s.   Henricus Wayman ten., de jure uxoris suæ,
j cot. cum crofto ut supra, red. p. a. 2s.   Johannes Staundon
ten. j cot. cum crofto ut supra, red. p. a. 2s.   Predictus Johannes
punderus ten. j cot. cum crofto ut supra, red. p. a. 2s.   Johannes
Makant ten. ij cot. cum ij croftis, red. p. a. 4s.   Willelmus
Smyth ten. j cot. cum crofto ut supra, red. p. a. 2s.   Willelmus
del Ferye ten., de jure uxoris suæ, j cot. cum crofto, red. p. a. 2s.
Johannes Verty capellanus ten. j cot. cum crofto, cont. dim. acr.
ut supra, red. p. a. 12d.   Agnes Wylington de Hexham ten.
medietatem j cot., red. p. a. 12d.   Willelmus Norton ten. aliam
med. dicti cot., red. p. a. 12d.   Omnes cot. superius ad 12d.,
red. inter se ultra antiquum rentale, 12d.*

VETERES DOMINICÆ. Gilbertus Eglyn ten. vij acr. terræ, de
veteribus terris dominicis, red. p. a. ad iiij term. usuales 5s. 10d.
Thomas Barker ten. vij acr. terræ de eisdem, red. p. a. ad e. t.
5s. 10d.   Willelmus Robynson ten. ix acr. terræ de eisdem, red.
p. a. ad e. t. 7s. 6d.   Adam Yoman ten. ix acr. terræ de eisdem,
red. p. a. ad e. t. 7s. 6d.   Johannes Burdon ten. xx acr. terræ
de eisdem, red. p. a. ad e. t. 16s. 8d.   Thomas Barker ten., de
jure uxoris suæ, ij acr. terræ, red. p. a. ad e. t. 20d.   Willelmus
Smyth ten. ij acr. terræ ibid. de eisdem, red. p. a. 20d.   Willelmus Broghton lister ten j acr. terræ de eisdem, red. p. a. 10d.
Willelmus Bruys ten. j acr. terræ de eisdem, red. p. a. 10d.
Thomas Calton ten. ij acr. terræ de eisdem, red. p. a. 20d.
Isabella Amberlay ten. ij acr. et dim. terræ de eisdem, red. p. a.
2s. 1d.   Adam Yoman ten. viij acr. et dim. terræ, red. p. a. ad
e. t. 7s. 1d.   Agnes Brid ten. ij acr. et ij rod. et dim. terræ,
red. p. a. ad e. t. 2s. 2¼d.   Matheus Smyth ten. iij acr. de
eisdem dominicis, red. p. a. ad e. t. 4s. 2d.   Willelmus Fawler
ten., de jure uxoris suæ, iij acr. et dim. terræ, red. p. a. 2s. 11d.
Johannes Burdon junior ten. xx acr. terræ in campo, voc. Jos-
pesfeld, red. p. a. 13s. 4d.   Johannes Makant ten. viij acr.
terræ, red. p. a. ad e. t. 5s. 4d.   Johannes Alverton ten. xij acr.
terræ de eisdem, red. p. a. ad e. t. 8s.   Idem Johannes ten. ij
acr. terræ de eisdem, red. p. a. ad e. t. 2s.   Willelmus Robson
ten. iiij acr. terræ de eisdem, red. p. a. ad e. t. 4s.   Gilbertus
Eglyn ten., de jure uxoris suæ, iij acr. terræ, red. p. a. 2s. 6d.
Thomas Skynner ten. j toftum et ij acr. terræ, red. p. a. ad e. t.
4s. 2d.   Idem Thomas ten. j acr. terræ de eisdem terris, red.
p. a. 5d.   Thomas Barker ten. ij acr. terræ ibid., red. p. a.

* Added in the margin in another hand, " summa 36s."

20d. Idem Thomas ten. ij acr. et dim. terræ, red. p. a. ad e. t.
2s. 6d.

Novæ Dominicæ. Thomas Berker ten. xxvj acr. terræ de
novis dominicis ibid., red. p. a. ad iiij term. usuales 39s. Willelmus Robson ten. iij acr. ibid. de eisdem, red. p. a. ad e. t.
4s. 6d. Johannes Burdon junior ten. iiij acr. terræ ibid., red.
p. a. 6s. Willelmus Smyth ten. iiij acr. terræ de eisdem, red.
p. a. 6s. Willelmus Golde ten. iij acr. terræ de eisdem, red.
p. a. ad e. t. 4s. 6d. Johannes Galow ten. iiij acr. terræ ibid.,
red. p. a. ad e. t. 6s. Matheus Smyth ten. iij acr. terræ ibid.,
red. p. ad e. t. 4s. 6d. Willelmus Broghton cook ten. iij acr.
terræ ibid., red. p. a. ad e. t. 4s. 6d. Willelmus Broghton lyster
ten. ij acr. terræ ibid., red. p. a. 3s. Thomas Bulmer ten. j
acr. terræ ibid., red. p. a. ad e. t. 18d. Willelmus Huchonson
ten. j acr. et dim. terræ, red. p. a. ad e. t. 2s. 3d. Adam
Yoman ten. dim. acr. terræ ibid., red. p. a. ad e. t. 9d. Isabella
quæ fuit uxor Johannis Wyles ten. dim. acr. terræ, red. p. a.
9d. Gilbertus Eglyn ten. j acr. terræ ibid., red. p. a. ad e. t.
18d. Alicia Perdevaux ten. j acr. terræ ibid., red. p. a. ad e. t.
18d. Johannes Allerton ten. j acr. terræ ibid., red. p. a. 18d.
Ricardus de Colton ten. ij acr. et iiij rod. terræ, red. p. a. ad
e. t. 4s. 1½d. Et sunt ibid. xix acr. terræ et dim. de eisdem
dominicis jacentes in quadam pecia, voc. le Courtflat et le
Crosflat, ex australi parte parci ibid., quondam in tenura Simonis
Sharp, et dimittitur cum grangia de Condom, et sol. red. p. a.
qualibet acr. 18d. Item sunt ibid. iiij acr. terræ de eisdem
dominicis jacentes in le Moreflate, sol. red. p. a. 6s., et dimittuntur ut supra. Item ij acr., quondam in tenura Willelmi filii
Roberti fullonis, sol. red. p. a. 3s., et modo dimittuntur ut
supra. Item xx acr. terræ, quondam Aliciæ Lang jacentes in
campo ibid. in diversis parcellis, et sol. red. p. a. 16s. 8d., et
modo concessæ, per Dominum Episcopum, Johanni Pollard cum
manerio et terris de Wodhous, quondam Rogeri Avener, ut terræ
scaccarii, unde dictus Johannes Pollard red. infra firmam suam
de 109s. superius, titulo redd. liberum tenentium. Item sunt ibid.
viij acr. terræ, voc. Wolfangrosse, sol. red. pro acra 8d., modo
dimittuntur ut supra. Item v acr. terræ, voc. Lyntoteflat, sol.
red. pro acra ut supra, modo cum grangia pred. Item ix acr.
terræ, quondam in tenura Simonis Sharpe, ex utraque parte de
Duresmegate, et sol. red. pro acra 18d., modo ad firmam ut
supra. Item sunt ibid. iiij acr. terræ, quondam in tenura Gilberti Lister, et sol. red. pro acra 18d., modo ut supra ad
firmam. Item ij acr. et dim. terræ, quondam Johannis Bird,
sol. red. p. a. 12d., modo ut supra. Item j acr. et dim., quondam in tenura Petri de Standrop, sol. red. pro acra ut supra, modo

ad firmam ut supra. Summa acrarum c*(min.)*xxxvj acr. iij rod.
Tenentes inter se red. quolibet anno pro terra, voc. Penybot, 1d.
Thomas Barker ten., iij acr. terræ ibid., red. p. a. 4s. 6d. Idem
Thomas ten. j parcellam terræ, voc. Holleforthbank, red. p. a.
10d. Johannes Grenwell et Willelmus de Holom ten. j parcellam terræ ibid., red. p. a. 10d. · Idem Johannes et Willelmus
ten. iij rod. terræ in occidentali parte campi, red. ibid. 7s. ½d.

PRATA. Willelmus Robbeson et Willelmus Broghton ten.
j acr. prati, jacentem apud Foxdenlech, red. p. a. ad iiij term.
usuales ibid. quolibet anno 4s. Thomas Barker ten. j acr.
prati, voc. Brademede, red. p. a. ad e. t. 4s. Johannes Galleway
capellanus ten. ij acr. prati, voc. Medemede, red. p. a. 8s. Johannes Allerton wryght ten. j rod. terræ in le Roughmyre, red.
p. a. ad e. t. 12d. Thomas Barker ten. j rod. prati apud Hop-
peressyke, red. p. a. 8d. Thomas del Cuchyn ten. dim. acr.
prati apud Lamylandsyk, red. p. a. 2s. Alicia Craven ten. dim.
acr. prati apud Pawmore, red. p. a. ad e. t. 14d. Predictus
Thomas Barker ten. j rod. prati apud Crossyk, red. p. a. 8d.
Et sunt ibidem iiij acr. et j rod. prati in manu Domini, voc. Hal-
mede, quæ quondam fuerunt in manibus tenentium, et red. pro
acra 3s. 4d. Willelmus Robynson ten. j pasturam in Grym-
baldcroft, red. p. a. ad e. t. 22d.

TERRÆ BONDORUM. Gilbertus Eglyn ten. j mess. et j bov.
terræ, cont. xx acr. terræ, ex dimissione ad penyferme, et sol.
red. in bondagio j buz. frumenti cumulatam,* j quart. iiij buz.
brasei ordei cumulatas, ij buz. avenarum cumulatas, et 8d.
daverpenys, 19d. de cornagio, j gall. et x ova, in quadrigatione de
wodlades, si apud Aukland duxerint iiij quadrig., et si apud Dunolm ij quadrig. et dim., et operatur a festo Sancti Petri ad vincula usque ad festum Sancti Martini ij diebus in ebdomada, et
a festo Sancti Martini usque ad festum Sancti Petri ad vincula j
die in ebdomada, et facit iiij precationes in aut. cum omni familia
domus, excepta howsewyva, et arat et herciat ij acr. et dim.
terræ, preter opera ebdomedalia, et solvit pro parte j vaccæ de
metrich, et facit ladas in itineribus Episcopi et senescalli, et
opera ad molendinum consueta, red. ad iiij term. usual. 21s.
8d. Johannes Makant ten. ij mess. et ij bov. terræ, et facit
pro portione ut supra, red. 43s. 4d. Adam Yoman ten j mess. et
j bov. terræ, et facit ut supra, red. p. a. 21s. 8d. Willelmus
Perisson ten. j mess. et j bov. terræ ut supra, red. p. a. 21s. 8d.
Et tenentes in bondagio solvunt thravas pundero, et punderus
solvit pro officio suo ad festa Nativitatis et Pentecostes lxxx gall.
et ccccc ova. Iidem tenentes red. inter se pro officio punderi ad
iiij term. 6s. 8d.

* Over *cumulatam* is added in a later hand, "heaped."

BURGUS. Johannes Burdon, Johannes Pollard et socii sui, firmarii de Aukland, ten. dictum burgum cum firma burgi exeunte de burgo, cum tolneto fori et mercati, curiæ burgi cum proficuis, cum duobus molendinis de North Aukland, Bycheburn et les Byres, cum tolneto cervisiæ de West Aukland, cum communi furno de North Aukland, red. p. a. 26l. 13s. 4d.

MOLENDINUM. Gilbertus Eglyn et Johannes Perrisson ten. molendinum fuller' red. p. a. 46s. 8d.

PARCUS. Et est ibid. quidam parcus cujus herbagia preter prata valent p. a. 8l. Et sunt ibid. in dicto parco 1 acr. prati per estimationem, precium acræ 2s.—100s.

De 20d. de averpenys v bond. predict., 9s. 9d. de wodlad, de 7s. 11d. de cornagio, 20d. de scatpenys, nec de v gall. 1 ovis nichil, quia dicti firmarii totum habent infra firmam suam de dictis bondis ad penyferme, ut dicunt.

TERRÆ SCACCARII. Johannes Alverton ten. parcellam j pasturæ, voc. Holforthbank, red. p. a. ad. iiij term. usuales 2s. Johannes Corbrig ten. aliam parcellam ejusdem pasturæ, red. p. a. 4s. Johannes Pollard ten. j placeam vasti in Pampeden, red. p. a. 4d. Johannes Hoggeson ten. xj acr. et dim. rod. terræ, quondam Johannis Morfell, red. p. a. 7s. 5d. Collector villæ red. pro j placea, quondam Johannæ filiæ Bertrandi, red. p. a. 4s. Tenentes villæ ibid. red. pro molendino de Aukland fullonico, red. p. a. 20d. Ricardus de Bedlyngton capellanus ten. iij acr. terræ, quondam vicarii ibid., red. 3s. Willelmus Robbeson ten. x acr. terræ, quondam Nicholai Fysher, red. p. a. 8s. 4d. Thomas de Coquina pro quadam placea cujusdam gradus juxta domum, red. p. a. 2d. Johannes Pollard ten. xiiij acr. terræ, quondam appruatas per dominum Johannem Coniers, voc. Burtonbankes, solebat red. p. a. 9s. 4d., et modo conceditur Johanni Pollard per cartam, ut dicunt, cum manerio de Wodhous infra summam de 109s. Item idem Johannes ten. iij acr. et dim. terræ retro le Stabilgarth, quondam Johannis Bermeton, et sol. red. p. a. 3s. 6d., et xij acr. terræ, quondam dicti Johannis, in eodem campo, sol. red. p. a. 8s., et modo nichil per se, quia oneratur cum le Wodhous infra summam de 109. Idem Johannes ten iij acr. terræ, quondam dicti Johannis, et j acr. ejusdem Johannis apud Ulleschawe, sol. red. 2s. 8d. et modo oneratur ut supra. Idem Johannes Pollard ten. iiij acr. terræ, quondam Willelmi prepositi, quæ sol. red. 2s. 8d., et modo oneratur ut supra. Idem Johannes ten. iij acr., quondam Laurencii Burnet, et sol. red. 4s., et modo oneratur ut supra. Idem Johannes ten. j acr. terræ, quondam Willelmi Wodhous, et sol. red. 12d., modo oneratur cum le Wodhous ut supra, ut dicunt, &c., ideo loquatur, &c. Willelmus Brus ten. j placeam longitudinis lx pedum, quondam

Alani Lawel, red. p. a. ad iiij term. usual. 4d. Predictus Johannes Pollard ten. xx acr. terræ, quondam in tenura Johannis
Clerk, jacentes in le. Wodhous, sol. red. p. a. 17s., modo nichil
causa predicta. Item idem Johannes ten. xx acr. terræ ibid.,
quondam Ughtredi carpentarii, et sol. red. p. a. 17s., modo nichil
causa predicta. Item idem Johannes ten. xx acr. terræ, quondam
Johannæ Walker et Nicholai Ambler, sol. red. 17s., modo nichil
causa predicta. Idem Johannes ten. xx acr. terræ ibid., quondam
Ricardi de Alverton et Henrici Scot, sol. red. p. a. 17s., modo
nichil quia ut supra. Idem Johannes ten ij acr. terræ, quondam
Hugonis Dymsman, sol. red. p. a. 2s., modo nichil quia supra.
Idem Johannes ten. ij acr. terræ, quondam Thomæ Wantyng-
feld, sol. red. p. a. 2s., modo nichil causa predicta. Idem
Johannes ten. ij acr. terræ, quondam Michaelis Coucheben, sol.
red. 2s., modo nichil quia ut supra. Isabella quæ fuit uxor Johannis Wyles ten. j tenem., voc. Presteshows, red. 4s. Johannes
Dolverton carpentarius ten. j placeam juxta portam manerii,
quondam Cristiani at Yate, red. 6d. Omnes tenentes ibid. ten.
dim. acr. prati dominici, quondam Willelmi Ludlow, red. quousque inveniat verum tenentem ibid., quolibet anno, 18d. Iidem
tenentes ten. inter se j acr. prati, quondam Thomæ Haunsard,
red. quousque, &c. 16d. Johannes Pollard ten. j placeam juxta
tenem., quondam Adæ Yoman, red. 12d. Adam Yoman ten. j
clausuram prati, quondam parcellam parci ex opposito le Burn-
milne, 4s. Idem Adam ten. j placeam, voc. le Netherorcheard,
in banco sub muro castri ex parte australi, red. p. a. ad e. t. 3s.
Johannes de Allerton ten. j toftum et xiiij acr. terræ, quondam
Laurencii Rose ibid., 4s. Johannes Pundere ten. j placeam de
vasto domini, quondam parcellam unius Pynfold, 6d. Johannes
Burdon junior ten. ij acr. terræ, quondam Willelmi Clerk,
red. p. a. 2s. Willelmus Godenogh capellanus ten. j mess. et v
acr. terræ, quondam Thomæ Howden, sol. red. p. a. 5s. 6d.,
modo red. p. a. 20d. Idem Willelmus ten. v acr. terræ, quondam
Adæ de Huntyngton, sol. red. p. a. 5s. 8d., modo red. p. a. ad e. t.
20d. Predictus Willelmus ten. iij acr. terræ, quondam Laurencii
Burnet, sol. red. 4s., modo red. p. a. ad e. t. 8d. Willelmus Holom
et Gilbertus Eglyn ten., de jure uxorum suarum, j tenem., quondam Willelmi Brak, red. p. a. ad e. t. 12d. Tenentes inter se
ten. ij tofta, quondam Edwardi Castleman, red. 12d. Iidem
tenentes ten. inter se j acr. terræ, quondam Rogeri Sissoris, red.
p. a. 2s. Hugo Barker ten. j toftum, quondam Mariotæ Rose,
red. p. a. ad e. t. 2s. 6d. Tenentes inter se ten. terram Roberti
Walker, red. p. a. ad e. t. 3s. 6d. Matheus Smyth ten. j forgium
ibid. in foro, red. p. a. ad e. t. 6d. Johannes Galleway tenuit j
placeam in magno gardino Domini Episcopi, quæ sol. red. p.

a. 12d., modo nichil red. quia dicta placea adquiritur per Dominum Thomam Episcopum pro dicto gardino elargiendo, et includitur infra gardinum. De 20s. de Haygarth et alio vasto, quondam Willelmi Denom, et modo Walteri de Hawyk, nichil red. hic, quia infra dominium de Evenwod, et prepositus ibid. red. p. a. supra. Thomas Barker, pro quadam placea veteris molendini fuller', red. p. a. 5s. Johannes de Alverton ten. dim. acr. terræ ibid., jacens retro gardinum, quondam Willelmi Watson, et modo Thomæ Barker, red. p. a. ad e. t. 2s. Willelmus heremita dat pro situ heremitagii sui ibid., red. p. a. 7d.

TERRÆ VASTÆ. Et sunt ibid. xxx. acr. terræ, quondam Nicholai Pollard, voc. Conanland, sol. red. p. a. 20s., et jacent juxta Escombehirst, modo extra tenuram defectu tenentis. Item xij acr. terræ et dim. ibid., quondam Conani de Kneton, sol. red. p. a. 8s. 3d., modo extra tenuram. Item quædam placea veteris molendini fuller', quondam in tenura Thomæ Barker, red. p. a. 5s., modo depascitur et vasta per animalia villæ ibid. Item de 15s. de red. xv acr. terræ, quondam in manibus v bondorum de North Aukland, nichil red., quia jacent vastæ. De 12d. de j acr. terræ, quondam Adæ Sturdy. De 2s. de red. ij acr. terræ, quondam Roberti Monyng. 12d. de j acr. terræ, quondam Ricardi Maunce. 2s. de red. ij acr. terræ, quondam Roberti fullonis. 2s. de red. ij acr. terræ, quondam Thomæ Pykeryng. 2s. de red. ij acr. terræ, quondam Willelmi Caper. 12d. de red. j acr. terræ, quondam Willelmi filii Adæ textoris ibid. 2s. de red. ij acr. terræ, quondam Willelmi Walker. 12d. de red. j acr. ibid., quondam Mathei Walker. 2s. de red. ij acr. terræ, quondam Willelmi de Standrop. 2s. de red. ij acr. terræ, quondam Willelmi filii Jordani. 5s. de red. x acr. terræ, quondam Ricardi Tagg, pro qua terra Rogerus Malleson finivit, et adhuc vivit. 19s. 2d. de red. xxviij acr. et iij rod. terræ, quondam Thomæ de Wytton, voc. Walleys. 2s. 6d. de red. iiij acr. terræ in le Whamkerr juxta Bedburn, quondam Willelmi Dod. 2s. 2d. de red. iij acr. et dim. terræ, quondam ipsius Willelmi Dod, red. nichil, quia jacent vastæ et extra tenuram defectu tenentis, &c.

COUNDON.

LIBERI TENENTES.—Willelmus Thomesson ten. ij mess. et xvj acr. terræ, parcellam terræ, voc. Costpatrikland, red. p. a. per servit. forins. 4s. Johannes Lawson ten. j mess. et viij acr. terræ de dictis terris, red. ut supra, p. a. 2s. Thomas Smyth de Stellyngton ten. j mess. et viij acr. terræ pred. ibid., red. p. a.

2s. Willelmus filius Roberti de Wakirfeld ten. j mess. et viij
acr. terræ, red. p. a. 2s.

TERRÆ DOMINICÆ. Robertus Hopper ten. j mess. et xxiij
acr. et j rod. terræ domin., red. p. a. ad iiij term. usuales
23s. 3d. Robertus Thomesson ten. xj acr. terræ ibid., red. p. a.
ad e. t. 11s. 6d. Willelmus Makant ten. vj acr. dictæ terræ
ibid., red. p. a. ad e. t. 6s. Thomas filius Willelmi ten. xlij
acr. terræ pred., sol. red. 53s., modo red. 42s. Robertus Carter
ten. j mess. et j acr. dictæ terræ, red. p. a. 2s. Johannes Shephird ten. j tenem. et ij acr. et j rod. dictæ terræ, red. p. a. 3s. 4d.
Johannes filius Willelmi ten. j tenem. et vij acr. et dim. terræ
dictæ, red. p. a. 7s. 2d. Johannes Stayndrop ten. ij acr. dictæ
terræ, red. p. a. 2s. Johannes Lawson ten. j tenem. et xvj acr.
terræ, red. p. a. ad e. t. 16s. 2d. Johannes Perisson ten. xxvj
acr. terræ pred., red. p. a. ad e. t. 26s. Willelmus Thomesson
ten. j mess. et xxxv acr. terræ et iiij rod., red. p. a. 36s. 9d.
Robertus Baret ten. xiiij acr. et dim. terræ pred., red. p. a.
14s. 6d. Alicia Lowell ten. j tenem. et v acr. terræ pred., red.
p. a. ad e. t. 5s. Et sunt ibid. xviij acr. iij rod. terræ, quondam
in tenura Johannis Makant, sol. red. 18s. 10d., modo in manu
Domini defectu tenentis. Item sunt ibid. xxxij acr. iij rod.
terræ pred., quondam in tenura Johannis Redheued, sol. red.
p. a. 32s., modo in manu Domini defectu tenentis, unde parcella terræ et prati dimittitur hoc anno ibid., ut dicunt, &c., pro
22s. 4d. Willelmus de Coundon capellanus ten. j tenem. vj acr.
et j rod. terræ, red. p. a. 6s. 3d.

COTAGIA. Robertus Hopper ten. j cot. et vj acr. terræ, et
sol. operari a festo Sancti Petri ad vincula usque ad festum
Sancti Martini per ij dies in ebdomada, et a festo Sancti Martini usque ad festum Sancti Petri ad vincula per j diem in
ebdomada, et facit iiij prec. in aut., et red. ij gall. et c ova, pro
quibus red. ad iiij term. usuales 4s. 6d. Johannes Lawson ten.
j cot. et vj acr. terræ, et facit ut supra, red. p. a. 4s. 6d. Johannes Perisson ten. j cot. et vj acr. terræ ibid., et facit ut
supra, red. p. a. 4s. 6d. Petrus Dyconson ten. j cot. et vj acr.
terræ ibid., et facit ut supra, red. p. a. 4s. 6d. Robertus Baret
ten. vj cot. et xxxvj acr. terræ, red. p. a. 27s. Willelmus Thomesson ten. ij cot. et xij acr. terræ ibid. ut supra, red. p. a. 9s.
Willelmus Makant ten. ij cot. et xij acr. terræ ibid. ut supra,
red. p. a. 9s. Johannes Perkynson ten. ij cot. et xij acr. terræ
ibid. ut supra, red. p. a. 9s. Robertus Thomesson ten. dim. cot.
et iiij acr. terræ, et facit ut supra, red. p. a. 2s. 3d. Et sunt
ibid. dim. cot. et iiij acr. terræ, quondam in tenura Johannis
Redheued, et j cot. et vj acr. terræ, quondam in tenura Johannis Makant, sol. red. pro portione ut supra, et modo vastæ

pro defectu tenentis. De eisdem tenentibus ad festum Nativitatis Domini et Paschæ, quolibet anno, xxxvj gall., MDCCC ova per majus centum.

TERRÆ SCACCARII. Robertus Baret ten. vj acr. terræ ibid., red. p. a. ad iiij term. usuales 4s. Idem Robertus ten. ij tofta ibid., red. p. a. ad e. t. 22d. Willelmus filius Willelmi ten j toft., cont. j rod. terræ, red. p. a. ad e. t. 6d. Et est ibid. quidam communis furnus cum forgio ibid., red. p. a. 6d. Robertus Baret ten. j portionem prati, cont. (blank), red. p. a. ad e. t. (blank). Et est ibid. dim. acr. prati in manu Domini, et dimittitur hoc anno pro 2s. Willelmus Makand ten. dim. acr. prati ibid., red. p. a. ad e. t. 9d. Robertus Hopper ten. medietatem j tenem., quondam Simonis Hopper, voc. Grestcroft, red. p. a. 12d. Thomas filius Willelmi ten. aliam med. ibid., red. p. a. ad e. t. 12d.

VALOR MANERII. Est ibid. quoddam manerium cujus situs nichil valet ultra reprisas. Et sunt ibid. ij clausuræ quæ valent p. a. 4s. Item est ibid. in dominio j pecia terræ, voc. Qwareflat, cont. per estimationem xv acr. in Haresidflath, xv acr. in Qwellaw, xxiiij acr. in le Langflat, x acr. in le flat, voc. Holynbusk, xl acr. in pecia, voc. Thornsyde, x acr. in pecia, voc. Coundounsyke, lxxx acr. in pecia, voc. Craghanbrak, xx acr. in le Langbrak ibid., lv acr. in Lyncotflat, xxxiiij acr. in Blyndwelbank, xxx acr. in Bogwelsyde, in les Westleys xx acr., in le Wyndingsyke xxx acr., summa ccclxxxiij acr., pro acr. 6d., summa denariorum 9l. 11s. 6d. Item sunt ibid. in prato de Langlech v acr. j rod., in le Milneholme iiij acr., in le Brodemed vj acr., in Lyncost j acr. et dim., appreciata ad 3s., in toto 31s. 6d. Item in le Haresyde j acr. et dim., precium 3s., in Plauntbrak de pratis et pasturis xv acr., precium 15s., in toto 18s.

VALOR GRANGIÆ. Item dicunt quod grangia de Coundom cum terris dominicis, pratis et pasturis eidem grangiæ de antiquo pertinentibus, valet p. a. ad dimittendum, preter omnes redditus firmæ, et firmam terrarum, quondam in manibus tententium de Aukland, quæ se extendunt ad 4l. 6s. 8d.—10l. 13s. 4d. Et dicunt quod dicta grangia pejoratur in edificiis et clausuris ad dampnum Domini Episcopi, &c. Quod quidem manerium cum grangia dimittitur, cum omnibus proficuis predictis, Willelmo Verti de Aukland p. a. ad iiij term. usuales pro 9l. 6s. 8d.

BIRES.

LIBERI TENENTES. Ricardus Park ten. manerium et ij carucatas terræ cum pertinentiis per servit. forins., red. p. a. 35s.

2d. Idem Ricardus ten. quoddam pratum, voc. Knyghtesfeld, quondam Johannis Penrith, red. p. a. 20s.*

COTAGIA. Johannes de Erston ten. j cot. cum j crofto ex parte orientali villæ· de Byres, cont. ij. acr. terræ, red. p. a. ad iiij term. usuales, 2s. 2d. Idem Johannes ten. j aliud cot. ex parte occidentali villæ, et iiij acr. terræ et j rod., red. 3s. 4d. Alexander Sarter ten. j cot., voc. Gatesplace, et v. acr. terræ, red. p. a. ad e. t. 6s. 8d. Idem Alexander ten. j cot. cum crofto, et ij acr. terræ ibid., red p. a. ad e. t. 2s. 2d. Predictus ten. ij acr. terræ in Grienwellfeld ibid., red. p. a. ad e. t. 12d. Johannes Emeremen ten. j cot. cum crofto ex parte orientali, cont. j acr., red. p. a. 12d. Willelmus Porter ten. j cot. ex parte orientali villæ predictæ, et xij acr., red. p. a. 9s. 2d. Laurencius Waller ten. j cot. ex parte occidentali, cont. j acr., red. p. a. 12d. Evota serviens Ricardi Park junioris ten. j cot. cum j crofto ex parte orientali villæ, cont. j rod. et dim. terræ, et iiij acr. terræ in diversis locis, red. p. a. 4s. 2d. Ricardus Park ten. j cot. et iij acr. terræ ex occidentali in campo de Westcroft, red. p. a. ad e. t. pred. 3s.

TERRÆ SCACCARII. Thomas Shephirdson ten. j mess. ex parte orientali, et lvj acr. terræ, voc. Chekerland ibid., red p. a. ad iiij term. usuales, 47s. 4d. Thomas Tod ten. j mess. et xiij acr. et dim. terræ in diversis campis ibid., red. p. a. 11s. Ricardus Parke ten. xxij acr. et iij rod. terræ ibid. in diversis campis, red. p. a. 15s. 10d. Willelmus Wyveslandon ten. j mess. et ix acr. terræ in diversis campis, red. p. a. 8s. Willelmus Todd ten. j mess. et xxix acr. terræ in diversis campis ibid., 26s. Ricardus Catell ten. j mess. et xxviij acr. terræ in diversis campis ibid., red. p. a. 21s. Johannes Catell ten. j mess. et lxvij acr. terræ et dim. in diversis locis, red. p. a. 46s. 8d. Rogerus Trotter ten. ij mess. et xlv acr. et j rod. terræ in diversis locis, red. p. a. 39s. 8d. Robertus Bynchestre ten. xvij acr. terræ, vocatas Taggesland, red. p. a. 12s. Et est ibid. j molendinum vastum quod solebat reddere p. a. 20s. quando dimittebatur, et nunc est infra firmam molendini de Aukland. Et dicunt quod tenentes ibid., et singuli eorum multurant ad molendinum Domini ibid. ad xvj vas, si Dominus invenerit molendinum. Robertus filius Thomæ ten. j mess. ex parte orientali villæ predictæ, lxiiij acr. terræ et dim. ibid., red. p. a. ad eosd. term. pred. 47s. 6d.

Iidem tenentes ten. inter se commune forgium, et red. p. a. ad e. t. 12d.

* Below this entry is added in the margin, " Memorandum de 10s. de libera firma de Grenwelland."

ESCOMBE.

LIBERI TENENTES. Radulphus de Euerc miles ten. j mess. et xxij acr. terræ, quondam Johannis Leveror, vocatas Shaylfeld, red. 10s. Idem Radulphus ten. viij acr. terræ libere, vocatas Todstanes, red. p. a. ad iiij term. usuales (*blank*).

TERRÆ BONDORUM. Adam Baret ten. j mess. et j bov. terræ, cont. xx acr. et facit sicut villani de Bondgate in Aukland in omnibus, cum 12d. de incremento, red. 17s. Johannes de Thornley ten. j mess. et j bov. terræ ibid. cum incremento ut supra, red. 17s. Johannes Arowsmyth ten. j mess. et j bov. terræ ibid. ut supra, cum 12d. de incremento, 17s. Gilbertus Salter ten. j mess. et j bov. terræ ut supra, cum 12d. de incremento, 17s. Willelmus Evenwode ten. j mess. et j bov. terræ ut supra, cum 12d. de incremento, 17s. Rogerus Gibbeson ten. j mess. et j bov. terræ ut supra, cum 2s. de incremento, 18s. Willelmus Cokkye ten. j mess. et j bov. terræ ut supra, preter incrementum, 18s. Predictus Rogerus Gibson et Willelmus Cokye ten. j mess. et j bov. terræ, ut supra, red. 15s. Johannes Gibson et Willelmus Gibson ten j mess. et j bov. terræ ut supra, red. p. a. 17s. Johannes Walker et Johannes Galway ten. j mess. et j bov. terræ ut supra, red. p. a. 16s. 6d. Johannes Sybbesson ten. j mess. et j bov. terræ, cum 12d. de incremento ut supra, red. p. a. 15s. Rogerus Malleson ten. j mess. et j bov. terræ, red. p. a., cum 2s. de incremento, 18s. Johannes Hoggesson et Adam del More ten. j mess et j bov. terræ ut supra, cum 2s., red. 16s. 6d. Predicti bondi red. inter se pro cornagio, ad festum Sancti Cuthberti in Septembri, 15s. 9d. Predicti tenentes red. inter se pro j vacca de metrich, ad terminum Sancti Martini, 6s. Iidem tenentes red. inter se pro averpeny, ad festum Sancti Cuthberti in Martio et Sancti Johannis, 6s. 8d. Iidem tenentes red. pro wodlades sicut illi de Aukland, et faciunt opera ad molendinum consueta bondorum superius. De bondis ibid. ad festum Nativitatis Domini et Paschæ, quolibet anno, x gall. et c ova.

TERRÆ SCACCARII. Willelmus Cokkye ten. j tenementum et x acr. terræ, quondam Roberti del Hall, solebat reddere p. a. 6s. 8d., et aliquando reddit 8d. de firma, 9d. de cornagio, et iiij precationes in autumpno, et ibit in legationibus Episcopi, et in rahunt, red. p. a. ad iiij term. usuales 3s. 4d. Idem Willelmus ten. iij acr. terræ in Newbiggingfeld, quondam Willelmi Tod, red. p. a. 2s. Willelmus Gibson ten. j mess. et j acr. terræ, quondam Rogeri Magson, red. p. a. 4d. Cecilia Taillour ten. j tenem. et iiij acr. terræ et dim., red. p. a. ad e. t. 3s. 6d. Tenentes ten. inter se vj acr. et dim. terræ in Westnewfeld, red. p. a. 4s. 4d. Iidem tenentes ten. in le Estnewfeld xviij acr. terræ

ibid., red. p. a. 18s. Iidem ten. inter se v acr. terræ apud
Hertesholyn, red. p. a. 3s. 4d. Radulphus de Euere chivaler
ten. j mess. et j acr. et dim. terræ, quondam Johannis Wode,
red. 20d. Idem Radulphus ten. j mess. et ij acr. terræ et iij
rod., red. p. a. 3s. Rogerus Malleson ten. j rod. terræ, quondam Simonis Arowsmyth, red. p. a. 4d. Idem Rogerus ten. j
tenem. et iij acr. terræ sub le Held, quondam Rogeri Pycondrake, red. xx gall., ccc ova, iij precationes in autumpno. Predictus Rogerus red. p. a. ad iiij term. pred. pro dictis terris 21d.
Idem Rogerus ten. j placeam et j torale ad finem villæ, red. p. a.
2½d. Idem Rogerus ten. j toftum cum curtilagio cum j acr.
terræ ibid., red. p. a. 12d. Idem Rogerus ten. j tenem. et j acr.
terræ, voc. Colierhows, red. p. a. 16d. Johannes Hoggesson ten.
j forgium ante ostium suum, red. p. a. ad e. t. 2d. Radulphus
de Euere chivaler ten. j acr. terræ, quondam Radulphi Oldhare,
apud Wyttonrawe, red. 12d. Idem Dominus Radulphus ten.
dim. acr. terræ, quondam ipsius Radulphi Oldhare, red. p. a. 3d.
Johannes de Cryghton ten., de jure uxoris suæ, viij acr. et dim.
terræ, quondam Ricardi del Hill, red. p. a. ad eosd. term. pred.
4s. 8d. Predictus Radulphus de Euere ten. j peciam terræ,
quondam Willelmi del Hill, cont. j acr., red. 9d. Johannes de
Merley ten. cum Willelmo Blakden et Johanne Loge j clausuram, cont. iiij acr., ex parte orientali campi de Liverour, red. p.
a. ad e. t. 2d. Iidem ten. iij acr. et iij rod. terræ, quondam
Willelmi filii Hugonis, in Cryngeldyk, red. 5s. 6d. Radulphus
de Euere ten. j placeam, voc. Cobardhows, cont. (*blank*), red.
(*blank*). Idem Radulphus ten. le lonyng, voc. Stoklonyng, et
extendit de Cobardhows usque moram, red. p. a. ibid. ad e. t.
(*blank*). Predictus Radulphus ten. j clausuram super Serceley,
cont. (*blank*), red. (*blank*). Idem Radulphus ten. j acr. terræ,
quondam Willelmi del Riddyng, juxta domum suam (*blank*). Johannes Leverour, red. p. a. ad iiij term. pred. 6d. Rogerus Mallesson ten. ij acr. terræ, voc. Jolyland, red. p. a. 2d., x gallinas.
Radulphus de Euere ten. j placeam, voc. Cobardhows, nichil red.,
quia supra. Idem Radulphus de Euere ten. iiij acr. terræ, quondam Willelmi del Ridding, red. p. a. 2s. Predictus Radulphus
ten. j acr. et j rod. terræ, quondam Roberti Pycondrake, red. p.
a. 10d. Idem Radulphus ten. j acr. terræ, quondam Ricardi
Webster, red. p. a. ad e. t. 12d. Tenentes villæ ibid. ten. inter
se x acr. terræ in le Gunridding, et aliam parcellam terræ, pro
quibus red. p. a. ad e. t. quolibet anno 10s. 6d. Iidem tenentes
ten. inter se ij acr. terræ, quondam Henrici filii Petri, red. p. a.
16d. Predictus Radulphus de Euere ten. ij acr. terræ, voc. Hau-
kynsfeld, red p. a. 2s. Predicti tenentes ten. inter se j acr. j
rod. et dim. terræ, quondam Willelmi Teddy, red. 12d. Rogerus

Malson ten. vj acr. terræ super le Hirst, voc. Taggesland, red. p. a. 6s. Rogerus Malson et Willelmus Coky ceperunt proficuos saliceti, red. p. a. ad e. t. 3s.

TERRÆ VASTÆ. Et sunt ibid. xx acr. terræ super le Hirst, et iiij acr. ij rod. et dim. plus inventæ ibid. per mensuram, in manibus tenentium ibid., quæ solebant red. p. a. 24s. 7d., modo nichil, quia vastæ et extra tenuram. Item viij acr. terræ, quondam Roberti del Hall ibid., quæ solebant red. p. a. 8s., modo nichil causa predicta. Et sunt ibid. 1 acr. terræ in Escombehirst, solebant red. p. a. ut in antiquo rentali, 50s., quondam in tenura Rogeri Pycundrake et aliorum tenentium ibid., et modo sunt extra tenuram defectu tenentium ibid. ut dicunt, &c., ideo inquiratur &c.

NEWTONCAPP.

LIBERI TENENTES. Willelmus Blakden ten. xvj acr. terræ, quondam Bernardi de Thrustanton, voc. Coplayke, red. p. a. ad iiij term. usual. per servitium forinsecum 8s. Idem Willelmus ten. j mess. et xj acr. terræ, voc. Gledhirst, quondam predicti Bernardi ibid., red. 5s. 6d. Predictus Willelmus ten. xiij acr. terræ juxta dictam moram, quondam ejusdem Bernardi, red. p. a. 6s. 6d. Johannes Lewyn ten. j mess. et xxx acr. terræ, quondam Willelmi Ayre, voc. Carterland ibid., red. 8s. 6d.

TERRÆ BONDORUM. Thomas Cowhird ten. iij mess. et dim. et iij bov. terræ et dim. bondorum, bov. cont. xx acr., solebat red. p. a. et facere pro qualibet bovata sicut illi de Bondegate in Aukland, red. (*blank*). Johannes de Barton ten. iij mess. et iiij partes unius mess., et iij bov. et v acr. terræ, et facit in omnibus ut supra, red. p. a. ad e. t. (*blank*). Robertus Cobien ten. iij mess. et iij bov. terræ ibid. ut supra, red. p. a. (*blank*). Petrus Gerard ten. iij mess. et iij bov. et v acr. terræ ut supra, red. (*blank*). Iidem tenentes ten. inter se commune forgium, et communem furnum, et j torale, red. p. a. 8d. Iidem tenentes red. inter se pro j vacca de metrich, ad terminum Martini, 6s. Iidem tenentes solvunt p. a. pro averpeny, ad festum Cuthberti in Martio ibid., et ad festum Nativitatis Sancti Johannis Baptistæ, quolibet anno, 8s. 8d. Iidem tenentes solvunt inter se pro cornagio, ad festum Sancti Cuthberti in Septembri, 20s. 7d. Iidem tenentes solvunt pro qualibet bov. terræ bondorum j gallinam, ad festum Nativitatis Domini, p. a., x ova ad festum Paschæ, unde in universo xiij gall. cxxx ova. Predicti ten. inter se predicta bondagia ad firmam, red. inde p. a. 11*l.* 6s. 8d.

COTAGIA. Adam Yeman ten. j cot. et ij acr. terræ, red. p. a.

ad iiij term. usual. 22d. Omnes tenentes ten. inter se j aliud
cot. ibid., red. p. a. ad e. t. 6d.

TERRÆ SCACCARII. Predicti tenentes ten. inter se xj acr.
et dim. terræ, jacentes in Walworthsyde, red. p. a. 11s. 10d.
Iidem ten. vij acr. terræ in Britholm, red. p. a. ad iiij term.
usual. 2s. Iidem tenentes ten. inter se ix acr. terræ ibid., red.
p. a. ad e. t. 6s. 8d. Iidem tenentes ten. inter se j peciam de
Pyghelbank, cont. ij acr. per estimationem, red. p. a. 8d. Robertus Ronunby ten. j clausuram, voc. Blakenburyclos ibid.,
cont. xl acr. terræ ibid., ut dicunt, &c, red. p. a. ad e. t. pred. 4s.
Matilda quæ fuit uxor Roberti Ibotson ten. per dotem xvj acr.
ij rod. et dim., quondam Roberti filii Galfridi, red. p. a. ad e. t.
13s. 4d. Johannes del Park ten. j acr. et dim. terræ, quondam
Henrici Bernard, sub Grymshawe ibid., red. p. a. ad e. t. 12d.
Willelmus Swynhird ten. ij acr., quondam Petri Musard, apud
Helmyland, red. p. a. 12d. Idem Willelmus ten. j rod. et
quartam partem j rod., quondam Petri predicti, red. p. a. 6d.
Predictus Willelmus ten. iiij acr. terræ, quondam dicti Petri,
red. p. a. ad e. t. 2s. 8d. Thomas Forester ten. dim. acr. terræ,
quondam Willelmi Elmeland, red. p. a. 8d. Johannes de Smalleys
ten. iij rod. terræ, quondam Simonis de Molleswod, red. p. a.
10d. Walterus Shephird ten. ij acr. et j rod. terræ in les Smalleys, quondam Alani Long ibid., red. 19d. Johannes Smalleys
ten. dim. acr. terræ, quondam Willelmi Dowce, red. p. a. 5d.
Robertus de Ronundby ten ij acr. terræ, quondam Willelmi del
Toftes, apud Gresknoll ibid., red. p. a. ad e. t. pred. 16d.
Idem Robertus ten. x acr. terræ, quondam dicti Willelmi, in le
marsh, inter terram Domini Episcopi et baroniam de Brancepath, red. p. a. ad e. t. 10s. Predictus Robertus ten. v acr.
terræ, apud Helmelandlaw, quondam dicti Willelmi, red. p. a.
5s. Johannes Lewyne ten. v acr. iij rod. et dim. terræ, quondam Willelmi de Cresney ibid., red. 4s. 3d. Idem Johannes
ten. ij acr. terræ in Grymesknoll, red. p. a. 16d. Predictus
Johannes ten. ij acr. terræ in Grymesknoll et Cartersfeld, red.
p. a. 12d. Johannes Baret ten. j acr. terræ in Walkoksyde, red.
p. a. 12d. Idem Johannes ten. j acr. terræ ibid., red. p. a. ad
e. t. 12d. Johannes Smalleys ten. ij acr. terræ in mora de
Hunwyke, red. p. a. 2s. Idem Johannes ten. vj acr. et dim.
terræ in le Toftfeld, quondam W. del Ele, red. p. a. 5s. 11d.
Willelmus Swynhird ten. ij acr. terræ, quondam Petri Musard,
in dicta marchia ibid., red. 2s. Idem Willelmus ten. v acr.
terræ, apud Elmylandraw, quondam Simonis Forester et dicti
Petri, red. p. a. ad e. t. 5s. Predictus Willelmus ten. xxxij perticatas ejusdem terræ, plus ad mensuram, red. p. a. 3d. Willelmus Swynhird ten. ij rod. et dim. terræ, quondam Petri Musard,

red. p. a. 8d. Johannes Smalleys ten. vj acr. et iij rod. terræ, quondam Willelmi Toftes, red. p. a. 6s. 10d. Idem Johannes ten. viij acr. terræ, quondam Thomæ clerici, apud Yardes et Eawe, red. 4s. Johannes Lewyn ten. j acr. et dim. terræ sub Hunwyk, red. p. a. 12d. Idem Johannes ten. ij acr. terræ, quondam in tenura Rogeri (blank), red. p. a. 2s. Johannes Baret et Elena Smalleys ten. vij acr. et dim. rod., red. p. a. 4s. 10d. Radulphus de Euere ten. j clausuram ex parte orientali pontis de Bycheburne, red. p. a. 4d. Predictus Johannes Baret ten. dim. rod. terræ ante ostium Dowce, red. p. a. 2d. Willelmus del Ake ten. j mess. et vj acr. terræ et dim., quondam Willelmi filii Rogeri, apud Elmeland, red. p. a. ad iiij term. pred. 5s. Idem Willelmus ten. iiij acr. terræ in marchia predicta, quondam predicti Willelmi, red. p. a. 4s. Idem Willelmus ten. j acr. dictæ terræ ibid., red. p. a. ad e. t. 12d. Idem Willelmus ten. dim. acr. prati in Lynshalgh, quondam dicti Willelmi, red. p. a. 10d. Willelmus Blakden ten. ibid. vj acr. in Helmeland, quondam Bernardi de Thrustanton, red. 4s. Idem Willelmus ten. ij acr. prati in Lynshalgh, solebat red. p. a. 6s., modo red. 2s. Idem Willelmus ten. j acr. in Cryngeldyk, quondam dicti Bernardi, red. p. a. 4d. Idem Willelmus ten. j lonynge ex parte boreali gardini, red. p. a. 4d. Idem Willelmus ten. j placeam j toralis ibid., red. p. a. ad e. t. 2d. Idem Willelmus ten. j mess. et j acr. et iij rod. terræ, quondam Johannis Brafferton, red. p. a. 2s. Johannes Baret ten. iiij acr. et iij rod. terræ, quondam Dulcis de Longley, red. p. a. 3s. 4d. Johannes Lewyne ten. iij acr. terræ juxta Hunwyk, quondam Alani de Cryngeldyk ibid., red. 2s. Idem Johannes ten. ibid. j toftum et j acr. terræ et dim., quondam Willelmi Toftes, red. p. a. 12d. Idem Johannes ten. j placeam juxta placeam et terram suam, cum placea j furni, red. p. a. 4d. Johannes Smalleys ten. vj acr. et dim. terræ, quondam Willelmi del Ele, red. p. a. 5s. 8d. Idem Johannes ten. xij acr. terræ, quondam Adæ Scot, red. p. a. 6s. Idem Johannes ten. xiij acr. ij rod. et dim. terræ, quondam dicti Adæ, red. p. a. 7s. 4d. Johannes Baret ten., juxta terram suam, j acr. et dim. rod. terræ, quondam Alani Baret ibid., red. 14d. Johannes Smalleys ten. j acr., quondam Simonis Molleswod, red. p. a. 12d. Idem Johannes ten. dim. rod. terræ, quondam Simonis Downay, red. p. a. 1d. Idem Johannes ten. dim. acr. terræ, quondam Simonis Molleswod, juxta albam terram suam ibid., red. 6d. Predictus Johannes ten. j rod. terræ, quondam Thomæ Clerk, apud Grymesknoll, red. p. a. 4d. Johannes de Smalleys ten. j acr. terræ, quondam Rogeri filii Galfridi, juxta terram suam de Molleswod, red. p. a. ad e. t. 8d. Idem Johannes ten. iij rod. terræ, quondam Simonis

Forester, red. p. a. 8d.   Idem Johannes ten. ij acr. terræ, quondam Thomæ clerici, red. p. a. 12d.   Johannes Lewyne ten. j placeam, quondam Henrici Cryngeldyk, red. p. a. 2d.   Johannes Smalleys ten. j acr. ij rod. et dim. terræ, quondam Alani filii Thomæ, red. p. a. 16d.   Idem ten. iiij acr., quondam Bernardi de Thrustanton, red. p. a. 18d.   Alanus Cryngeldyk ten. j placeam pro j torali ante ostium, red. p. a. 4d.   Agnes Shephird ten. ij acr. et j rod. terræ, quondam Thomæ Egliston, red. p. a. 4s. 6d.   Thomas Forester ten. j toftum et ij acr. terræ, quondam Alani Palet, red. p. a. 12d.   Johannes Creyghton ten., de jure uxoris suæ, iiij acr. juxta Lynbourn super le Potterrow, quondam Ricardi del Hill ibid., red. p. a. ad e. t. 4s.*   Tenentes ibid. solvunt pro j placea, quondam Alani Newbound, red. p. a. 6d.   Item pro j placea, quondam Petri de Midrich, 6d.   Item pro j acr., quondam Henrici fabri, juxta terram Roberti de Northhows, 12d.   Pro j acr. terræ, quondam Johannis filii Alani, 12d.   Pro j placea, quondam Roberti Toftes, in Hunwyk, 12d.   Pro j rod. terræ, quondam Henrici fabri, in Bicheburne, 3d.   Unde predicti tenentes non ostendunt terram neque tenementa, ideo red. p. a. in toto 5s. 7d.   Johannes Smyth de Bicheburne ten., de jure uxoris suæ, iiij acr. terræ, voc. le Ele, quondam Bernardi de Thrustanton, red. p. a. ad e. t. 2s. 8d.†   Idem ten. iij rod. terræ ibid., red. p. a. ad e. t. 3d.†   Agnes Shephird ten. j acr. terræ, juxta tenuram Johannis Baret, apud Smalleys, red. p. a. 12d.   Johannes de Smalleys ten. xij parcellas terræ scaccarii, quarum summæ sunt subtertractæ supra, et solebant reddere p. a. 42s. 10d., dimissæ eidem de novo per Dominum Radulphum de Euere senescallum ad terminum vitæ cjusdem Johannis, red. pro ij primis annis quolibet anno 13s. 4d., et de cetero quolibet anno 16s.

HUNEWYK.

LIBERI TENENTES.   Johannes Burdon ten., de jure uxoris suæ, iij acr. terræ, quondam Ricardi Bernardi, ante portam suam, red. p. a. ad iiij term. usual. 2s.   Idem Johannes ten., de jure uxoris suæ, v acr. terræ, quondam dicti Ricardi, red. p. a. 2s. 6d.   Idem Johannes ten. j acr. et dim. terræ, quondam ipsius Ricardi ibid., red. p. a. 12d.   Predictus Johannes ten. j mess. et xlviij acr. terræ in Helmedene, red. p. a. 10s.   Idem Johannes ten. placeam pro stagno molendini, red. p. a. ad e. t. 4d.   Idem

---

* A cotemporary hand has added in the margin, " Eure."
† A cotemporary hand has added in the margin, " Chauncellor."

Johannes ten. iij acr. et dim. terræ, quondam dicti Ricardi, red. p. a. ad e. t. 4d.

TERRÆ SCACCARII. Johannes Burdon ten. iij acr. et j rod. terræ scaccarii, quondam dicti Ricardi, red. p. a. ad iiij term. usual. 3s. 1d. Idem Johannes ten. v acr. terræ, quondam Ricardi Hokbrand, red. p. a. ad e. t. 3s. 4d. Predictus Johannes ten. j rod. terræ, juxta domum Ughtredi del Raw, red. p. a. 6d. Idem Johannes ten. tertiam partem j rod. terræ ante ostium suum, red. p. a. 2d. Johannes del Dyke ten. j acr. et dim. rod. terræ, quondam Alani Blaklaw ibid., et red. p. a., ad festum Sancti Martini et Sancti Johannis Baptistæ, 15d. Alanus de Cryngeldykes ten. j placeam, juxta domum Rogeri viduæ, et j aliam placeam, quondam dicti Rogeri ibid., red. p. a. ad e. t. 16d. Idem Alanus ten. iij rod. ibid., red. p. a. ad e. t. 8d. Johannes Smyth de Bycheburn ten. j clausuram, cont. j acr. terræ, quondam Johannis filii Galfridi de Hunwyk, red. p. a. ad e. t. 14d. Willelmus de Layburn ten. j acr. et j rod. terræ, quondam Walteri filii Agnetis, red. p. a. 10d. Est ibid. j rod. terræ, quondam Rogeri Barker, jacens in campo de Hunwyk, solebat red. p. a. 4d., modo nichil quia vasta. Predictus Alanus de Cringildikes ten. ij acr. et dim. terræ in Kringildik, red. p. a. 20d.

WOTTON.

LIBERI TENENTES. Johannes Merley ten. manerium de FYCHEWACKE et lxxiij acr. terræ ibid., quondam Roberti Chakenhirst, red. p. a. ad iiij term. usual. 41s. 4d.* Idem Johannes ten. xxxvij acr. terræ et pasturæ, quondam ejusdem Roberti, red. p. a. 25s. 4d. Idem Johannes ten. xxvj acr. terræ ibid., quondam dicti Roberti, red. p. a. 17s. 4d. Idem Johannes ten vj acr. in Lynburne, red. p. a. ad e. t. 3s. Predictus Johannes ten. terram Ricardi Cheswyk, quondam dicti Roberti, red. ad terminum Martini, 12d. Idem Johannes ten. j molendinum aquaticum, quondam dicti Roberti, red. p. a. 13s. 4d.

Robertus Hagreston ten. manerium de EDNESKNOLLE, quondam Walteri de Cheswyk ibid., red. p. a. 26s. 8d.

Radulphus de Eure ten. ibid. v acr. terræ, quondam Thomæ filii Walteri de Bermeton, red. 2s. 6d. Idem Radulphus ten. terram, quondam Thomæ de Egliston, Thomæ de Bermeton ibid., red. p. a. 20s.

TERRÆ SCACCARII. Radulphus de Euere miles ten. viij acr.

---

* To this entry is added in another hand, "Videatur antiquum rentale Lodowici, quia est terra scaccarii ut creditur."

terræ ibid., quondam dicti Thomæ, red. p. a. ad iiij term. usual.
4s. 8d.   Idem Radulphus ten. v acr. terræ, quondam Willelmi
Berkar et dicti Thomæ, red. p. a. ad e. t. 3s. 4d.   Idem Radulphus ten. j placeam, voc. Hertkeld, quondam dicti Thomæ, red.
p. a. 6d.   Idem Radulphus ten. xij acr. et j rod. terræ, quondam
dicti Thomæ, red. p. a. 6s. 2d.   Idem Radulphus ten. xvij acr.
terræ, quondam dicti Thomæ, in Escombe, red. p. a. 5s. 8d.
Idem Radulphus ten. j acr. in Bycheburne, quondam dicti Thomæ,
red. p. a. 6d.   Idem Radulphus ten. iiij acr. terræ, quondam
Nicholai de Aula, quondam dicti Thomæ, red. p. a. 12d.   Idem
Radulphus ten. iiij perticatas terræ longitudinis (sic), quondam
dicti Thomæ, red. p. a. 1d.   Idem Radulphus ten. j acr. terræ
ibid., quondam dicti Thomæ, red. p. a. 6d.   Idem Radulphus ten.
iiij acr. terræ ibid., quondam dicti Thomæ, juxta Uttyng, red. p.
a. 2s.   Idem Radulphus ten. vij acr. terræ, quondam dicti Thomæ,
ex australi parte domus, red. p. a. 3s. 6d   Idem Radulphus ten.
dim. acr. et ij pecias terræ juxta Bedburn, red. p. a. 4d.   Idem
Radulphus ten. j placeam dicti Thomæ ibid., red. p. a. ad e. t.
1d.   Idem Radulphus ten. j peciam terræ longitudinis xxiiij
pedum et tantæ latitudinis, red. p. a. 6d.   Idem Radulphus ten.
vj acr. terræ, quondam Roberti Berker et dicti Thomæ, red. p.
a. 4s.   Idem Radulphus ten. terram, quondam Willelmi de
Mowleswod, et postea dicti Thomæ, red. p. a. 16d.*

LYNSAK.

LIBERI TENENTES.   Prior de Fynkhalgh ten. lxxviij acr.
terræ juxta Satleye per servitium forinsecum, red. p. a. ad iiij
term. usual. 30s.   Johannes Mawe ten. j mess. et xxvij acr.
terræ, quondam Adæ Craven, red. p. a. 14s.

TERRÆ SCACCARII.   Johannes Taillour ten. ij mess. et xlvj
acr. terræ, quondam Willelmi Wodmous, red. p. a. ad iiij term.
usual. 16s. 8d.   Johannes Horne ten. j mess. et xxxij acr. terræ,
quondam Roberti Horne, red. p. a. 15s.   Robertus del Throwe
ten. j mess. et xxxj acr. terræ ibid., red. p. a. 13s. 10d.   Willelmus Brak de Aukland ten., de jure uxoris suæ, j mess. et xx acr.
et j rod. terræ ibid., red. 5s. 4d.   Isabella relicta Thomæ Dowlyn
ten. j mess. et xij acr. terræ, quondam Willelmi Trow, red. p. a.
9s. 4d.   Eadem Isabella ten. j mess. et iij acr. terræ, quondam
Roberti Arowsmyth, red. p. a. 21d.   Johannes Taillour de Hamsterley ten. j mess. et ij acr. terræ ibid., red. p. a. 16d.   Johanna
Horne ten. j tenementum cum j acr. terræ ibid., quondam Petri
Spark, red. p. a. 6d.   Ricardus Sothley ten. iij rod. terræ de novo

---

* Added in another hand, " Summa totalis 9l. 4s. 8d."

appruatas, red. p. a. 3d. Johannes Smyth ten. j mess. et xij acr. terræ, quondam Willelmi Gilleson, red. p. a. 6s. Willelmus Horne ten. j mess. et viij acr. terræ et j rod., quondam Henrici Berkar, red. p. a. 4s. 5d. Johannes Horne junior ten. j mess. et iiij acr. terræ in Waterlandker, et viij acr. ibid., quondam Willelmi Makson, red. p. a. ad e. t. 7s. 4d. Johannes del Howe ten. j mess. et x acr. terræ ibid., quondam Bernardi filii Willelmi et Johannis Stewardman, red. p. a. ad e. t. ibid., 5s. Willelmus Blakmor ten. j mess. et v acr. terræ, quondam Roberti North-wod, red. p. a. 2s. 4d. Idem Willelmus ten. iij acr. terræ, quondam Roberti Shephird de Carnraw, red. p. a. ad e. t. 18d. Predictus Willelmus ten. iiij acr. terræ apud Doddesclosse, et j acr. terræ juxta Waterlandker de novo appruatam, red. p. a. ad e. t. 2s. 4d. Thomas Mowbray ten. j mess. et v acr. terræ, vocatas le Whamshele, red. p. a. 2s. 6d. Willelmus del Grene ten. j mess. et viij acr. terræ, quondam Thomæ Whom, red. p. a. 4s. Johannes Mathewson ten. j mess. et xxv acr. terræ, quondam Dand de Whom, red. p. a. 12s. 6d. Johannes Gilleson ten. j mess., x acr. et j rod. terræ, red. p. a. ad e. t. 5s. 2d. Willelmus Manyleys ten. j acr. terræ de novo appruatam per Johannem Walssh, red. p. a. 6d. Johannes Maw ten. ij rod. terræ, de novo appruatas, juxta domum suam, red. p. a. 2d. Idem Johannes ten. iiij acr. terræ apud Holynhirst, quondam prepositi de Evenwode, red. p. a. 2s. Predictus Johannes ten. xxxij acr. terræ, vocatas Cranrawe, cum iij toftis, solebat red. p. a. 15s. 1d., modo red. p. a. ad iiij term. 8s. Idem Johannes ten. j acr. vasti de novo appruatam, voc. Lonyng, red. p. a. 6d. Johannes Merley ten. j mess. et vj acr. terræ in Mawreley, red. p. a. 8s. Idem Johannes ten. j rod. terræ ad domum suam, red. p. a. ad e. t. 2d. Johannes Tesedale ten. j rod. terræ in Maurehille, red. p. a. 2d. Willelmus Godland ten. j mess. et x acr. terræ, red. p. a. 5s. Johannes Loge ten. j mess. et ij acr. terræ apud Calflegh, red. p. a. 10d. Robertus Trow ten., de jure uxoris suæ, j mess. et xvj acr. terræ, quondam Rogeri Wodhome ibid., red. p. a. ad e. t. 7s. 8d. Willelmus Carlele ten. j toftum et x acr. terræ, quondam Willelmi Lynsak, red. p. a. 3s. 4d. Idem Willelmus ten. j mess. et x acr. terræ, quondam Patricii Withnose, red. p. a. 3s. Hugo Perisman ten. j mess. et v acr. terræ apud Stanganelle, red. p. a. 3s. Willelmus Carlele ten. j acr. terræ apud Herdlandlegh, red. p. a. 4s.* Et est ibid. quoddam molendinum solebat red. 66s. 8d., modo dimittitur, ad terminum vitæ, p. a. pro 13s. 4d.†

* In the margin below this entry is added in a coeval hand " 7*l.* 19s. 9d." This is crossed out, and a later hand has written below, " 4*l.* 6s. 4d."

† Below this entry is written in a later hand, 10*l.* 17s. 1d.

TERRÆ VASTÆ. Et sunt ibid. ij acr. terræ, quondam Prio-
rissæ de Neseham, solebant red. p. a. 2s., modo nichil, quia depasturatæ per tenentes Domini de Nevill de Langley et aliorum
tenentium ibid., unde collector debet red. Item sunt ibid. ij acr.
terræ, in campo vocato Flecchefeld, sol. red. p. a. 16d., modo
nichil, quia depasturatæ ut supra. Item j mess. et xij acr. terræ,
vocatæ Dandesfelde, sol. red. p. a. 6s., modo nichil, quia ut
supra. Item ij acr. terræ, vocatæ Tebbesfeld, sol. red. p. a. 12d.
Item j acr., vocata Hundesclos, sol. red. p. a. 6d. Item j toftum
xvj acr. terræ, vocatæ Héywelheued, sol. red. p. a. 8s. Item j
clausura, cont. vj acr. terræ, vocata Doddesclos, sol. red. 2s. 8d.
Et ij clausuræ juxta le Haygarth, cont. viij acras, sol. red. p. a.
4s. Modo nichil redditur de istis parcellis, quia vastæ et depasturatæ ut supra, ideo, &c.

SOUTHBEDBURN.

LIBERI TENENTES. Hugo de Burnynghill ten. manerium de
MAYLAND, et c acr. terræ ibid., red. p. a. ad festum Sancti Cuthberti in Septembri per servitium forinsecum ibid. 6d., vel j par
calcarium. Johannes Pelhele ten. j mess. et xl acr. terræ, quondam Nicholai Scripte, red. p. a. 6s. 8d. Robertus Emerisson
ten. j mess. et xxx acr. terræ, voc. Bedburnhalle, red. p. a. ad
festum Pentecostes et Sancti Martini, quolibet anno, 8s.

Willelmus Blakden ten. manerium de ESTSHIPLEY, et c acras
terræ, red. ad festum Sancti Cuthberti in Septembri p. a. ibid.,
ut dicunt, 6d., vel j par calcarium. Idem Willelmus ten. j rod.
ante portam suam ibid., red. p. a. 1d.

Heredes Roberti de Brakenbury ten. manerium de WEST-
SHIPLEY, et xc acras terræ ibid., red. 3s. 2d. Willelmus de
Blakden ten. quartam partem manerii pred. et xxx acr. terræ,
red. p. a. 10d.

De heredibus Willelmi Brakenbury pro manerio de PARVA
MAYLAND ad festum Sancti Cuthberti in Septembri, quolibet
anno, ut dicunt, &c. — 12d., vel j esperuare sore, ad festum
Sancti Martini, modo in tenura Johannis de Hagreston.

TERRÆ SCACCARII. Johannes Merley ten. j toftum et ij
acr. terræ, quondam Roberti Shephirdson, red. p. a. ad iiij term.
usual. 8d. Willelmus Blakden ten. vj acr. terræ, quondam
Nicholai Megre, vocatas Newfel, red. p. a. 3s. Idem Willelmus
ten. j clausuram, voc. le Chekerfeld, quondam dicti Nicholai,
cont. xxx acras terræ, red. p. a. ad e. t. quolibet anno 10s. Predictus Willelmus ten. j peciam terræ, voc. Crawescroft, cont.
iiij acr. et dim. terræ, red. p. a., ad festum Sancti Martini et

Pentecostes ibid., 3s. Idem Willelmus ten. j clausuram, de novo appruatam, cont. dim. acr. terræ, red. p. a. 2d. Idem Willelmus ten. iij acr. et dim. terræ, quondam Roberti Crawe, jacentes ad caput de Crawescroft ex occidentali parte, red. p. a. ad e. t. 2s. 4d. Robertus Craw ten. j rod. terræ juxta Hapeland, quondam Willelmi Craw, red. p. a. 3d. Johanna Hobbeswyf Craw ten. iij rod. terræ in le Bungle, red. ad terminum Martini, 6d. Eadem Johanna ten. j mess. et iij acr. terræ ibid., red. p. a. ad e. t. 2s. Predicta Johanna ten. j acr. et dim. terræ, voc. le Pays, red. p. a. 12d. Robertus Craw ten. j mess. et iij acr. terræ et j rod. apud Bungley, red. p. a. 2s. 2d. Gervasius de Shipley ten., de jure uxoris suæ, j mess. et j acr. et iij rod. terræ, red. 14d. Idem Gervasius ten. j mess., j acr. et dim. terræ, red. p. a. ad e. t. 12d. Predictus Gervasius ten. j placeam, cont. dim. rod. terræ, red. p. a. ad e. t. 1d. Margareta Davydaughter ten. j mess., ij acr. et j rod. terræ, red. p. a. 18d. Adam Craw ten. j mess. et vj acr. terræ ibid., red. p. a. 4s. Ricardus de Knycheley ten. j mess. et ij acr. terræ ibid., red. p. a. 18d. Adam Craw ten. j mess. et v acr. terræ, red. p. a. ibid. ad e. t. 3s. 4d., cum una falda, cont. dim. rod., unde j acr. red. p. a. (*blank*). Ricardus Madyson ten. j mess. et vij acr. terræ, red. p. a. ad e. t. 4s. 8d. Idem ten. j acr. ibid., red. p. a. ad e. t. 10d. Predictus ten. j clausuram ibid., voc. Bayardhow, red. p. a. ad ij terminos, 9d. Johannes Dand ten. j mess. et vj acr. terræ, quondam Willelmi Knobok, red. p. a. 4s. Johannes Merley ten. ij mess. et xxxviij acr. terræ, quondam Willelmi Manyley, red. p. a. 18s. 8d. Idem Johannes ten. ij acr. terræ ibid., voc. les Milnehills, red. p. a. 16d. Willelmus Trogher ten. j mess. et x acr. terræ, quondam H. Kyrkknot, red. p. a. 6s. 8d. Robertus Proudlok ten. j mess. et xij acr. terræ, quondam Willelmi Halle, red. p. a. 8s. Idem Robertus ten. iij tofta et xv acr. cum una clausura, cont. j acr., red. p. a. 9s. Predictus Robertus ten. j placeam, voc. Stotfald, cont. ix acr. terræ, red. p. a. 8d. Johannes Merley ten. x acr. terræ, voc. les Lyngclos, quondam Roberti Shephirdson ibid., red. 6s. 8d. Idem Johannes ten. vj acr. terræ, apud le Eleclos, quondam dicti Roberti, red. p. a. 4s. Predictus Johannes ten. j bercariam, cont. dim. rod. terræ, red. p. a. ad e. t. 1d. Adam Johnson de Rakwod ten. j mess. et xxxij acr. et dim. terræ, red. p. a. 16s. 4d. Idem Adam ten. j mess. et viij acr. terræ apud Newhows, red. p. a. 4s. Predictus Adam ten. iiij acr. terræ, quondam Ricardi Adkokson, red. p. a. 2s. 8d. Adam Benet ten. j mess. et viij acr. terræ ibid., red. p. a. ad e. t. 4s. Idem Adam ten. x acr. terræ, voc. Benettesfeld, red. p. a. ad e. t. 5s. Predictus Adam ten. j mess. et xij acr. terræ ibid., red. p. a. 5s. Alicia Blank ten. j mess.

et xliij acr. et dim. terræ, voc. Thortonfeld, red. p. a. 14s. 6d.
Eadem Alicia ten. j mess. et xviij acr. terræ, voc. Poydeshole,
red. p. a. 6s.   Hugo de Burnynghil ten. xij acr. terræ, voc. le
Vast, red. p. a. 4s.   Johannes Loge ten. j mess. et xxiv acr.
terræ, quondam Willelmi Blaker, red. p. a. 8s.   Johannes Dand
ten. j mess. et xviij acr. terræ, voc. Lasselsfeld, red. p. a. 6s.
Idem Johannes ten. j mess. et xx acr. terræ Overidforth, red.
p. a. 6s. 8d.   Idem Johannes ten. ij acr. terræ, quondam Petri
Forester, voc. Kyngesclos, red. p. a. 8d.   Predictus Robertus
Proudlok ten. j placeam, voc. Stotfald, cont. x acr. terræ, red.
p. a. 2s.   Predicta Alicia Blank ten. ij acr. terræ in Poydes-
holefeld, red. p. a. 8d.   Petrus Dykson ten. j mess. et xiv acr.
terræ, quondam Petri Forester, red. p. a. 7s.   Idem Petrus ten.
j clausuram juxta domum Willelmi Dykson, cont. ij acr., red.
p. a. 16d.   Robertus Emerisson ten. j placeam prati, voc. Gib-
besclos, red. p. a. 3s.   Johannes Walker ten. j mess. et iiij acr.
terræ et dim., quondam Willelmi Het, red. p. a. 2s. 2d.   Idem
Johannes ten. j placeam pro situ molendini fuller', red. p. a.
2s.   Ricardus Madyson ten. j mess. et xxxvj acr. terræ apud
Rakwod, quondam Ricardi Adcokson, red. p. a. ad iiij term.
12s., quousque, &c., solebat red. 24s., modo red. 12s.   Johannes
de Crayk ten. j mess. et iiij acr. terræ, quondam Adæ Johnson,
red. p. a. 6s. 4d.   Johannes Sadbery ten. j mess. et iiij acr.
terræ, quondam Thomæ Johnson, red. p. a. 2s.   Idem Johannes
ten. j mess. et dim. acr. terræ, quondam Thomæ Makant, red.
p. a. 4d.   Adam Tyrell ten. j mess. et j rod. terræ, red. p. a. ad
e. t. 2d.   Johannes Taillour ten. j mess. et iiij acr. terræ,
quondam Johannis Clerk, red. p. a. 2s.   Johannes Loge ten.
j mess. et xj acr. terræ, voc. Snaypesgest, red. p. a. 5s. 6d.
Idem Johannes ten. j placeam prati ibid., red. p. a. ad e. t. 6d.
Johannes Falderley ten. terram Adæ Cokdale, red. ad terminum
Martini 1d.   Willelmus de Kellawe ten. j mess. et xvj acr.
terræ libere, voc. Grymesclos, red. p. a. 23d.   Radulphus Euere
miles ten. dim. acr. terræ, quondam Roberti Scatman, red. p. a.
2d.   Johannes Merley ten. j mess. et ij acr. terræ, quondam
Roberti Shephirdson, red. p. a. 15d.

Predictus Radulphus Euere ten. manerium de BITFORTH,
red. p. a. (blank).

Idem Radulphus ten. villam de HOPYLAND, red. p. a. ad
e. t. 2s.

Robertus Emeresson ten. j mess. et xxx acr. terræ, quondam
Petri Forester, red. p. a. 6s. 10d.   Tenentes inter se ten. j
placeam, quondam Hugonis de Aula, red. ad Pentecosten, 2d.
Adam Benet ten. j rod. terræ de vasto juxta domum suam, red.
p. a. 1d.   Willelmus de Blakden ten. molendinum aquaticum

ibid., red. p. a. ad terminum Martini et Pentecostes, 40s. Decanus de Aukland ten. j tenementum et x acr. terræ apud
Eudenleys, red. p. a. 2s. 6d.

NORTHBEDBURN.

LIBERI TENENTES. Robertus de Drilleton ten. manerium de
WADLEY, quondam Leonis Heriz, red. p. a. 6d. Idem ten.
predictum manerium, et red. p. a., ad terminum Sancti Cuthberti in Septembri, pro j esperuario, 5s.

Radulphus de Euere miles ten. manerium de MATUELL, et
lxxx acr. terræ, red. p. a., ad terminum Sancti Cuthberti in
Septembri, 5s.

Heredes Johannis Spryng ten. j toftum, c acras terræ, voc.
Parva Mayland, red. (blank). Robertus de Hegreston ten. j
toftum et c acr. terræ, quondam Willelmi de Brakenbury, red.
p. a., ad terminum Sancti Cuthberti in Septembri, 12d., vel j
esperuarium.

Johannes Coniers chivaler ten. villam de HARPLYE, red. ad
e. t. pred. 20s. Thomas Chaunceler ten. j mess. et xv acr.
terræ, quondam Ricardi Chaunceler, red. 7s. 6d.

Johannes Barker de Wodingfeld ten. manerium de WODING-
FELD, cont. xl acr. — 20s.

De Domino de Nevill pro terra, quondam Hugonis de Belle-
monte, 8s.*

Johannes Sadbergh ten. j mess. et c acr. terræ, quondam
Willelmi Pertricour, red. p. a. 29s. 8d.

TERRÆ SCACCARII. Nicholaus Howden ten. iiij perticatas
terræ juxta liberum suum tenementum, red. p. a. ad iiij term.
1d. Idem Nicholaus ten. dim. acr. terræ, quondam Thomæ de
Egleston, red. p. a. 9d. Predictus Nicholaus ten. certas terras
adhuc ignotas, pro quibus red. p. a. ad e. t. 15d. Johannes
Smyth de Blaklaw ten. dim. acr. terræ, quondam Adæ Blaklaw,
red. p. a. 6d. Johannes Smyth de Bycheburn ten. j mess. vj
acr. et j rod. terræ, red. p. a. 5s. 2d. Idem Johannes ten. j
placeam pro uno torali, cont. j rod. terræ, red. p. a. 2d. Radulphus Euere miles ten. ij acr. et j clausuram, vocatam Tybbes-
mawclos, red. p. a. 12d. Willelmus de Layburn ten. j clausuram, cont. dim. rod., juxta domum Thomæ Layburn, red. 2d.
Radulphus de Euere ten. j mess. et xiij acr. terræ, voc. Jakes-
feld, red. p. a. 8d. Adam Hyne ten. j mess. et ij acr. terræ
apud Macwelle, red. p. a. 8d. Willelmus de Wotton ten. j

---

* To this entry is added in another hand in the margin, " Jacet ex parte australi
de Were in Wigside."

58   BISHOP HATFIELD'S SURVEY.

toftum de vasto, cont. dim. rod., red. p. a. 2d. Adam Hyne
ten., de novo appruatas, v acras terræ, red. p. a. 20d. Thomas
Smyth de Bycheburn ten. iiij acr. terræ, voc. Typledyclos, red.
p. a. 2s. Johannes Flech de Aukland ten., de jure uxoris suæ,
j mess. et x acr. terræ, quondam Johannis de Hilton, red. p. a.
ad e. t. 7s. 2d. Willelmus Hugon ten. j mess. et xviij acr.
terræ juxta le Ridmer, red. p. a. 12s. Robertus Mody ten. j
mess. et vij acr. terræ, quondam Rogeri Mody, red. p. a. 4s. 2d.
Thomas Smyth ten. j placeam vastam ante ostium suum, red.
p. a. 4d. De Nicholao de Howden pro j mess. et v acr. terræ
scaccarii ad iiij terminos, 2s. 4d. Johannes Rompney ten. j
mess. et xx acr. terræ, quondam Johannis Bede, red. p. a.
13s. 4d. Adam Spencer ten. j mess. et x acr. terræ, quondam
Thomæ Condom, red. p. a. 6s. 8d. Johannes Smelter ten. j
mess. et viij acr. terræ, quondam Bernardi Thrustanton, red.
5s. 4d. Idem Johannes ten. ij acr. terræ, de novo appruatas,
inter campum suum et moram, red. 8d. Willelmus Hugon ten.
ij acr. terræ juxta terram suam, voc. Sandibank, red. p. a. 8d.
Johannes Chanceller ten. de vasto juxta domum suam iij rod.,
red. p. a. 4d. Willelmus de Layburne ten. j mess., voc. Calf-
park, red. p. a. 18d. Idem Willelmus ten. ij acr. terræ ibid.,
voc. Gagesclose, quondam Hugonis de Bycheburne, red. p. a. ad
e. t. 16d. Johannes Loge ten. herbagium parci de Bedburne
ad firmam, red. ad iiij terminos, 53s. 4d.

TERRÆ VASTÆ. Et sunt ibidem xvj acr. terræ, quondam
Radulphi Marsshall, juxta Mayland, solebant red. p. a. 5s. 4d.,
modo nichil quia vastæ, ideo, &c. Unum toftum et x acr. terræ,
quondam Willelmi Knycheley, sol. red. 3s. 4d. Unum toftum
et x acr. terræ, quondam Thomæ Dykson, sol. red. 3s. 4d.
Unum toftum et xvj acr. terræ, quondam Willelmi Wardale, sol.
red. 5s. 4d. Item viij acr. terræ, quondam in clausura Willelmi
Coupman, sol. red. 2s. 2d. Quatuor acr. terræ, quondam Alexandri Cullerfawe, sol. red. p. a. 16d. Item j clausura, voc.
Prowdlokfeld, cont. viij acr., sol. red. 2s. 8d. Item quoddam
campum, voc. Robertshele, cont. xij acr., sol. red. 4s. Item
Johannes Merley edificavit j domum super vastum Domini, et
nondum finavit, et similiter inclusit j parcellam terræ ad tenuram suam de vasto, et nondum finavit. Et similiter Adam
Benet inclusit quamdam parcellam vasti juxta domum suam, et
nondum finavit. Omnes parcellæ pred., preter istas iij, modo
jacent vastæ, et extra tenuram ut dicunt, ideo loquatur Domino
ad inquirendum. De ij acr. terræ, quondam Johannis Freynd,
jacentibus juxta terram Willelmi Perticour, quæ sol. red. p. a.
15d., modo nichil, quia vastæ.

BISSHOPLEY.

TERRÆ SCACCARII. Herbertus de Cones ten. ij mess. et x acr. terræ ibid., red. p. a. ad iiij term. usuales 4s. 5d. Robertus Fayrehare ten. j mess. et viij acr. terræ ibid., red. p. a. 6s. 8d. Idem Robertus ten. j mess. et vj acr. terræ ibid., red. p. a. 4s. Idem Robertus ten. j mess. et viij acr. terræ ibid., red. p. a. 4s. Idem Robertus ten. j mess. et viij acr. terræ, voc. Piotland, red. p. a. 4s. Rogerus Fayroller ten. j mess., quondam Willelmi Blerthorn, et viij acr. terræ, red. p. a. 4s. Idem Rogerus ten. j mess. et x acr. terræ, quondam Johannis Kendale, red. p. a. 5s. Idem Rogerus ten. j mess. et x acr., quondam Johannis Litilbury, red. p. a. 6s. 11d. Idem ten. j mess. et xxj acr. terræ et j rod., quondam Johannis Mowbray, red. p. a. 10s. Idem ten. j toftum et iij rod. terræ, voc. Randolfland, red. p. a. 4d. Thomas Brus ten. j mess. et xij acr. terræ, quondam Thomæ Browne, red. p. a. 4s. 8d. Idem Thomas ten. j mess. et xij acr. terræ, quondam Eliotæ Brus, red. p. a. 4s. Idem Thomas ten. iiij acr. et dim. terræ, quondam Johannis Smelter, red. p. a. 2s. 4d. Idem Thomas ten. iiij acr. terræ, voc. Colyerland, ibid., red. p. a. 17d. Idem Thomas ten. viij acr. terræ, quondam Johannis Fen, red. p. a. 4s. Idem ten. j bercariam ibid., red. p. a. ad e. t. 4d. Idem ten. quamdam placeam j forgii ibid., red. p. a. 2d. Johannes Dawt' ten. j mess. et xl acr. terræ ibid., red. p. a. 7s. 8d. Alicia Browne ten. vj acr. terræ, quondam Willelmi de Panetry, red. p. a. 3s. Eadem Alicia ten. j toftum et vj acr. terræ, voc. Hunterland, red. p. a. 2s. Herbertus Cones ten., de antiqua terra, lx acr. terræ Domini vasti, sol. red. 20s., modo red. 5s. Johannes de Haslakby ten. xxx. acr. terræ libere, quondam Willelmi Duresme de Derlington, voc. Watteshawe, sol. red. p. a. 12s., et modo ut supra 12s. Predictus Herbertus de Cones ten. iiij acr. terræ in campo, voc. le Syde, red. p. a. 2s.

TERRÆ VASTÆ. Et sunt ibid. iiij acr. pasturæ in les Bankes, quondam Eliotæ Brus et Smalgilland, et inde j acr. et dim., quondam Roberti Milner et Smalgilland, et extra tenuram, et valent p. a. 2s., quæ occupantur et depascuntur per animalia Thomæ de Bruys et Herberti Cones, &c. Et sunt ibid. apud Eawsyd cxx acr. terræ per estimationem de vasto, et extra tenuram, et sol. red. pro qualibet acra 4d. Et sunt ibid. in loco, voc. Catryk, xl acr. terræ de vasto, quæ sol. red. p. a. eodem modo. Et sunt ibid. xx acr. terræ ex parte occidentali de Turpynstanes in quadam antiqua clausura.

WOLSYNGHAM.

LIBERI TENENTES. Willelmus Tebbeson ten. manerium de
WYSHILL, et xlviij acr. terræ, quondam Roberti Scot ibid., et
facit forinsecum servitium, videlicet, xl dies in Fowinson et xl
dies in Ruythe, et sectam comitatus, red. p. a. ad iiij terminos
usuales 13s. 4d.   Johannes Mathewson ten. j mess. et certas
terras, voc. Spaynesfeld, red. p. a. 4s   Willelmus Ferrour et
Willelmus Mathewson ten. j mess. et ij perticatas terræ, quondam Nicholai Waverley, et postea Johannis de Haxby, et Radulphus de Euere miles ten. tertiam partem ejusdem terræ, red. p. a.
ad e. t. 4s. pro parte sua, et j quart. v buz. avenarum de predictis, in toto ibid. p. a. ad e. t. pred. 14s., j quart. v buz. avenarum.   Iidem ten. j mess. et certas terras, quondam Laurencii
Smalleys, red. p. a. 46s.   Iidem ten. j mess. et certas terras, voc.
Fowles, red. p. a. 4s.   Alicia de Bradeley ten. j mess. et xl acr.
terræ, quondam Johannis Brandley, red. p. a. 5s.   Petrus de
Grenwelle ten. xij acr. terræ, quondam Roberti Ronges, ut patet
in libro de Boldon, et facit servitium in foresta consimili modo
ut supra, red. p. a. 3s. 4d.   Robertus Morgan ten. j mess. et
certas terras, voc. le Milnehaws, red. p. a. 13s. 4d.   Hugo Westwyk ten. j mess. et xl acr. terræ, quondam Ricardi Heworth, red.
p. a. 4s. 6d.   Thomas filius Adæ de Rogerly ten. j mess. et j
peciam terræ, voc. Ballardsyd, red. p. a. 3s. 4d.

Robertus Egleston ten. manerium de BRAUDWOD, cont. j
carucatam et dim., ut supra, red. p. a. 20s.   Johannes filius dicti
Roberti ten. medietatem dicti manerii per forinsecum servitium
ut supra, red. p. a. 20s.   Willelmus Tebbeson ten. ij acr. terræ
in Papworthele per forinsecum servitium, red. p. a. 12d.

Radulphus Euere ten. villam de BRAUDLEY libere per cartam
ut supra, red. p. a. 22s.

Idem Radulphus ten. medietatem de SONNYNGSYDE libere per
cartam, red. p. a. 2s.   Idem Robertus ten. aliam medietatem de
Sunnyngsyde, cont. in toto cc acras, red. p. a. 18s. Idem Radulphus ten. quamdam clausuram, voc. Kittesparke, et iiij acr. terræ,
voc. Wakerland, red. 6s.

Thomas Grey ten. villam de NEWLAND et FOWLEYS, quondam
Gilberti Towdeby ibid., ut supra, red. p. a., per servitium forinsecum ut supra, 31s.

Dominus de Nevill ten. villam de THORNLEY et GRENWELL,
quondam Henrici de Beawmont, cum le Helmepark et le Red-
myre, unde pro Thornley 13s. 4d., et pro Grenwell 15s. 4d., et
pro Helmeparke 33s. 4d., red. p. a. ut supra in toto 62s.

Sacrista Dunolm. ten. placeam, voc. landam Dei, red. ad terminum Cuthberti in Septembri 2s.

De villa de FORSTERLEY ad iiij terminos majores 13s. 4d.

Ricardus Fetherstanhalgh ten. ad firmam terras dominicas cum pratis et pasturis, red. p. a. 6l. 13s. 4d.

Prior de Fynkhalgh ten. xl acr. terræ, voc. Smalleys, juxta Forsterley, quondam Thomæ Scot, red. p. a. ad e. t. 13s. 4d. Custos cantariæ de Freresyde juxta Derwent ten. j mess. et xxvij acr. terræ, red. p. a. 2s.

De persona Ecclesiæ de Brauncepath pro gleba Ecclesiæ suæ ad e. t. 13s. 4d.

De Sacrista Dunolm. in iiij parcellis cum terra scaccarii ad e. t. 9s. 2d.

MOLENDINUM. De Willelmo de Merley pro molendino aquatico et fullonico ibid. ad e. t. 8l.

COTAGIA. Johannes Hudson ten. j cotagium cum crofto, cont. j acr. terræ, et cariat esperuarios et merliones, et mundat domum infra manerium contra adventum Domini Episcopi et ministrorum suorum, et mundat stagnum molendini in parte, et vadit in legationibus Episcopi, et eɪt ad chaceam Domini, et operatur ad fenum, pro quo opere feni red. p. a. 4d., unde in universo p. a. ad iiij term. 13½d. cum operibus. Ricardus Robinson ten. j cot. cum crofto ut supra, red. p. a. ad e. t. 13½d. cum operibus. Willelmus Walker ten. iij cot., cont. iij acr., red. cum operibus feni 3s. 4½d. Rogerus at Welle ten j cot., cont j acr., et facit ut supra cum operibus 13½d. Robertus Fetche ten. j cot., cont. j acr., et facit ut supra cum operibus feni 13½d. Alicia Waller ten. j cot., cont. j acr., et facit ut supra cum operibus feni 13½d.

TERRÆ BONDORUM. Adam Barker ten. j mess. et xv acr. terræ, red. p. a. ad iiij term. usuales 5s. 2d., et pro operatione feni ad festum Michaelis 4d., et metet et quadrigat totum bladum Episcopi dominicum de Wolsyngham cum auxilio bondorum Episcopi, et falcat partem suam de toto prato de Bradley, et levat fenum et quadrigat, et facit partem suam de operatione clxxx dierum ad preceptum Episcopi, et quadrigat partem suam de cxx quadrigatis de wodlades, et facit j precationem apud Bradworth cum tota familia domus, excepta howsewyva, et iiij precationes apud Wolsyngham, et ad omnes precationes habebit corrodium, et cum falcat pratum et quadrigat bladum et fenum, habebit unusquisque j panem, et opera ad molendinum consueta, red. p. a. ad iiij term. usuales 5s. 2d. Johannes Bruys ten. j mess. et x acr. terræ, et facit et dat pro operibus ut supra, red. 3s. 6d. Adam Myot ten. ij mess. et xx acr. terræ, et facit pro quantitate ut supra, red. p. a. 7s. Willelmus Trewlof ten., de jure uxoris suæ, iij mess. et xx acr. terræ, red. p. a. 7s. Johannes Turnour ten. ij mess., red. p. a. 8d., et pro operibus feni 8d., in toto 16d. Ma-

theus Johnson ten. ij mess. et xv acr. terræ, et facit pro portione
ut supra, red. 5s. 4d. Emma quæ fuit uxor Johannis Hudson
ten. j mess. et x acr. terræ ut supra, red. 3s. 6d. Johannes
Walker ten. j mess. et xv acr. terræ ibid., red. p. a. ad e. t. 5s. 2d.
Thomas Lawesson clerk ten. ij mess. et xv acr. terræ ibid., red.
p. a. 5s. 4d. Johannes Dobbeson ten. x acr. terræ ibid., red. p.
a. ad e. t. 3s. 4d. Matheus Walker ten. xv acr. terræ ibid. ut
supra de eisdem bondagiis, red. p. a. 5s. Ricardus Robynson
ten. x acr. terræ de eisdem ut supra, red. p. a. 3s. 4d. Ricardus
Sowter ten., de jure uxoris suæ, v acr. terræ, et facit ut supra,
red. 20d. Adam Smyth, ten. v acr. terræ ibid., et facit ut supra,
red. p. a. 20d. Robertus Gibson ten. j mess. et xv acr. terræ
ibid. ut supra, red. p. a. 5s. 2d. Willelmus Gibson ten. j mess.
et xv acr. terræ, et facit ut supra, red. p. a. 5s. 2d. Rogerus
Gibson ten. ij mess. et xx acr. terræ ibid. ut supra, red. p. a 7s.
Willelmus Diggeson ten. ij mess. et xx acr. terræ ut supra, red.
p. a. 7s. Robertus Gibson ten. j mess. et xv acr. terræ ibid. ut
supra, red. p. a. 5s. 2d. Petrus Wodroffe ten. j mess. et v acr.
terræ, et facit ut supra, red. p. a. 22d. Johannes Ayre ten. ij
mess. et x acr. terræ ibid. ut supra, red. p. a. 3s. 8d. Johannes
Lutson ten. j mess. et v acr. terræ ibid. ut supra, red. p. a. 22d.
Johannes Dawson ten. j mess., red. p. a. et facit pro quantitate
ad e. t. 4d. Willelmus de Bermeston ten., de jure uxoris suæ,
j mess. et v acr. terræ, red. p. a. 22d. Johannes Coniers ten j
mess. et v acr. terræ ibid., et facit ut supra, red. p. a. 22d. Oliverus Braban ten. j mess., et facit pro portione ut supra, red.
p. a. 4d. Thomas Mercssh ten. v acr. terræ, et facit ut supra,
red. p. a. 20d. Ricardus Robynson ten. medietatem j mess. et v
acr. terræ, et facit et supra, red. p. a. 22d. Robertus Cut ten.
medietatem j mess. et x acr. terræ, et facit ut supra, red. p. a.
3s. 6d. Johannes Dawson ten. j mess. et v acr. terræ ibid., et
facit ut supra, red. p. a. 2s. Robertus Bell ten. j mess. et x acr.
terræ ibid., et facit ut supra, red. p. a. 3s. 6d. Laurencius filius
Ricardi Robynson ten. j mess. et v acr. terræ, et facit ut supra,
red. 22d. Willelmus Crok ten., de jure uxoris suæ, j mess. et v
acr. terræ ut supra, red. p. a. 22d. Johannes Fayrehille ten. v
acr. terræ, red. et facit ut supra p. a. 20d. Tenentes inter se
ten. j peciam prati, voc. Bradshawe, cont. iiij acr. terræ, red. p.
a. 4s. Iidem ten. inter se j peciam, voc. Medhop, cont. iiij acr.,
red. p. a. 16d. Iidem ten. inter se j pasturam, voc. Gosecroft,
cont. iij acr., red. p. a. 12d.

PUNDERUS. Punderus de Wolsyngham reddit pro officio suo,
ad festum Natalis Domini et Paschæ, xl gallinas et ccclx ova.

WODLADES. Predicti tenentes solvunt inter se, ad festum
Nativitatis Sancti Johannis Baptistæ, pro wodlades 5s.

OPERA BONDORUM. De operibus bondorum ad festum Michaelis tantum quolibet anno &c., 32s. 7½d. Iidem tenentes solvunt inter se p. a. in supplementum firmæ eorum de bondagio, 14d. Iidem tenentes de diversis terris scaccarii subtractis in titulo terræ scaccarii red. p. a. 5s. 8d. Iidem ten. inter se xx acr. terræ, voc. le Harekar, red. p. a. 10s.

TERRÆ SCACCARII. Willelmus Tebbeson ten. iij acr. terræ in Bollardsyde, red. p. a. ad iiij term. usuales, 12d. Nicholaus Belgrave ten. j toftum cum crofto, quondam Roberti Barbour, red. p. a. ad e. t. 12d. Matheus Walker ten. j placeam, quondam Willelmi Walker, red. p. a. ad e. t. 3d. Radulphus Euere ten. j mess. et viij acr. terræ, voc. Wynchesfeld, red. p. a. 3s. Idem Radulphus ten. j mess. et j peciam terræ, voc. Wabbokfeld, red. p. a. 2s. Willelmus Ferrour ten. j rod. terræ, quondam Johannis Luttesson, red. p. a. 3d. Johannes Merley junior, ten. dim. acr. terræ, quondam Johannis Lees, in Wolsyngham, red. p. a. 4d. Matheus Walker ten. j rod. terræ apud Westcropbrig, red. p. a. 3d. Thomas Merssh ten. j rod. terræ juxta Westcropbrig, red. p. a. ad e. t. 1d. Robertus Swaynston ten. j mess. et j peciam terræ, voc. Whitekirtilland, red. p. a. 7s. 4d. Willelmus Roughsyde ten. tenuram, quondam Ricardi Brounde, red. p. a. 8s. 2d.* Idem Willelmus ten. j mess. et j peciam terræ, quondam Thomæ Dale, red. p. a. 12s. 4d. Robertus filius Roberti Tod ten. j mess. et xij acr. terræ, quondam Nicholai Haxby, red. p. a. 4s. Johannes Mathewson, ten. j mess. et xiiij acr. terræ, quondam Thomæ Coroner, red. p. a. 4s. 8d. Idem Johannes ten. j rod. terræ juxta aquam de Were, red. p. a. 2d. Johannes Warde ten. j mess. et vj acr. terræ, voc. Massumfeld, red. p. a. 2s. Thomas filius Laurentii Clerk ten. viij acr. terræ in Bellardsyd, red. p. a. 4s. Thomas Yong ten. viij acr. terræ apud Amyhed, red. p. a. 4s. Willelmus Bermeston ten. xiiij acr. terræ ibid., red. p. a. 7s. Johanna Wilde ten. xiiij acr. terræ ibid., red. p. a. ad e. t. 7s. Willelmus Bell ten. iiij acr. terræ ibid., red. p. a. ad e. t. 2s. Johannes Taillour ten. dim. acr. terræ ibid., red. p. a. ad e. t. 4d. Thomas Yong ten. j placeam et xxx acr. terræ, quondam Petri del Hall, red. p. a. 10s. Johannes Shephird ten. iij tofta et xvj acr. terræ apud Richemond et Reulech, red. p. a. 8s. Willelmus Tebbesson ten. j toftum et xx acr. terræ, quondam Willelmi Russell, red. p. a. 6s. 8d. Henricus Thomesson ten. v acr. terræ in Rigemond, red. p. a. 2s. 6d. Johannes Hudson ten. j mess. et xvj acr. terræ, quondam Willelmi Underbank, red. p. a. 5s. Margareta filia Johannis Yong ten. j mess. et

---

* To this entry is added in a coeval hand, "Brounsland."

xij acr. terræ, voc. Hunterfeld, red. p. a. 4s.*   Johannes Turnour ten. j mess. et iiij acr. terræ, quondam Willelmi Pollard,
red. p. a. 16d.   Willelmus Tebson ten. dim. acr. terræ juxta
Slaterforth, red. p. a. 6d.†   Idem Willelmus ten. j mess. et iiij
acr. terræ ibid., red. p. a. 4s.   Idem Willelmus ten. j mess.
ibid., et red. p. a. ad e. t. 12d.   Predictus Willelmus Tebson,
ten. j tenementum et xij acr. terræ per estimationem, quondam
T. Craw, red. 4s.   Idem Willelmus ten. j toftum et xx acr.
terræ in Wygesyde ibid., red. p. a. 5s. 4d.   Idem Willelmus ten.
j toftum et ix acr. terræ, quondam Dand Kitson red. p. a. 3s.
Idem Willelmus ten. j tenementum et xv acr. terræ, quondam
Johannis Lyghtfote red. p. a. 5s. 4d.   Idem Willelmus ten. j
toftum, ij acr. terræ ibid., red. p. a. ad e. t. 20d.‡   Johannes
Bruys ten. j mess., ix acr. terræ apud le Newraw, red. p. a.
4s. 1d.   Idem ten. j clausuram de novo appruatam, cont. ij acr.
terræ, red. p. a. 8d.   Predictus Johannes ten. j aliam clausuram
de novo appruatam, cont. j acr. et dim., red. p. a. 6d.   Henricus Thomesson ten j mess. et xiij acr. terræ ibid., red. p. a.
5s. 4d.   Thomas Davyson ten. j mess. et iiij acr. terræ ibid.,
red. p. a. ad e. t. 2s.   Rogerus del Fayreallers ten. j mess., viij
acr. terræ, voc. Snaypgest, red. p. a. 3s. 3d.   Idem Rogerus ten.
j toftum cum crofto ibid., cont. j acr. terræ, red. p. a. 12d.   Johannes Lawesson ten., de jure uxoris suæ, j mess. et xv acr.
terræ, red. p. a. 5s.   Robertus Myot et Johannes de Bulees
ten. j mess. viij acr., red. p. a. 12d.   Predictus Johannes ten. j
mess. et xx acr. terræ, quondam Nicholai Killom, red. p. a. 5s.
Thomas Yong ten. j mess. et xxxij acr. terræ apud Cranwelsyde,
red. p. a. 7s. 8d.   Margareta filia Johannis Yong ten. j toftum,
xij acr. terræ, voc. Shirburnesfeld, red. p. a. 5s.   Thomas
Smyth ten. quoddam pratum, voc. Cafforthmedow, cont. viij
acr., red. p. a. 4s. 8d.   Johannes Luttesson ten. j placeam, cont.
j rod., voc. Bellesclos, red. p. a. 2d.   Johannes Skynner ten. ij
tenementa, iij acr. terræ, voc. Cotsfeld, red. p. a. 12d.   Idem
Johannes ten. j tenementum cum gardino, quondam Willelmi
Trewluffe, red. p. a. 12d.   Predictus Johannes ten. iiij acr.
terræ, voc. Goldfeld, red. p. a. 2s. 4d.   Matheus Grene ten. iiij
acr. terræ ibid., red. p. a. ad e. t. 2s. 2d.   Idem Matheus ten. j
placeam pro grangia sua edificanda, red. p. a. 2d.   Predictus
Matheus ten. ij acr. terræ apud Berecroft, red. p. a. 18d.   Ro-

---

* This and the preceding entries of holders of Exchequer lands are bracketed
together by a coeval hand under the heading " Wigside."
   † To this entry is added in the margin, " Wigside."
   ‡ This, with the four preceding entries, are bracketed together under the heading
" Wigside."   To the last entry is added in the margin, " Dimittuntur R. de Euere
pro 10d."

bertus Myot junior ten. j mess. et j acr. terræ, quondam
Thomæ Crowder, red. p. a. 16d. Johannes Warde ten. j mess.
et ij acr. prati, jacentes juxta aquam de Were, voc. les Sandes,
et ij clausuras in Grenwelsyde, voc. les Flagges, cont. xij acr.,
quondam Roberti Miot ibid., red. p. a. ad e. t. pred. 7s. 2d.
Rogerus Hudson ten. j acr. prati, quondam Johannis Walker,
red. p. a. 12d. Johannes Walker ten. xij acr. terræ in campo,
voc. Thornopburnfeld, red. p. a. 4s. Thomas Lawesson clerk
ten. j mess. cum crofto, quondam Johannis Mayot, red. p. a.
12d. Idem Thomas ten. j placeam vastam, voc. Laweswast, red.
p. a. 4s. Idem Thomas ten. j rod. terræ, quondam ipsius
Johannis Myot, red. p. a. 2d. Idem Thomas ten. vij acr. terræ,
quondam ipsius Johannis, red. p. a. 2s. 4d. Idem Thomas ten.
viij acr. terræ, quondam ipsius Johannis, red p. a. 4s. 8d.
Willelmus Ferrour ten., de jure uxoris suæ, j tenementum et j
acr. terræ, red. p. a 18d. Thomas Yong ten. xvj acr. terræ,
quondam Willelmi Kellawe, voc. Personleys, red. 5s. 4d. Predictus Willelmus Ferrour ten., de jure uxoris suæ, viij acr.
terræ, quondam Willelmi Walker, red. p. a. ad e. t. pred. 3s. 2d.
Idem Willelmus ten., de jure uxoris suæ, iiij acr. terræ, quondam ipsius Willelmi, red. p. a. 4s. 4d. Idem Willelmus ten.,
de jure uxoris suæ, j placeam, voc. Trewhinplace, red. p. a. 12d.
Idem Willelmus ten., de jure uxoris suæ, vj acr. terræ, quondam
ipsius Willelmi, red. p. a. 2s. Omnes tenentes villæ ten. j acr.
terræ, quondam Willelmi Kyde, red. p. a. 12d. Predictus Willelmus ten., de jure uxoris suæ, j acr. terræ, quondam Willelmi
Hunwyk, red. 8d. Idem Willelmus ten. j placeam vastam ante
ostium suum, quondam Willelmi Kellaw, red. p. a. 2d. Johannes Dobbeson ten. j mess. ibid., quondam Willelmi Dobson,
de novo appruatum, red. 12d. Willelmus Tayte ten. j toftum
cum gardino, quondam Willelmi Sabson, red. p. a. 10d. Idem
Willelmus ten. j placeam de vasto, cont. in longitudine lxxx
pedes, et latitudine xxij pedes, red. p. a. 4d. Ricardus Robynson ten. j placeam de novo appruatam, quondam Mathei Kellaw, red. p. a. 12d. Laurentius Robynson ten. j placeam de
vasto de novo appruatam, red. p. a. 12d. Idem Laurentius ten.
dim. acr. prati super les Sandes, red. p. a. 6d. Predictus Ricardus Robynson ten. j placeam et j acr. terræ ad finem villæ, red.
p. a. 12d. Johanna Wade ten. j placeam, voc. Wadesplace,
quondam Aliciæ Lucydoghter, red. p. a. 14d. Eadem Johanna
ten. j placeam de vasto de novo appruatam, red. p. a. 6d. Rogerus Shephird ten., de jure uxoris suæ, j placeam de novo
appruatam, red. p. a. 12d. Idem Rogerus ten., de jure uxoris
suæ, j acr. terræ in Harelaw, red. p. a. 8d. Predictus Rogerus
ten. j placeam de novo appruatam, pro j forgio ibid., red. p.

a. 4d. Johannes Fayrehull ten. j placeam, quondam Hamond Salter, red. p. a. 12d. Willelmus Bermeston ten. j toftum, quondam Ricardi filii Simonis, red. p. a. 6d. Thomas Forester ten., de jure uxoris suæ, j placeam, quondam Roberti Hall, red. p. a. 8d. Idem Thomas ten. iiij acr. terræ, quondam ipsius Roberti Hall, red. p. a. 4s. Idem Thomas ten. dim. acr. terræ in Harelaw, quondam ipsius Roberti, red. p. a. 4d. Idem Thomas ten., de jure uxoris suæ, j acr., voc. Cutturacre, red. p. a. 8d. Idem Thomas ten., de jure uxoris suæ, dim. acr. prati super les Sands, red. p. a. 6d. Petrus Wodrof ten. j torale, quondam Willelmi Walker, red. p. a. 12d. Rogerus Sibson ten. j tenementum cum gardino, quondam Adæ Bukyng, red. p. a. 12d. Ricardus Ridall ten. j placeam et j acr. terræ, quondam Rogeri Mody, red. p. a. 2s. 8d. Willelmus Merley junior ten. j placeam, quondam Idoniæ de Thornley, red. p. a. 20d. Ricardus Fetherstonhalgh ten. j placeam, j acr. terræ et dim. acr. prati, red. p. a. 3s. 6d. Alicia Kellaw ten. j mess. et iiij acr. terræ, quondam Mathei Kellaw, red. p. a. 6s. Johannes Coniers ten. j placeam, quondam Johannis Pundere, red. p. a. ad e. t. 12d. Nicholaus Coniers ten. j placeam terræ, quondam Johannis White, red. p. a. 4d. Matheus Smyth ten. j placeam de novo appruatam, red. p. a. ad e. t. 4d. Idem Matheus ten. j aliam placeam ibid., red. p. a. ad e. t. 1d. Predictus Willelmus Dykson pro j gardino, quondam Johannis Hawlyn, red. p. a. 12d. Idem ten. j placeam pro grangia edificanda, cont. in longitudine l pedes, latitudine xx pedes, red. p. a. 2d. Idem ten. j placeam, de novo appruatam, j toralis ibid., red. p. a. 1d. Margareta filia Johannis Yong ten. xxij acr. terræ, quondam in tenura personæ ibid., red. p. a. 10s. 8d. Thomas Burdon ten. dim. acr. terræ, quondam Johannis Coniers, red. p. a. 2d. Willelmus Merley junior ten. j tenementum, ij acr. terræ, quondam Johannis Lese, red. p. a. 8d. Adam Smyth ten. j placeam j forgii ibid., red. p. a. ad e. t. 2d. Idem Adam ten. j placeam de novo appruatam, super le Hundhill, red. p. a. 2d. Johannes Dobbeson ten. j placeam vastam, in le Medhop, de novo appruatam, cont. xl pedes in longitudine et in latitudine xx pedes, red. p. a. ad e. t. 4d. Ricardus Ridale ten. j mess. et xl acr. terræ, quondam Roberti Calhom, red. p. a. 13s. 4d. Idem Ricardus ten. j parcellam terræ de novo appruatam ante ostium, red. p. a. 6d. Radulphus de Euere miles ten. ij acr. terræ in Wabbokfeld ut supra, red. p. a. 8d. Predictus Radulphus de Euere ten. j placeam et dim. acr. terræ ibid., red. p. a. ad e. t. 3½d.* Sibilla de la Vale ten. xvj acr. terræ in Grenwelsyde, red. p. a. 5s. 4d.

---

* This and the three preceding entries are bracketed under the title " Wigside."

Radulphus de Eucre ten. j placeam de vasto, cont. dim. rod., juxta Halmyln, red. p. a. 1d. Petrus de Grenwell et Petrus Davison et predicta Sibilla ten. j toftum et ij acr. terræ ibid., red. p. a. ad e. t., ut dicunt ibid., 12d. Thomas Yong ten. j placeam de vasto, de novo appruatam, cont. ij acr., red. p. a. 8d.* Willelmus Merley junior ten. j acr. terræ apud Fawleys, red. p. a. 8d. Willelmus Tebbesson ten., per concessionem ipsius Willelmi auditori factam, omnes parcellas de Wygsyde, quondam in tenura Willelmi Russell, quæ se extendunt ad 35s. 8d., et se onerat de 24s. 4d., preter 18d. de redditu Domini Radulphi Euere pro iij acr. in Langley, et sic concelatur p. a. 9s. 9d., et modo red. 9s. 9d. Predictus Thomas Yong ten. vj acr. terræ de novo appruatas, voc. Maydwelleys, red. p. a. 12d. Tenentes ten. inter se ij acr. terræ, quondam Willelmi Pollard, red. p. a. 8d. Willelmus de Merley junior ten. j toftum, xx acr. terræ in campo, voc. Graystanfeld, red. 12d.* Robertus Morgane ten. j acr. terræ inter Whitkirketilfeld et Denyasbank, red. 4d.* Willelmus de Merley junior ten. j placeam terræ, voc. Blakburntong, red. p. a. 2s.

DOMINICÆ TERRÆ. Est ibidem quoddam manerium cum gardino et pomerio, et ccc acr. terræ dominicæ et prati per majus centum, quæ dimittuntur Ricardo de Fetherstanhalg ad firmam ut supra, red. p. a. 6l. 13s. 4d.

PARCUS. Et est ibid. quidam parcus ibid., cont. in circuitu viij miliaria, et dimittitur herbagium ibid. Willelmo de Merley juniori, red. p. a. ad festum Sancti Martini et Pentecostes (blank).

Idem Willelmus Merley junior ten. ibid. j vaccariam ibid., voc. Jofferleys, red. p. a. 23s. 4d. Johannes Merley ten. j vaccariam ibid., voc. Tounstedhows, red. p. a. ad e. t. 40s. Thomas Atkynson ten. j vaccariam, voc. Farnyley, red. p. a. 20s. Willelmus Merley ten. ibid. j vaccariam de novo constructam apud les Blakburntonges ibid., red. p. a. ad e. t. pred. (blank).

ANTIQUA VASTA. Et est ibid. quoddam campum, voc. Pawfeld, cont. l acr. terræ, solebat red. p. a. ut dicunt 20s. Item j pecia terræ, voc. Harehopleys, in les Doddes et les Clyntes, sol. red. 13s. 4d. Item xl acr. terræ, voc. Horbe, ex occidentali parte de Sunnyngsyde sub les Pedderrodes, sol. red. p. a. 13s. 4d. Item lx acr. terræ in j pecia super le Wyndihill, sol. red. p. a. 20s. Item lx acr. terræ jacentes in j pecia, voc. Whitley, sol. red. p. a. 20s. Istæ parcellæ jacent ex australi parte de Were. Xvj acr. terræ jacentes in j pecia, voc. Walworthfeld, sol. red. p. a. 5s. 4d.

---

* To this entry is added in the margin, " Wigside."

STANHOP.

LIBERI TENENTES. Elemosinarius Dunolm ten. in Rokhop c acr. terræ, et red. p. a. ad iiij term. usuales 2s. Willelmus Merley ten. libere j mess. et xx acr. terræ in Newlandsyde, red. p. a. 6s. 9d. Willelmus Fetherstanhalgh ten. j mess. et lxxij acr. terræ, red. p. a. 12s. Willelmus de Merley ten. j mess. et j clausuram, voc. Hucleyfeld, cont. viij acr., red. p. a. 2s. Rogerus de Dirleton ten. j mess. et xx acr. terræ, voc. Bolyopshele, red. p. a. 6s. 8d. Willelmus de Merley senior ten. ij mess. et c acr. terræ, red. per servitium forinsecum 20s. 6d. Robertus Todde ten. vj acr. terræ in Horsleyburnfeld, voc. Davysonland, red. p. a. 12d. Idem Robertus ten. xxx acr. terræ ibid. cum j lonyng ad pasturam, red. p. a. 6s. 8d. Robertus Emerisson ten. x acr. terræ ibid., quondam Adæ Browne, red. p. a. 20d. Ricardus Doway ten. j tenementum et xviij acr. terræ, parcellam ejusdem terræ, voc. Moreland, red. 3s. Thomas Mersshall ten. j mess. et xviij acr. terræ de parcella dictæ terræ, red. p. a. 3s. Willelmus de Fetherstanhalgh ten. j mess. et xviij acr. terræ de eisdem, red. p. a. 3s. Idem Willelmus ten. j mess. et xj acr. terræ, parcellam dictæ terræ ibid., red. p. a. 22d. Adam del Clos ten. j mess. et x acr. terræ de eisdem parcellis, red. p. a. 20d. Ricardus Dowey et percenarii sui ten. inter se xvij acr. terræ, red. p. a. 2s. 10d. Thomas Mersshall ten. xiij acr. terræ ibid., red. p. a. ad e. t. 13d. Idem Thomas ten. iij acr. terræ apud Harlaugh, quondam Radulphi Broune, red. p. a. 12d. Predictus Ricardus Dewey ten. j mess. et xxx acr. terræ, quondam Thomæ Fery, ex utraque parte Were, red. p. a. ad e. t. pred. 8s. Thomas de Fery ten. j mess. et xxxij acr. terræ, exutraque parte de Were, red. p. a. 8s. Willelmus Merley ten. j mess. et xxx acr. terræ, quondam Alexandri Lilford, red. p. a. 10s. Johannes de Wotton ten. j mess. et xvij acr. terræ, quondam Henrici Bedall, red. p. a. 4s. Thomas Rogerley ten. j mess., quondam campum, voc. Newfeld, red. p. a. 7s. 8d. Johannes de Merley ten. viij acr. terræ, voc. Josyanbankes, red. p. a. 2s. 4d. Johannes Blakheued ten. j mess. et lx acr. terræ, voc. Wodcroft, red. p. a. 13s. 4d. Thomas Lombley ten. j mess. et iiij acr. terræ, quondam W. Austynson, red. p. a. 16d. Johannes Brauncepath ten. j acr. terræ in Swaffeld, red. p. a. ad e. t. 4d. Willelmus de Fethirstanhalgh ten. j mess. et xx acr. terræ, red. p. a. 5s. Idem Willelmus ten. j mess. et xxx acr. terræ, quondam Johannis Power, red. p. a. 6s. 8d. Predictus Willelmus ten. iij acr. terræ, voc. Collanland, et viij acr. de Stanforland ibid., ut dicunt, red. p. a. ut supra ad e. t. 22d. Idem Willelmus ten. iij acr. terræ in campo, voc. Feryfeld, red. p. a.

14d. Willelmus Dawter ten. lx acr. terræ apud Rogerley, red. p. a. 18s. Magister Hospitalis de Gretham ten. j vaccariam, Swynhoplaw, red. p. a., ad terminum Cuthberti in Septembri, quolibet anno, ut dicunt, 2s. Predictus Ricardus Fethirstanhalgh ten. j mess. et xviij acr. terræ, parcellam terræ superius partitæ, red. p. a. ad e. t. pred., quolibet anno, 3s. Johannes de Merley ten. xxiiij acras terræ, quas adquisivit de uxore Thomæ de Binley, red. p. a. ad e. t. pred. 3s. 4d. Robertus Todd ten. j mess. et ix acr. terræ, voc. Harewbank, red. p. a. 3s. Ricardus Dewy et percenarii sui ten. x acr. terra de quadam terra, voc. Murriland, red. 20d. Robertus Emeryson ten. j mess. et iij acr. terræ, quondam Johannis Seman, red. p. a. 6d.

TERRÆ BONDORUM. Rogerus Radd ten. j mess. et j bov. terræ, iij partes j bov., red. pro qualibet bov. 2s., et operatur pro qualibet bov. xvj diebus cum j homine inter festum Pentecostes et Sancti Martini, et quadrigat bladum cum j quadriga iiij diebus, et facit iiij precationes in autumpno, et falcat prata ij diebus ad corrodium Episcopi, et parat fenum et ducit, et qui ducit habebit j panem, et similiter ad bladum, et facit ladas et radas inter Stanhop et Wolsyngham, et portat venationem apud Dunolm. et apud Aukland. Preterea omnes villani faciunt, ad magnam chaceam, coquinam et lardarium et canellam, et invenient lecticam in aula, camera et capella, et adducunt totum corrodium Episcopi a Wolsynham usque ad logeas, et parant stagnum molendini, red. p. a. ad iiij term. usuales 3s. 6d. Henricus Newland ten. j mess. et xij acr. terræ bond. ut supra, red. p. a. 2s. 4d. Willelmus Aleynson ten. j mess. et xij acr. terræ, et facit ut supra, red. p. a. 2s. 4d. Cristiana Burgh ten. j mess. et xij acr. terræ, et facit ut supra, red. p. a. 2s. 4d. Willelmus Dykson ten. j mess. et xviij acr. terræ, et facit ut supra, red. p. a. 3s. 6d.

Punderus ibid. red. pro officio suo, quolibet anno, ad festum Nativitatis, lxiiij gallinas.

Predicti bondi red. inter se pro operibus, ad festum Michaelis, 13s.

COTAGIA. Isabella Power ten. j cotagium et dim. acr. terræ bond., red. p. a. ad iiij term. usuales, et pro operibus ad festum Michaelis tantum 3d., in toto 15d.* Rogerus Mop ten. j acr. terræ ibid. bond., red. p. a. ad e. t. 15d. Johannes Taillour ten. j cot. et ij acr. terræ ibid. ut supra, red. p. a. 2s. 3d. Willelmus Hudson ten. j cot. et ij acr. terræ ibid., red. cum operibus ut supra 2s. 3d. Thomas Clerk ten., de jure uxoris suæ, j cot. et ij acr. terræ ut supra, red. p. a. 2s. 3d. Johannes Spyng ten.

* To this entry is added in the margin, "W. Fetherstanhalgh."

iij cot., red. ut supra, cum 9d. de operibus, ad e. t. 7s. 9d. Predictus Willelmus Hudson ten. j cot. et ij acr. terræ ut supra,
red. p. a. 2s. 3d. Rogerus Mop ten. j acr. terræ bond., red. pro
portione sua p. a. 20d. Johannes Rilly ten. j cot. et ij acr. terræ
ibid. ut supra, red. p. a. 2s. 3d. Predictus Willelmus Hudson
ten. j cot., cont. j acr. terræ, red. p. a. pro portione sua 19d.
Idem Willelmus ten. j cot. et j rod. terræ, red. p. a. ad e. t. 15d.
Willelmus Merley senior ten. j cot. et j acr. terræ ut supra, red.
p. a. 19d. Johannes White ten. medietatem j cot. ibid., red. pro
portione sua ut supra 7½d. Thomas Mersshall ten. j cot.
divisum in tribus parcellis, red. pro portione sua 15d.* Willelmus Dikson ten. ij cot. et ij rod. terræ ibid., red. p. a. 2s. Willelmus Fetherstanhalgh ten. iiij cot. et xxx acr. terræ, jacentes
in le Northfeld, tenendas quousque alius tenens venerit ad finiendum, red. p. a. ad e. t. 11s., cum 12d. pro operibus. Johannes
Blakheued ten. j cot. in Stanhop, red. pro operibus 6d. Adam
Batmanson ten. j rod. terræ ibid., red. p. a. pro operibus 3d.
Robertus Tod ten. j mess. cum gardino in Stanhop, red. ut supra
6d. Predictus Willelmus Fetherstanhalgh ten. j mess. cum
crofto, red. pro operibus 3d. Idem Willelmus ten. terram, quondam Johannis Power, red. p. a. pro operibus 3d.

    TERRÆ SCACCARII. Cristiana quondam uxor Roberti Dyk-
son ten. j mess. et xxviij acr. terræ, apud Redburn ibid., in
Rokhop, ut dicunt, red. p. a. ad iiij term. usuales 9s. 4d. Isabella
Britley ten. j mess. et xij acr. terræ, voc. Boldshele, red. p. a.
4s. Walterus Tod ten. j mess. et iij acr. et dim. terræ in Stok-
feldburne, red. p. a. 14d. Johannes Huntrodes ten. j mess. et
xviij acr. terræ, voc. Blakden, red. p. a. 6s. Idem Johannes ten.
xij acr. terræ ibid., red. p. a. ad t. pred. 8s. Robertus Rokhop
ten. j mess. et xvj acr. terræ ibid., red. p. a. ad t. pred.
10s. 8d. Rogerus Rokhop ten. j mess. et xvj acr. terræ ibid.,
red. p. a. 10s. 8d. Isabella Maw ten. j mess. et xiij acr. terræ
ibid., red. p. a. ad e. t. 8s. 8d. Mergareta Emuotman ten j
toftum et xiij acr. terræ, red. p. a. 2s. Robertus del Wall ten. j
mess. et x acr. terræ ibid., red. p. a. ad e. t. 6s. 8d. Johannes
Mayre ten. j mess. et iiij acr. terræ ibid., red. p. a. 2s. 8d. Willelmus Tode ten. j mess. et xv acr. terræ ibid., red. p. a. 10s. Ricardus Maw ten. j acr. terræ ibid., red. p. a. ad e. t. 8d. Predicta
Margareta ten. vij acr. terræ ibid., red. p. a. 3s. 6d. Johannes
Mayre ten. j mess. et v acr. terræ et dim. ibid., red. p. a. 22d.
Predictus Ricardus Maw ten. j mess. et xj acr. terræ ibid., red.
p. a. 5s. 6d. Idem Ricardus ten. iij acr. terræ ibid., red. p. a.
ad c. t. 12d. Johannes Knaresdale ten., de jure uxoris suæ,

---

    * To this entry is added in the margin, " W. Fetherstanhalgh."

certas terras ibid., red. p. a. 18d. Idem Johannes ten. xvj acr.
terræ ibid., red. p. a. ad e. t. 5s. 4d. Thomas Meyre ten. j mess.
et xiij acr. terræ ibid., red. p. a. ad e. t. 4s. 4d. Robertus Tod
ten. xiij acr. terræ ibid., red. p. a. ad e. t. 12d. Johannes Merley ten. j clausuram, voc. Snawhopkerr, red. p. a. 2s. Adam
Johnson ten. j toftum, et j clausuram, voc. Snawhopclos, cont. xv
acr., red. 5s.* Willelmus Emerisson ten. j mess. et xx acr. terræ
ibid., red. p. a. 6s. 8d. Idem Willelmus ten. j acr. et dim. terræ
ibid. de novo appruatam ante ostium, red. p. a. 6d. Robertus
Tod ten. j mess. et xx acr. terræ ibid., red. p. a. 6s. 8d. Galfridus Layburn ten. j mess. et x acr. terræ, red. p. a. 3s. 6d.
Johannes Hogesson ten., de jure uxoris suæ, j mess. et xxiij acr.
terræ, red. p. a. 8s. Robertus Emerisson ten. j mess. et v acr.
iij rod. terræ, red. p. a. 3s. Americus filius Willelmi Bessing
ten. j mess. et xxiiij acr. terræ, red. p. a. 8s. Willelmus Merley
de Newlandsyde, ten. v acr. terræ, red. p. a. 20d. Johannes
Merley ten. j mess. et xiiij acr. terræ ibid., red. p. a. 4s. 8d. Robertus Cut ten. ij acr. terræ ibid. de novo appruatas, red. p. a. 8d.
Willelmus Kirkeby ten. j mess. et viij acr. terræ ibid., red. p. a.
2s. 8d. Robertus Tod ten. iiij acr. terræ in Horsleyburnfeld, red.
p. a. 16d. Matilda Bolron ten. j mess. ibid., red. p. a. ad e. t.
12d. Alicia Broune ten. j mess. et j acr. et dim. terræ ibid.,
red. p. a. 6d. Persona de Stanhop ten. j clausuram, voc. Migge-
clos, cont. v acr. terræ, red. p. a. 20d. Willelmus Merley junior
ten. j toftum et j peciam terræ, voc. Brayfeld, cont. xv acr. terræ,
solebat red. p. a. 5s., modo red. p. a. ad e. t. 18d. Idem Willelmus ten. j toftum et xij acr. terræ in campo, voc. Stotfeld, sol.
red. 4s., modo 18d. Idem Willelmus ten. j mess. et xvj acr.
terræ, voc. Merleyland, red. p. a. 5s. 4d. Idem Willelmus ten.
viij acr. terræ de vasto Domini, de novo appruatas, voc. le Ryddyng, 8d. Willelmus Huchonson ten. ix acr. terræ ibid., voc.
Bedley, red. p. a. 3s. Willelmus Merley senior ten. j mess. et
xx acr. terræ in Bewdley, red. p. a. 6s. 8d. Willelmus Fetherstanhalgh ten. ibid. vj acr. terræ, red. p. a. ad e. t. 2s. Johannes
Brak ten. j mess. et vj acr. terræ ibid., red. p. a. 2s. Willelmus
Huchonson ten. ij mess. et iij acr. terræ in Stanhop, red. p. a.
2s. 6d. Idem Willelmus ten. v acr. terræ, voc. Dowleyk, red. p.
a. 20d. Predictus Johannes Brak ten. x acr. terræ, quondam
Alexandri Berker, red. p. a. 3s. 4d. Idem ten. iiij acr. terræ,
quondam Johannis Maceon, red. p. a. 16d. Idem ten. j tenementum, voc. Wasses, red. p. a. ad e. t. 2d. Idem ten. vij acr.
terræ in Northirle, red. p. a. 2s. 4d. Predictus Willelmus
Fetherstanhalgh ten. j mess. et x acr. terræ in Rokhop, quondam

* Added in the margin, " Robertus Emerisson."

Alani Pese, solebat red. p. a. 3s. 4d., modo red. 2s. Idem Willelmus ten. iiij acr. terræ, quondam Johannis Shephird, red. p. a. 16d. Predictus Willelmus ten. j mess. et xxx acr. terræ, quondam ipsius Johannis, red. p. a. 10s. 8d. Johannes Hede ten. j toftum et ij acr. terræ, voc. Mawbrayclos, red. p. a. 8d. Willelmus de Merley senior ten. v acr. terræ, voc. Bursyland, red. p. a. 20d. Isabella quondam uxor Adæ Cowhird ten. xviij acr. terræ, quondam Adæ Cowhird, red. p. a. 5s. 8d. Matheus Walker ten. j mess. et xxix. acr. terræ cum j clausura, quondam Johannis Colynson, red. 10s. Alexander Brancepath ten. j mess. et j acr. terræ, quondam Thomæ Broune, red. p. a. 4d. Idem Alexander ten. j acr. terræ, voc. Longacre, red. p. a. ad e. t. 4d. Predictus ten. j acr. terræ in diversis parcellis ibid., red. p. a. 4d. Willelmus Dykson ten. j mess. et vj acr. terræ, voc. Seggefeldland, red. p. a. 3s. Idem Willelmus ten. dim. acr. terræ et habuttat super Were, red. p. a. 6d. Idem Willelmus ten. j rod. terræ juxta gardinum personæ, red. p. a. ad e. t. 12d. Idem Willelmus ten. ij mess. in le Overgate ibid., red. p. a. 2s. Predictus Willelmus Hudson ten. dim. acr. terræ ibid., red. p. a. 3d. Willelmus Hobson ten. j mess. in Midelgate, red. p. a. ad e. t. 2d. Robertus Hede ten. j mess. et vij acr. terræ, red. p. a. ad e. t. 6s. 8d. Johannes Spynk ten. j mess. cum gardino in Overgate, red. p. a. 6d. Idem Johannes ten. ij acr. terræ et dim. in le Homghill, red. p. a. 6d. Willelmus Merley ten. j mess. et ij acr. terræ, voc. le Brussihows, red. p. a. 12d. Johannes filius Roberti Emerisson ten. j toftum cum crofto ibid., red. p. a. 4d. Johannes Wryght senior ten. j domum cum gardino ibid., red. p. a. 4d. Idem Johannes ten. j placeam apud Midelgate ibid., de novo appruatam, red. p. a. 4d. Willelmus Fetherstanhalgh ten. j mess. et iiij acr. terræ, quondam Adæ Bell, red. p. a. 2s. 8d. Idem Willelmus ten. j toftum cum crofto, quondam Willelmi Jakes, red. p. a. 6d. Adam Tod ten. j toftum cum gardino in Midelgate, red. p. a. ad e. t. 3d. Johannes Rilly ten. ij acr. et dim. terræ in quodam myre sub le Castelhogh, et j gardinum juxta le Punfald, red. p. a. 8d. Adam Batemanson ten. j mess. et j acr. terræ, voc. Dabbhows, red. p. a. 4d. Johannes Taillour ten. j domum cum gardino ibid., red. p. a. ad e. t. 8d. Willelmus Hudson ten. j placeam cum gardino ibid., red. p. a. ad e. t. 4d. Thomas Clerk ten., in le Castelhogh, quoddam situm manerii, cont. iiij acr. terræ, red. p. a. 4s. Persona Ecclesiæ de Stanhop ten. in le Frith, red. p. a. ad e. t. 2s. Idem persona ten. j placeam, parcellam del Ele, cont. j acr. terræ, red. p. a. 4d. Robertus Tod ten. j mess. et iiij acr. terræ ibid., red. p. a. 3s. Johannes Hoggesson ten. j toftum cum gardino ibid., red. p. a. 2d. Johannes Flynt ten. j mess. et xij acr. terræ, red. p. a.

ad e. t. 4s.* Henricus Newbond ten. iij acr. terræ apud Catholes, red. p. a. 14d. Idem Henricus ten. j rod. terræ in les Stankerres ibid. ut dicunt, red. p. a. 4d. Cristiana Burgh ten. aliam rod. terræ ibid., red. p. a. ad e. t. 4d. Thomas Marshall ten. j mess. et xij acr. terræ apud Ravenfeld, cum le Stanfold ibid., red. p. a. 4s. Robertus Josyan ten. j toftum et ij acr. terræ in le Overgate, red. p. a. 22d. Johannes Migge ten. x acr. terræ in le Shite-hopfeld ibid., red. p. a. 6s. 8d. Idem Johannes ten. iiij acr. in le Ridding, red. p. a. ad e. t. 16d. Alexander de Brancepath ten. v acr. et j rod. in le Riddyng, red. p. a. 3s. 6d. Thomas Lombley ten. j mess. et xij acr. terræ, de jure uxoris suæ J. Catleyn, red. p. a. 8s. Idem Thomas ten. j placeam, voc. le Hundhous, red. p. a. ad e. t. 8d. Willelmus de Kyrkby ten., de jure uxoris suæ, j mess. et xv acr. terræ, red. p. a. 9s. Robertus Tod ten. v acr. terræ ibid., red. p. a. ad e. t. 3s. Idem Robertus ten. j acr. et iij rod. prati ibid., red. p. a. ad e. t. 7d. Predictus Robertus ten. j ridding, cont. j acr. et dim. terræ, red. p. a. 6d. Willelmus Colman ten. j mess. et viij acr. terræ in Shuttilhopfeld, red. p. a. 5s. 4d. Robertus Emerisson et Thomas Ayre ten. j mess. et vij acr. terræ in Westfeld, red. 2s. 6d. Idem Thomas Ayre ten. ij acr. et dim. terræ ibid. in Hulkanbank, red. p. a. 10d. Predictus Thomas ten. ij acr. terræ de novo appruatas, red. p. a. ad e. t. 8d.

Punderus ibid. sol. habere vj acr. terræ et thravas de bondis, sol. red. pro lxiiij gallinis in allocatione in compoto.

Willelmus de Merley junior ten. j acr. terræ novi vasti juxta Bowdlye, red. p. a. 4d.† Idem Willelmus ten. iij acr. terræ de novo vasto, juxta tenuram Matildæ Bafforth, red. p. a. 3d. Robertus Tod ten. v acr. terræ in Schorterlech, red. p. a. ad e. t. 22d.

TERRÆ VASTÆ. Et sunt ibid. lxxx acr. terræ, voc. Steward-hall, quondam Gichardi de Shorrom, et postea Bertrandi Monboucher militis, sol. red. p. a. 20s., modo vastæ et extra tenuram. Et sunt ibid. (*blank*), quondam Johannis Yheland de Bydik, sol. red. p. a. 13s. 5d. modo vastæ, &c.

Agnes White ten. dim. acr. de vasto Domini appruato, et red. p. a. 2d. Alexander Brauncepath ten. quamdam peciam terræ, voc. Spitilland, et red. p. a. 2s.

Rogerus Cowhird et Ricardus Dewy ten. (*blank*), voc. Personmedowe, — 8d.

Robertus Emerisson et Willelmus Fetherstanhalgh ten. molendinum aquaticum ibid., et red. p. a. 6l.

* Added in the margin, " J. Rilly."
† Added in the margin in another hand, " Memorandum de 5s. de red. Roberti Emerisson pro Billinghele."

RENTALE DE EVENWODE.

Dominus de Nevill ten. le Coltpark, cont. (*blank*) acr. terræ,
red. p. a. de hereditate, quondam Johannis de Evenwod, 13s. 4d.
Johannes de Sadbergh ten. capitale mess., j bov. terræ, xij acr.
terræ, red. p. a. 10s.   Idem Johannes ten. xij acr. terræ, voc.
Newrayn, quondam predicti Johannis, red. p. a. 12s.   Idem
Johannes ten. vj acr. terræ, ex parte occidentali villæ, juxta
parcum Domini, red. p. a. 6s.   Robertus Bekley ten. xxij acr.
terræ, quondam Willelmi Redheued, red. p. a. 7s. 4d.   Johannes
Sadbergh ten. j clausuram, voc. Selycroft, cont. iij acr. j rod.
terræ, red. p. a. 3s.   Idem Johannes ten. j mess., xij acr. terræ,
quondam predicti Johannis, voc. Trowanland, red. p. a. 3s.   Johannes de Houghton ten. j mess., xij acr. terræ, red. p. a. 3s.
Hugo de Westwyk ten. j mess., xv acr. terræ, quondam Walteri
de Henknoll, red. p. a. 3s.   Hugo Wyllesson ten. j mess., j acr.
j rod. terræ, quondam Roberti Lawson, red. p. a. j sagittam.
Robertus Bekley ten. vj acr. terræ, quondam Willelmi Redheud,
red. p. a. 1d.   Johannes Burdon ten. j burgagium in North
Aukeland, pro quo red. domino de Evenwod 3s.   Walterus Hawyk ten. (*blank*) acr. terræ, quondam Willelmi de Derm, red. p.
a. 13s. 4d.   Thomas Haunsard ten. les toftes de baronia, red. p.
a. iij sagittas.   Johannes Sadbergh ten. j tenementum Mariotæ
de Evenwod, red. p. a. ad e. t. 22d.   Johannes Heroun miles
ten. x acr. terræ, jacentes super le Brounsik, red. p. a. ad e. t.
6s. 8d.

Johannes Betonesson ten. ij mess., ij bov. terræ, quondam
Johannis Newtell, red. p. a. 20s.   Idem Johannes ten. ij mess.
et dim., ij bov. terræ et dim., quondam Willelmi Redheued, red.
p. a. 25s.   Idem Johannes ten. j mess., iiij acr. terræ, quondam
Willelmi Redheued, red. p. a. 3s. 4d.   Idem Johannes ten. ij
mess., j bov. dim. terræ, quondam de Azarlawe, red. p. a. 15s.
Robertus de Bekley ten iij mess., iij bov. et dim. terræ, quondam Willelmi Redheued, red. p. a. 35s.   Johannes Walker ten.
ij mess., ij bov. terræ, quondam Adæ Swyn, red. p. a. 20s.
Johannes de Bedall ten. j mess., xv acr. terræ, quondam Alexandri Frison, red. p. a. 12s. 6d.   Adam Wyllesson ten. j mess.,
xiiij acr. terræ, quondam Johannis Bedall, red. p. a. 11s. 8d.

Johannes Leseson ten. j mess., iij acr. terræ, quondam dicti
Johannis, red. p. a. 2s. 6d. Willelmus Belt et Avelyn Belt ten.
ij mess., ij bov. terræ, red. p. a. 20s. Hugo Bagot ten. ij mess.,
ij bov. terræ, red. p. a. 20s. Johannes Brakan ten. j mess. et
dim., j bov. terræ et dim., red. p. a. 15s. Johannes Morwy ten.
j mess., vj acr. terræ, red. p. a. 5s. Johannes Colier ten. j
mess., dim. j bov. terræ, red. p. a. 10s. Johannes Bedall senior
ten. j mess., dim. bov. terræ, red. p. a. 5s.

Johannes Betonesson ten. j cot., j acr. j rod. terræ, red. p. a.
4s. Idem Johannes ten. ij cot., dim. acr. terræ, red p. a. 2s.
Johannes Bedale ten. j cot. cum crofto, red. p. a. 12d. Johannes
Souter ten. j cot. cum crofto, red. p. a. 2s. Thomas del Side
ten. j cot., red. p. a. 3d. Johannes Braken ten. ij cot., red. p.
a. 9d. Johannes Leseson ten. j cot. cum crofto, red. p. a. 2s.
Johannes Melwy ten. j cot. cum crofto, red. p. a. 2s. Adam
Walker ten. j cot. cum crofto, red. p. a. 2s. Johannes Sharp-
harowe ten. j cot., j acr. terræ, red. p. a. 3s. Johannes Betonesson ten. j cot., j acr. terræ, red. p. a. 2s. 5d. Johannes Bryg
ten. ij cot. cum crofto, dim. acr. terræ, red. p. a. 4s. 6d. Alicia
Symwyff ten. j cot. cum j acr. terræ, quondam Symonis Nelles-
son, red. p. a. 21d. Johannes Bedale senior ten. j cot. cum j
crofto, red. p. a. 2s. Hugo Balgot ten. ij cot. cum crofto, et
dim. acr. terræ, red. p. a. 4s. 3d. Cecilia Lallyng ten. j cot.
cum crofto, red. p. a. 22d. Hugo Talkan ten. j cot. non edificatum, red. p. a. 12d. Cecilia Wildoghter ten. j cot. cum crofto,
red. p. a. 2s. Adam Swyn ten. j cot. cum crofto, red. p. a. 2s.
Johannes Bedall ten. j cot. cum crofto, red. p. a. 2s. Avelyn
Beltwyff ten. j cot. cum crofto, red. p. a. 2s. Johannes filius
Luciæ ten. j cot. cum crofto, red. p. a. 2s. 6d. Walterus Wille-
son, ten. j cot. cum crofto, red. p. a. 2s. Hugo Willesson ten.
j cot., juxta le Wodesid, et xv acr. terræ, red. p. a. 15s. Johannes Betonesson ten. j cot., et xx acr. terræ juxta molendinum,
red. p. a. 10s. Predictus Hugo Willesson ten. iij rod. et vij
perticatas terræ de vasto, red. p. a. 3¼d.

Johannes Betonesson ten. xxxiij acr. terræ, apud le New-
more, red. p. a. 16s. 6d. Johannes Brakan ten. xiiij acr. j rod.
terræ ibid., red. p. a. 7s. 1½d. Robertus Bekle ten. viij acr.
terræ ibid., red. p. a. 4s. Adam Walker ten. ix acr. terræ ibid.,
red. p. a. 4s. 6d. Johannes Walker senior ten. vij acr. terræ
ibid., red. p. a. 3s. 4d. Willelmus Belt ten. vj acr. terræ ibid.,
red. p. a. 3s. Johannes Leseson ten. ij acr. et dim. terræ ibid.,
red. p. a. 15d. Johannes Bedale senior ten. iij acr. terræ ibid.,
red. p. a. 18d. Adam Swyn ten. dim. acr. terræ ibid., red. p. a.

3d. Johannes Bedale senior ten. dim. acr. terræ ibid., red. p.
a. 3d. Johannes Bedale junior ten. iiij acr. terræ ibid., red. p.
a. 2s. Walterus Willesson ten. vij acr. terræ ibid., red. p. a.
3s. 6d. Johannes Melwy ten. v acr. terræ ibid., red. p. a.
2s. 6d. Hugo Bagot ten. iiij acr. terræ ibid., red. p. a. 2s.
Hugo Willesson pro tenura sua, apud Ramsale, p. a. 21s. Willelmus Wattesson pro ten. sua, apud Ramsale, p. a. 10s. 2d.
Johannes Attounhend pro ten. sua, apud les toftes, red. p. a.
5s. 6d. Alicia Wedowesson pro ten. sua, apud les toftes, red.
p. a. 13d. Johannes Shephird pro ten. sua ibid. p. a. 23s. 3d.
Thomas Hansard pro ten. sua ibid. p. a. 21s. 4d. Hugo de
Lokyn pro ten. sua, apud Morley, red. p. a. 2s. Ricardus Stod-
hird pro ten. sua ibid. p. a. 12s. 11d. Johannes Wyld pro ten.
sua ibid. p. a. 28s. 8d. Adam de Penford pro ten. sua ibid. p.
a. 8s. Thomas Archer pro ten. sua ibid., p. a. 10s. 8d. Willelmus Wode pro ten. sua ibid., p. a. 8s. Johannes Wylde pro
ten. sua ibid., p. a. 18d.

Johannes Walker ten. molendinum fullonicum apud Evenwode, red. p. a. 3s. 4d. Willelmus Granup ten. molendinum
aquaticum ibid., red p. a. 11s. 8d.

Et est ibid. j pratum, vocatum Halmedowe, cont. iij acr. j
rod. prati, in manu Domini, et valet p. a. (*blank*). Et est ibid.
j pratum, vocatum Halmedowe, cont. ij acr. j rod. prati, in
manu Domini, et valet p. a. (*blank*). Et est ibid. j pratum,
vocatum Welgarth, cont. iij acr. j rod. prati, in manu Domini,
et valet p. a. (*blank*).

WARDA CESTRIÆ.

CESTRIA.

LIBERI TENENTES. Johannes Mylote ten. manerium de WHYTE-HILL, cont. lxvij acr. et iij clausuras, quondam Rogeri de Aula ibid., et red. p. a. ad iiij terminos in Episcopatu constitutos, 40s. 8d. Idem Johannes ten. j acr. et dim. terræ scaccarii de vasto, juxta Clonglech, et red. p. a. 8d. Idem Johannes ten. ij acr. terræ de novo vasto, apud Whithill, et red. p. a. 12d. Isabella de Britley ten. j peciam terræ, voc. le Newfeld, quondam Magistri Willelmi de Britley, et. red. p. a. 20s.

Willelmus de Kellowe ten. manerium de HAREBAROWES cum pertinentiis, et red. p. a. 2s. Et est ibid. quædam clausura, juxta Blakburne, quondam in tenura Patricii de Kellowe, et red. p. a. 4s. Thomas Umfravill ten. vj acr. terræ ex utraque parte de Hamondburne, et red. p. a. 3s. Idem ten. iiij acr. terræ de vasto, quondam Johannis de Whetlay, 2s.

TERRÆ DOMINICÆ. Petrus Jordanson ten. xv acr. terræ, et ij acr. prati de dominicis, et red. p. a. 33s. 4d. Robertus de Lurtyng cum Thoma Large ten. xv acr., et ij acr. prati ut supra, et red. p. a. 33s. 4d. Johannes de Thrisk et Johannes Broune et Rogerus Burdon ten. xv acr. terræ, et ij acr. prati, 33s. 4d. Thomas Bretvill ten. xv acr. terræ, et ij acr. de eisdem dominicis, et red. ut supra 33s. 4d. Johannes Barker ten. xv acr. terræ, et ij acr. prati de eisdem dominicis, et red. ut supra 33s. 4d. Ricardus Pierson ten. xv acr., et ij acr. prati de eisdem, et red. p. a. ut supra 33s. 4d. Galfridus Norman ten. xv acr. terræ, et ij acr. prati, et red. ut supra 33s. 4d. Adam de Blakburn ten. xv acr. terræ, et ij acr. prati, et red. ut supra 33s. 4d. Matilda Norman ten. xv acr. terræ, et ij acr. prati, et red. ut supra 33s. 4d. Henricus Rogerson ten. xv acr. terræ, et ij acr. prati, et red. ut supra 33s. 4d. Johannes de Barkdale ten. xv acr. terræ, et ij acr. prati ut supra, et red. p. a. 33s. 4d. Willelmus Jopson et Willelmus Cuke ten. xv acr. terræ, et ij acr. prati ut supra, et red. p. a. 33s. 4d. Petrus Smyth ten. j forgium, et ij acr. terrarum dominicarum, et red. p. a., ad firmam dominicam, 7s. Et predicti tenentes ten. inter se xiij acr. terræ, voc. Smythland, pro quo nichil solvunt. Iidem tenentes terrarum dominicarum recipiunt, de quolibet selfode, j opus autumpnale predictarum dominicarum. Iidem tenentes ten. inter se capitale messuagium cum gardino, j acr. prati, infra firmam dominicam, cum pastura pertinente, unde summa in toto, 20l.

TERRÆ BONDORUM. Johannes Wilkynson ten. j mess., et j bov. terræ, cont. xv acr., et red. ad iiij t. pred. 2s. 6d. Johannes filius Jordani ten. ij mess., et ij bov. terræ ibid., et red. p. a. 5s. Robertus Lurtyng ten. j mess., et j bov terræ ibid., et red. p. a. 2s. 6d. Johannes Rogerson ten. ij mess., et ij bov. terræ, et red. p. a. 5s. Johannes de Thrisk ten. ij mess., et ij bov. terræ, et red. p. a. 5s. Thomas Bretvill ten. ij mess., et ij bov. terræ, et red. p. a. 5s. Ricardus Whitchirche ten. ij mess., et ij bov. terræ, et red. p. a. ad e. t. 5s. Thomas Jonson ten. j mess., et j bov. terræ ibid., et red. p. a. ad e. t. 2s. 6d. Matilda Waryne ten. j mess., et j bov. terræ ibid., et red. p. a. ad e. t. 2s. 6d. Johannes Barker ten. j mess., et j bov. terræ ibid., et red. p. a. ad e. t. 2s. 6d. Ricardus Pierson ten. ij mess., et ij bov. terræ ibid., et red. p. a. ad e. t. 5s. Galfridus Norman ten. j mess., et j bov. terræ de eisdem dominicis, et red. p. a. ad t. pred. 2s. 6d. Adam de Blakburn ten. ij mess., et ij bov. terræ de eisdem, et red. p. a. ad e. t. 5s. Thomas Bretvill ten. ij mess., et ij bov. terræ de eisdem, et red. p. a. ad e. t. 5s. Johannes Whitkirk ten. j mess., et j bov. terræ de eisdem, et red. p. a. ad e. t. 2s. 6d. Willelmus de Barkedall ten. j mess., et j bov. terræ de eisdem, et red. p. a. ad e. t. 2s. 6d. Johannes Maceon capellanus ten. j mess., et j bov. terræ de eisdem, et red. p. a. ad e. t. 2s. 6d. Thomas Bretvill ten. j mess., et j bov. terræ de eisdem, et red. p. a. ad e. t. 2s. 6d. Johannes de Berkdall ten. j mess., et j bov. terræ de eisdem, et red. p. a. ad e. t. 2s. 6d. Robertus de Kellowe ten. j mess., et j bov. terræ de eisdem, et red. p. a. ad e. t. 2s. 6d. Matilda Norman ten. j mess., et j bov. terræ de eisdem, et red. p. a. ad e. t. 2s. 6d.

OPERA BONDORUM. Predicti tenentes bondi solebant reddere pro operibus autumpnalibus arura et herciatura et hujusmodi, ad festum S. Martini, quolibet anno, ut dicunt, sed negatur, 40s.

CARIAGIUM CUM YARESILVER. Et iidem tenentes cariabunt domino et senescallo cariagium consuetum, et quadrigabunt j doleum vini, et facient opera ad molendinum consueta, et reddent pro qualibet bov. 2½d. pro yaresilver, ad festum S. Martini tantum.

OFFICIUM PUNDERI. Punderus ibid. red., pro officio suo, p.
a. ccc ova.

COTAGIA. Thomas de Pelton ten. j cotagium, quondam Willelmi de Pelton, et red. p. a. ad iiij term. 12d. Ricardus Walker
ten. medietatem j cot. ibid., quondam Henrici filii Willelmi, et red.
p. a. ad e. t. 6d. Johannes de Barkdale ten. aliam med. ejusdem
cot., et red. p. a. ad e. t. 6d. Idem Johannes ten. j cot., quondam Alani Ladler, et red. p. a. ad e. t. 12d. Isabella Jewe et
Willelmus Litster ten. j mess., quondam Roberti Porter, et red.
p. a. ad e. t. 12d. Willelmus Belsowe et Eda Or ten. j cot.,
quondam Thomæ Milner, et red. p. a. ad e. t. 12d. Adam
Maceon ten. j cot., quondam Hugonis de Wandsford, et red. p.
a. ad e. t. 12d. Johannes Henrison ten. j cot., quondam Nicholai Luddok, et red. p. a. ad e. t. 12d. Johannes Myteyne
ten. j cot., quondam Johannis Greveson, et red. p. a. ad e. t. 12d.
Johannes Brome ten. j cot., quondam Ricardi Walker, et red. p.
a. ad e. t. 12d. Beatrix de Boldon ten. j cot., quondam Magistri Johannis de Hagthorpe, et red. ad e. t. 12d. Rogerus de
Burdon ten. ij cot., quondam Willelmi Greveson et Willelmi Luddok, et red. ad e. t. 2s. Isabella Grey ten. ij cot., quondam
Thomæ Sprowe, et red. p. a. ad e. t. 2s. Robertus del Hough'
ten. j cot., quondam Rogeri de Bothall, et red. p. a. ad e. t. 12d.
Marion Herle ten. j cot., quondam Johannis Sclater, et red. p.
a. ad e. t. 12d. Willelmus Clerk ten. j cot., quondam Johannis
Penyfote, et red. p. a. ad e. t. 12d. Johannes filius Thomæ capellani ten. j cot., quondam Thomæ Malleson, et red. p. a. ad e.
t. 12d. Johannes de Thrisk ten. j cot., quondam Henrici Smythknave, et red. p. a. ad e. t. 12d. Matilda Norman ten. j cot.,
quondam Willelmi Norman, et red. p. a. ad e. t. 12d. Siballa
Luddok ten. j cot., quondam Ricardi Bate, et red. p. a. ad e. t.
12d. Radulphus de Euere miles ten. j cot., quondam patris sui,
et red. p. a. ad e. t. 12d. Johannes Milote ten. j cot., quondam
Gilianæ Pety, et red. p. a. 12d. Ricardus de Whitchirche ten.
j cot., quondam Matildæ Spynsmall, et red. p. a. ad e. t. 12d.
Willelmus Jopson ten. j tenementum annexum cot., quondam
Maltidæ del Ost, et red. p. a. ad e. t. 5s. Thomas Sheperd ten.
j cot. ibid., quondam Isabellæ Waryne, et red. p. a. ad e. t. 12d.
Henricus Rogerson ten. j cot., quondam Willelmi Malson, et
red. p. a. ad e. t. 12d. Johannes Smythe ten. j cot., quondam
Willelmi Alatson, et red. p. a. ad e. t. 12d. Robertus Whitkirk
ten. j cot., quondam Gilberti Forster, et red. p. a. ad e. t. 12d.
Johannes de Thrisk ten. j cot., quondam Johannis Wynston, et
red. p. a. ad e. t. 12d. Willelmus Smyth ten. j cot., quondam
patris sui, et red. p. a. ad e. t. 12d. Predicti coterii solent solvere
inter se annuatim, ad firmam cotariorum, ad e. t. 8d. Omnes

cotarii supradicti solvunt inter se annuatim ad e. t. 2s. 8d.   Maceon capellanus solvit pro pred. cotag. 8d., et pro terra sua scaccarii inferius.

OPERA COTARIORUM.   Quilibet tenens cotagiorum pred. facit, quolibet anno, iij opera autumpnalia, et j opus ad molendinum.

YARESILVER.   Item quilibet eorum dat pro yaresilver, ad festum S. Martini 1½d., in omnibus (*blank*).

MOLENDINA.   TOLNETUM CERVISIÆ.   COMMUNIS FURNUS. Willelmus de K. (Kellowe?) ten. ij molendina aquatica ibid. cum tolneto cervisiæ, et cum communi furno, quod solebat reddere p. a. 20s., et dicta molendina, quæ solebant reddere p. a. 22*l*., et modo red. p. a. ad iiij term. 16*l*. 6s. 8d.

PISCARIA.   Idem ten. piscariam aquæ de Were ibid., et red. p. a. 10*l*. 13s. 4d.

TERRÆ SCACCARII.   Petrus Jurdanson ten. ij acr. terræ scaccarii, quondam Willelmi de Morton, et red. p. a. ad e. t. 2s. 4d. Idem Petrus ten. ij acr. prati et pasturæ, quondam ejusdem Willelmi, voc. Tethering, et red. p. a. 4s. 4d.   Robertus Lurtyng ten. vij acr., quondam Willelmi Lurtyng, et red. p. a. 6s. 9d.   Idem Robertus ten. j mess. cum curtilagio, quondam Johannis Forster, et red. p. a. 8d.   Johannes de Thrisk ten. j mess., quondam Roberti Smyth, de jure uxoris suæ, et red. p. a. 6d.   Idem Johannes ten. j mess. apud le More, et red. p. a. ad e. t. 14d.   Johannes Rogerson ten. j rod. prati, voc. Stanbriglegh, quondam Willelmi Raufson, et red. p. a. 10d.   Thomas Bretvil ten. dim. rod. terræ, voc. le Gall, quondam Johannis Agateson, et red. p. a. 6d.   Ricardus Whitechirche ten. med. j tenementi, et xv acr. terræ, quondam Roberti Clerc, et red. p. a. 10s. Ricardus de Werdall ten. med. j tenementi, quondam ipsius Roberti, et red. p. a. 10s.   Idem Ricardus Whitchirche ten. j lech', voc Watirgate, quondam J. Newhusband, 4d.   Idem ten. ij acr., voc. Pymplace, quondam Adæ Russell, et red. p. a. 2s. Johannes Barkere ten. j mess., quondam Johannis Turnbull, et red. p. a. 3d.   Idem Johannes ten. j acr. terræ, quondam ipsius Johannis Turnbull, et red. p. a. 12d.   Ricardus Norman ten. ij acr. super le More, quondam Walteri Henrison, et red. p. a. 2s. 4d.   Galfridus Norman ten. v acr. j rod. et ij perticatas terræ, quondam Johannis Hales, et red. p. a. 5s.   Idem Galfridus ten. dim. acr. super le More, quondam Henrici Norman, et red. p. a. 7d.   Idem Galfridus ten. j rod. vasti, quondam Ricardi Werdall, et red. p. a. 6d.   Adam Blakburn ten. j acr. super le More, quondam Willelmi Edesson, et red. p. a. 14d.   Johannes de Werdall ten. v acr. et j rod. et xij perticatas, quondam T. Smyth, et red. p. a. 5s.   Johannes Thomson ten. ij acr. et iij rod. terræ, quondam Thomæ Malson, et red. p. a. 3s. 2½d.   Thomas Large

ten. j acr. super le More, quondam Willelmi Jopson, et red. p. a.
14d. Idem Thomas ten. j placeam vasti, voc. Spitilgrene, cont.
j rod. et dim. terræ, et red. p. a. 3d. Robertus del Houghe ten.
ij acr. terræ, quondam Alani Taillour, et red. p. a. 2s. 4d.
Willelmus Jopson ten. j acr. terræ super le More, quondam Wil-
lemi Nagges, et red. p. a. 14d. Willelmus Pellawe ten. j acr.
terræ ibid., quondam Johannis Agasson, et red. p. a. 14d.
Johannes de Berkdall junior ten. ij acr. terræ super le More,
quondam Ricardi Werdall, et red. p. a. 2s. 4d. Idem Johannes
Berkdall ten. dim. acr. terræ., voc. Wympeslech, quondam Ricardi Werdall, et red. p. a. 8d. Thomas Cuke *(blank)* super le
More, quondam Johannis Heringhare, et red. p. a. 14d. Thomas
Jonson ten. j acr. super le More, quondam Johannis Edesson, et
red. p. a. 14d. Idem Thomas ten. dim. rod. terræ, quondam
Johannis Edisson, et red. p. a. 2d. Matilda Norman ten. vij
acr. terræ cum dim. acr. super le More, voc. Milnerland, et red.
p. a. 10s. Eadem Matilda ten. iij acr. et iij rod. terræ super le
More, et red. p. a. 4s. 4½d. Omnes tenentes terræ in mora
predicta red. inter se pro j acr. et dim. rod., nuper inventas per
antiquam mensuram, 13d. Johannes Maceon capellanus ten. j
placeam, voc. Elishop, et red. p. a. 8d. Ricardus Rede ten. j acr.
terræ, juxta le Newbrigg, quondam Ricardi Werdall, et red. p.
a. 12d. Idem Ricardus ten. j mess. cum gardino, quondam
Willelmi Michell, et red. p. a. 12d. Nicholaus Barbour ten. j
mess. cum gardino, de jure uxoris suæ, et red. p. a. 12d. Henricus Rogerson ten. j mess. cum gardino, quondam Willelmi
Baynton, et red. p. a. 14d. Rogerus ate Milne ten. j mess.
cum gardino, quondam Willelmi Hauclerson, et red. p. a. 8d.
Predictus Johannes Maceon ten. j mess. in medio villæ, et red.
p. a., ad festum Pentecostes, 12d. Idem ten. j mess. cum gardino, quondam Rogeri Mason, et red. p. a. 12d. Idem Johannes ten. j croftum ad finem gardini sui, et red. p. a. 12d. Thomas de Stokesley ten. j mess., quondam Willelmi Luddok, et
red. p. a. 4d. Gilbert Eglyne ten. j mess., quondam Willelmi
Jopson, et red. p. a. 4d. Willelmus de Kellowe capellanus ten.
j mess., quondam Hugonis Wandesford, et red. p. a. 19d.
Ricardus Cotyngham ten. j mess., quondam Willelmi Edisson,
et red. p. a. 12d. Johannes Pundere ten. j mess., voc. Punder-
hous, et red. p. a. 6d. Willelmus Symeson ten. ij acr. et j rod.
terræ, voc. Mermeriddyng, et red. p. a. 3d. Idem Willelmus
ten. j placeam, voc. Batemansfeld, et red. p. a. 3s. 6d. Robertus
de Kellowe ten. j peciam terræ, voc. Rogerfeld, cont. vij acr., et
red. p. a. 10s. Willelmus Coke ten. j croftum cum tofto, quondam Roberti Howden, et red. p. a. 21½d. Idem Willelmus ten.
j acr. terræ, juxta pred. toftum, et red. p. a. 21½d. Idem Wil-

lelmus ten. j placeam, quondam Thomæ Whetley, et red. p. a.
21½d.   Idem Willelmus ten. j placeam, quondam Julianæ Tewe,
et red. p. a. 21½d.   Johannes Barkdale junior ten. j mess.,
juxta le Punfald, et red. p. a. 21½d.   Johannes Maceon capellanus ten. j placeam, quondam Willelmi Penyfote, et red. p. a.,
ad festum S. Cuthberti in Septembri, 1d.   Willelmus Attones-
hend ten. j cot., quondam Thomæ Malleson, et red. p. a. 19½d.
Idem Johannes Maceon ten. j mess. cum gardino, quondam
Rogeri Maceon, et red. p. a. 12d.   Henricus Rogerson ten. j
placeam juxta Pellawgate, et red. p. a. 4d.   Omnes tenentes qui
ten. inter se in mora supradicta debent reddere pro j acr. et
dim., cum 11d. de incremento, 2s. 8d.

URPATH.   Thomas Grey de Heton ten. dominium de URPATH
cum molendino aquatico, et j assartum ibid., per servitium
forinsecum, et red. ad iiij t. usuales 8l.   Idem Thomas red.
pro operibus xx bondorum tenentibus (sic) terram dominicam
de Chestre, ad festum S. Martini annuatim, 20s.   Et cariabit
quolibet anno j tonellum vini.   Et debet sectam ad comitatum
Dunolm.
   Willelmus Talbot ten. xvij acr. terræ scaccarii, quondam
Batini del Riddyng, et red. p. a. 9s. 11d.

PYKTRE.   Isabella de Britley ten., cum capellano cantariæ
de Brigford, et Roberto de Kellowe de Lomeley, villam de
PYKTRE per servitium forinsecum, et red. p. a. ad scaccarium
Dunolm. ad iiij t. 13s. 4d.

PELAWE.   Willelmus de Elmeden ten. villam de PELLOWE
per servitium forinsecum, et red. p. a. ad e. t. 13s. 4d.

PELTONE.   Robertus de Scouland ten. v acr. terræ apud
Pelton per servitium ut supra, et red. p. a. 2s. 8d.   Johannes de
Karrowe et heredes Alexandri de Kibleworth ten. j mess. et cxx
acr. terræ, quondam Gilberti Scarresbek, juxta Shedneslawe, per
cartam et servitium forinsecum, et red. p. a. ad e. t. 10s.

NORTH BEDYK.   Willelmus de Hilton miles ten. villam de
NORTH BEDIK, quondam Johannis de Yheland, per sextam partem
feodi unius militis, et red. p. a. ad e. t. 53s. 4d.   Idem Willelmus et Thomas Grey ten. j acr. terræ, voc. Stanhers, de novo
appruatam, et red. p. a. ad e. t. 12d.   Gilbertus Hunter ten. j
mess. cum gardino, cont. dim. rod., et red. p. a. 8d.   Robertus
Luddok ten. j mess., et v acr. terræ, quondam Willelmi Jurdanson, et j mess. et xij acr. terræ, quondam Rogeri filii Thomæ, et

solebat reddere p. a. 20s., modo red. p. a. 17s. Idem Robertus
ten. v acr. terræ, quondam Willelmi Jewe, et red. p. a. 5s. 8d.
Willelmus de Stele cepit ad opus husbandorum de Urpath xj acr.
iij rod. et dim. terræ, voc. Wodyngden, quondam Ricardi de
Ulleston, et sol. red. p. a. 8s. 4d., modo red. ad iiij term. 5s.
Johannes Bateson ten. xl acr. terræ, voc. Bedykfeld, et red.
p. a. 40s.

TERRÆ VASTÆ. Est ibidem j acra terræ, voc. Taberdyke,
nuper in tenura Thomæ Alocson, et sol. red. p. a. 12d., modo
vasta. Et j roda ad exitum villæ de Pelton, quondam Warini de
Chestre, voc. Warincroft, et sol. red. p. a. 2d. Et ij acr. et dim.
terræ, quondam Galfridi Huntyng, voc. Horrybaldland, et sol.
red. p. a. 3s. 8d. Et j acr. terræ, quondam Agathæ de Lathome,
apud Pelton lydegate, et sol. red. p. a. 12d. Et quædam ibid.
vasta, quondam Willelmi Eden, et antea Johannis Pelawe, et sol.
red. p. a. 2s., qui quidem Johannes tenuit dictam placeam cum
iij parcellis vasti superius, et sol. red. 6s. 10d.

NEWFELD. Ricardus de Urpath ten. j mess. et xl acr. terræ,
juxta Pelton, quondam Willelmi de Britley, et red. p. a. 23s. 9d.
Idem Ricardus ten. xx acr. et dim. terræ, quondam Willelmi
Hesyng, et red. p. a. 10s. 9d. Idem Ricardus ten. iij acr. et dim.
terræ, quondam dicti Willelmi, et red. p. a. 2s. 4d. Idem Ricardus ten. ij acr., quondam ejusdem Willelmi, et antea Ricardi
Kemster, et red. p. a. 3s. Idem Ricardus ten. j placeam, quondam ejusdem Willelmi, et antea Roberti Hatyng, et red. p. a.
20d. Idem Ricardus ten. xij acr. terræ ibid., quondam dicti Willelmi, et red. p. a. 6s.

NEWTON JUXTA DUNOLM.

Johannes Heron chivaler ten. NEWTON JUXTA DUNOLM. per
servitium forinsecum, et red. ad iiij t. 106s. 8d.
Heredes Willelmi de Kirkenny ten. x acr. super Kyowlawe,
et red. p. a. ad fest. S. Cuthberti in Septembri, j libr. cimini.

TERRÆ SCACCARII. Heredes Willelmi de Kirkenny ten. ij
acr. terræ novi vasti, quondam Willelmi Kirkenny, et red. p. a.
8d. Willelmus Bowes chivaler ten. lx acr. terræ libere, quondam
Roberti scriptoris, voc. Fyngall, et red. p. a. 5s. Idem Willelmus
ten. iiij acr., quondam Willelmi de Langnewton, et red. p. a.
2s. 8d. Idem Johannes ten. xvj acr. terræ, quondam Willelmi
Fetheler, et red. p. a. 5s. 4d. Idem Willelmus ten. xxv acr.
terræ, quondam Eliæ Cokyne, et red. p. a. 14s. 2d. Idem ten.
xij acr. terræ et j rod., quondam Eliæ Clopton, et red. p. a.

8s. 5d. Idem ten. x acr. terræ et dim., quondam Davidis Bruer, in iij parcellis ut patet per antiquum rentale, et postea Willelmi de Lambton, et red. p. a. ad iiij term. 6s. 3d. Idem ten. j mess., et xix acr. terræ et iij rod. in v parcellis, et red. p. a. 12s. 1d. Idem ten. ix acr. terræ, quondam Willelmi Day, et red. p. a. 4s. 8d. Idem ten. iiij acr., quondam Willelmi de Staynesby, et red. p. a. 16d. Johannes de Carlton capellanus ten. xij acr. terræ, et red. p. a. 4s.* Idem ten. j acr. prati, quondam Johannis de Britley, voc. Forstermedowe, juxta Snaypgest, et red. p. a. 12d. Willelmus Bowes ten. vj acr. terræ et dim., quondam Willelmi Fitheler, et red. p. a. 3s. Idem ten. j mess., et xl acr. terræ, quondam Galfridi Cateden, et red. *(blank)*.

PLAUSWORTH.

LIBERI TENENTES. Thomas de Boynton ten., de jure uxoris suæ, Gilbertus Elvet, Willelmus de Kellowe de Harebarowes et Robertus Gudynogh capellanus, de adquisitione Ricardi de Oldwode, villam de PLAUSWORTH per cartam et forinsecum servitium, et red. p. a. ad iiij term. usuales 20s. Et quadrigant vinum cum viij bobus, et vadunt in magna chacea cum ij leporariis.

TERRÆ SCACCARII. Johannes Aleynson taillour ten. xiij acr. terræ, quondam patris sui, et red. p. a. 7s. 6d. Willelmus Warde ten. j toftum, xxxij acr. dim. et dim. rod. terræ, quondam Johannis Wodeshend, in vij parcellis, et red. p. a. ad iiij term. 26s. 2d. Radulphus Curtays ten. j mess., et xij acr. terræ, quondam Gilberti Lastels, et red. p. a. 9s. Thomas de Pelton ten. j mess., et x acr. terræ, quondam Willelmi filii Willelmi, et red. p. a. 10s. Idem ten., de jure uxoris suæ, j mess., et v acr. terræ, et red. p. a. 3s. 5d. Idem ten. j mess., et iij acr. terræ, quondam Willelmi Fillyng, et red. p. a. 3s. Willelmus Bywell ten j mess., et j acr. terræ, quondam Patricii Colier, et red. p. a. 2s. Idem Willelmus Bywell ten. dim. acr., quondam Willelmi Wodeshend, et red. p. a. 4d. Willelmus Taillour ten. j mess., et xv acr. terræ, quondam Willelmi Hirde, et red. p. a. 11s. 11d. Idem Willelmus ten. j parcellam vasti, in latitudine xv pedum, et xij in longitudine, pro elargatione domus suæ, et red. p. a. 1d. Thomas Short ten. iiij acr. terræ in campo, voc. Wodmourfeld, et red. p. a. 4s. Willelmus Bowes chivaler ten. v acr. terræ apud Longholmeden, et red. p. a. 2s. Idem Willelmus ten. j placeam, cont. iij acr., voc. les Vivers, juxta Kymblesworth, et red. p. a. 20d. Radulphus de Eure miles ten. iiij acr. terræ in Langmed,

---

* To this clause is added in the margin, "Brassid."

quondam Raginaldi Perticour, et red. p. a. 2s. Willelmus Gayt-
hird ten. vj acr. terræ, quondam Johannis Pety, et red. p. a. 4s.
TERRÆ VASTÆ. Et sunt ibid. j toftum, iiij acr. xxxij perticatæ terræ, quondam Willelmi filii Walteri, quæ solebant reddere
p. a. 4s. 2d., modo vastæ. Item iiij acr., quondam Rogeri Perticour, et sol. red. p. a. 4s. Et j acr., quondam dicti Rogeri, voc.
Berelayhirst, et sol. red. p. a. 8d. Item vastæ inventæ per anti-
quum rentale, videlicet, j acr. apud Charlawe, quondam in tenura
Johannis Syde, et sol. red. p. a. 1d. Item de eodem ad e. t. 4¼d.
De Rogero filio Ricardi de Syde pro iij acr. ad t. 9d. De Roberto
Scriptore pro xij acr. in Langsyde, juxta Soureapiltre, ad t. 18d.
De Rogero Spencer pro iij acr. Johannis Galeway ad t. 6d. De
eodem pro iiij acr. dim. rod. dicti Johannis ad t. 8d. De Thoma
Aslaby pro xvj acr., quondam Ricardi Slikburn, ad t. 2s. 8d. De
Magistro Waltero Cuke pro j placea ad t. 1½d. De Dionisia
quondam uxore Galfridi Yhekemond pro xij acr. et dim., quon-
dam Roberti Breuster, ad t. 2s.

FRAMWELGATE.

LIBERI TENENTES. Walterus Tailboys ten. quoddam manerium, voc. ERLEHOUSE, quondam Ricardi de Kellowe, et postea
Comitis Dangos per cartam et servitium forinsecum, et red. p. a.
ad iiij term. 63s. 9d. Johannes de Notyngham ten. j placeam,
voc. Morehous, et red. p. a. 8s. 10d. Johannes de Thweng ten.
j placeam, voc. Spitilflate, cont. per estimacionem xvj acr. terræ,
et quemdam alium campum, ad capud de Milburneflassh ibid.,
per servitium forinsecum, et red. p. a. ad e. t. 52s. 6d. Idem Johannes ten. j mess., et liij acr. et dim. terræ, et j placeam pro j
falda ibid., juxta Wytton, per servicium forinsecum, et red. p. a.
14s. 1d. Johannes de Baumburgh ten. j mess., et lxj acr. terræ
et dim., quondam Roberti Leycestre, voc. Driburnhouse, per servicium forinsecum, et red. p. a. 41s. 2d. Robertus de Massham
ten. iij acr., voc. Hesilsyde, sed de redditu ignorant, ideo, &c.

Magister Johannes de Hagthorp ten. manerium de NETTIL-
WORTH, et xlj acr. terræ, quondam Magistri Willelmi de Lambeton, per servicium ut supra, et red. p. a. 27s.

Magister Hospitalis de Kypiere ten. manerium de HOLMERS,
et lxiiij acr. et dim. terræ in vj parcellis, quondam Willelmi
Wyld, et red. p. a. 33s.

TERRÆ SCACCARII. Willelmus Bowes chivaler ten. boscum,
voc. Farnyley, cont. x acr. per estimationem, et red. p. a. 5s.
Johannes Elvet ten. j acr. terræ, juxta Spitilcroft, quondam
Johannis Croft, et red. p. a. 8d. Thomas Capper ten. ij acr.,

quondam Johannis Plompton, postea Johannis Bowman, et red.
16d. Idem ten. ij acr. et j rod. terræ, quondam dicti Johannis,
et red. p. a. 18d. Ricardus de Kirkby ten. iij acr. terræ, voc.
Selknoll, quondam Willelmi Floxhewer, et red. p. a. 2s. Robertus
de Andeslay ten. xij acr. terræ, quondam Adæ Bettez, voc. Cad-
nesfeld, et red. p. a. 8s. Petrus Dring ten. xv acr. terræ, quondam Johannis Howden, et red. p. a. 8s. 6d. Walterus de Cokyne
ten. iiij acr. terræ, quondam Alani Straitesterape, et red. p. a.
2s. 8d. Idem ten. ij acr., quondam Johannis Borowman, et red.
p. a. 16d. Alicia Barte ten. vij acr. terræ, quondam Gilberti filii
Hugonis, et red. p. a. 4s. 8d. Walterus Cokyne ten. xij acr., voc.
Graywast, quondam Alani de Billyngham, et red. (*blank*). Idem
ten. iiij acr. per estimationem, voc. Edeswast, et red. p. a. (*blank*).
Idem ten. xij acr. terræ, voc. Horsardleys, et red. p. a. (*blank*).
Idem ten. vj acr. terræ, quondam Johannis Borowman, et red.
p. a. (*blank*). Thomas de Tudhowe ten. iij acr. terræ, quondam
Willelmi Flexhewer, et red. p. a. 2s. Johannes Cronan ten. iij
acr. terræ, quondam ipsius Willelmi, et red. p. a. 2s.* Johannes
Lewyne ten. j acr., quondam ejusdem Willelmi, et red. p. a. 8d.
Johannes de Baumburgh (*blank*), quondam Adæ Milburn, et red.
p. a. 6d. Ricardus de Hoton ten. ij acr. et dim. terræ, quondam
Johannis Houghson, et red. p. a. 20d. Rogerus de Caterik ten.
j mess. et j croftum, quondam Ricardi Digeon, et red. p. a.
2s. 6d. Walterus Cokyne ten. xij acr. et dim. terræ, voc. Sleper-
lawe, et red. p. a. 8s. 4d. Tenentes de Framwelgate ten. pratum
Domini ibid., et red. p. a. 26s. 8d. Johannes Lewyne ten. j acr.,
super le Hurehill, quondam J. Rome, et. red. p. a. 8d. Idem
Johannes ten. iiij acr. ibid., quondam Elianoræ de Kellowe, et
red. p. a. 8d. Willelmus del Graunge ten. ij acr. et dim. terræ,
juxta le lonyng, et red. p. a. 18d. Idem Willelmus ten. j mess.,
et vj acr. terræ, quondam pred. Elianoræ, et red. p. a. 4s. 4d.
Idem Willelmus ten. ij acr. terræ, quondam Alani Straysterape,
et red. p. a. 2s. Idem ten. j mess., et iiij acr. et dim. terræ, et
red. p. a. 2s. 2d. Magister Johannes de Hagthorp ten. iij acr.
extra portam de Nettilworth, et red. p. a. 2s. 4d. Magister Hospitalis de Kypier ten. v acr., quondam Willelmi de Laton, apud
Fyndon, et red. p. a. 3s. 4d. Magister Johannes de Hagthorp
ten. j toftum, xxxv acr. terræ, voc. Bararce, et red. p. a. 17s. 6d.
Idem ten. l acr. terræ, quondam Simonis Stelley, et postea Magistri de Shirburn, et xxvij acr. terræ et j rod. in Holyside,
quondam dicti Magistri, et antea Jacobi Spicer, et red. p. a.
26s. 8d. Thomas filius Rogeri de Ravensworth ten. j clausuram,
cont. vj acr., et red. p. a. 3s. Robertus de Massham ten. j acr.,

CHESTER WARD.—FRAMWELLGATE.

quondam Willelmi Boucher, et red. p. a. 2s. Idem Robertus ten.
j tenuram, voc. Snawdon, quondam dicti Willelmi, et red. p. a.
16d. Idem Robertus ten. j placeam apud Bercar, quondam ipsius
Willelmi, et red. p. a. 2d. Idem Robertus ten. ij acr. terræ
super le Hurehill, et red. p. a. 20d. Idem Robertus ten. j shopam
in Dunolm, et red. p. a., quondam ipsius Willelmi, 16d. Robertus
filius Willelmi de Kellowe ten. j mess., et lv acr. terræ, voc. le
Wasthall, quondam Saræ de Horneby, et red. p. a. 6s. 8d. Idem
Robertus ten. ij acr., juxta Wodhous, quondam Thomæ Hough',
et red. p. a. 16d. Johannes Lewyne ten. certas terras ibid., et
red. p. a. 20d.

TERRÆ VASTÆ. De Johanne filio Johannis filii Gilberti pro
j tofto, et vij acr. terræ, juxta Dunolm., ad t. 22d. De Hugone
Coken pro v acr. et dim., quondam Osberti de Grendon, 11d.
De eodem pro xj acr., juxta vastum Gilberti Shouf, 22d. De
eodem pro x acr. j rod. ad t. 20½d. De eodem pro j burgagio ad
t. 1d. De eodem pro viij acr. ad t. 16d. De eodem pro viij acr.
iij rod. ad t. 17½d. De Elianora, quondam uxore Ricardi de
Kellowe, pro j placea ad grangiam ad t. 1d. De eadem pro j
acra, quondam Adæ Gentilmanpage, ad t. 3d. De Johanne filio
Theobaldi Mercer pro ij acr., quondam Raginaldi Carpenter,
juxta furcas, ad t. 4d. De eodem pro ij acr., ejusdem Raginaldi,
et postea Lamberti Burgh, ad t. 4d. De Adam Cuke pro xx acr.
et dim., quondam Willelmi Host,' ad t. 3s. 1d. De Johanne
Yeland pro ij acr. j rod. et dim., quondam Hugonis Hellerker, ad
t. 7¼d. De Ricardo filio Gilberti de Dunolm. pro viij acr., quondam Burgardi de Kymblesworth, ad t. 12d. De Waltero Hirde
pro vj acr., quondam Roberti Pokerley, ad t. 12d. De Elianora
de Kellowe pro iiij acr., quæ postea fuerunt Willelmi Wodmous,
8d. De Radulpho de Midilham pro j placea ad t. 2d. De eodem
pro j acr. et iij rod. ad t. 3½d. De Gilberto de Burgard pro xvj
acr. terræ, juxta Souremylkden, et postea Benedicti Werkman,
ad t. 2s. 8d. De Petro Pundrelof pro j rod., juxta Kymbleworth,
ad t. ½d. De Ricardo filio Georgii pro dim. acr., quondam Willelmi filii capellani de Beaurepair, ad t. 1½d. De Willelmo Ede
pro incremento j tofti ad t. 1¼d. De Johanne Ulgham pro j
tofto, Willelmi Raper et Ricardi de Melmerby, ad t. 6d. De
Willelmo Boucher pro j acr., uxoris T. filii Willelmi filii Hugonis, ad t. 6d. De eodem pro Snawdon ad t. 4d. De eodem pro
j placea, apud Bercar, ad t. ½d. De eodem pro ij acr., super le
Hurehill, ad t. 5d. De eodem pro j shopa in Dunolm. ad t. 4d.
De Ricardo filio Gilberti pro vj acr., apud Kymblesworth, ad t.
6d. De Gilberto filio Hugonis pro quadam placea j grangiæ ad
t. 1d. De Petro de Clopton pro xij acr. j rod., quæ fuerunt

uxoris Thomæ filii (*blank*), ad t. 2s. 1¼d.   De Thoma de Mel-
syngby pro dim. acr., quondam Rogeri cissoris ad t. 1d.

GATESHEUED.

LIBERI TENENTES. Johannes de Ravensworth ten. per cartam xxiiij acr. terræ, apud Saltwelsyde, quondam Ricardi Silk-
burn, et red. p. a. ad iiij term. usuales 8s.   Magister Hospitalis
Sancti Edmundi regis ten. j placeam pro quodam chamino habendo ab hospitali usque le Frergos, per parcum Domini ibid., et
red. ad e. t. 4d.   Heredes Thomæ Surteys ten. j aqueductum, et j
mess. supra edificatum, quondam Cuthberti clerici, et red. 8d.
Custos cantariæ Sanctæ Trinitatis apud hospitale Sancti Edmundi
confessoris ten. ij mess., quondam Alani Preste ibid., et red. p.
a. 2s. 6d.   Thomas del Castell ten., de jure uxoris suæ, j mess.,
et vij acr. terræ sub le Cokescroft, quondam Thomæ Vaux, et
red. p. a. ad e. t. 7s. 6d.   Heredes Hugonis de Redhugh chivaler
ten. vj acr. terræ, quondam Willelmi de Redhugh, et red. p. a.
ad iiij term. usuales ut supra 4s. 2d.   Johannes de Topcliff ten.
xxij acr. terræ in Esterlinstrother, et red. p. a. 11s.   Idem Johannes ten. j placeam, et xxij acr. terræ, quondam (*blank*),
14s. 8d.   Willelmus Gategang ten. quoddam pratum, voc. les
Fletes, cont. j acr. prati, per servitium forinsecum, et red. p. a.
ad iiij term. usuales 10s. Idem Willelmus ten. quoddam pratum,
voc. Saltwelmed, quondam Alani Marschall, et red. p. a. ut supra
3s. 4d.   Idem Willelmus ten. lxviij acr. terræ, jacentes in le
Calschotes et in le Heff, quondam patris sui, et red. 34s.   Idem
Willelmus ten. xij acr. terræ, in le Leystreth, et red. p. a. 8s.

TERRÆ SCACCARII.   Walterus de Dymyldon ten., de herede
Johannis Gategang ibid., v acr. terræ, quondam Rogeri Forster,
et red. p. a. ad e. t. 3s. 4d.   Idem Walterus ten. j acr. et dim.,
quondam dicti heredis, et red. p. a. 9d.   Idem Walterus ten., de
dicto herede, ij acr., apud Saltwelstroth, et red. p. a. 2s. 6d.
Idem ten., de dicto herede, j acr. juxta terram Sancti Edmundi,
et red. p. a. 8d.   Idem ten., le dicto herede, j acr. juxta le
lonyng, et red. p. a. 12d.   Idem ten. xij acr. terræ, quondam
Johannis Ade, et red. p. a. 5s. 8d.   Idem ten. ix acr. terræ,
quondam Alani Servic', et red. p. a. 4s. 6d. Idem ten. xxiiij acr.
terræ ibid., et red. p. a. 14s.   Thomas de Claxton ten. terram,
quondam Thomæ de Nesebet ibid., et red. p. a. 6s. 8d. Predictus
Walterus ten. j placeam terræ ante ostium suum, et red. p. a. 4d.
Idem ten. iij acr. ij rod. et dim., quondam Willelmi Dalverton,
et red. p. a. 3s.   Idem ten. certas terras pro incremento furni,

quondam Thomæ de Nesbet, et red. p. a. 3s. 6d. Willelmus
Gategang ten. j placeam terræ, longitudinis lx pedum et latitudinis xviij pedum, et red. p. a. 2d. Idem Willelmus ten. j
placeam ante ostium suum, et red. p. a. ad e. t. 4d. Magister
Hospitalis Sancti Edmundi ten. medietatem j mess. ibid., et red.
p. a. 2s. 6d. Idem Magister ten. iiij acr. et j rod. terræ, quondam Johannis Ade, et red. p. a. 2s. 10d. Johannes de Ravensworth ten. j mess., et ij acr. terræ, quondam Alani Slikburn, et
red. p. a. 2s. Idem Johannes ten. iij acr. terræ, quondam dicti
Alani, et red. p. a. 2s. Idem ten. j acr. et dim. terræ ibid., quondam (*blank*), et red. p. a. 12d. Idem ten. j acr., sub lez Rate-
graynes, quondam predicti Alani, et red. p. a. 8d. Idem Johannes
ten. xiij acr. terræ, quondam ipsius Alani ibid., et red. p. a. 11d.
Thomas del Castell ten. j acr. terræ sub Lyghtakez, et red. p. a.
12d. Idem ten. ij acr. sub Aneley, et red. p. a. 2s. Idem ten.
j placeam, quondam Willelmi Legerfee, et red. p. a. 4d. Idem
ten. ij acr., juxta Ricrustburn, quondam Thomæ Vaux, et red. p.
a. 16d. Idem ten. j placeam vastam, quondam dicti Thomæ, et
red. p. a. 4d. Idem ten. j placeam vastam juxta forgium ibid.,
et red. p. a. 4d. Idem ten. x acr. terræ, quondam Willelmi
Sponer, et red. p. a. 7s. Johannes de Sadbergh ten. j placeam,
et xij acr. terræ, quondam Petri Lewys, et red. p. a. 6s. 8d.
Idem ten. ij acr., quondam Willelmi Kilkner, et red. p. a. 22d.
Tenentes bondi de Quykham ten. certas terras, et red. p. a. 16d.
Robertus Fuystour ten. j placeam vasti, quondam Rogeri Lorimer, et red. p. a. 12d. Idem ten. j mess. pro j forgio de vasto,
quondam Thomæ del Bowes, et red. p. a. 3s. 10d. Heredes
Ricardi de Hedworth ten. certas terras et tenementa in Gates-
heued, et red. p. a. 26s. 10d.

MOLENDINA. Johannes de Sadberg ten. ij molendina aquatica, et j molendinum ventriticum, quæ sol. red. p. a. 22*l*., modo
red. p. a. ad iiij term. 16*l*. 13s. 4d.

PISCARIÆ. Idem Johannes ten. piscariam aquæ de Tyne, et
red. p. a., ad term. Sancti Martini et Pentecostes, 20*l*.

MANERIUM CUM DOMINICIS ET BURGO. Idem Johannes ten.
manerium cum burgo, terris dominicis, pratis et pasturis. Unde
de terris dominicis et pratis, xciiij acr. in campo de Gatesheued,
et lv acr. terræ et prati super Tynam, et red. p. a., pro omnibus
proficuis dicti burgi et curiæ ejusdem, ad iiij term. 22*l*.

TERRÆ VASTÆ. Et sunt ibid. vj acr. terræ, quondam in
tenura Ricardi Slykburn, quæ sol. red. p. a. 3s. 6d., modo
vastæ. Et dicunt quod persona de Gatesheued ten., in diversis
locis campi ibid., xv acr. terræ, quas credunt esse terram scaccarii, pro quibus nichil solvit, ideo &c.

RYTON.

LIBERI TENENTES. Willelmus filius Thomæ Gategang ten.
j mess., et lx acr. terræ, quondam Willelmi Ughtred ibid., red.
p. a. ad iiij term. usuales 13s. 4d. Johannes Stepyng ten. j
mess., et xxj acr. terræ, quondam Gilberti Forster, et red. p. a.
13s. 4d. Rector ecclesiæ de Riton ten. xiij acr. terræ, voc. le
Personmed, ut gleba ecclesiæ suæ, et nichil red. ut dicit., ideo
inquiratur &c.

Moniales de Novo Castro super Tynam ten. manerium de
STELLEY ibid., et red. p. a. 13s. 4d.

Robertus de Horsley ten. medietatem villæ de CRAWCROK
per servitium forinsecum, et red. p. a. 10s. Idem Robertus ten.
j toftum, et xl acr. terræ, voc. Bradley, et red. p. a. ad terminum
Sancti Cuthberti in Septembri 1d.

Prior de Brenkburn ten. ibid. ij bov. terræ, et piscariam in
aqua, de elemosina Domini, nichil dat, ideo inquiratur &c.

TERRÆ BONDORUM CUM PARCELLIS DOMINICIS. Johannes
Knout ten. j mess., et vj acr. terræ, quarum j acr. et dim. terræ
dominicæ, et iij acr. et dim. de terris bondorum ibid., et red. p.
a. ad iiij term. usuales 2s. 4d. Johannes Taillour ten. ibid. vj
acr. terræ, unde quarta pars dominicæ, et red. p. a. ad e. t.
2s. 4d. Willelmus de Shaldford ten. j mess., et xxxv acr. et dim.
terræ, unde ix acr. terræ dominicæ, et red. p. a., pro xij acr. dictæ
terræ, 4s. 8d., et pro xxiij acr. dictæ terræ, 9s. 10d., unde summa
14s. 10d. Alexander Litster ten. xij acr. terræ consimilis ibid.,
et red. p. a. 5s. 2d. Robertus filius Patricii ten j. mess., et xxxiij
acr. terræ cons., et red. p. a. 13s. 8d. Willelmus Taillour ten.
j mess., et xij acr. terræ cons., et red. p. a. 4s. 8d. Robertus
Thomson ten. j mess., et viij acr. terræ cons., et red. p. a. 3s. 2d.
Ricardus Skell ten. j mess. et xxxij acr. terræ et dim. cons., et
red. p. a. 13s. 8d. Johannes Wilkynson ten. j mess., et xxvj
acr. terræ cons., et red. p. a. 10s. 8d. Johannes Mann ten. j
mess., et xvij acr. terræ ibid. cons., et red. p. a. 6s. 10d. Willelmus Baron ten. j mess., et xxiiij acr. terræ cons., et red. p. a.
12s. Willelmus Robinson ten. j mess., et xxxij acr. terræ cons.,
et red. p. a. 14s. 10d. Johannes Merryman ten. j mess., et vj
acr. terræ cons., et red. p. a. 2s. 4d. Robertus Taillour ten. j
mess., et viij acr. terræ cons., et red. p. a. 3s. 2d. Willelmus
Bacon ten. j mess., et xxvj acr. terræ cons., et red. p. a. 10s. 8d.
Robertus Thomeson ten. j mess., et xviij acr. terræ cons., et red.
p. a. 7s. 4d. Johannes Knout ten. j mess., et iij acr. terræ cons.,
et red. p. a. 14d. Rogerus Raper ten. j mess., et xxiiij acr. terræ
dominicæ et bondorum, et red. p. a. 10s. 8d. Willelmus Bacon

ten. j mess., et x acr. terræ cons. ibid., et red. p. a. 4s. 10d.
Willelmus Webster ten. j mess., et xiij acr. terræ cons., et red. p. a.
5s. Johannes Stepyng ten. j mess., et xiij acr. terræ cons. ibid., et
red. p. a. 5s. Johannes Bell ten. j mess., et xvj acr. terræ cons.
ibid., et red. p. a. 6s. 4d. Robertus Newcomen ten. j mess., et
xxxiij acr. terræ cons., et red. p. a. 13s. 8d. Thomas del Ky-
chyne ten. j mess., et vj acr. terræ cons. ibid., et red. p. a. 2s. 4d.
Thomas Bacon ten. j mess., et xij acr. terræ cons. ibid., et red.
p. a. 4s. 8d. Johannes Litilby ten. j mess., et ij acr. terræ
ibid., et red. p. a. 10d. Idem Johannes ten. j mess., et iiij acr.
terræ cons. ibid., et red. p. a. ad e. t. 20d. Radulphus Punder ten.
j mess., et iiij acr. terræ cons. ibid., et red. p. a. ad e. t. 20d.
Rogerus Lawson ten. xxiiij acr. terræ cons. ibid., quondam
Laurentii del Wode, et red. p. a. 10s.

TERRÆ SCACCARII. Rogerus Lawson ten. j mess., et xxj
acr. terræ, quondam Johannis filii Patricii, et red. p. a. 11s. 2d.
Idem Rogerus ten. xxvj acr. terræ, quondam Roberti Rassh', et
red. p. a. 10s. 6d. Johannes Newcomen et Rogerus Bell ten. ij
mess., et xl acr. terræ, et red. p. a. 20s. 2d. Idem Johannes
ten. iiij acr. et dim. terræ, quondam Johannis de Newcomen, et
red. p. a. 4s. 6d. Idem Johannes ten. ij acr. terræ apud Leght-
lech, quondam W. Esle, et red. p. a. 2s. Rogerus Bell ten. j
mess., et x acr. terræ in j parcella, quondam Roberti Knout, et
red. p. a. 5s. Rogerus Aleinson ten. ij acr. de novo appruatas
juxta domum suam, et red. p. a. 12d. Idem Rogerus ten. j
mess., xix acr. et iij rod. terræ, et sol. red. p. a. 13s. 2d., modo
red. 8s. Willelmus Flexhewer ten. j mess., et xxxij acr. terræ,
et red. p. a. 22s. 8d. Idem Willelmus ten. j toftum, et xvj acr.
terræ, et sol. red. p. a. 11s. 4d., modo 2s. Johannes filius Johannis Newcomen ten. j mess., et xx acr. terræ, et red. p. a.
13s. 4d. Idem Johannes ten. iiij acr. de novo appruatas, et red.
p. a. 2s. 4d. Robertus Newcomen ten. j mess., iiij acr. et j rod.
terræ, et red. p. a. 3s. 6d. Rogerus Bell ten. vj acr. terræ,
quondam Willelmi Bacon de Riton, et red. p. a. 3s. Johannes
Newcome ten. iij acr. terræ in Wappesley, et red. p. a. 18d.
Rogerus Clerk de Riton ten. j mess., et vj acr. terræ, et red. p.
a. 3s. Idem Rogerus ten. j toftum, quondam Willelmi Skill,
et red. p. a. 2d. Idem ten. iiij acr. et dim. terræ, quarum j acr.
et j rod., quondam Willelmi Stepyng, et iij acr. et j rod. de
vasto appruatæ, et red. p. a. 4s. 2d. Thomas Gibson ten. ij
mess., et lxx acr. terræ, quondam Willelmi filii Ughtredi, et red.
p. a. 37s. 5d. Willelmus filius Thomæ Gategang ten. ij acr. et
j rod. prati, et red. p. a. 2s. Rogerus Raper ten. j rod. terræ in
Riversand ibid., et red. p. a. 2d. Idem ten. j rod. terræ, voc.
Dobbesclogh, et red. p. a. 2d. Rector ecclesiæ de Riton ten. j

mess., et xiij acr. terræ ibid., et red. p. a. 10s. 8d. Johannes
Bell ten. vj acr. et dim. terræ, quondam Rogeri Bell, et red. p.
a. 5s. 6d. Willelmus Webster ten. dim. acr. terræ, quondam
Rogeri Hobell, et red. p. a. 6d. Willelmus de Shaldeforth ten.
dim. acr. terræ, quondam Johannis Coners, et red. p. a. 6d.
Johannes Stepyng ten. j curtilagium de novo appruatum de
vasto, et red. p. a. 4d. Willelmus Robinson ten. j acr. terræ,
voc. Netilsydmed, et red. p. a. 4d. Johannes Newcomen ten. j
rod. terræ apud Riversand, et red. p. a. 2d. Willelmus Robinson ten. j placeam, quondam Petri Grene, et red. p. a. 6d.
Idem Willelmus ten. j acr. et j rod. terræ, quondam dicti Petri,
et red. p. a. 12d. Idem Willelmus ten. j acr., quondam ipsius
Willelmi, et red. p. a. 6d. Ricardus Skyll ten. dim. acr. terræ,
apud Crombwelbank, et red. p. a. 6d. Alexander Litster ten. j
tenementum edificatum de vasto, et red. p. a. 10d. Agnes filia
ejusdem ten. j toftum ibid., et red. p. a. 8d. Rogerus Raper
ten. j toftum, et red. p. a. 8d. Capellanus altaris Beatæ Mariæ
ten. j tenementum ibid., et red. p. a. ad e. t. 6d. Johannes
Wilkynson ten. iiij acr., quondam Margaretæ Rivers, et red. p.
a. 2s. 2d. Johannes Newcomen ten. iij acr. terræ, quondam
Rogeri Rassh', et red. p. a. 3s. Johannes Bell ten. j acr. et
dim. terræ, voc. Datnesfeld, et red. p. a. 18d. Willelmus Robinson ten. v rod. terræ, subtus Hunstrok, voc. Lampeland, et red.
p. a. 5d.

COMMUNE FORGIUM. Tenentes ten. inter se commune forgium ibid., cont. in longitudine xl pedes et in latitudine xx
pedes, et red. 4d.

MOLENDINUM. Iidem ten. molendinum aquaticum ibid.,
cum 10s. de tolneto cervisiæ ibid., et red. p. a. 106s. 8d.

CARIAGIUM VINI ET OPERA. Iidem tenentes bondi cariant
inter se j tonellum vini, et faciunt opera ad molendinum et ad
stangnum molendini consueta.

OFFICIUM PUNDERI. Robertus Newcomen ten. terras, voc.
Punderland, cont. v acr. terræ, et habet de tenentibus sicut alii de
consuetudine officii, et red. ad festum Natalis Domini et ad
festum Paschæ xxx gallinas et ccxl ova.

PISCARIA AQUÆ. Johannes Haynyng ten. piscariam in aqua
de Tyne ibid., et red. p. a. 60s.

QUYKHAM.

LIBERI TENENTES. Petrus Graper ten., de jure uxoris suæ, j mess., et lxxx acr. terræ, quondam Willelmi Freman, per servitium forinsecum, et red. p. a. ad iiij term. usuales 6s. Heredes Johannis Patvincope ten. j toftum cum j rod. terræ, et red. p. a., ad festum Sancti Cuthberti in Septembri, ut dicunt, j libr. piperis. Willelmus Galway ten. viij acr. prati, quondam Walteri de Selby, et red. p. a. 8s. Margareta* Gray ten. j parcellam terræ ibid., et red. p. a. 6s. 8d.

Willelmus Swalwell ten. villam de SWALWELLS, et sol. red. p. a. per librum de Boldon 29s. 4d., modo red. p. a. ad e. t. 28s. 8d. Idem Willelmus ten. j placeam, pro le Milnedame ibid., et red. p. a. 8d. Adam de Esshdale ten. j placeam de vasto, quondam Johannis Hedworth, et red. p. a. 12d.

Dominus de Nevill ten. villam de WYNLATON per servitium forinsecum, et red. p. a. 20l.

Heredes Hugonis de Redhugh ten. villam de ASSHELS per serv. forin., et red. p. a. 15s. 4d.

Iidem heredes ten. j mess., et c acr. terræ in villa de LYNCE per serv. ut supra, et red. p. a. 28s. 8d. Iidem heredes ten. situm molendini ibid., et red. p. a. 2s.

Iidem heredes ten. manerium de HOLYNSYDE, et c acr. terræ ibid., et red. p. a. 6s. 8d.

Willelmus de Fulthorp miles ten j acr. terræ juxta Freresyde, et red. p. a. 2d. Idem ten. xx acr. terræ ibid., et red. p. a. ad e. t. 13d. Idem ten. j clausuram, voc. lez Toftez, cont. xxx acr. terræ, et red. p. a. 10s. Robertus de Lomeley ten. dim. acr., quondam Johannis Marmeduk, et red. p. a. 4d.† Willelmus Gilson ten. j molendinum, apud Cresswelcrok, et red. p. a. 13s. 4d.

Comes Northumbriæ ten. manerium de FUGERHOUS, cont. c acr. terræ per estimationem, per cartam et serv. forin., et red. p. a. ad iiij term. usuales 10s. Idem Comes ten. j puteum carbonum ibid., et red. p. a. 26l. 13s. 4d.

MOLENDINUM. ‡Tenentes ten. inter se molendinum de Swalwels, et piscariam ibid., cum tolneto cervisiæ, et sol. red. p. a. 38l., modo red. p. a. 20l.

‡Agnes Fairhare senior ten. dominicum mess. villæ, cont. j acr. et dim., cum j tofto ibid., et red. p. a. 2s.

---

* Over " Margareta " is written in another hand, " Thomas."
† To this clause is added in the margin in a later hand, " De Ravenshelm."
‡ This entry is included under the general heading, " Liberi tenentes."

TERRÆ BONDORUM CUM DOMINICIS.   Walterus Thompson
ten. ij mess., et ij bov. terræ bond., bov. cont. xv acr. terræ, et
ij bov. terræ dominicæ, bov. cont. ix acr., pro ij bond. pred., red.
p. a. 16s. 11¼d., et pro dictis ij bov. terræ dominicæ 4s. 4½d,
unde red. in toto ad iiij term., 21s. 4d.   Willelmus del More
ten. j mess., et j bov. terræ bond., et j bov. terræ dominicæ, et
red. p. a. pro bond. 8s. 5½d. et dim. ¼d., et pro domin. 2s. 2¼d.
et dim., in toto 10s. 8d.   Johannes Prodhome ten. j mess., et
j bov. terræ bond., et j bov. terræ domin., et red. pro bond.
8s. 5½d. et dim. ¼d., et pro domin. 2s. 2¼d. et dim., in toto
10s. 8d.   Idem Johannes et Willelmus Penreth ten. j mess., et
j bov. terræ bond., et j bov. de domin., et red. p. a. ut supra,
10s. 8d.   Willelmus Hobbesson, Willelmus Martyne et Walterus Thomson ten. iij mess., et j bov. terræ bond., et j bov.
terræ domin., et red. p. a. ut supra, 10s. 8d..   Willelmus Martyn
ten. j mess., et j bov. terræ bond., et j bov. terræ domin., et red.
ut supra, 10s. 8d.   Adam Punder ten. j mess., et j bov. terræ
bond., et j bov. terræ domin., et red. p. a. ut supra, 10s. 8d.
Johannes Martyn ten. j mess., et j bov. terræ bond., et j bov.
domin., et red. p. a. ut supra, 10s. 8d.   Willelmus del More
ten., de jure uxoris suæ, j mess., et j bov. terræ bond., et j bov.
terræ domin. ibid., et red. p. a. ut supra, 10s. 8d.   Idem Willelmus et Johannes Martyne ten. ij mess., et j bov. bond., et j
bov. domin., et red. p. a. 10s. 8d.   Robertus Martyne ten. j
mess., et j bov. terræ bond., et j bov. domin., et red. p. a. 10s. 8d.
Idem Robertus et Robertus Shevyll ten. ij mess., et j bov. terræ
bond., et j bov. domin., et red. p. a. ut supra, 10s. 8d.   Willelmus de Stanhop et Thomas Wright ten. ij mess., et j bov.
terræ bond., et j bov. domin. ut supra, et red. p. a. 10s. 8d.
Walterus Martyne ten. ij mess., et ij bov. terræ bond., et ij bov.
domin., et red. p. a. 21s. 4d.   Rogerus Gray, Isabella Baron,
Johannes Yong et Elena Curteys ten. inter se j mess., et j bov.
terræ bond., et j bov. domin. ut supra, red. p. a. 10s. 8d.   Willelmus Tydy et Willelmus Thraklawe ten. ij mess., et j bov.
terræ bond., et j bov. terræ domin., et red. p. a. ut supra,
10s. 8d.   Idem Willelmus et Johannes Broune ten. j mess., et
j bov. terræ bond., et j bov. domin., et red. p. a. ut supra,
10s. 8d.   Johannes Bernard et Johannes Martyne ten. j mess.,
et j bov. terræ bond., et j bov. domin., et red. p. a. ut supra,
10s. 8d.   Rogerus Dydensall, Agnes Fairhare senior, Agnes
Fairhare junior ten. ij mess., et j bov. terræ bond., et j bov.
domin., et red. p. a. ut supra, 10s. 8d.   Willelmus Addyson et
Johannes Gibson ten. ij mess., et j bov. terræ bond., et j bov.
domin., red. p. a. ut supra, 10s. 8d.   Rogerus Gray ten. ij
mess., et ij bov. terræ bond., et ij bov. terræ domin., et red. p. a.

21s. 4d. Rogerus Punder et Willelmus Bedyk ten. j mess., et j bov. terræ bond., et j domin., et red. 10s. 8d. Rogerus Pety ten. cum Adam Jonson j mess., et j bov. terræ bond., et j bov. domin., et red. 10s. 8d. Willelmus Aleynson ten. j mess., et j bov. terræ bond., et j bov. domin., et red. p. a. 10s. 8d. Willelmus Nikson ten. j mess. et j bov. terræ bond., et j bov. domin., et red. p. a. 10s. 8d. Adam Cornwayll ten. j mess., et j bov. terræ bond., et j bov. domin., et red. p. a. 10s. 8d. Robertus Punder ten. cum pred. Adam et Johanne Gudchep j mess., et j bov. terræ bond., et j bov. domin., et red. p. a. 10s. 8d. Adam Johnson ten. j mess., et ij bov. terræ bond., de jure uxoris suæ, et red. p. a. 16s. 11¼d. Idem Adam ten., de jure uxoris suæ, j mess., et j bov. terræ bond., et j bov. domin., et red. 10s. 8d. Idem Adam ten., de jure uxoris suæ, j mess., et j bov. terræ bond., et red. p. a. 8s. 5½d. et dim. ¼d. Idem Adam ten., de jure proprio, j mess., et j bov. bond., ij bov. domin., et red. p. a. 12s. 10¼d. dim. Johannes Brian ten. j mess., et dim. bov. terræ bond., et dim. bov. domin., et red. p. a. 5s. 4d. Et omnes isti bondi solvunt de redd. bond. inter se 2d., ultra redd. pred., ut patet (per) antiquum rentale,—2d.

Et iidem bondi faciunt ladas de Gatesheued usque Dunolm. et usque Bedlynton, et habebunt allocationem pro j equo 2d., et quadrigant j tonellum vini. Predicti bondi ten. inter se viij tofta edificata, ultra xxxv mess., parcellam bond., pro quibus nichil solvunt, ideo &c.

Et omnes pred. bondi sol. red. p. a., pro qualibet bov., 16d., et operari per totum annum per iij dies in qualibet ebdomada, preter iiij septimanas festivales, et faciunt iij precationes in autumpno cum tota familia, excepta huswyva, et x precationes cum ij hominibus, et in opere suo per septimanam falcare pratum, levare et quadrigare fenum, et levare metere et quadrigare totum bladum in operatione sua pred. Et extra dicta opera arare de unaquaque caruca ij acr. de avereth et herciare, et semel tunc habebit corrodium, et in operatione sua, per ij dies in ebdomada, faciunt j domum longitudinis xl pedum et latitudinis xv pedum, et faciunt ladas et summagia sicut villani de Boldon, et quando metunt et falcant prata, et faciunt precationes habebunt corrodium. Et solvunt p. a. pro cornagio 20s.; et solvunt j vaccam de metrith; et sol. facere iij piscarias in aqua de Tyne; et sol. solvere xx celdras avenarum ad mensuram Domini, 6s.

COTAGIA. Johannes Hawyk ten. ij cot., et vj acr. terræ, et red. pro operibus 6d. ad terminum Martini, et 5s. de redd. ad iiij term. usual., unde in toto, 5s. 6d. Johannes Gallan ten. j cot., et iij acr., et red. pro operibus 3d., et pro redd. 3s., in toto, 3s. 3d. Alanus Clerk ten. j cot., et red. pro operibus 3d., et de

redd. 3s., in toto 3s. 3d.   Willelmus de Thraklawe ten. j cot., et
red. pro operibus 3d., et 3s. de redd., et red. p. a. 3s. 3d.   Johannes de Heton ten. j cot., et iij acr. terræ, et red. p. a. ad e. t.
pro redd. 3s., et pro'operibus 3d., unde summa in toto, 3s. 3d.
Cristiana Nikson ten. j cot., et iij acr., et red. p. a. ut supra,
3s. 3d.   Willelmus Carter ten., de jure uxoris suæ, j cot., et iij
acr. terræ, red. p. a. ut supra, 3s. 3d.   Iidem tenentes ten. inter
se j peciam terræ, voc. Fremantill, cont. xxx acr. terræ, et red. p.
a. 10s.

PUNDERLAND.   Iidem ten. inter se vj acr. terræ, voc. Punderland, et red. p. a. ad e. t. 4s.

Iidem red. inter se pro dicta terra, ad festa Natalis Domini
et Paschæ, lx gall. et ccclx ova.

COMMUNIS FURNUS.   Iidem ten. inter se communem furnum,
et red. p. a. 13s. 4d.

Iidem tenentes solvunt inter se, ad festa Natalis Domini et
Paschæ, quolibet anno, xxxv gall. et ccclx ova.

PRATA.   Omnes tenentes villæ ten. inter se quoddam pratum,
voc. Grenelonyng, cont. j acr. et j rod. prati ibid., et red. p. a. ad
iiij term. consuetos, 4s. 8d.   Iidem tenentes ten. inter se xl acr.
prati prepositi, et red. pro acr. 2s. 4½d., unde p. a. 4l. 14s. 10d.
Johannes Martyne ten. iij acr. prati, voc. Robertesmedowe, et
red. p. a. ad e. t. 8s.   Willelmus Eire ten. iiij acr. prati, voc.
Eiresmedowe, et red. p. a. ad e. t. (blank).   Ricardus Alwode ten.
iij acr. prati, voc. Gemuesmedowe, et red. p. a. 2s. 8d.   Nicholaus
Haukwell ten. ix acr. prati, quondam Adæ Stote, et red. p. a.
(blank).   Willelmus Gategang ten. iiij acr. prati, quondam Gilberti Gategang, et red. p. a. (blank).   Thomas de Moderby ten.
vj acr. et dim. prati, quondam Stephani Bridok.   Johannes
Broune ten. j acr. et dim. prati, voc. Robertsmedowe, et red. p.
a. 4s.   Iidem tenentes ten. inter se pratum dominicum, cont. xxx
acr. prati, et sol. red. p. a. per antiquum rentale, 6l.

TERRÆ SCACCARII.   Robertus Hawyk ten. x acr. terræ, quondam Simonis de Bassyngham, et red. p. a. ad iiij term. usuales,
allocatas sibi pro tempore, pro certis puteis carbonum ibid. in
dicta terra, 6s.   Idem Johannes ten. j mess., quondam Ricardi
fabri, et red. p. a. ad e. t. 8d.   Johannes Martyn ten. ix acr.
terræ, quondam Roberti Layk, et red. p. a. ad e. t. 10s.   Johannes Bernerd ten. iij acr. terræ, quondam Johannis filii Willelmi, et red. p. a. ad e. t. 3s.   Adam Jonson ten. j mess., et ij
acr. terræ et dim., quondam Peytevincokez, et red. p. a. 3s. 8d.
Robertus Marshall ten. j mess., et iiij acr. terræ, quondam Willelmi Smyth, et red. p. a. 3s.   Cristiana Nikson ten. xj acr. terræ,
quondam Willelmi Hering, et red. p. a., preter 5s. allocatos pro
puteis carbonum super terram ibid., 4s.   Willelmus Hobson ten.

ij acr. terræ, quondam Roblotflate, juxta le Whag, quondam
Roberti filii Gamellæ, et red. p. a. ad e. t. 16d. Adam Punder
ten. viij acr. terræ, voc. Colierland, preter 3s. sibi allocatos &c.
pro puteis ibid., et red. p. a. ad e. t. 3s. 5d. Robertus Shevill
ten. xxx acr. terræ in Gressemore, voc. Newfeld, et red. p. a. 15s.
Willelmus Carter ten., de jure uxoris suæ, vj acr. terræ, quondam Simonis de Bathyngham, et red. p. a. 6s. Willelmus de
Thraklawe ten. ij mess. ibid., et red. p. a. ad e. t. 2s. Johannes
Wilkynson ten. j tenementum, quondam Rogeri Gudechop, et
red. p. a. 12d. Willelmus Bedyk et Johannes Yong ten. j mess.,
et red. p. a. 12d. Willelmus Hogeson ten., de jure uxoris suæ,
j mess., modo in tenura Johannis Brian ibid., et red. p. a. 12d.
Willelmus Penreth ten. j mess., quondam Nicholai Lorimer, et
red. p. a. 16d. Willelmus Pety ten. j mess., quondam Johannis
Gauntan, red. p. a. 8d. Adam Asshdale ten. ij acr. terræ, voc.
Hobbescroft, et red. p. a. 18d. Thomas Tut' ten. j mess., et j
clausuram, cont. j acr. terræ, et red. p. a. 14d. Andreas Blith-
man ten. j tenementum, quondam in tenura Aliciæ uxoris suæ,
et red. p. a. 4d. Willelmus Perisson ten. j tenementum, quondam Johannis patris sui, et red. p. a. 22d. Elena Bonde ten. j
tenementum apud Pulbrig, quondam Johannis Gilmyne, et red.
p. a. 6d. Isabella Tode ten. j tenementum, quondam Johannis
Fissher ibid., et red. p. a. 4d. Margareta Tut' ten. j mess., quondam Thomæ Tut', et red. p. a. 6d. Rogerus Swayn ten. j tenementum, quondam Willelmi Colegraver, et red. p. a. 5d. Adam
Esshdale ten. j. tenementum, quondam Gilberti Milner, et red.
p. a 12d. Idem Adam ten. j placeam pro j torali ibid., et red.
p. a. 10d. Willelmus Swalwels ten. j tenementum, quondam
Willelmi Taverner, et red. p. a. 12d. Robertus Lawe ten. j
forgium in Quykham, et red. p. a. 2d. Walterus Martyne ten. j
rod. terræ, quondam Gilberti Gray, et red. p. a. 2d. Adam
Cornwaill ten. dim. acr. prati, quondam Johannis Multergreve,
et red. p. a. 2s. Elena Bonde ten. j placeam pro incremento
tenementi sui, et red. p. a. 20d. Omnes tenentes bondi villæ
ten. inter se xxx acr. terræ, et red. p. a. 20s. Willelmus Swalwels ten. iiij acr. et dim., et red. p. a. 18d. Iidem tenentes ten.
inter se xl acr. terræ in le Crossemour, et solebant red. p. a.
26s. 8d., quæ summa allocatur eisdem bondis pro omnibus terris
vastatis per puteos carbonum, unde x acr., quondam Simonis de
Bassingham, 26s. 8d. Adam Johnson ten. vj acr. terræ, juxta
Blakburn, et red. p. a. 2s. Johannes Martyn ten. ij acr., voc.
Jonesallers, et red. p. a. 16d. Rogerus Gray ten. ij acr. terræ
ibid., et red. p. a. ad e. t. 16d. Johannes Bernard ten. j acr. ad
finem de Swalwell, et red. p. a. 8d. Tenentes inter se solvunt
pro j tofto, et iiij acr. terræ, quondam Roberti Tode, 4s.

NEWTON CUM BOLDON.

LIBERI TENENTES.   Johannes de Hedworth ten. j mess., et
xxxvj acr. terræ, quondam Ricardi de Hedworth, et vadit in legationibus Episcopi, et adducit redd. de Werehall apud Dunolm.,
per librum de Boldon ibid., et red. p. a. ad iiij term. usuales
6s. 8d.   Idem Johannes ten. j tenementum, et lxxx acr. terræ in
mora de Boldon, voc. Scothous, et red. p. a. 40s.   Idem Johannes
ten. aliam placeam ibid., voc. Gilbertleys, cont. xl acr. terræ, et
red. p. a. 26s. 8d.   Idem Johannes ten. j toftum in Newton,
quondam Willelmi Prestman, et red. p. a. 2s.   Idem Johannes
ten. terram, quondam Galfridi Scot, et red. p. a. ad e. t. 3s. 4d.
Petrus del Hay ten. j placeam, voc. Faderlesfeld, cont. xlvj acr.
terræ, quondam Willelmi Gategang, et red. p. a. 26s. 10d.
    Dominus de Nevill ten. villam de NEWTON JUXTA BOLDON,
et red. p. a. 20s.
    TERRÆ DOMINICÆ.   Thomas Wake ten. x acr. terræ domi-
nicæ, et red. p. a. ad iiij term. 32s. 8d.   Idem Thomas et Willelmus Diotson ten. x acr. terræ, et red. p. a. 32s. 8d.   Walterus
Heddon ten. x acr. terræ de eisdem dominicis, et red. p. a.
32s. 8d.   Johannes Batson et Elias Amfray ten. x acr. de eisdem
dominicis, et red. p. a. 32s. 8d.   Robertus Short junior ten. x
acr. de eisd. dom., et red. p. a. 32s. 8d.   Johannes Chery ten. x
acr. de eisd. dom., et red. p. a. 32s. 8d.   Johannes Batesson ten.
x acr. de eisd. dom., et red. p. a. 32s. 8d.   Willelmus Waryne
ten. x acr. de eisd. dom., et red. p. a. 32s. 8d. Thomas de Refhop
ten. x acr. de eisd. dom., et red. p. a. 32s. 8d.   Johannes Brandesson ten. x acr. de eisd. dom., et red. p. a. 32s. 8d.   Emma
Chirie ten. x acr. de eisd. dom., et red. p. a. 32s. 8d.   Johannes
Raynaldson ten. x acr. de eisd. dom., et red. p. a. 32s. 8d.   Johannes Brandesson ten. x acr. terræ de eisd. dom., et red. p. a.
32s. 8d.   Johannes Raynaldson et Radulphus Short ten. x acr.
terræ de eisd., et red. p. a. 32s. 8d.   Johannes de Refhop ten. x
acr. terræ ibid. de eisd. dom., et red. p. a. 32s. 8d.   Johannes
filius Ricardi et Willelmus Waryn ten. x acr. de eisd. dom., et
red. p. a. 32s. 8d.   Willelmus Diotson ten. x acr. de eisd. dom.,
et red. p. a. 32s. 8d.   Thomas Short junior ten. x acr. terræ de
eisd. dom., et red. p. a. 32s. 8d. Willelmus Smythson ten. x acr.
terræ de eisd. dom., et red. p. a. 32s. 8d.   Thomas Short senior
ten. x acr. de eisd. dom., et red. p. a. 32s. 8d.   Rogerus Batesson
ten. x acr. terræ de eisd. dom., et red. p. a. 32s. 8d.   Rogerus
Forster ten. x acr. de eisd. dom., et red. p. a. 32s. 8d.   Elias
Amfray ten. x acr. de eisd. dom., et red. p. a. 32s. 8d.
    TERRÆ BONDORUM.   Thomas Wake ten. j mess., et ij bov.

terræ, bov. cont. xv acr., et solebat reddere p. a. 2s. 6d. pro
scatpenys, et 16d. pro averpeynes, et v quadrigatas de wodlades, et ij gallinas et x ova, et solebat operari per totum annum
iij diebus in ebdomada, excepta septimana Paschæ et Pentecostes, et xiij diebus in Natali Domini, et facit opera sua, et iiij
precationes in autumpno ad metendum cum omni familia domus,
excepta houswyva, et preterea metet iij rodas daveripe, et arat
iij rod. davereth et herciat, et unaquæque caruca villanorum
arat et herciat ij acr., et tunc semel habebit corrodium Episcopi,
et tunc erit quietus de operationibus illius ebdomadæ. Et
quando faciunt magnas precationes habent corrodium, et in
operationibus suis herciant cum opus fuerit, et faciunt ladas, et
cum eas faciunt, habet unusquisque j panem. Et falcat j die
apud Houghton in operatione sua usque vesperam, et tunc
habebit corrodium. Et faciunt in nundinis Sancti Cuthberti,
singuli ij villani, j botham, et quando logeas faciunt, et wodlades ducunt, quieti sunt de aliis operationibus, prout continetur in libro de Boldon, et faciunt in parco j domum longitudinis
xl pedum et latitudinis xv pedum, et cariant j tonellum vini, et
faciunt opera ad molendinum consueta, et cariabunt cariagium
Domini Episcopi et Senescalli, et red. p. a. ad iiij terminos
usuales 14s. 2d. Walterus de Heddon ten. j mess., et ij bov.
terræ ut supra, et red. p. a. 14s. 2d. Johannes Batson et Elias
Amfray ten. j mess., et ij bov. terræ ut supra, et red. p. a.
14s. 2d. Robertus Short junior ten. j mess., et ij bov. terræ, et
facit ut supra, et red. p. a. 14s. 2d. Johannes Chery ten. j
mess., et ij bov. terræ ut supra, et red. p. a. 14s. 2d. Johannes
Bateson ten. j mess., et ij bov. terræ, et facit ut supra, et red. p.
a. 14s. 2d. Willelmus Waryne ten. j mess., et ij bov. terræ, et
facit ut supra, et red. p. a. 14s. 2d. Thomas Refhop ten. j
mess., et ij bov. terræ, et facit ut supra, et red. p. a. 14s. 2d.
Johannes Brandson ten. j mess., et ij bov. terræ, et facit ut
supra, et red. p. a. 14s. 2d. Emma Chery ten. j mess., et ij
bov. terræ, et facit ut supra, et red. p. a. 14s. 2d. Johannes
Raynaldson ten. j mess., et ij bov. terræ, et facit ut supra, et red.
p. a. 14s. 2d. Johannes Brandson ten. j mess., et ij bov. terræ,
et facit ut supra, et red. p. a. 14s. 2d. Johannes Raynaldson et
Radulphus Short ten. j mess., et ij bov. terræ ut supra, et red.
p. a. 14s. 2d. Thomas Refhop ten. j mess., et ij bov. terræ, et
facit ut supra, et red. p. a. 14s. 2d. Johannes Richardson et
Willelmus Waryne ten. j mess., et ij bov. terræ, et red. p. a. ut
supra 14s. 2d. Willelmus Diotson ten. j mess., et ij bov. terræ,
et red. p. a. ut supra 14s. 2d. Thomas Short junior ten. j mess.,
et ij bov. terræ, et red. p. a. ut supra 14s. 2d. Willelmus
Smythson ten. j mess., et ij bov. terræ, et red. p. a. ut supra

14s. 2d.   Thomas Short senior ten. j mess., et ij bov. terræ,
et facit ut supra, et red. p. a. 14s. 2d.   Rogerus Batsou ten. j
mess., et ij bov. terræ, et facit ut supra, et red. p. a. 14s. 2d.
Rogerus Forster ten. j mess., et ij bov. terræ, et facit ut supra,
et red. p. a. 14s. 2d.   Elias Amfray ten. j mess., et ij bov. terræ,
et facit ut supra, et red. p. a. 14s. 2d.   Johannes Malynson ten.
j mess., et ij bov. terræ, et facit ut supra, et red. p. a. 14s. 2d.
Iidem tenentes solvunt pro cornagio 17s.   Iidem tenentes solvunt pro j vacca de metrith 6s.   Iidem tenentes solvunt pro
maltpenys 26s. 6d.   Iidem tenentes solvunt pro officio punderi
ibid., ad terminum Martini, 9s.   Iidem solvunt pro bothsilver,
ad terminum Sancti Cuthberti in Septembri, 2s. 4d.   Iidem
solvunt pro pundero, ad terminos Purificationis et Paschæ,
8s. 4d.   Iidem tenentes solvunt pro molendino aquatico, et j
molendino ventritico ibid. p. a. 17*l*. 13s. 4d.   Predicti tenentes
bondi solvunt pro j pastura, voc. Esshopperlysour, et red. p. a.
7*l*. 11s.   Iidem tenentes ten. inter se *(blank)*, voc. Shotfald, cont.
lxxij acr. terræ ut dicunt, et red. p. a. 4*l*. 5s. 2d.   Iidem ten. inter
se moram del Croke, cont. xxvj acr., et red. p. a. 34s. 8d.   Iidem
ten. inter se iij tofta, et xxx acr. terræ, et red. p. a. 30s.   Iidem
ten. inter se lx acr. terræ, apud Copthorne, et red. p. a. 70s.
Iidem solvunt pro singulis ij bov. terræ pred., ad festum Natalis
Domini ij gall., et ad festum Paschæ x ova, unde summa in toto,
xlviij gall. et ccxl ova.   Iidem ten. inter se lxxij acr. terræ, voc.
le Southmore, et red. p. a. 72s.

Tenentes Cotagiorum qui tenent Terram Dominicam.
Elias Amfray ten. ij cot., et xxiiij acr. de terris cotagiorum,
preter x acr. terræ dominicæ ut supra, et xij acr. in mora de
nova dimissione, et solebat operari per totum annum ij diebus in
septimana, exceptis temporibus festivis supradictis, et red. ad iiij
term. usuales 32s.   Johannes Robinson ten. ij cot., et xxxij acr.
terræ de pred. terris cot., preter x acr. terræ dominicæ, et xij
acr. in mora de nova dimissione, et sol. operari ut supra, et red.
p. a. 32s.   Johannes Diotson et Willelmus Blakstok ten. ij cot.,
et xxxij (acr. terræ) cot., et x acr. terræ dom., et xij acr. in mora,
et red. p. a. ut supra, et sol. operari ut supra, 32s.   Thomas Jonson et Thomas Cowper ten. ij cot., et xxxiij acr. terræ cot., et xij
acr. in mora, et x acr. de dom. de nova dimissione, et operantur
ut supra, et red. p. a. 32s.   Johannes Milner ten. ij cot., et xxxij
acr. terræ cot., et xij acr. in mora, et x acr. de dom. de nova
dimissione, et operatur ut supra, et red. p. a. 32s.   Ricardus
Pierson ten. ij cot., et xxxij acr. cot., et xij acr. in mora, et x acr.
de dom. de nova dimissione, et facit ut supra, et red. p. a. 32s.

Cotagia sine Terra Dominica.   Johannes Robinson ten. j
cot., et xij acr. terræ cotagiorum, et vj acr. in mora ibid., de nova

dimissione, et red. p. a. ad iiij term. 10s. Thomas Diotson ten.
j cot., et xij acr. terræ cot., et vj acr. in mora ut supra, red. p. a.
10s. Johannes Couper ten. j cot., et xij acr. terræ cot., et vj acr.
in mora ut supra, et red. p. a. 10s., unde 6s. 8d. de terra scaccarii. Thomas Diotson ten. j cot., et xxiiij acr. terræ cot., inde
de terra fabri 13s. 4d., et vj acr. terræ in mora, et red. p. a. ad
e. t. 26s. 8d. Elias Amfray ten. j cot., et iij acr. terræ cot., et
red. p. a. ad e. t. 3s. Johannes Blaykstoke ten. ij cot. ibid., et
red. p. a. ad e. t. 2s. 8d. Johannes Mawer ten. j cot. ibid., et
red. p. a. ad e. t. 16d. Johannes Couper ten. j cot. ibid., quondam Walteri capellani, et red. p. a. ad e. t. 12d. Adam Werdale
ten. j cot. ibid., et red. p. a. ad e. t. 4d. Et predicti xij cotagii
primo scripti red. inter se xij gall. et lx ova, videlicet, quilibet j
gall. et v ova, unde summa in toto, xij gall., lx ova. Elias Amfray,
Thomas Diotson, Johannes Couper et Thomas Jonson ten. j
placeam ad occidentalem finem villæ, quondam Roberti Post, et
postea Ricardi Robinson, et red. p. a. ad e. t. 2s. 6d.

NOVA DIMISSIO. Predicti xxij tenentes in bondagio solvunt
pro ccxx acr. terræ dominicæ in tenura sua ut supra, et xxij
mess., et xliij bov. terræ de bondagio, cum molendino, et terra in
mora, et pastura superius scripta, annuatim 44l., videlicet, quilibet eorum 40s., et avenas de scat, et gallinas, et ova, et cariant
j tonellum vini, et sustentabunt molendinum sumptibus suis propriis, et faciunt cariagium pro Domino Episcopo et Senescallo, —
44l. Et iidem tenentes in bondagio, qui nichil tenent de dominicis, red. p. a. pro ij mess., et iiij bov. terræ, cum portione eorundem de molendino, et pastura superius scripta, quilibet eorum
30s., ut predicti xxij de nova dimissione facta dictis tenentibus
per Johannem Heron senescallum et alios de consilio Domini
Thomæ* Episcopi defuncti, — 60s.

Thomas de Refhop ten. iij acr. terræ, quondam Willelmi de
Lomeley, et red. p. a. ad e. t. 3s. 6d. Johannes Robinson ten. j
toftum cum gardino, quondam Willelmi Short, et solebat red. p.
a. 5s., modo red. p. a. ad e. t. 4s. (blank) ten. j placeam, quondam Johannis de Thorp, et red. p. a. 16d. Prepositus ibid. solvit
scaccario pro vasto sequenti p. a. 22s.

TERRÆ VASTÆ. Et sunt ibidem (blank) de terris vastis, quondam in tenura Ricardi Marrays, et sol. red. p. a. 3s. Et iij acr.
terræ, quondam Johannis Cort, et sol. red. p. a. 12d. Et j acr.
terræ, quondam in tenura Johannis Gilmyn, et sol. red. p. a. 14d.
Et j toftum cum gardino, quondam Ricardi Robinson, et sol. red.
p. a. 16d. Et j forgium ibid., quondam in tenura Radulphi Short,
et sol. red. p. a. 6d. Et dim. acr. terræ, quondam Johannis

---

* This word is interlined in a different hand.

filii Rogeri, et sol. red. p. a. 8d. Et dim. acr. terræ, quondam
Petri filii Rogeri, et sol. red. p. a. 8d. Et j toftum, et ij acr.
terræ, quondam Johannis Punder, quæ sol. red. p. a. 4d. Et iij
acr. terræ ibid. vastæ, quondam Roberti Shotton, et sol. red. p.
a. 5s. Et est ibid. quoddam incrementum tenementi, quondam
Roberti Punder, et sol. red. p. a. 12d. Et ij acr. et dim., quondam Alani prepositi, et sol. red. p. a. 2s. 11d. Et j toftum, quondam Hugonis Punder, et sol. red. p. a. 12d. Et sunt ibid. iiij
acr., quondam Gilberti de Boldon, et sol. red. p. a. 4s. 8d.

WESSYNTON.

Willelmus de Wessynton miles ten. manerium et villam de
Wessington per servitium forinsecum, et red. p. a. ad iiij term.
usuales 4l.

USEWORTH MAGNA.

Willelmus de Hilton miles ten. ij partes villæ de Magna
Useworth, et Alicia de Moderby terciam partem dictæ villæ per
servitium forinsecum, et red. p. a. ad iiij term. usuales 10s.
Iidem Willelmus et Alicia red. ibid. p. a. ad e. t. pro castelmen,
20s. Iidem Willelmus et Alicia red. p. a. pro operationibus ad
terminum Sancti Martini tantum, 10s. Iidem red. pro cornagio
dictæ villæ p. a., ad festum Sancti Cuthberti in Septembri, 30s.
Iidem red. pro j vacca de metrith, ad festum Sancti Martini, 6s.
Iidem red. pro pred. villa, ad festum Purificationis, pro scat
avenis x quart. et dim. Iidem red. pro eadem villa ad idem festum de farina avenarum v quart. ij buz. Iidem red. pro eadem
villa ad idem festum de scat braseo v quart. ij buz. Iidem Willelmus et Alicia quadrigant j tonellum vini.

Useworth Parva. Predicta Alicia ten. villam de Parva
Useworth per servitium forinsecum, et red. p. a. ad iiij term.
10s.

WHITBURNE CUM CLEVEDEN.

Liberi Tenentes. Hugo Gylmoure ten., de hereditate et
donatione Ricardi de Hedworth, ad terminum vitæ suæ, j mess.,
et xxiij acr. terræ per serv. forins., et vadit in legationibus
Domini Episcopi, et red. p. a. ad iiij term. 8s. 6d. Idem Hugo
ten. j toftum, et ij acr. terræ, de parcella quondam Johannis
Thorald, per serv. forins., et red. (blank). Robertus Hedworth

ten. j toftum cum gardino, quondam Agnetis Southwyk, et red.
p. a. 3s. 6d. Idem Robertus ten. j toftum cum gardino, quondam Petri de Clevedon, et red. p. a. 12d. Idem Robertus ten. j
portionem terræ, quondam Roberti Mateshey, et red. p. a. 6d.
Stephanus Whitgay et Thomas Potter ten., de jure uxorum suarum, j mess., et lx acr. terræ per serv. forins., et vadunt in legationibus Episcopi, et red. p. a. 8s. Johannes de Kirkby ten. ij
mess., et xxxix acr. terræ, quondam Johannis Eyre, et red. p. a.
6s. 8d. Idem Johannes ten. j mess., et xiij acr. terræ, quondam
Roberti clerici, et red. p. a. 6s. 8d. Idem Johannes ten. j mess.,
et (blank) acr. terræ, quondam ejusdem Roberti, et red. p. a. 8d.
Idem Johannes ten. aliam placeam, quondam Johannis Brereton,
et red. p. a. 8d. Idem Johannes ten. j placeam ante ostium
suum, et red. p. a. 3d. Willelmus Swalwels ten. j mess., et xl
acr. terræ, quondam Willelmi Curray, et red. p. a. 14s. 10d.
Predictus Robertus Hedworth ten. j placeam, quondam Johannis
Talbote, et red. p. a. 2d.

TERRÆ DOMINICÆ. Raginaldus Wermouth ten. xij acr. terræ
dominicæ, et red. p. a. ad e. t. 32s. 6d. Johannes filius Patricii
ten. xij acr. terræ de eisdem dominicis, et red. p. a. 32s. 6d.
Thomas Hoggeson ten., de jure uxoris suæ, xij acr. terræ de
eisd. dom., et red. p. a. 32s. 6d. Thomas Gray ten. xij acr. de
eisd. dom., et red. p. a. ad e. t. 32s. 6d. Idem Thomas et Willelmus Sheperdson ten. xij acr. terræ de eisd. dom., et red. p. a.
32s. 6d. Ricardus Smythson ten. xij acr. terræ de eisd. dom.,
et red. p. a. ad e. t. 32s. 6d. Johannes filius Ricardi ten. xij
acr. terræ de eisd. dom., et red. p. a. ad e. t. 32s. 6d. Adam
Gray ten. xij acr. terræ de eisd. dom., et red. p. a. ad e. t.
32s. 6d. Johannes Smythson ten. xij acr. terræ de eisd. dom.,
et red. p. a. ad e. t. 32s. 6d. Robertus filius Willelmi ten. xij
acr. terræ de eisd. dom., et red. p. a. ad e. t. 32s. 6d. Johannes de Moreton ten. xij acr. terræ de eisd. dom., et red. p. a. ad
e. t. 32s. 6d. Idem Johannes et Robertus de Shupton ten. xij
acr. terræ de eisd. dom., et red. p. a. 32s. 6d. Johannes Cayuell
ten. xij acr. terræ de eisd. dom., et red. p. a. 32s. 6d. Johannes
filius Willelmi ten. xij acr. terræ de eisd. dom., et red. p. a. ad
e. t. 32s. 6d. Johannes Saunderson ten. xij acr. terræ de eisd.
dom., et red. p. a. ad e. t. 32s. 6d. Thomas filius Ricardi ten.
xij acr. terræ de eisd. dom., et red. p. a. ad e. t. 32s. 6d. Willelmus filius Adæ ten. xij acr. terræ de eisd. dom., et red. p. a.
ad e. t. 32s. 6d. Willelmus Lucre et Willelmus Baret ten. xij
acr. terræ de eisd. dom., et red. p. a. 32s. 6d. Johannes Bouyard ten. xij acr. terræ de eisd. dom., et red. p. a. ad e. t. 32s. 6d.
Johannes filius Willelmi ten. xij acr. terræ de eisd. dom., et red.
p. a. ad e. t. 32s. 6d. Idem Johannes ten. xij acr. terræ de

eisd. dom., et red. p. a. ad e. t. 32s. 6d. Idem Johannes et
Symon Gray ten. xij acr. terræ de eisd. dom., et red. p. a. ad e.
t. 32s. 6d. Robertus Forster ten. xij acr. terræ de eisd. dom.,
et red. p. a. ad e. t. 32s. 6d. Willelmus Sheperson ten. xij acr.
terræ de eisd. dom., et red. p. a. ad e. t. 32s. 6d. Robertus Air
et Johannes Brawyne ten. xij acr. terræ de eisd. dom., et red. p.
a. ad e. t. 32s. 6d. Willelmus Swalwels et Johannes filius
Thomæ ten. xij acr. terræ, et red. p. a. 32s. 6d. Johannes
Smythson ten. xij acr. terræ de eisd. dom., et red. p. a. ad e. t.
32s. 6d. Robertus Air ten. xij acr. terræ de eisd. dom., et red.
p. a. ad e. t. 32s. 6d.

   TERRÆ BONDORUM. Raginaldus Wermouth ten. j mess., et
ij bov. terræ, bov. cont. xv acr., et solebat facere in omnibus
sicut bondi de Boldon. Et omnes bondi tenentes de Whitburne
et Clevedon ten. consimiliter, et quilibet per se facit in omnibus
pro portione sua ut supra. Iidem tenentes ten. inter se molendinum ventriticum ibid., et sol. red. p. a. (blank). Iidem tenentes ten. inter se pasturam de Clevedon, et sol. red. p. a. (blank).
Iidem tenentes ten. inter se dominica tofta, et sol. red. p. a.
(blank). Iidem tenentes ten. inter se officium punderi cum
incremento, et red. p. a. (blank). Iidem tenentes ten. inter se
lxxij acr. terræ in mora, et sol. red. p. a. (blank). Iidem tenentes ten. inter se l acr. terræ in mora, et sol. red. p. a. (blank).
Iidem tenentes ten. inter se x acr. terræ juxta Blakden, et sol.
red. p. a. (blank). Predicti xxviij tenentes qui ten. in bondagio
pro cccxxxvj acr. terræ dominicæ in tenura eorum ut supra, et
lvj bov. terræ de bondagio, cum molendino, terris in mora, et
pasturis superius scriptis, solvunt annuatim ad iiij term. 56l.,
videlicet, quilibet eorum 40s., et avenas de scat, et gallinas, et
ova, et cariant j tonellum vini, et faciunt opera ad molendinum
consueta, et faciunt cariagium pro Domino Episcopo et Senescallo per novam dimissionem factam dictis tenentibus per Johannem Heron tunc Senescallum et aliorum de consilio Domini
Thomæ nuper Episcopi defuncti, 56l. Iidem tenentes solvunt
inter (se), ad festum Natalis Domini, lxviij gall., et ad festum
Paschæ cccxl ova — lxviij gall. cccxl ova.

   COTAGIA. Willelmus Swalwels ten. ij cot., et xxiiij acr.
terræ de terra cotagiorum, et v acr. in mora, preter portionem
suam terræ dominicæ, de nova dimissione tempore Thomæ Episcopi, et solebat operari sicut illi de Boldon, et red. p. a. ad
iiij term. usuales 32s. Johannes Brouning ten. iij cot., et
xxxvj acr. terræ cot., et vij acr. et dim. in mora, et sol. operari
ut supra, et red. p. a. 48s. Johannes Maison ten. iiij cot., et
xlviij acr. terræ cot., et x acr. in mora, et (sol.) operari ut supra,
et red. 64s. Willelmus Megson ten. j mess., et xij acr. terræ,

et ij acr. et dim. terræ in mora, et sol. operari ut supra, et red. p. a. 16s. Johannes filius Thomæ ten. ij cot., et xxiiij acr. terræ cot., et v acr. in mora, et sol. operari ut supra, et red. p. a. ad e. t. 32s.

Tenentes villæ ten. inter se herbagium cujusdam campi, voc. Colynfeld, et red. p. a. 40s.

TERRÆ SCACCARII. Johannes filius Ricardi ten. j placeam, et ij acr. terræ, voc. Outlawe, quondam Simonis prepositi, et red. p. a. 2s. Willelmus Frayreman ten. j placeam edificatam, quondam Johannis Walcot, et red. p. a. 6d. Ricardus Smythson ten. j acr. terræ, quondam Walteri Newbond, et red p. a. 12d. Rector Ecclesiæ de Whitburne ten. xx acr. terræ, quondam Johannis Hoke, et red. p. a. 10s. Willelmus Swalwels ten. xij acr. terræ, voc. Curray Punderland, et red. p. a. 13s. 4d. Johannes Hedworth ten ij tofta cum gardino, cont. dim. acr., et red. p. a. 2s. Johannes Brounyng ten. iiij acr. terræ, quondam Willelmi Bouyard, et red. p. a. 2s. Johannes Cawyll ten. j placeam pro tenemento suo elargiendo, quondam Roberti Rous, et red. p. a. 4d. Willelmus Lucre ten. j placeam ante ostium suum, quondam Willelmi Blake, et red. p. a. 2d. Johannes filius Willelmi ten. j placeam ante ostium suum, quondam Thomæ Baret, et red. p. a. 2d. Johannes de Kirkby ten. j placeam, quondam Alexandri Egliscliff, et red. p. a. 2d. Raginaldus Wermouth ten. j placeam, quondam Alexandri Sharp, et red. p. a. 2d. Thomas de Horsley ten. j mess., et xij acr. terræ, quondam Willelmi Duffeld, voc. Punderland, et red. 8s. Johannes filius Willelmi ten. j acr. terræ, voc. Eawe, quondam patris sui, et red. p. a. 12d. Raginaldus Wermouth ten. ij acr. et dim. terræ, voc. Lompesmoure, et red. p. a. 2s. 4d. Willelmus Swalwels ten. iiij acr. terræ in mora, quondam Johannis Curray, et red. p. a. 2s. 4d. Et sunt ibid. v tofta Hugonis filii Roberti, Radulphi filii Hugonis, Gervasii filii ejusdem Radulphi, Johannis Stuchy et Johannis Hobson, quæ solebant red. p. a. 8s. 4d., et ponitur super tenentes quousque &c., 8s. 4d. Tenentes ten. inter se j acr. terræ, quondam Emmæ Watson, et red. p. a. 12d. Willelmus Swalwels red. p. a. pro omnibus terris vastis inferius, quousque aliquis finire voluerit pro majori firma, 26s. 8d. Adam Gray ten. j gardinum ex parte australi ecclesiæ, quod. sol. red. p. a. 2s., modo red. 12d.

TERRÆ VASTÆ. Et sunt ibid. de terris vastis, videlicet, xxvj acr. apud lez Morebrokes, quondam in tenura tenentium villæ ibid., et sol. red. p. a. 24s. 8d. Et xij acr. terræ, quondam in tenura tenentium de Clevedon, apud Northcrok, quæ sol. red. p. a. 9d. De terra Willelmi Piper, quondam Johannis Air, et sol. red. p. a. 11s. 2d. Et xl acr. terræ, quondam Johannis

Breton, quæ sol. red. p. a. 46s. 8d.   Et pro certa parcella terræ,
latitudinis v pedum et longitudinis xl pedum, quæ sol. red. p. a.
8d.   Et viij acr. terræ, quondam Petri de Clevedon, quæ sol.
red. p. a. 4s.   Et xij acr. et dim. terræ, quondam Johannis
Thorald, quæ sol. red. p. a., ut dicunt, 14s. 7d.   Et v parcellæ
terræ, quondam Willelmi Tymperon, quæ sol. red. p. a. 6s. 4d.
Et ij acr. terræ, quondam Johannis Werdale, quæ sol. red. p. a.
2s. 4d.   Et iiij acr. terræ, quondam Willelmi filii Hugonis, quæ
sol. red. p. a. 4s. 8d.   Et iiij acr. terræ ejusdem Willelmi, quæ
sol. red. p. a. 2s. 4d.   Et lxv acr. terræ, quondam Davidis de
Worshop, quæ sol. red. p. a. 38s. 1d.   Et xvij acr. terræ, quondam Johannis Bell, quæ sol. red. p. a. 17s.   Et ij acr. terræ,
quondam Johannis Page, apud Blakleche, quæ sol. red. p. a.
2s. 4d.   Et ij acr., quondam Walteri Gryme, quæ sol. red. p. a.
2s. 4d.   Et ij acr. terræ, quondam Walteri de Monkton, quæ
sol. red. p. a. 2s. 4d.   Et ix acr. terræ, quondam Petri Clevedon,
quæ sol. red. p. a. 4s. 6d.   Et j acr. terræ, quondam Johannis
May, quæ sol. red. p. a. 12d.   Et iiij acr. terræ, quondam
Johannis Hilton, quæ sol. red. p. a. 4s. 8d.   Et ij acr. terræ,
quondam Adæ capellani, quæ sol. red. p. a. 2s. 4d.   Et ij acr.
terræ, quondam Thomæ Sharpe, quæ sol. red. p. a. 2s. 4d.   Et
terræ, quondam Willelmi Tyok, quæ sol. red. p. a. 4s. 6d.   Et
j toftum, quondam Walteri fabri, quod sol. red. p. a. 6s.   Et
quoddam toftum, quondam Ricardi Fissher, quod sol. red. p. a.
8s.   Et quædam placea Johannis Taillour, quæ sol. red. p. a.
2d.   Et quædam placea Margaretæ Talbot, quæ sol. red. p. a.
12d.   Et terræ, quondam Hugonis filii Willelmi, quæ sol. red.
p. a. 16d.   Et terræ, quondam Ricardi Colban, quæ sol. red.
p. a. 8s.   Et v tofta, quondam Hugonis filii Roberti, Radulphi
filii Hugonis, Gervasii filii ejusdem Radulphi, Johannis Stuchy
et Johannis Hobson, quæ sol. red. p. a. 8s. 4d.   Et terra,
quondam Johannis Breton, quæ sol. red. p. a. 14d.   Summa
terræ vastæ, 11l. 18s. 11d.

WALRIG.

TERRÆ SCACCARII.   Johannes Melote et Willelmus Lawson
ten. ibid. iij acr. terræ et dim., quondam Ricardi Walrig, et red.
p. a. ad iiij term. usuales, 2s. 1d.   Willelmus Osberne ten. vij
acr. et dim. terræ et x perticatas, quondam Ricardi Osberne, et
red. p. a. 5s. 2d.   Decanus Cestriæ ten. j acr. et dim. rod. terræ,
quondam Rogeri Gillyng, et red. p. a. 12d.   Tenentes villæ
Cestriæ ten. tertiam partem j rodæ, et red. p. a. 4d.   Iidem
tenentes ten. inter se dim. acr. terræ, quondam Roberti clerici,
et red. p. a. 6d.

KYBLESWORTH.

LIBERI TENENTES. Thomas Trewyk et Alicia de Massham, Ricardus de Cramelyngton et Willelmus Symson, heredes Alexandri de Kyblesworth ten. xl acr. terræ, juxta Ladheued, per cartam et serv. forins., et red. p. a. ad iiij term. usuales, 13s. 4d.

Dominus de Nevill et Gilbertus Eglyne ten. villam de BRITLEY, et vadunt in magna chacea cum ij leporariis, et red. p. a. ad iiij term., 20s.

Jordanus de Merley ten. manerium de BROMEMYNGHOLME, et xxix acr. terræ juxta Tribley, quondam patris sui, et red. p. a. ad e. t. 9s. 8d.

Robertus Umfravile ten. manerium de FARNEACRES per serv. forins., et red. p. a. 2s.

Willelmus Bultflour ten. j mess., et xxviij acr. terræ per cartam ut supra, et red. p. a. 16s.* Willelmus de Bekley ten. j toftum, et c acr. terræ, quondam Radulphi Rekler, et red. p. a. 13s. 4d. Johannes Hog ten. j mess., et xxx acr. terræ, voc. Wyhirst, quondam Hugonis Grendall, et sol. red. p. a. per cartam 13s. 5d., modo red. per cartam 10s.

TERRÆ SCACCARII. Johannes del More ten. j mess., et xij acr. terræ, et j rod. terræ in iiij parcellis, quondam Willelmi Bynchestre, voc. Hasilcroft, et red. p. a. ad iiij term., 5s. 10d. Jordanus de Merley ten. v acr. terræ scaccarii, et red. p. a. ad e. t. 2s. 6d. Thomas Stafforth ten., de jure uxoris suæ, iiij acr., quondam Johannis Brithley, juxta Tribley, et red. p. a. ad e. t. 3s. Idem Thomas ten. iij acr. terræ, juxta Harelawe, quondam ipsius Johannis, et red. p. a. 16d. Idem Thomas ten. j mess., et iiij acr. terræ, juxta Trible, et red. p. a. 2s. 8d. Idem Thomas ten. ij acr. et iij rod. et dim., quondam Rogeri Crouder, et red. p. a. 23d. Idem Thomas ten. ij acr. de novo assarto, quondam dicti Johannis, et red. p. a. 14d. Predicti Thomas Trewyk et Alicia Massham et alii ut supra ten. v acr. terræ, et red. 2s. 6d. Iidem tenentes red. pro stangno j molendini ibid. quolibet anno 6d. Dominus Betramus Monboucher ten. xx acr. terræ, quondam avi sui, et red. p. a. 3s. 10d. Idem ten. ij acr. in Calfset, quondam Wyschardi Charrom, et red. p. a. 6d. Idem ten. xxxij acr., quondam dicti Wyschardi ibid., et red. p. a. 31s. 4d. Idem ten. x acr. terræ, quondam dicti Whischardi ibid., et red. p. a. 6s. 8d. Idem ten. terras, quondam Roberti Cokirshall et dicti Wyschardi, et red. p. a. 2s. Idem ten. terras, quondam Roberti Pokirley et dicti Whychardi, et red. p. a. 2s. Idem ten. xxv acr.

---

* There is added in the margin, "quondam Roberti Grome."

terræ, juxta Foulbrig, quondam dicti Whychardi, et red. p. a.
8s. 4d. Idem ten. v acr. terræ, apud Foulbrig, quondam dicti
Whichardi, et red. p. a. 20d. Idem ten., apud Calfset, j mess.,
et xxxviij acr. et dim. terræ, et red. p. a. 7s. 5d. Idem ten. j
toftum, et xix acr. terræ, quondam Johannis filii Philippi, et red.
p. a. 3s. 8d. Idem ten. v acr. terræ, quondam Adæ filii Roberti,
apud Calfset, et red. p. a. 14d. Idem ten. lxxx acr. terræ, in
Stanhop in Werdale, voc. ibid. Stewardshell, modo vastæ, et xl
acr., et j rod. terræ in Rukhop, quondam Johannis Bedyk, et sol.
red. p. a. 13s. 5d., modo vastæ. Ricardus Lawes ten. j toftum,
et iij acr. terræ, apud Pokirle, et red. p. a. 12d. Idem Ricardus
ten. j mess., et xij acr. terræ, quondam Roberti Pokirley, et red.
p. a. 8s. 8d. Willelmus Bultflour ten. ij acr. terræ ibid., et red.
p. a. ad e. t. 12d. Robertus de Lomeley ten. j molendinum
aquaticum, juxta Ravensworth, et red. p. a. 6d. Ricardus Lowe
ten. ix acr. et j rod. et dim. terræ, quondam Willelmi de Pokirley, et red. p. a. 3s. 10d. Willelmus ate More ten. j placeam
vastam, apud Calfset, et red. p. a. 12d. Henricus Kaunt ten. j
placeam vastam ante ostium suum, et red. p. a., voc. Calfclos, 6d.
Johannes Hog ten. j placeam, voc. Calfclos, ante ostium suum, et
red. p. a. 4d. Jordanus de Merley ten. dim. rod. novi vasti, et
red. p. a. 2d.

WODYNGDEN. Tenentes de Woddynden ten. xj acr. ibid., p.
a. ad e. t. 7s. 8d. De eisdem tenentibus pro iij rod. terræ et
dim., et red. p. a. ad e. t. 7d.

TWYSILL. Thomas de Britle ten. manerium de TWYSILL, et
viij acr. terræ et j rod. terræ in iij parcellis, et red. p. a. ad iiij
term. usuales 3s. 2d.

EDMANSLE.

Sacrista Dunolm. ten. iiij acr., quondam Johannis Maide-
stane, voc. Holleys, et red. p. a. 6s. 8d. Johannes Killinghall
ten. manerium de EDMANSLE, cont. c acr. terræ, et red. p. a. 10s.
De predicta Sacrista pro xx acr. terræ de vasto Domini apud
Sacristanhough, de novo appruatis per cartam Domini Thomæ
Episcopi, datam quinto die Augusti anno Domini Millesimo
ccccxxxv ad terminum xc annorum, red. p. a. 4s.*
TERRÆ SCACCARII. Dominus de Nevill ten. xxviij acr. terræ
et dim. rodæ terræ, quondam Johannis Edmansle, prout conti-

* This clause relating to the land held by the Sacrist, is a later insertion by a different hand, and there are by a still later hand these words, " This grant expired."

netur in antiquo rentali, in vij parcellis, et red. p. a. 22s. Idem Johannes ten. iiij acr. terræ, juxta Cokesburn, et red. p. a., quondam dicti Johannis de Edmansle, voc. Edmanslechogh ibid., et red. p. a. ad iiij term. 2s. Idem ten. j mess., et xxxvj acr. terræ per cartam, quondam Godrici de Newson, voc. Whetlay, et red. p. a. ad e. t. 12d. Idem ten. quandam parcellam de vasto Domini appruato, et red. p. a. 3d.

KYPIER.

Magister Hospitalis de Kypier ten. certas terras in Crowcrok, et red. p. a. 10s. Idem Magister ten. manerium de DERNCROK, et red. p. a. 10s. Idem Magister ten. terras quondam Thomæ Marshall, et red. p. a. 20d. Idem Magister ten. villam de HUNSTANWORTH, quondam Roberti Corbet, per servitium in foresta, sicut continetur in carta ipsius Roberti. Idem Magister ten. quandam assartam et pasturam, voc. Knokeden, ad nutrienda animalia sua ad opus pauperum, et ei concessa de elemosina Domini.

LANGCHESTRE.

LIBERI TENENTES. Walterus ate Hall ten. j mess. et x acr. terræ, per serv. forins., et red. p. a. (blank). Heredes Patricii de Kellowe ten. j clausuram, voc. Patriclos, et red. p. a. 6d. Thomas Umfravill ten., juxta Holmeset, x acr. terræ, quondam Galfridi Roghop.

COTAGIA. Ricardus Sheperd de Forth ten. j cot. cum gardino, et ij acr. terræ, quondam Ricardi Morley, auxiliat ad falcandum pratum, et levandum fenum ad quadrigandum, et adjuvat ad ducendum porcos de pannagio, et red. p. a. 2s. 6d. Johannes Milner ten. j cot., et ij acr. terræ, et facit ut supra, et red. p. a. 2s. 6d. Petrus Nesbet ten. j cot., et ij acr. terræ, et facit ut supra, et red. p. a. 2s. 6d. Willelmus Kerre ten. j cot., et ij acr. terræ, et facit ut supra, et red. p. a. 2s. 6d.

TERRÆ BONDORUM APUD LE FORTH. Johannes Sheperd ten. j mess., et xxvj acr. terræ et dim., quondam Ricardi Morleys, et solebat falcare prata Domini pro parte sua ad auxilium cotmannorum, et levat fenum et quadrigat, et adducit porcos de pannagio, et dum falcat habebit semel corrodium, et cum adducit porcos habebit j panem, et red. p. a. ad e. t. 8s. 10d. Johannes filius Ricardi filii Petri et Johanna filia Johannis de Burghby ten. j mess., et xv acr. terræ apud le Forth, et faciunt in omnibus ut supra, et red. p. a. ad e. t. 5s. Johannes del Forth ten. j mess.,

et xiiij acr. terræ, et facit ut supra, et red. p. a. 4s. 8d. Ricardus
Lawson ten. j mess., et xiij acr. terræ, quondam Johannis Joly,
et red. p. a. 4s. 4d.   Johannes Leyburn et Ricardus Wylde ten.
inter se j mess., et xxij acr. et dim. terræ, quondam Johannis
Fenhall, et red. p. a. ad e. t. 7s. 6d.   Ricardus Wylde ten. j
mess., et xxxj acr. et dim. terræ, quondam Johannis de Hull
ibid., et facit in omnibus ut supra, et red. p. a. 10s. 6d.   Willelmus Gilford ten. j mess., et xv acr. terræ, quondam Gamelli
del Forde, et facit ut supra, 5s.

     TERRÆ SCACCARII APUD LE FORTH.   Johannes Prentys ten.
xj acr. terræ, quondam Willelmi Bradheye, et red. p. a. 3s. 8d.
Ricardus Wylde ten. ix acr. terræ et dim., quondam Johannis
Fenhall, et red. p. a. 5s. 5d.   Willelmus Gildeford ten. viij acr.
terræ, quondam Gamelli pred., et red. p. a. 3s.   Idem Willelmus
ten. j rod. terræ de novo appruatam de vasto Domini, retro gardinum suum, et red. p. a. 8d.   Willelmus Kerre ten. j peciam
terræ, quondam in tenura Ricardi Lawson, et red. p. a. 2d.

     TENENTES BONDI APUD NEWBIGGIN.   Johannes Fildyng ten.
j mess., et xj acr. terræ, et facit sicut bondi apud le Forth, et red.
p. a. 3s. 8d.   Thomas Hill ten. j mess., et xx acr. terræ, et facit
ut supra, et red. p. a. ad iiij term. 6s. 8d.   Johannes Hull ten. j
mess., et xx acr. terræ, et facit ut supra, et red. p. a. 6s. 8d.
Willelmus Crokefote ten. j mess., et xx acr. terræ, et facit ut
supra, et red. p. a. 6s. 8d.   Adam Maceon ten. j mess., et xvij acr.
terræ, et facit ut supra, et red. p. a. 6s. 8d.   Willelmus Shell ten.
j mess., et xxvij acr. terræ, unde, iij acr. et dim. terræ scaccarii,
quondam Petri Dawson, et facit ut supra, et red. p. a. 9s.   Idem
Willelmus ten. j mess., et x acr. terræ, quondam Willelmi Red-
lakes, et red. p. a. 3s. 4d.   Robertus Taillour ten. j mess., et xx
acr. terræ, unde, xij acr. terræ scaccarii, quondam Alani del
Forth, et facit ut supra, et red. p. a. ad e. t. 6s. 8d.   Idem Willelmus Shell ten. j mess., et xx acr. terræ, et facit ut supra, et
red. p. a. 6s. 8d.   Johannes Lawson ten. j mess., et xxvij acr.
terræ et dim., unde, xvj acr. terræ scaccarii, quondam Thomæ
Crane, et facit ut supra, et red. p. a. 10s.   Idem Johannes ten.
medietatem j mess., et x acr. terræ, quondam parvi Hud, et red.
p. a. 3s. 4d.   Thomas Smalpas ten. j mess., et xv acr. terræ,
quondam Hugonis at Hill, et facit ut supra, et red. p. a. 5s.
Walterus Grene ten. j mess., et xxxviij acr. terræ et dim., unde,
vij acr. et dim. terræ scaccarii ibid., et facit ut supra, et red. p. a.
ad e. t. 12s. 10d.   Adam Webster ten. j mess., et xv acr. terræ,
unde, iij acr. cum dicto mess. terræ scaccarii, et facit ut supra,
et red. p. a. 5s.   Willelmus Fox ten. v acr. terræ, et facit ut
supra, et red. p. a. 20d.   Willelmus Hill ten. j mess., et vij acr.
terræ et dim., quondam Roberti Bayard, et red. p. a. 2s. 6d.

Idem Willelmus ten. j mess., et vij acr. et dim. terræ, quondam
Hugonis Smalpas, et facit, et red. p. a. 2s. 6d.   Idem Willelmus
ten. j mess., et xv acr. et dim. terræ, quondam Ricardi Tode, et
facit ut supra, et red. p. a. 5s. 2d.   Johannes Robinson ten. j mess.,
et xvij acr. et dim. terræ, et facit ut supra, et red. p. a. 5s. 10d.
Willelmus del Hall ten. j mess., et xvij acr. et dim. terræ, et facit
ut supra, et red. p. a. 5s. 10d. Johannes del Forth ten. j mess., et
xij acr. terræ, et facit ut supra, et red. p. a. 4s.   Willelmus Hudson ten. j mess., et xxxij acr. et dim. terræ ut supra, et red. p. a.
10s. 10d.   Willelmus Cuke et Johannes Fildyng ten. inter se ij
mess., et xxxj acr. terræ, quondam Nicholai ate Hall, et faciunt
ut supra, et red. p. a. 10s. 4d.   Willelmus Kirkby ten. j mess.,
et xix acr. terræ, quondam Simonis Punder, et facit ut supra, et
red. p. a. 6s. 4d.   Johannes Maunfeld ten. j mess., et xiij acr.
terræ, quondam Ricardi Sheperd, et facit ut supra, et red 4s. 4d.
Ricardus Peresson ten. iij acr., et facit ut supra, et red. p. a.
12d.   Radulphus Milner ten. j mess., et xj acr. terræ et dim., et
facit ut supra, et red. p. a. 3s. 10d.   Willelmus de Yolton ten. j
mess., et x acr. terræ, quondam Thomæ Smalpas, et facit &c., et
red. 3s. 4d.   Thomas Coveryngham ten. j mess., et xj acr. terræ,
quondam ipsius Thomæ, et facit ut supra, et red. 3s. 8d.   Willelmus Body ten. vij acr. terræ et dim., et facit ut supra, et red.
p. a. 2s. 6d.   Petrus de Nesbet ten. j mess., et xv acr. terræ,
quondam Johannis Fenhall, et facit ut supra, et red. 5s.   Robertus Walleshend ten., de jure uxoris suæ, v acr. terræ, quondam
Petri Milner, et facit &c., et red. 20d.*

TERRÆ SCACCARII. Johannes de Hull ten. iij acr. terræ,
quondam Radulphi de Newbiggyng, et red. p. a. 12d.   Johannes
Fildyng ten. j rod. terræ, de vasto, juxta domum suam, et red.
p. a. 4d.   Matilda uxor Willelmi Patenson ten. j mess., et v
acr. terræ, et red. p. a. 20d.   Johannes de Yolton capellanus
ten. j mess., et xij acr. terræ, voc. Hewalles, et red. p. a. 4s. 2d.
Predicta Matilda ten. j mess., et j acr. et dim. terræ, quondam
Matildæ Litill, et red. p. a. 9d.   Eadem ten. j mess., et ij acr.
terræ, quondam Walteri Uttynson, et red. p. a. 20d.   Johannes
Scot ten., de jure uxoris suæ, j clausuram, voc. le Hewalles, et
red. p. a. 12d.   Willelmus Body ten. j mess., et v acr. terræ,
quondam Margaretæ Halgh', et red. p. a. 20d.   Willelmus Fox
ten. j mess., et iiij acr. et j rod. terræ, quondam Willelmi Tebson, et red. p. a. 3s. 1d.   Johannes del Forth ten. j mess., et
xij acr. et dim. terræ, et red. p. a. 4s. 2d.   Predictus Johannes
del Forth ten. xiij acr. et j rod. terræ, de antiquo vasto, et red.
p. a. 3s. 6d.   Hugo at Hall ten. j mess., et xj acr. terræ, quon-

* Below this clause is added in the margin, "8l. 10s. 6d."

dam Willelmi Dover, et red. p. a. 3s. 8d. Idem Hugo ten. j
acr. et j rod. terræ, quondam ipsius Willelmi, et red. p. a. 15d.
Willelmus Hudson ten. j mess., et vij acr., quondam Radulphi
Grene, et red. p. a. 2s. 4d. Johannes Fyldyng et Willelmus
Cook ten. vj acr. terræ, de novo appruatas in campo voc. Colyns-
feld, et red. p. a. 2s. Iidem ten. ibid. j placeam de vasto,
cont. dim. acr., et red. p. a. 2d. Willelmus Cook ten. j mess.,
et iij acr. terræ et dim., et red. p. a. 3s. 4d. Willelmus Rivaux
ten. j mess., et viij acr. terræ et dim., et red. p. a., quondam
Roberti Smalpas, 2s. 10d. Idem Willelmus ten. j forgium, et
red. p. a. ad e. t. 2d. Robertus Walleshend ten., de jure uxoris
suæ, j mess., et xv acr. terræ, cum j torali ibid., et red. p. a. ad
e. t. 5s. Johannes de Berawby ten. j mess., et j acr. terræ,
quondam Willelmi Milner, et red. p. a. 12d. Willelmus Body
ten. j toftum cum crofto ibid., et red. p. a. ad e. t. 2d. Johanna
de Berawby ten. situm manerii Domini Episcopi ibid., voc.
Courtgarth, et red. p. a. 12d. Patricius Turnpost ten. vij acr.
terræ et dim., quondam Alani del Ford, et red. p. a. 2s. 6d.
Johannes Manfeld ten. j mess., et xv acr. et j rod. terræ, quondam Willelmi Sivewright, et red. 5s. 1d. Idem Johannes ten.
iij rod. terræ, quondam ipsius Willelmi, et red. p. a. ad e. t. 6d.
Idem ten. j rod. terræ, quondam ipsius Willelmi, et red. p. a. ad
e. t. 2d. Idem Johannes ten. j clausuram ibid., quondam Henrici Cook, et red. p. a. 7d. Idem ten. j toftum, et j acr. terræ,
quondam pred. Willelmi, et red. p. a. 4d. Robertus Brantyngham ten. ij mess., et lxiiij acr. terræ, quondam Willelmi Davy et
Willelmi Artays, et red. p. a. ad e. t. 21s. 4d.*

PRATA DOMINICA. Omnes tenentes ten. inter se quandam
pasturam, voc. Smalhopford ibid., et red. p. a. ad e. t. 20d.
Iidem tenentes ten. inter se xiij acr. prati de dominicis ibid., et
red. p. a., ad festum Sancti Martini tantum, 46s. 10½d. Iidem
tenentes ten. inter se xiiij acr. terræ in Smalhop, et red. p. a.
4s. 10d. Johannes Rugheued ten. j clausuram, voc. Mallesfeld,
cont. ix acr. terræ et dim., unde, Willelmus Rivaux ten. j acr.,
voc. Mallesclos, et red. p. a. 8d., et pred. Johannes red p. a.
3s. 2d. Thomas Coveryngham ten. j mess. ibid., et red. p. a. ad
e. t. 2d. Petrus Nesbet ten. j toftum cum gardino ibid., et red.
p. a. 3d. Isabella Kyng ten. j toftum cum gardino, et red. p. a.
ad e. t. 3d.

MOLENDINA. Radulphus Milner ten. molendina de Langchestre et Burnhop, quæ solebant reddere p. a. 13l. 6s. 8d.,
modo red. p. a. ad iiij term. 6l. 6s. 8d.

* Below this clause there is added in the margin, "Memorandum de 10s. 4d.,
quondam W. Colson."

Terræ Scaccarii apud Hurtbuk. Johannes Yong ten. j
mess., et iij acr., voc. Ladiesland, et red. p. a. 20d. Idem
Johannes ten. j peciam terræ, voc. Glasecroft, cont. j acr. et
dim., et red. p. a. 6d. Idem Johannes ten. vij acr. terræ, voc.
Bettesland, et red. p. a. 3s. 7d. Idem Johannes ten. j acr. et
dim. vasti, juxta Bettesland, et red. p. a. 6d. Idem Johannes
ten. xj acr. terræ ibid., cum j tofto, quod est parcella tenuræ,
quondam Johannis Maisson, et red. p. a. ad e. t. 3s. 8d. Willelmus Collesson ten. j mess., et iij acr. terræ, parcellam ejusdem
tenuræ, et red. p. a. 19½d. Idem Willelmus ten. xiiij acr. terræ,
parcellam dictæ tenuræ, et red. p. a. 4s. 8d. Idem Willelmus ten.
j mess., et xxxj acr. terræ, quondam Johannis Hurtebuk, et red.
p. a. 10s. 4d. Idem ten. dim. rod. de vasto ante ostium suum,
et red. p. a. 2d. Willelmus Crokefote ten. j mess., et x acr.,
quondam Roberti Chapman, et red. p. a. 5s. 6d. Idem Willelmus ten. j toftum, et iij acr. terræ, quondam Walteri Willyman,
et red. p. a. 2s. Idem Willelmus ten. j mess., et iij acr. terræ,
quondam Johannis Lewyne, et red. p. a. 2s. Idem Willelmus
ten. j mess., et iij acr., quondam Johannis Craven, et red. p. a.
20d. Robertus Taillour de Knychelay ten. iij rod. terræ, quondam Gilberti Halgh', 10d. Idem Robertus ten. dim. rod. terræ
ante ostium suum, de vasto Domini, et red. p. a. 2d. Willelmus Crokfote ten. j acr. terræ, voc. Kilneacre, cum j torali, et
red. p. a. 12d. Johannes Smyth ten. j mess., et v acr. terræ, de
jure uxoris suæ, et red. p. a. 2s. 2d. Cristiana Halgh' ten. j
mess., et xiiij acr. terræ et dim., quondam patris sui, et red. p. a.
4s. 10d. Robertus Taillour ten. j mess., et vj acr. terræ, de
tenura Johannis Maison, et red. p. a. 2s.

Punderus de Langchestre red. pro officio suo, ad festa Natalis
et Paschæ, xl gall. et ccclx ova.*

BENEFELDSIDE.

Liberi Tenentes. Robertus Coigniers ten. manerium de
Bires libere per cartam, de herede Willelmi de Dalden, cont.
c acr. terræ, bosci, et pasturæ, per servitium forinsecum, et red.
p. a. ad iiij terminos, 40s.
Terræ Scaccarii. Johannes Floiter ten. j mess., et viij
acr. terræ, quondam Johannis Beston, et red. p. a. 4s. Idem
ten. j mess., et xj acr. terræ, quondam Johannis Dyker, et red.
p. a. ad iiij term. 3s. 8d. Willelmus Stokes ten. j mess., et
xviij acr. terræ, de jure uxoris suæ, quondam Johannis Bell, et

* Below this clause is added in the margin, " 48s. 10½d."

red. p. a. ad e. t. 7s.   Idem Willelmus ten. j mess., et ij acr.
terræ, de jure uxoris suæ, et red. p. a. 12d.   Johannes Dikson
ten. j mess., et xxiiij acr. terræ, quondam Roberti Milner, et
red. p. a. ad e. t. 8s.   Ricardus Raper ten. j mess., et xxiiij
acr. terræ, quondam Johannis Raper, et red. p. a. 8s.   Predictus Johannes Dicson ten. j mess., et x acr. et dim. terræ,
quondam Roberti Milner, et red. 3s. 8d.   Predictus Ricardus
Raper ten. j mess., et xix acr. terræ, quondam Thomæ ate Hugh,
et red. p. a. 7s. 4d.   Willelmus Broune ten. j mess., et xij acr.
terræ, quondam Willelmi ate Brig, et red. p. a. 4s.   Thomas
Brome ten. j pasturam, cont. iij acr., voc. Bisshopbank, et red.
p. a. 18d.   Robertus Saddeller ten. j mess., et xxiiij acr. terræ,
quondam Roberti ate Hall, et red. p. a. 8s.   Idem Robertus ten.
j mess., et xx acr. terræ, quondam Willelmi Milner, et red. p. a.
6s. 8d.   Idem Robertus ten. j pasturam, voc. Lawode, et red.
p. a. ad e. t. 3s.   Thomas del Brig ten. j mess., et xxvij acr.
terræ, quondam Johannis Abell, et red. p. a. 9s.   Johannes
Clerk ten. j mess., et ix acr. terræ, quondam Johannis Hassok,
et red. p. a. 3s.   Tenentes ibid. ten. inter se j toftum, et xviij
acr. terræ, quondam Ricardi Grene, et red. 6s. 2d.   Iidem ten.
inter se omnia antiqua vasta ejusdem villæ pro 3s. 4d. p. a.,
quousque alii tenentes venerint ad finiendum pro majori firma,
quæ solebant reddere p. a. 8l. 13s. 8d., modo 3s. 4d.   Johannes
Dicson ten. j placeam, voc. le Pighill, et red. p. a. 2d.   Johannes de Allerton ten., de jure uxoris suæ, j placeam, et iiij acr.
terræ, voc. le Stele, quondam Thomæ Gray, et red. p. a. 2s.
Johannes Dicson ten. j rod. terræ juxta molendinum, et red. p.
a. 1d.   Idem Johannes ten. j placeam pro furno suo, et red. p. a.
1d.   Et est ibidem quoddam molendinum aquaticum quod solebat reddere p. a. 53s. 4d., modo vastum.   *Robertus Wyght
ten. ibid. j acr. terræ, voc. Milnehalgh, et red. p. a. 4d.

*Johannes Bateson cepit situm antiqui molendini predicti,
voc. le Bisshopmiln, in le Bisshopbank, cum j rod. terræ de
vasto Domini de novo appruanda, cum libero introitu et exitu
ad dictum molendinum, habendum pro termino vitæ, red. p. a.
3s. 4d., ad terminos infra Episcopatum Dunelm. antiquitus constitutos, primo termino solutionis incipiente ad festum Sancti
Cuthberti in Septembri anno Domini Millesimo ccccxxxiij; et
dictus Johannes unum novum molendinum in dicto situ suis
sumptibus propriis et costagiis edificabit et sustentabit, sicut
continetur in halmoto de Langchestre tento vj die Augusti anno
Pontificatus Domini Thomæ Dunelm. Episcopi xxvj—3s. 4d.

* The two clauses are bracketed together, with the word "nota" in the margin,
and are, as may be seen by the date in the latter, of a later period.

CHESTER WARD.—LANCHESTER.

BILLYNSYDE.

TERRÆ SCACCARII. Ricardus Lorde ten. j mess., et xxxvij acr. terræ et dim., quondam Johannis Garreson, et red. p. a. 12s. 6d. Idem ten. j acr. terræ, voc. Pundbank, et red. p. a. ad e. t. 6d. Thomas Cowhill ten. j mess., et xxxiiij acr. terræ et dim., et red. p. a. ad e. t. 8s. 2d. Idem Thomas ten. j acr. et dim. terræ, in Pundbank, et red. p. a. 6d. Idem ten. j acr. terræ, voc. le Bog, et red. p. a., de novo appruatam, 1d.

PONTHOP.

TERRÆ SCACCARII. Willelmus de Gourelay ten. manerium de PONTHOP, cont. lx acr. terræ, et red. p. a. ad festum Sancti Cuthberti in Septembri, ut dicunt, 2s. Idem Willelmus ten. j clausuram, cont. xv acr. terræ, voc. le Park, et red. p. a. ad iiij term. 5s. Idem Willelmus ten. j mess., et xlviij acr. terræ, quondam Willelmi Gilleson ibid., et solebat red. p. a. 16s., modo red. p. a. ad iiij term. 8s. Idem ten. j mess., et xxx acr. terræ, voc. Shippynstele, et red. p. a. 2s.

BUTESFELD.

Johannes Prentys et Ricardus filius ejusdem ten. j mess., et lxxx acr. terræ, quondam Johannis Buttesfeld, et red. p. a. ad iiij term. usuales, 32s. 4d. Rogerus Ode ten. j mess., et xxx acr. terræ de antiquis dominicis, et red. p. a. 15s. Idem Rogerus ten. vij acr. et dim., cum j torali, quondam ipsius Willelmi, et red. p. a. 3s. 10½d. Willelmus Hert ten. j mess., et xxx acr. terræ de antiquis dominicis, et red. p. a. 15s. Idem Willelmus ten. vij acr. et dim. terræ, quondam Patricii (*blank*), et red. p. a. 3s. 10½d. Ricardus de Birley ten. j mess., et xxxiij acr. terræ, quondam Alani Stelley, et red. 17s. 2d. Idem Ricardus ten. j mess., et xix acr. terræ, quondam Stephani Bayard, et red. p. a. 9s. 5d.

TERRÆ VASTÆ. *Et sunt ibid. lxix acr. terræ, quondam Ricardi Hessewell, existentes in manu Domini per breve decessavit. Et j acr. ejusdem Ricardi per se, et vij acr. ipsius Ricardi apud Akehed, quæ solebant reddere p. a., ut dicunt, 31s. 8d., modo vastæ, ideo &c., modo red. (*blank*).

---

* There is added to the following clause in the margin, " Ista parcella dimittitur de novo Johanni Prentys."

KYOWE.

TERRÆ SCACCARII. Henricus Kaunt ten. j bercariam ibid.,
et iiij acr. terræ, et red. p. a. ad iiij term. 20d. Ricardus Henrison ten xiiij acr. terræ, voc. Lymesfeld, et sol. red. p. a. 6s. 8d.,
quæ fuerunt in tenura Ricardi Purceblades, qui finivit pro dicta
terra, et adhuc vivit, et red. modo 3s. 4d. Willelmus filius
Ricardi ten. j mess., et xxxij acr. terræ, et red. p. a. 11s. 3d.
Idem Willelmus ten. vj acr. terræ, jacentes in Kyowlonyng, et
red. p. a. 2s. Johannes Colleson ten. j mess., et xxx acr. terræ
quondam Willelmi Sisson, et red. p. a. 10s. Henricus Kaunt
ten. j mess., et xxxiij acr. terræ et j rod., voc. Kyowpath, et red.
p. a. 11s. 1d.

BROMESCHELS.

Hugo del Park ten., de jure uxoris suæ, j mess., et xliij acr.
et j rod. terræ, quondam Radulphi Carter, Radulphi Sheles et
Johannis Wren, et red. p. a. ad iiij term. 16s. 9d. Adam del
Dale ten. j mess., et xij acr. terræ, quondam Henrici Satley, et
red. p. a. 4s. Idem Adam ten. dim. rod. terræ de novo vasto
appruatæ, et red. p. a. 1d. Robertus Alde ten. j mess., et xxx
acr. terræ, quondam Walteri Ivesley, et red. p. a. 10s. 4d. Ricardus del Shell ten. j mess., et xx acr. terræ, quondam ipsius
Walteri, et red. p. a. 6s. 2d. Robertus Alde ten. j mess., et iiij
acr. terræ, voc. Leperfeld, et red. p. a. 8d. Henricus Bernard
ten. j clausuram, quondam Christianæ Colson, cont. ix acr. terræ,
et red. 3s.
TERRÆ SCACCARII. Hugo Parker ten. j mess., et xix acr.
terræ, de jure uxoris suæ, et red. p. a. 6s. 10d. Idem Hugo ten.
vj acr. terræ de vasto de novo appruatas, et red. p. a. 2s. Adam
del Dale ten. j mess., et xij acr. terræ, quondam Henrici Satley,
et red. p. a. 3s. Adam Taillour ten. j mess., et xlij acr. terræ,
voc. Stubleys, et red. p. a. 26s.
* Magister Hospitalis de Kypier ten. j mess., et xv acr. terræ
et dim., et red. p. a. 13s. 4d.

SATELEY.

LIBERI TENENTES. Willelmus de Merley ten. villam de
SATLEY, cum molendino ibid., cont. c acr. terræ, per servitium
forinsecum, et red. p. a. ad iiij term. usuales, 53s. 4d. Heredes

* Attached to this clause in the margin is the word " liberi."

Petri de Hessewell ten. j tenementum, et c acr. terræ, quondam Adæ de Chaumbre, per serv. forins., et red. p. a. ad iiij term. 4s. Iidem heredes ten. j clausuram, cont. xxx acr. terræ, et red. p. a. 1d.

TERRÆ SCACCARII. Johannes de Chestre ten., de jure uxoris suæ, j mess., et xxxiij acr. terræ, quondam Petri de Hessewell, et red. p. a. ad e. t. 11s. 3d. Henricus de Satley ten. xij acr. terræ, voc. le Parrok, et red. p. a. ad e. t. 4s. Johannes de Merley ten. j mess., et xj acr. terræ, voc. Kaysfeld, et red. p. a. 5s. 6d. Idem Johannes ten. j acr. de novo vasto appruatam, quondam Rogeri Rassh', et red. p. a. 6d. Idem Johannes ten. j mess., et xviij acr. terræ et j rod. terræ, quondam ipsius Rogeri, et red. p. a. 9s. 1d.

TERRÆ VASTÆ. Est ibid. situs molendini, et dim. acr. terræ, quondam in tenura Willelmi Essewell, quæ solebant reddere p. a. 6s. 8d., modo vastæ. Et sunt ibidem vj acr. terræ, quondam Ricardi Urpath, et sol. red. p. a. 2s. 2d. Et iij acr. terræ, quondam in tenura Julianæ Nonne, et sol. red. p. a. 12d. Et iiij acr. terræ, quondam Ricardi Whitgrice, et sol. red. p. a. 5s. 4d. Et xij acr. terræ, voc. Prestfeld, et sol. red. p. a. 6s.

KNYCHELEY.

LIBERI TENENTES. Robertus de Kellowe ten. villam de KNYCHELEY, quondam Willelmi de Knycheley, per serv. forins., et red. p. a. ad iiij term. usuales, 15s. 1d.

TERRÆ SCACCARII. Johannes Todd ten. j mess., et iiij acr. terræ, voc. Richardland, et red. p. a. 2s.

TERRÆ VASTÆ. Et sunt ibid. cij acr. iij rod. terræ in mora de Knycheley, et sol. red. p. a. 34s. 6d., modo vastæ, ideo, &c.

HEDLAYSIDE.—Dominus Comes de Westmerland ten. villam de HEDLAYSIDE, quondam Johannis de Insula, per serv. forins. ibid., et red. p. a. ad iiij term. usuales, 33s. 4d.

IVESLEYBURDON.—Heredes Hugonis de Redhugh ten. villam de IVESLEYBURDON, et red. p. a., ad festa Sancti Martini et Pentecostes, 4s.

HUNTYNGHOUS.—Willelmus de Hilton miles ten. j mess., voc. le Huntynghous, et cxxviij acr. terræ ibid. per serv. forins., et red. p. a. 40s.

MERLEY ET HEDLEY.—Ricardus de Merley ten. villam de

Merley super Montem per serv. forins., et red. p. a. 13s. 4d.
Idem ten. j molendinum super aquam de Derwent, juxta manerium suum, per cartam et serv. forins., et red. p. a. 53s. 4d.

BROME CUM LE FLASSH.

Terræ Scaccarii. Robertus Belford ten. j mess., et xxx
acr. terræ, quondam Alani Broune, et red. p. a. 13s. 4d.   Idem
Robertus ten. j rod. terræ de novo appruato pro domo sua elargienda — 2d.   Willelmus Warde ten. j mess., et xxx acr. terræ,
quondam Petri del Flassh, et red. p. a. 13s. 4d. Idem Willelmus
ten. j placeam juxta tenementum suum, cont. dim. acr., et red.
p. a. 4d.   Thomas Ryndwode ten. j mess., et xv acr. terræ, et
red. p. a. ad iiij term. 6s. 8d.   Idem Thomas ten. j acr. terræ,
de novo appruatam, in fine de Midilwode, et red. p. a. 4d.   Thomas Yoman ten. j mess., et xlv acr. terræ, quondam Willelmi
Auwford, et red. p. a. 20s.   Robertus Palman ten. j mess., et xv
acr. terræ, quondam Stephani Palman, et red. p. a. 7s. 10½d. Johannes de Lambeton ten. j mess., et xv acr. terræ et j rod.,
quondam Thomæ Troupour, et red. 2s. 7½d. Johannes de Cawode
ten., de jure uxoris suæ, j mess., et xxxij acr. terræ, et red. p. a.
10s. 8d.   Heres Thomæ de Essh ten. j mess., et xxiiij acr. terræ,
et red. p. a. 8s.   Idem heres ten. xxiiij acr. terræ ibid., et red. p.
a. 8s.   Idem ten. xv acr. et dim. et j rod. terræ ibid., et red. p.
a. ad e. t. 7s. 4d.   Idem ten. dim. acr. terræ ibid., et red. p. a.
ad e. t. 3d.   Idem ten. ij acr. juxta Conkesheued, et red. p. a.
ad e. t. 8d.   Idem ten. dim. acr. juxta Ulueschawe, et red. p. a.
12d.   Idem ten. j acr. et dim. terræ juxta terram Walteri
Broune, et red. p. a. 12d. Idem ten. manerium de Essh, et red.
p. a. ad festum Sancti Cuthberti in Septembri, j lib. ceræ. Idem
ten. j placeam, quondam Walteri Warde, et red. p. a. 12d. Idem
ten. j rod. terræ ante ostium Hugonis (*blank*), et Petri textoris,
et red. 2d.*   Idem heres ten. l acr. terræ de vasto Domini ibid.,
et red. p. a. ad e. t. 16d.   Idem ten. j acr. apud le Hollway, et
red. p. a. ad e. t. 4d. Idem ten. ij acr. apud Brandenway, et red.
p. a. ad e. t. 8d.   Idem ten. terras Walteri Gylote, et quondam
Roberti de Lomeley, et red. p. a. ad e. t. 13s. 4d.   Idem ten.
tenuram, quondam Roberti de Berlay, et red. p. a. 7d.   Idem
ten. viij acr., quondam Thomæ Essh, et red. p. a. 3s. 2d.   Idem
ten. viij acr. terræ in Corneshowe, et red. p. a. ad e. t. 3s. 2d.
Idem ten. xij acr. terræ sub Corneshowe, et red. p. a. ad e. t. 6s.

---

* There is added at the foot of the page, below this entry, in a different but coeval
hand, "Coxside. Dominus de Nevill ten. manerium de Coxside, et red. p. a. ad
iiij term. 6s. 8d."

Idem ten. xj acr. terræ ibid., et red. p. a. ad e. t. 3s. 8d. Idem ten. terras Ricardi Richeford, quondam Thomæ Corneshowe, et red. p. a. 10s. Idem ten. j acr. et dim., quondam ipsius Ricardi, et red. p. a. 12d. Idem ten. dim. acr. terræ apud Holynlowe, et red. p. a. 6d. Idem ten. vj acr. terræ ibid., et red. p. a. ad e. t. 2s. Prior Dunolm. ten. xx acr. terræ libere, quondam Ricardi Whitparissh, et red. p. a. 6s. 8d. Heredes Thomæ de Hexham, ten. ij acr. juxta Bromeholme, et red. p. a. 12d. Iidem ten. certas terras ibid., et red. p. a. 8d.

TERRÆ VASTÆ. Johannes filius Nicholai del Moresyd finivit pro quadam domo cum gardino in villa de Langchestre ex opposito cimiterium super terram decani, pro qua solebat reddere p. a. 2s., et postea recuperatum fuit per decanum ut jus suum, et sic vasta. Et est ibid. quædam clausura, cont. dim. acr., quondam in tenura Nicholai del Moresyd, et sol. red. p. a. 6d., modo vasta, &c.

IVESTANE.

Magister Hospitalis de Kypier ten. villam de IVESTAN per serv. forins., et j vaccam de metrith, et arat j acr. et dim. apud Langchestre, et erit in magna chacea Episcopi cum ij leporariis, et quadrigat vinum Domini Episcopi cum viij bobus, et red. p. a. 53s. 4d.

COLPIGHILL.

Willelmus (*blank*) ten. j mess., et j acr. terræ, quondam Adæ Scot, et red. p. a. ad iiij term., 12d. Thomas Wrek ten. j mess., et xvj acr. terræ, quondam Adæ Scot, et red. p. a. 5s. 4d. Idem Thomas ten. ij acr. de novo vasto appruatas, et red. p. a. 8d. Johannes Scot et Alicia uxor ejus ten. xxix acr. terræ in ij parcellis, et red. p. a. 9s. 8d. Idem Johannes et Alicia ten. j tenementum, et v acr. terræ, quondam Adæ Scot, et red. p. a. 21d. Dominus de Nevill ten. ibid. per cartam vj tenementa, et c acr. terræ, et red. p. a. 2s.

GRENCROFT.

DRINGAGIA. Robertus de Kellowe de Lomeley et Johannes Rugheued ten. villam de GRENCROFT, et quadrigant vinum cum iiij bobus, et villani ejusdem villæ faciunt duodecimam partem stangni molendini de Langchestre, et erit in magna chacea cum ij leporariis, sed dominium est inde quietum, et quadrigant vinum

cum iiij bobus, et predicti Robertus et Johannes red. p. a. ad iiij
term., 16s.

TERRÆ SCACCARII.   Willelmus Stell ten. ibid. j mess., et xvj
acr. terræ, et red. p. a. 4s. 10d.   Alexander del Moresyd ten. j
mess., et xxxij acr. terræ, quondam Roberti Colier, et red. p. a.
10s. 8d.   Johannes Urpath ten. vj acr. terræ, voc. le Newfeld, et
red. p. a. 2s. 6d.   Johannes Smyth junior ten. x acr. terræ, quondam Willelmi filii Agnetis, et red. p. a. 3s. 4d.   Idem Johannes
ten. j mess. et xxxiij acr. et iij rod. terræ, quondam Thomæ
Rugheued, de parte xlv acr. et dim. terræ, voc. le Smythfellyng,
et red. p. a. ad e. t. 11s. 3d.   Robertus Forster ten. xj acr. et iij
rod. terræ, quondam ipsius Thomæ, et red. p. a. 4s.   Predictus
Johannes Smyth ten. j forgium, et j rod. terræ ibid., et red. p. a.
ad e. t. 6d.   Idem ten. j clausuram juxta domum suam, et red.
p. a. ad e. t. 1d.   Robertus Milner ten. viij acr. terræ, quondam
patris sui, de novo appruatas, et red. p. a. 4s.   Robertus de Kellowe ten. libere iiij acr. terræ, voc. Newfeld, et red. p. a. 2s.
Predictus Johannes Smyth ten. j acr. prati, voc. Mathewme-
dowe, et red. p. a. 16d.   Idem Johannes ten., de jure uxoris suæ,
j mess., et xv acr. terræ, et red. p. a. 5s. 1d.   Willelmus de Fulthorp miles ten. quoddam tenementum ibid., voc. le Burnhous, et
red. 4s. 10d.

TERRÆ VASTÆ.   Et sunt ibid. iiij acr. terræ, voc. Grenhow-
feld, quæ sol. red. p. a. 2s., modo vastæ.

HAMSTELS CUM BURNHOP.

TERRÆ SCACCARII.   Robertus Sewright ten. j mess., et xxxvj
acr. terræ, et red. p. a. 12s.   Idem Robertus ten. xv acr. terræ
et dim. de vasto antiquo, et red. p. a. 5s. 2d.   Idem Robertus
ten. j acr. et dim. terræ, quondam Adæ del Chambre, et red. p. a.
12d.   Johannes Grome ten. j mess., et xxiiij acr. terræ et dim.,
quondam Johannis Piktre, et red. 8s. 6d.   Idem Johannes ten. j
mess., et xviij acr. terræ, quondam Roberti Fildyng, et red. p. a.
6s.   Ranulphus Burnhop ten. j mess., et xij acr. terræ, quondam
Adæ Cambe, et red. p. a. 4s.   Gilbertus Rassh' ten. j mess., et
xxx acr. terræ, quondam dicti Adæ, et red. p. a. 10s.   Idem Gilbertus ten. j toftum, et xij acr. terræ et dim., quondam Johannis
Huetson, et red. p. a. 4s. 2d.   Idem Gilbertus ten. j rod. de vasto
Domini de novo appruato ante ostium suum, et red. 1d.   Willelmus Sewright ten. j mess., et vij acr. terræ et dim., et red. p. a
2s. 10d.   Idem Willelmus ten. j mess., et xxxviij acr. terræ et
dim., et red. p. a. 12s. 10d.   Juliana Towe ten. j mess., et xij acr.
terræ et dim., et red. p. a. ad e. t. 4s. 2d.   Walterus Aberden

ten. j mess., et xxiij acr. terræ et dim., et red. p. a. ad e. t.
7s. 10d. Johannes Sewright ten. j mess., et ix acr. terræ, quondam J. Tow, et red. p. a. 2s. 3d. Idem Johannes (ten.) ix acr.
terræ de antiquo vasto ibid., et red. p. a. 3s. Willelmus Stevenson ten. j mess., et xlvij acr. terræ, quondam Johannis Parissh,
et red. p. a. 15s. 8d. Idem Willelmus ten. j clausuram, voc.
Patriclos ibid., et red. p. a. 2s. 2d. Willelmus Page ten. j mess.,
et lxvj acr. terræ, quondam Thomæ Isoldson, et red. p. a. 22s.
Idem ten. j clausuram, voc. Diconclos, cont. iij acr., et red. p. a.
12d. Willelmus Heddon ten. j mess., et xx acr. terræ, quondam
Johannis Lewyne, et red. p. a. 6s. 8d. Robertus Coltman ten. j
mess., et xxij acr. terræ et dim., quondam Johannis Bright, et
red. 7s. 6d. Idem Robertus ten. j placeam pro augmentatione
tenementi sui ibid., et red. p. a. ad e. t. 2d. Johannes Lewyn de
Burnhopsyde ten. j mess., et liiij acr. terræ, et red. p. a. 18s.
Idem Johannes ten. j acr. de novo appruatam ante ostium
suum, et red. p. a. 1d. Alicia de Burnhop ten. j mess., et xxx
acr. terræ, quondam Ricardi Burnhop, et red. p. a. 10s. Predictus Johannes ten. dim. acr., de novo appruatum de vasto, et red.
p. a. 2d. Robertus de Burnhop et plegii sui, cont. in rotulis hal-
moti, ten. x acr. terræ, quondam Willelmi Syvewright ibid., et
red. p. a. ad iiij term. 4s. 4d. Ricardus Henrison ten. j mess.,
et ij acr. terræ, voc. le Nonnery, et red. p. a. 12d. Johannes
Sewright ten. j toftum, et xxiiij acr. terræ, quondam Henrici
Stanton, et red. 8s. Radulphus de Burnhop ten. quamdam
placeam, voc. le Milnehalgh, et red., per rotulos hallmoti, 2s.
Memorandum de 3s. 4d. inventis ibid. per examinationem.

LIBERI TENENTES. Robertus de Carlell ten. ij mess., et lx
acr. terræ apud Blakburn, quondam Nicholai Knout, et red. p. a.
ad e. t. 19s. 10d. Heredes Nicholai Knout ten. certas terras
ibid., et red. p. a. 5s. 6d. Thomas Umfravill ten. xx acr. terræ
juxta Hollesheued, quas adquisivit de Willelmo Acton ibid., et
red. p. a. ad e. t. 6s. 8d.

TERRÆ VASTÆ. Et est ibid. j toftum et lij acr. et j rod.
terræ, voc. Hugonfeld, quondam in tenura Johannis Sewright
quæ sol. red. p. a. 13s., modo vastæ, et extra tenuram.

CORNESHOWE.

TERRÆ SCACCARII. Alanus de Stelley ten. j acr. terræ et iij
rod., quondam Alani Cornshowe, et red. p. a. 12d. Willelmus del
Kerre ten. j acr., voc. Tenantacre, et red. p. a. 6d. Alanus filius
Roberti ten. j mess., et v acr. terræ, quondam Johannis Ode, et
red. p. a. 21d. Johannes Couper ten. j acr., quondam Johannis

Ode, et red. p. a. 7d. Johannes Alwentdall ten. j mess., et vij
acr. terræ, quondam Johannis Milner, et red. p. a. 3s. 4d. Idem
ten. j rod. de novo vasto ibid., et red. p. a. ad e. t. 1d. Alanus
Bell ten. j mess., et xxx acr. terræ, voc. Richardesfeld, et red. p.
a. 5s. Dominus de Nevill ten. medietatem villæ de CORNSHOWE,
et red. p. a. 2s. Johannes Couper ten. aliam medietatem ejusdem villæ, et red. p. a. 2s. Robertus Dawson ten. xx acr. terræ,
quondam Walteri Rougheued, et red. p. a. 6s. 8d. Idem Robertus
ten. j placeam de antiquo vasto, et red. p. a. ad e. t. 1d. Willelmus Brantyngham capellanus ten. xviij acr., voc. Rewardon, et
red. p. a. 22s. 8d. Heres Thomæ de Assh ten. certas terras ibid.,
et red. p. a., ad festum Sancti Cuthberti, 12d. Robertus Gray
ten. j acr. ante ostium suum, et red. p. a. ad e. t. 4d. Idem Robertus ten., de jure uxoris suæ, v acr. et iij rod. terræ, et red. p.
a. 2s. Willelmus Brantyngham ten. j acr. et dim., et red. p. a.
9d. *

TERRÆ VASTÆ. Et sunt ibid. v acr. terræ, quondam Stephani
Bateman, quæ sol. red. p. a. 2s. 9d. Et j acr. et dim., quondam
uxoris Johannis Bateman, quæ sol. red. p. a. 9d. Et xiiij acr.,
quondam Johannis Bateman, quæ sol. red. p. a. 11s. 8d.

RUGHSYDE.

TERRÆ SCACCARII. Patricius de Hakford ten. j mess., et viij
acr. terræ, quondam Johannis Dey, et red. p. a. 2s. 8d. Idem
Patricius ten. j mess., et viij acr. terræ, quondam Willelmi Col-
potes, et red. p. a. 2s. 8d. Idem ten. j mess., et xv acr. terræ,
quondam Johannis Dey, et red. p. a. 5s. Willelmus Smyth ten.
j mess., et viij acr. terræ, quondam Roberti Edisson, et red. p. a.
ad e. t. 2s. 8d. Idem Willelmus ten. de novo appruatas iiij acr.
terræ, et red. p. a. ad e. t. 8d. Robertus Edison ten. j mess., et
xx acr. terræ, quondam Willelmi Dawson, et red. p. a. 6s. 8d.
Idem Robertus ten. j mess., et xv acr. terræ, quondam dicti Willelmi, et red. p. a. 5s. Johannes Moresyde ten. j toftum, et j acr.
et dim. terræ, et red. p. a. 6d. Robertus Hydewyne ten. j mess.,
et xij acr. terræ, quondam Johannis Olyver, et red. p. a. 4s.
Idem Robertus ten. j mess., et xviij acr. terræ, quondam Willelmi
Hunter, et red. p. a. 6s. Idem Robertus ten. j mess., et xx acr.
terræ, quondam dicti Willelmi, et red. p. a. 6s. 8d. Johannes
Riddyng ten. ix acr. terræ, quondam Willelmi del Ridyng, et
red. p. a. 3s. Prior Dunolm. ten. j bercariam ibid., et red. p. a.

---

* There is added in the margin below this entry, " Mem. de 12d. Walteri Cambe."

ad e. t. 4d. Abbas de Albalanda ten. ibid. lx acr. terræ, et red.
p. a., ad ij festa Sancti Cuthberti, 20s.

TAMFEDLEGH.—Willelmus Jonson ten. ibid. iiij mess., et vj
partes de Taumfeldlegh, cont. clx acr., quondam Johannis de
Britley de Twysill, et sol. red. p. a. 53s. 4d., modo red. ad iiij
term. 40s. Bertramus Monboucher ten. vij partes de Taumfeldlegh, sicut cont. in xv parcellis in antiquo rentali, et red. p. a. ad
iiij term., 9s. 9d. Idem Bertramus ten. villam de TAMFELDLEGH,
et cxxvj acr. terræ, et red. p. a. 39s. 10d.

WHETLEY.—Thomas Umfravill ten. manerium de WHETLEY
per serv. forins., et red. p. a. ad e. t. 36s. 3d. Willelmus de
Kyowe ten. xxx acr. terræ, quondam Ughtredi de Fausyde, et
red. p. a. 15s. 2d.

HOLMESET.—Predictus Thomas ten. manerium de HOLME-
SET, cont. c acr. terræ, et inveniet j hominem in foresta xl diebus
in fownyson et xl diebus in ruyth, et quadrigabit vinum cum iiij
bobus, et red. p. a. ad iiij term., 14s. 4d. Johannes Hallyng ten.
j mess., et xvj acr. terræ, quondam Thomæ Couper, et red. p. a.
7s. 8d.

OUSTRE.—Isabella de Britley ten. j mess., et xciiij acr. terræ,
voc. Oustrefeld, per serv. forins., et red. p. a. ad iiij term.,
16s. 10d.

WARLANDFELD.—Johannes de Wharnows et Johannes Hallyng ten. j mess., et certas terras, voc. Warlandfeld, cont. per
antiquum rentale lxvj acr. et dim., et red. p. a. ad iiij term., 28s.
Iidem ten. viij acr. terræ novi vasti, quondam Johannis Stubes,
et red. p. a. 2s. 8d.

WESTROULEY.—Johannes Alotson ten. j mess., et xxij acr.
terræ, quondam Johannis Chestre, et red. p. a. 9s. 4d. Alanus
Swale ten. j mess., et xxij acr. terræ, quondam Roberti Gudni-
boure, et red. p. a. 7s. 4d. Johannes Stanlawe ten. j mess., et
xxij acr. terræ, quondam Thomæ Crook, et red. p. a. 7s. 4d.
Tenentes villæ ten. inter se clxxx acr. et iij rod. de antiquo
vasto, quæ sol. red. p. a. 60s. 3d., modo red. p. a., ad festum
Sancti Michaelis, 5s. Et est ibid. j molendinum apud Aleyn-
forth, et red. p. a. 20s.
Thomas Grey ten. ibid. manerium dictæ villæ cum dominicis
terris, quæ sol. red. 29s., modo red. p. a. ad iiij term., 9s. 7d.

HELEY ALEYN.—Prior Dunolm. ten. manerium de HELEY
cum pertinentiis, quondam Johannis de Chilton, per serv. forins.,
et red. p. a. 6s. 8d.   Idem Prior ten. ibid. ij acr. terræ ipsius
Johannis, et red. p. a. 12d.   Idem ten. vj acr. terræ, quondam
ipsius Johannis, et red. p. a. 3s.   Idem ten. quamdam peciam
terræ, voc. Bisshopclos, et red. p. a. 14d. Idem ten. iij acr. terræ
de vasto appruatas, et red. p. a. 3d.

CONKESHEUED.—Thomas Gray et Willelmus de Stobes ten.
manerium de CONKESHEUED, quondam Ricardi Harpyn, et Hugonis de Skowland, per serv. forins., et sol. red. p. a., ut in libro de
Boldon, 24s., modo red. p. a. ad iiij term., 22s.   Predictus Thomas ten. quamdam parcellam terræ ibid., voc. Calfclos, et red. ad
festum Michaelis, j lib. piperis.

COXSYDE.—Dominus de Nevill ten. manerium de COXSYDE, et
red. p. a. ad iiij term. 8s. 4d.

ALEYNSCHELS.—Thomas Hunter ten., de jure uxoris suæ,
manerium de ALEYNSCHELS per serv. forins., quondam Alani
Marescalli, et red. p. a. ad iiij term. 6s. 8d.

MEDOMESLEY.—Johannes de Felton miles ten. villam de
MEDOMESLEY per serv. forins., et red. p. a. 22s.   Idem ten.
ibid. terram Nigelli del Bothe, et red. p. a. ad e. t. 2s.   Idem
ten. clx acr. terræ ibid., quondam Willelmi Medomesley, voc.
Hamsterley, et red. p. a. 4l.   Heredes Hugonis de Redhugh
ten. vj acr. terræ ibid. libere, et red. p. a. 4d.

MEGGESLEY.- Ricardus le Scrop chivaler ten. manerium de
MEGGESLEY, quondam Philippi filii Halmonis, ignoratur quo-
modo, ideo, &c.

BURESBLADES.—Willelmus Grome ten. villam de BURSE-
BLADES, quondam Gilberti Camerarii, per serv. forins., et red.
p. a. 10s.

COLIERLEY.—Johannes de Gildeford ten. n anerium de Co-
LIERLEY, cont. cc acr. pasturæ, terræ, et bosci, per serv. forins., et
sectam comitatus Dunolm., et red. p. a. 15s. 6d.

CROKHOGH.—Johannes de Kirkby ten. villam de CROK-
HOUGH, et c acr. terræ, et bosci, per serv. forins., et red. p. a. ad
iiij term., 2s.   Idem Johannes ten. dim. acr. terræ apud Stoker-
ley, quondam Petri del Croke, et red. p. a. 4d.

WHITTON GILBERT.

Thomas de Claxton ten. villam de WITTON GILBERT per
serv. forins., et red. p. a. 20s. ad iiij term. Elemosinarius
Dunolm. ten. quamdam parcellam terræ subtus Essh, voc. Aume-
nerlowde, et red. p. a., ad festum Sancti Cuthberti in Septembri,
j lib. piperis.

ESTROULE.—Heredes Hugonis de Redhugh ten. villam de
ESTROULE, quondam Willelmi Roule, per serv. forins., et red. p.
a. ad iiij term., 6s. 8d.

LANGLEY.—Ricardus le Scrop miles ten. villam de LANG-
LEY, quondam Henrici de Insula, per serv. forins., et red. p. a.
ad iiij term., 6s. 8d. Idem ten. stangnum molendini villæ
pred., et red. p. a. 3d.

MAYDENSTANHALL.—Prior de Hexham ten. j mess., voc.
Maydenstanhall, et lxx acr. terræ, quondam Simonis Dassh, per
serv. forins., et red. p. a. ad iiij term. 13s. 4d. Willelmus
Braban ten. terram, quondam Willelmi Frankelyn, et postea
Johannis de Whelpdale, per serv. forins., et red. p. a. ad e. t.
14s. Idem ten. ij (acras) ibid., juxta Fulforth, quondam pred.
Johannis, et red. p. a. 16d. Idem ten. j toftum, et j acr. et
dim. terræ, quondam dicti Johannis, et red. p. a. 21d. Idem
ten. iiij acr. et dim. terræ juxta Fyndon, quondam ejusdem
Johannis, et red. p. a. 3s. Idem ten. ibid. dim. acr. ante
ostium suum, et red. p. a. 4d. Idem ten. iiij acr. juxta Fyndon,
quondam dicti Johannis, et red. p. a. 2s. 8d.

MUGLISWYK.

Prior Dunolm. ten. manerium de MUGLISWYK in escambium
pro villa de Herdewyk.

Idem Prior ten. villam de EDMUNBIRES, quondam Alani
Bruntoft, per servitium suum in foresta, sicut continetur in
carta ipsius Alani.

BEDLYNGTON.

Willelmus Erle ten. j mess., et xxx acr. terræ, quondam
T. Belsowe, et red. p. a. 8s. 6d. Ricardus Basset ten., de jure

uxoris suæ, j mess., et xxiiij acr. terræ, et red. p. a. 2s. Cecilia filia Adæ Edmundson ten. j toftum, et vij acr. terræ, voc. Syve-wrightland, quondam Johannis Edmundson, et red. p. a., ad terminum Sancti Cuthberti in Martio, 6d. Robertus Punder ten. j mess., et xv acr. terræ, de jure uxoris suæ, et red. p. a. 2s. Willelmus de Eston ten., de jure uxoris suæ, j mess., et ij partes xij acr., quondam Walteri Huet, et red. p. a., ad terminum Sancti Cuthberti in Martio, 4d. Matilda Bull ten. tertiam partem dictæ terræ, et red. p. a. ad idem festum, 2d. Willelmus Eston ten. j mess., et certas terras ibid., et red. ad idem festum, 1d. Summa 13s. 7d.

Heres Galfridi Litill ten. j tenementum, et red. ad idem festum, j lib. ceræ.

ESYNGTON.

LIBERI TENENTES. Willelmus de Swalwels ten. j mess., et ix
acr. terræ, quondam Nicholai Aukez, et red. p. a., ad iiij terminos majores in Episcopatu constitutos, 18d. Willelmus Fairhe
ten. j mess., et xxx acr. terræ, quondam Willelmi Flemyng, et
red. p. a. 7s. 6d. Janyn de Thorp ten. j mess., et iij acr. terræ,
quondam Rogeri Basterd, et red. p. a. 6d. Idem Janyn ten. j
mess., et ix acr. terræ et iij rod., quondam Willelmi Buttesfeld,
et red. 3s. Johannes Burdon ten. j mess., et vj acr. terræ,
quondam Johannis Spenser, et red. p. a. ad e. t. 12d. Johannes
Watson ten. ij acr. terræ, de jure uxoris suæ, quondam Roberti
Pecors, et red. 6d. Thomas Menvill ten. j mess., et xviij acr.
terræ, quondam Ricardi Barbour, et red. p. a. 3s. Alanus
Smyth ten. j mess., et vj acr. terræ, quondam Petri de Heller-
ton, et red. p. a. 12d. Et omnes tenentes predicti vadunt in
legationibus Episcopi. Walterus de Slykworth ten. iij rod.
terræ, quondam Willelmi patris sui, et red. p. a. 12d. Willelmus Guy ten. j toftum, et ij acr. et dim. terræ, et red.
p. a. 12d.

Domina Isabella de Claxton ten. manerium de PESPOLE,
quondam Willelmi Denom, et red. p. a. 13s. 4d. Eadem
Isabella red. pro pred. manerio, ad festum Sancti Cuthberti in
Septembri, j par calcarium. Eadem Isabella ten. iiij acr. terræ
novi vasti ibid., et red. p. a. 6d. Eadem Isabella ten. campum,
voc. Boisfeld, quondam Roberti de Bosco, et solebat reddere p. a.
50s., modo red. p. a. ad iiij term., 13s. 4d. Walterus Hawyk
ten. campum, voc. Flemyngfeld, in mora de Esyngton, qui sol.
red. p. a. 79s. 8d., modo red. p. a. 13s. 4d.

Walterus de Edirdacres ten. manerium de EDIRDACRES per
certa servitia comprehensa in carta sua, et red. p. a. 13s. 4d.

TERRÆ DOMINICÆ. Willelmus Swalwels ten. xv acr. terræ
de dominicis, et red. p. a. ad iiij term. majores, 16s. Willelmus
Hull ten. xv acr. terræ de eisdem dominicis, et red. p. a. ad e. t.
16s. Ricardus Collyng et Ricardus Lawes ten. xx acr. de eisd.
domin., et red. 21s. 4d. Walterus Eliotson ten. xx acr. de eisd.
domin., et red. p. a. 21s. 4d. Matilda Emson ten. xx acr. de
eisd. domin., et red. p. a. 21s. 4d. Johannes Hull ten. xx acr.
de eisd. domin., et red. p. a. 21s. 4d. Adam Glede et Alanus

128   BISHOP HATFIELD'S SURVEY.

Smyth ten. x acr. de eisd. domin., et red. p. a. 10s. 8d. Johannes Edesson ten. xv acr. de eisd. domin., et red. p. a. 16s. Walterus Slykworth ten. xv acr. de eisd. domin., et red. p. a. 16s. Elias Geffraison ten. xx acr. de eisd. domin., et red. p. a. 21s. 4d. Thomas Hobeson ten. v acr. de eisd. domin., et red. p. a. 5s. 4d. Johannes Dawson ten. xv acr. terræ de domin., et red. p. a. ad e. t. 16s. Johannes Wilkynson ten. xv acr. de eisd. domin., et red. p. a. ad e. t. 16s. Johannes Watson ten. xv acr. de eisd. domin., et red. p. a. ad e. t. 16s. Petrus Emmeson ten. x acr. de eisd. domin., et red. p. a. 10s. 8d. Matilda Watwyff ten. xv acr. de eisd. domin., et red. p. a. 16s. Johannes Birden ten. x acr. de eisd. domin., et red. p. a. 10s. 8d. Radulphus Robinson ten. xx acr. de eisd. domin., et red. p. a. 21s. 4d. Willelmus Huchonson ten. xv acr. terræ de eisd. domin., et red. p. a. 16s. Johannes Herlesey ten. x acr. de eisd. domin., et red. p. a. 10s. 8d. Iidem tenentes ten. inter se vj acr. terræ de eisd. domin., inventas per mensurationem, prout patet per antiquum rentale, pro quibus solebant reddere p. a. 8s., modo dimittuntur cum dominicis. Iidem ten. iiij acr. de eisdem, ut patet ibid., et sol. red. p. a. 6s. 8d.; et deficiunt xxj acr. de dictis dominicis, quæ sunt in tenura omnium tenentium supra, &c.

Omnes predictæ terræ dominicæ dimittuntur tenentibus villæ per novam dimissionem, et red. p. a. in grosso, 18l.

TERRÆ BONDORUM. Willelmus Swalwels ten. j mess., et ij bov. terræ, bov. cont. xv acr., et red. p. a. ad iiij term. pro operibus 11s. 9d., et pro scatpenys et averpenys, ad festum Purificationis Beatæ Mariæ, 19d., et pro scatpeyns, vocatos per tenentes maltpenys, 15d., et pro averpenys, ad ij festa Sancti Cuthberti et ad festum Natalis Sancti Johannis Baptistæ, 12d., et pro wodlades, ad idem festum Sancti Johannis, 8d., et ad festum Purificationis Beatæ Mariæ, vj buz. avenarum de scat, et ad festum Natalis Domini ij gall., et ad festum Paschæ, x ova, et solebat operari in omnibus sicut illi de Boldon, sicut continetur in quodam libro, voc. Boldonbok, et pro illis operibus sol. 13d. ad festum Sancti Michaelis, in toto 17s. 4d. Walterus Silkeworth ten. j mess., et ij bov. terræ, et red. p. a. ad e. t. 17s. 4d. Johannes Watson et Willelmus Huchonson ten. j mess., et ij bov. terræ, et red. p. a. 17s. 4d. Johannes Hull ten. ij mess., et iiij bov. terræ, et red. p. a. 34s. 8d. Walterus Eliotson ten. ij mess., et iiij bov. terræ, et red. p. a. 34s. 8d. Willelmus Hull ten. j mess., et ij bov. terræ, et red. p. a. 17s. 4d. Johannes Hudeson ten. ij mess., et ij bov. terræ, et red. p. a. ad e. t. 17s. 4d. Walterus de Sylkworth ten. j mess., et ij bov. terræ, et red. p. a. 17s. 4d. Elias Geffrayson ten. ij

mess., et iiij bov. terræ, et red. p. a. 33s. 8d. Thomas Hobeson
et Johannes Wylkynson ten. j mess., et ij bov. terræ, et red.
17s. 4d. Johannes Dawson et Johannes Hudson ten. j mess., et
ij bov. terræ, et red. p. a. 17s. 4d. Idem Johannes Dawson ten. j
mess., et ij bov. terræ, et red. p. a. 17s. 4d. Johannes Wilkynson ten. j mess., et ij bov. terræ, et red. p. a. ad e. t. 17s. 4d.
Johannes Watson ten. j mess., et ij bov. terræ, et red. p. a. ad
e. t. 17s. 4d. Petrus Emmeson ten. j mess., et ij bov. terræ, et
red. p. a. ad e. t. 17s. 4d. Matilda uxor Walteri ten. j mess.,
et ij bov. terræ, et red. p. a. ad e. t. 17s. 4d. Willelmus Swalwels et Willelmus Hull ten. j mess., et ij bov. terræ, et red. p. a.
17s. 4d. Johannes Birden ten. j mess., et ij bov. terræ, et red.
p. a. ad e. t. 17s. 4d. Radulphus Robinson ten. ij mess., et iiij
bov. terræ, et red. p. a. ad e. t. 33s. 8d. Willelmus Huchonson
ten. j mess., et ij bov. terræ, et red. p. a. ad e. t. 17s. 4d. Johannes Herlesey ten. j mess., et ij bov. terræ, et red. p. a. ad e.
t. 17s. 4d. Radulphus Beaufoo ten. ij mess., et iiij bov. terræ,
quæ sol. red. p. a. ad e. t. ut bondi superius, et modo dimittuntur in herbagio, quousque aliquis venerit qui finire voluerit pro
majori firma, et red. p. a. ad e. t. 20s. Ricardus Lawes et
Ricardus Collyng ten. j mess., et ij bov. terræ, et red. p. a., pro
certo termino, 12s. 8d. Walterus filius Roberti ten. ij mess., et
iiij bov. terræ, et red. p. a. 33s. 8d. Willelmus Swalwels et
Petrus Emson ten. j mess., et ij bov. terræ, et red. p. a. 17s. 4d.
Predicti tenentes bondi solvunt pro quibuslibet ij bov., ad
festum Purificationis Beatæ Mariæ, vj buz. avenarum.

GALLINÆ ET OVA. Iidem tenentes solvunt pro quibuslibet
ij bov., ad festum Natalis Domini, ij gall., et ad festum Paschæ,
x ova.

CORNAGIUM. Iidem tenentes solvunt pro cornagio, ad festum
Sancti Cuthberti in Septembri tantum, 30s.

CASTELMEN. Iidem tenentes solvunt pro castelmen, ad iiij
term. majores, 40s.

CARIAGUM VINI. Iidem tenentes cariabunt j tonellum vini.

METRITH. Iidem tenentes solvunt pro j vacca de metrith, ad
festum Sancti Martini tantum, 12s.

COTAGIA. Alanus Smyth ten. j cotagium, et iiij acr. terræ,
et facit iiij opera autumpnalia, precium operis 2d., et red. p. a.
4s. 4d., et iiij opera autumpnalia. Adam Glede ten. j cot., et
viij acr. terræ, et facit iiij opera ut supra, et red. p. a. 6s. 8d., et
iiij opera aut. Predictus Adam ten. j cot., et iiij acr. terræ, et
facit opera ut supra, et red. p. a. 2s. 6d., et iiij opera. Johannes
Smyth ten. j cot., et iiij acr. terræ, et red. p. a. 20d., iiij gall.,
et iiij opera. Johannes Hudson ten. j cot., et iiij acr. terræ, et
red. p. a. 2s. 6d., et iiij opera. Henricus Litster ten. j cot., et iiij

acr. terræ, et red p. a. 2s. 8d., et iiij opera. Ricardus Lax ten. j
cot., et vij acr. terræ, inde Adam Glede solvit pro ij acr. 16d., et
red. p. a. 4s., et iiij opera. Johannes Herlesey ten. iij cot., et x
acr. terræ, inde Adam Glede red. pro ij acr. 16d., et predictus red.
p. a. pro residuo 6s. 4d., iiij gall., et xij opera. Idem red. pro
incremento terræ ibid., pro quodam excambio, p. a. 12d. Walterus Worshall ten. j cot., et ij acr. terræ, et colligit gallinas, et
ducit ad maneria infra Tynam et Thesam, et red. p. a. ad iiij
term. 16d., iiij gall., iiij opera. Johannes Dawson ten. j cot.,
et iiij acr. terræ et dim., et red. p. a. ad e. t. 16d., iiij gall., et
iiij opera. Ricardus Collyng ten. j cot., et iij acr. terræ, et red.
p. a. ad e. t. 20d., iiij gall., et iiij opera. Petrus Emmeson ten.
j cot., et iiij acr. terræ, et colligit gall., et ducit ut supra, et red.
p. a. 2s. 6d., et iiij opera. Johannes de Birden ten. j cot. ibid.,
et red. p. a. ad e. t. 16d., et iiij opera. Johannes Hoge ten. j
cot. ibid., et red. p. a. ad e. t. 4d., et iiij opera. Johannes
Hudson ten. dim. cot., et dim. acr. terræ ibid., et red. p. a. 13d.,
ij gall., et ij opera. Radulphus Beaufo ten. v cot. et dim. in
Thorp, quæ fuerunt extra tenuram, et modo dimittuntur in herbagio quousque aliquis venerit, &c., et red. p. a. 2s. Et sunt in
Esyngton xvj cot. extra tenuram, et dimittuntur in herbagio,
quousque aliquis venerit qui finire voluerit pro eisdem, et red.
p. a. 6s. 8d. Petrus Emson ten. j cot., et vij acr. terræ, quæ
quondam fuerunt parcella j bondi, et red. p. a. 4s., videlicet, ad
festum Purificationis pro scatpenys 4½ ¼d., et ad festum Sancti
Martini pro consimili 3½ ¼d., et pro averpenys ad ij festa Sancti
Cuthberti et Nativitatis Sancti Johannis Baptistæ 3d., et pro
wodlades ad festum Nativitatis Sancti Johannis 2d., et iij buz.
avenarum de scat, ij gall., et x ova, sed nichil red. pro castelmen, — 5s. 1½d., iij buz. avenarum de scat, ij gall., et x ova.
Willelmus de Staynyngton ten. j cot., et red. p. a. ad iiij term.
12d. Predicti tenentes ten. inter se ij cot. de xvj cot. superius, quæ non inveniuntur ad presens, et sol. red. p. a.
4l. 19s. 10d., ideo inquiratur, et red. pro dictis cot. 12d.

    PARCELLÆ DEL HALGARTH. Ricardus Collyng ten. j tene-
mentum, parcellam manerii Domini, et red. p. a. ad iiij term. 7s.
Willelmus de Hull ten. j tenem. cum gardino, quondam parcellam ejusdem manerii, et red. p. a. 3s. 6d. Johannes Coke
ten. j cot., parcellam ejusdem manerii, et red. p. a. ad e. t.
3s. Johannes Birden ten. j gardinum, parcellam ejusdem manerii, et red. ad e. t. 2s. Margareta Whitheued ten. j cot., parcellam ejusdem manerii, et red. p. a. 2s. Johannes Smyth ten. j
forgium cum j placea, quondam Ranulphi fabri, et red. p. a. ad e.
t. 2s. Willelmus de Swalwels ten. j gardinum juxta le Maysen-
dieu, et red. p. a. 12d. Petrus Emson ten. j curtilagium ibid.,

et red. p. a. 6d. Johannes Harlesey ten. j toftum, voc. le Gerner, et red. p. a. 4s.

TERRÆ SCACCARII. Adam Glede ten. j toftum, quondam Thomæ Glede, et red. p. a. ad e. t. 12d. Petrus Emson ten. j mess., et vij acr. terræ et dim., quondam Henrici fabri, et red. p. a. 10s. Johannes Coke ten. j tenementum, et viij acr. terræ, voc. Punderland, et red. p. a. ad e. t. 4s., lxxx gall., et DC ova. Janyn de Thorp ten. j toftum, et iij acr. terræ, quondam Rogeri Basterd, et red. p. a. 2s. 6d. Willelmus Swalwels ten. j tenementum, et xv acr. terræ, quondam j bov. terræ bondorum, et red. p. a. pro operibus 8s. 8d., et facit et reddit sicut medietas j bondi superius, quondam Gamelli filii Hugonis, et red. p. a. 8s. 8d., iij buz. scat avenarum, j gall., et v ova. Idem Willelmus ten. j placeam de vasto Domini pro domo sua elargienda, et red. p. a. ad e. t. 4d. Alanus Smyth ten. j placeam j forgii de vasto Domini, et red. p. a. 2d. Willelmus Hull ten. iiij acr. terræ, quondam Willelmi Smyth, et red. p. a. ad e. t. 6s. Johannes Hull ten. ij acr. in Moresbrak, et red. p. a. ad e. t. 19d. Thomas Menvill ten. j placeam de vasto Domini ante ostium suum, quondam Ricardi Barbour, 2d. Johannes Acly capellanus ten. j placeam vasti ante ostium suum, et red. p. a. 1d. Elias Geffraison, ten. j acr. prati, quondam Simonis filii Hugonis, et red. p. a. ad e. t. 2s. Johannes de Birden ten. in herbagio j placeam, quondam j cot., et red. p. a. 1d. Johannes Herlesey ten. j incrementum tenementi sui, voc. Herkerstones, et red. p. a. 4d. Walterus Eliotson ten. ij acr. terræ, quondam Eliæ de Thorp, juxta Risebrig, et ij acr. terræ vasti, quæ sol. red. p. a. 16d., modo dictæ iiij acr. nichil red. p. a. ad e. t. nisi 20d. Predicti tenentes ten. inter se j tenementum, quondam Galfridi Tode, et red. p. a. ad e. t. 3s.

PRATUM CUM PASTURA. Tenentes ibid. ten. inter se ix acr. prati cum pastura ibid., et red. p. a. ad e. t. 4l.

Iidem tenentes red. inter se pro incremento del Ryddyng, et red. p. a. ad e. t. 16s. 10d. Iidem ten. xxij acr. et dim. terræ, quondam Johannis Ramesey, et red. p. a. 23s. 4d.

COMMUNIS FURNUS. Iidem ten. communem furnum ibid., et sol. red. p. a. 4s., et modo red. p. a. 4s.

MOLENDINUM. Predicti tenentes ten. molendinum ventriticum ibid., et sol. red. p. a. 13l. 6s. 8d., modo red. p. a. 6l. 13s. 4d.

Et sunt ibid. xx acr. terræ deficientes de dominicis dominii ibid., et sunt in tenura omnium tenentium superius. Item ten. inter se vj acr. de dictis dominicis inventas per mensurationem, prout patet per antiquum rentale, pro quibus sol. red. p. a. 8s., et modo dimittuntur cum dominicis. Item sunt ibid. iiij acr. de

dictis dominicis ut patet ibid., quæ sol. red. p. a. 6s. 8d. Item
dicunt quod Radulphus de Beaufo ten. ij mess., et iiij bov. terræ,
quæ sol. red. p. a. ut bondi superius, et modo dimittuntur in
herbagio pro 20s. p. a., quousque aliquis venerit qui voluerit
finire pro majori firma. Et sunt in Thorp v cot. et dim. extra
tenuram, et dimittuntur in herbagio Radulpho Beufoo pro 2s. p.
a., quousque aliquis venerit, &c. Et sunt in Esynton xvj cot.
extra tenuram, et dimittuntur in herbagio, quousque &c., et cotagia predicta sol. red. p. a. 4l. 19s. 10d. ut supra. Tenentes
terrarum dominicarum ten. inter se ij domos in dicto manerio,
videlicet, coquinam et ij bovarias, et sol. red. p. a. 10s., et nunc
in manu firmarii dictarum terrarum dominicarum quietæ sine
redd. ut dicunt. Et est ibid. j cot. vastum, quod sol. red. p. a.
12d. Item sunt in campo, voc. Conyerflatfeld, xvij acr. terræ,
pertinentes cot. de Thorp, et jacet quolibet anno tertio in warecta, et modo jacet vasta, et extra tenuram. Et sunt ij acr.
terræ vastæ in campo de Shaldefordriddyng. Et x cotmanni sol.
red. inter se pro forgio de dominicis Domini Episcopi 2s., et
modo extra tenuram. Et similiter cxl acr. terræ in Newmoure,
quæ sol. red. p. a. 4l. 5s., modo vastæ, &c. Item quædam placea,
quondam Sibillæ filiæ Galfridi, quæ sol. red. p. a. 18d., modo
vasta et extra tenuram. Et quædam placea, quondam Willelmi
Cladwell, et quondam Walteri Grimbald, et sol. red. p. a. 17s.,
modo vasta.

WERMOUTH.

TERRÆ SCACCARII. Thomas Menvill ten. quamdam placeam,
voc. Hynden, pro applicatione navium, et red. p. a. 2s. Persona
Ecclesiæ de Wermouth ten. quandam pasturam, voc. le Hough,
et red. p. a. 6s. 8d.

TERRÆ DOMINICÆ. Johannes Hobson ten. x acr. terræ de
terris dominicis ibid., at red. p. a., ad iiij term. majores, 18s. 4d.
Willelmus Gray ten. x acr. terræ de eisdem dominicis, et red. p.
a. ad e. t. 18s. 4d. Willelmus Wermouth ten. x acr. terræ de
eisd. domin., et red. p. a. ad e. t. 18s. 4d. Adam Rudd et Johannes Sunderland ten. x acr. terræ de eisd. domin., et red. p. a.
18s. 4d. Cecilia quondam uxor Johannis Nowell ten. xx acr. de
eisd. domin., et red. p. a. 36s. 8d. Robertus Robinson ten. x acr.
de eisd. domin., et red. p. a. 18s. 4d. Robertus Warden ten. x
acr. de eisd. domin., et red. p. a. ad e. t. 18s. 4d. Predicta Cicilia Nowell ten. x acr. terræ de eisd. domin., et red. p. a. ad e.
t. 18s. 4d. Robertus Parissh et Thomas Sheperdson ten. x acr.
de eisd., et red. p. a. 18s. 4d. Giliana Gamell et Cicilia Nowell

ten. x acr. de eisd. domin., et red. p. a. 18s. 4d. Willelmus
Birdesman ten. x acr. de eisd. domin., et red. p. a. 18s. 4d.
Thomas Sheperdson ten. x acr. de eisd. domin., et red. p. a. ad e.
t. 15s. 8d. Johannes Robinson ten. x acr. de eisd. domin., et red.
p. a. ad e. t. 15s. 8d. Emma relicta Willelmi Robinson ten. x acr.
de eisd. domin., et red. p. a. 15s. 8d. Johannes de Sunderland
ten. x acr. de eisd. domin., et red. p. a. 15s. 8d. Stephanus
Carter ten. j acr. terræ de dictis domin., voc. Forland, et red.
p. a. 2s.

TERRÆ BONDORUM. Johannes Hobson ten. j mess., et xij
bov. terræ bondorum, bov. cont. xv acr., et red. p. a. ad e. t.
3s. 10d., et pro operibus 12s., et 13s. 7¼d., plus in omnibus ¼d.,
pro firma molendini ventritici cum tolneto cervisiæ ad e. t., et
pro scatpenys, ad festum Purificationis, 19d., et vj buz. de scat
avenarum, et solebat operari sicut illi de Boldon sicut continetur
in quodam libro vocato Boldonbok, in toto 31s. ½d., et vj buz.
avenarum de scat. Willelmus Gray ten. j mess., et ij bov. terræ
bondorum, et facit in omnibus ut supra, et red. p. a. 31s ¼d., et
vj buz. avenarum. Willelmus Wermouth ten. ij mess., et iiij
bov. terræ, et facit ut supra pro portione sua, et red. p. a.
62s. ½d., et xij buz. avenarum. Thomas Sheperdson et Cecilia
Nowell ten. j mess., et ij bov. terræ, et faciunt ut supra, et red.
31s. ¼d., et vj buz. avenarum. Johannes Sunderland ten. j mess.,
et ij bov. terræ, et facit ut supra, et red. p. a. 31s. ¼d., et vj
buz. avenarum. Cicilia Nowell ten. j mess., et ij bov. terræ, et
facit ut supra, et red. p. a. 31s. ¼d., et vj buz. avenarum. Johannes Hobson et Willelmus Gray ten. j mess., et ij bov. terræ,
et red. p. a. ad e. 31s. ¼d., et vj buz. avenarum. Robertus Wardon ten. j mess., et ij bov. terræ, et facit ut supra, et red. p. a.
31s. ¼d., et vj buz. avenarum. Cicilia Nowell ten. j mess., et ij
bov. terræ, et facit ut supra, et red. p. a. 31s. ¼d., et vj buz.
avenarum. Et quilibet dictorum bondorum solvit p. a. pro portione sua, pro terra in Midilmour et Smalmoure 13d., in toto p.
a. 10s. 10d. Iidem tenentes bond. red. p. a. in supplemento
antiqui redditus eorum 4s. 2d. Et quilibet pred. bondorum solvit
ad festum Natalis Domini ij gall., et ad festum Paschæ x ova.

METRITH. Predicti tenentes bondi red. p. a. pro j vacca de
metrith, ad terminum Sancti Martini tantum, 6s.

CORNAGIUM. Iidem red. pro cornagio, ad festum Sancti
Cuthberti in Septembri, 10s.

WODLADES. Iidem solvunt pro wodlades, ad festum Natalis
Sancti Johannis Baptistæ, 8s. 8d.

COMMUNIS FURNUS. Iidem ten. communem furnum ibid., et
red. p. a. ad e. t. 3s. 4d.

MOLENDINA. Tenentes bondi de Wermouth, Tunstall, Refhop et Birden solvunt inter se pro molendinis et bracinagiis ibid. (*blank*).

COTAGIA.   Robertus Payn ten. j cotagium, et xij acr. ibid., et red. p. a. ad. e. t. 10s. 4d.   Idem Robertus ten. j cot., et vj acr. terræ, quondam Johannis Lene, de parcellis de Wrightland, et red. 5s. 6d.   Juliana Gamell ten. j cot., et xij acr. terræ., et red. p. a. ad e. t. 10s. 4d.   Thomas Sheperd ten. j cot., et xij acr. terræ, et red. p. a. ad e. t. 10s. 4d.   Johannes Hobson ten. j cot., et vj acr. terræ, voc. Wrightland, et red. p. a. 5s. 6d.   Thomas Marshall ten. j cot., et vj acr. terræ ibid., et red. p. a. 5s. 6d. Robertus Robinson ten. j cot., et vj acr. terræ ibid., et. red. p. a. 5s. 6d.   Nicholaus Gamell ten. j cot., et vj acr. terræ, voc. Smythland, et red. p. a. 8s. 2d.   Thomas Bullok ten. j cot., et xij acr. terræ ibid., et red. p. a. ad e. t. 10s. 4d.   Cicilia Nowell ten. j cot., et xij acr. terræ, voc. Punderland, et red. p. a. ad e. t. 4s., lxxx gall., et DC ova.   Et omnes isti cotagii red. p. a. pro dim. acr. in Midilmour ad e. t. 6d.   De eisdem cot. ad festa Natalis Domini et Paschæ viij gall., et xl ova.

TERRÆ SCACCARII.   Johannes de Sunderland ten. j toftum, et j acr. terræ, et facit iiij precationes in autumpno, et red. p. a. 2s.   Robertus Bullok ten. j toftum cum curtilagio, et facit iiij precationes in autumpno, et red. p. a. 18d.   Johannes Rudde ten. j toftum cum curtilagio, et facit iiij prec. in aut., et red. p. a. 12d.   Cicilia Nowell ten. j vastum pro j ponte habendo ad finem domus suæ de terra punderi, et red. p. a. ad e. t. 20d.   Johannes de Sunderland ten. j toftum cum curtilagio, et facit iiij prec. in aut., et red. 12d.   Robertus Collesknave ten. j toftum cum curtilagio, et facit iiij prec. in aut., et red. p. a. 12d.   Johannes Panne ten. j toftum cum curtilagio, et facit iiij prec. in aut., et red. p. a. 12d.   Johannes Punder ten. j toftum cum curtilagio, et facit iiij prec. in aut., et red. p. a. 12d.   Robertus Gamell ten. j toftum cum curtilagio, et facit iiij prec. in aut., et red. p. a. 12d. Nicholaus Gamell ten. j toftum cum curtilagio, et red. p. a., sine operibus, 6d.   Johannes Hobson ten. j toftum cum curtilagio, et red. p. a. ad e. t. 8d.   Idem Johannes Hobson ten. aliud toftum cum curtilagio, et red. p. a. ad e. t. 8d.   Predicti tenentes ten. inter se iiij acr. terræ deficientes de terra fabri, et red. p. a. 4s.   Willelmus Gray ten. quoddam gardinum ibid., et red. p. a. 6d.   Thomas Sheperdson ten. aliud gardinum ibid., et red. p. a. 6d.   Tenentes bondorum pred. ten. inter se j acr. terræ fabri, et red. p. a., quousque inveniatur, 12d.

TUNSTALL.

TERRÆ DOMINICÆ. Walterus Lurtyng ten. x acr. terræ de dominicis ibid., et red. p. a. ad iiij term. 15s. 8d. Willelmus Dobe ten. x acr. terræ de eisdem dominicis, et red. p. a. ad iiij term. 15s. 8d. Robertus de Shotton ten. x acr. de eisd. dominic., et red. p. a. ad e. t. 15s. 8d. Alanus Dyre ten. x acr. de eisd. domin., et red. p. a. ad e. t. 15s. 8d. Thomas de Newton ten. x acr. de eisd. domin., et red. p. a. ad e. t. 15s. 8d. Agnes quondam uxor Willelmi Air ten. x acr. de eisd. domin., et red. p. a. ad e. t. 15s. 8d. Robertus Dicson ten. x acr. de eisd. domin., et red. p. a. ad e. t. 15s. 8d. Rogerus Richardson ten. x acr. de eisd. domin., et red. p. a. ad e. t. 15s. 8d. Robertus Williamson ten. x acr. terræ de eisd. domin., et red. p. a. ad e. t. 15s. 8d. Robertus Williamson ten. x acr. terræ de eisd. domin., et red. p. a. ad e. t. 15s. 8d. Idem ten. x acr. terræ de eisd. domin., et red. p. a. ad e. t. 15s. 8d.

TERRÆ BONDORUM. Willelmus Luttyng ten. j mess., et ij bov. bondorum, bov. cont. xv acr., et red. p. a. ad iiij term. pred. 3s. 9½ ¼d., et pro operibus 12s, et pro firma molendini ventritici ibid. cum tolneto cervisiæ ad e. t. 13s. 7¼d., plus in omnibus ¼d., et vj buz. avenarum de scat ad festum Purificationis Beatæ Mariæ, et 19d. ad idem festum pro scatpenys, et solebat operari sicut illi de Boldon, sicut continetur in Boldonboke, et red. p. a. in omnibus 31s. ¼d. Willelmus Dobbe ten. j mess., et ij bov. terræ, et facit in omnibus ut supra, et red. p. a. 31s. Robertus de Shocton ten. j mess., et ij bov., et facit in omnibus ut supra, et red. p. a. 31s. Alanus Eire ten. j mess., et ij bov. terræ, et facit in omnibus ut supra, et red. p. a. 31s. Thomas de Newton ten. j mess., et ij bov., et facit in omnibus ut supra, et red. p. a. 31s. Agnes quondam uxor Willelmi Eire ten. j mess., et ij bov. terræ, et facit ut supra, et red. p. a. 31s. Robertus Dicson ten. j mess., et ij bov. terræ, et facit in omnibus ut supra, et red. p. a. 31s. Rogerus Richardson ten. j mess., et ij bov. terræ, et facit in omnibus ut supra, et red. p. a. 31s. Robertus Williamson ten. ij mess., et iiij bov. terræ, et facit ut supra, et red. p. a. 62s. Ricardus Smale ten. j mess., et ij bov. terræ, et facit ut supra, et red. p. a. 31s. Alicia Fox ten. j mess., et ij bov. terræ, et facit ut supra, et red. p. a. 31s. Johannes de Newton ten. ij mess., et iiij bov. terræ, et facit ut supra, et red. p. a. 62s. Predicti tenentes ten. inter se in supplementum antiquæ firmæ eorum, et red. p. a. 5s. ½d. Et quilibet bondus pred. solvit ad festum Purificationis Beatæ Mariæ vj buz. avenarum de scat, unde summa ix quart. iij buz. Et quilibet eorundem bondorum

solvit ad festum Natalis Domini ij gall., unde summa xxviij gall.
Item quilibet eorundem bondorum solvit ad festum Paschæ x
ova, unde summa cxl ova.   Item pred. tenentes bondi solvunt
inter se, ad festum Sancti Martini pro j vacca de metrith, 6s.
Iidem ten. inter se communem furnum ibid., et red. p. a. ad iiij
term. 3s. 4d.   De 12s. 6½d. pro cornagio ad festum Sancti Cuthberti in Septembri, et 29s. 2d., pred. tenentes onerantur supra
infra firmam bondorum.

CotagiA.   Robertus Dixy ten. j cot., et j acr. terræ, et facit
iiij precationes in autumpno tenentibus terrarum dominicarum,
et red. p. a. ad e. t. 4s.

Terræ ScaccariI.   Willelmus Luttyng ten. j rod. terræ in
mora ibid., pro qua red. p. a. 4d., et pro incremento messuagii
sui 20d., in toto 2s.   Willelmus Dobbe ten. j rod. in dicta
mora, et red. p. a. 4d., et pro incremento tenementi sui 16d., in
toto 20d.   Robertus de Shotton ten. ij rod. in dicta mora, et
red. p. a. 8d., et pro incremento tenementi sui 6d., in toto 13d.
Thomas de Newton ten j rod. in dicta mora, et red. p. a. 4½ ¼d.,
et pro incremento tenementi sui 8½d., in toto 13¼d.   Alanus
Eire dat pro incremento tenementi sui ibid. 4d.   Agnes Eire
ten. j rod. terræ in dicta mora, et red. p. a. 4½ ¼d., et pro
incremento messuagii sui 5d., in toto 9½ ¼d.   Robertus Dicson
ten. j rod. terræ in dicta mora, et red. p. a. 4d., et pro incremento mess. sui 8d., in toto 12d.   Rogerus Richardson ten. j
rod. terræ in dicta mora, et red. p. a. 4d., et pro incremento
mess. sui 2d., in toto 6d.   Robertus Williamson ten. ij rod.
terræ in dicta mora, et (red.) p. a. 4d., et pro incremento mess.
sui 4d., in toto 12d.   Ricardus Smaill ten. ij rod. in mora
pred., et red. p. a. 8d., et pro incremento mess. sui 5d., in toto
13d.   Alicia Fox dat pro incremento mess. sui p. a. ad iiij term.
4½ ¼d.   Johannes de Newton ten. ij rod. terræ in dicta mora,
et red. p. a. 8d., et pro incremento mess. sui 5d., in toto p. a.
13d.   Predicti tenentes ten. inter se iiij acr., quondam in tenura
pred. bondorum, ut patet in antiquo rentali, et red. 4s.   Thomas
de Newton pred. ten. j peciam terræ, voc. Hennecroft, quondam
in tenura omnium bondorum, et red. 6d.   Predicti tenentes ten.
inter se xij acr. terræ pertinentes ad j cotagium, et red. p. a.,
quousque inveniantur terra vel tenementa, 12s.   Thomas de
Newton ten. j placeam annexam tenemento suo, et red. p. a.
4d.   Robertus Dixy ten. iiij acr. terræ et iij rod., quondam
Adæ de Caterik, et red. p. a. 4s.

BURGUS DE SUNDERLAND.

Thomas Menvill ten. burgum de SUNDERLAND, cum libero redditu burgi ibid., qui valet p. a. 32s. 8d., et cum piscaria in aqua de Were, una cum curia burgi, tolnetis et stallagiis, cum viij yares Domini Episcopi, et cum 8s. de firma Prioris Dunolm. pro j yara, voc. Ebyare, et cum 8s. de redditu Johannis Hedworth pro j yara, voc. Onnesyare, et cum erectione j retis in portu dicti burgi, et solebat reddere p. a. 20*l.*, modo red. p. a. ad iiij term. 6*l.*

TERRÆ SCACCARII. Johannes de Hedworth ten. j mess. cum gardino, cont. dim. acr. terræ, et red. p. a. 12d. Idem ten. j cotagium ibid., quondam Johannis del Shell, et red. p. a. 2s. 6d. Idem ten. aliud cot. ibid., et red. p. a. ad e. t. 2s. 6d. Johannes Hobson ten. *(blank)* mess., et iij rod. terræ, voc. Yholwatson, et sol. red. p. a. 6s. 8d., modo red. ad iiij term. 3s. 4d. Idem Johannes ten. quoddam vastum in Wermouth ante ostium suum, et red. p a. 2d.

TERRÆ VASTÆ. Et est ibid. quædam placea, quondam Ricardi Wermouth, ad exitum villæ ibid., quondam de dominicis dominii ibid., cont. dim. acr., et sol. red. p. a. 2s., modo vasta et extra tenuram.

HAMELDON.

LIBERI TENENTES Radulphus de Eure miles ten. j mess., et xv acr. terræ, quondam Willelmi Lorimer, per cartam et servitium forinsecum, et vadit in legationibus Episcopi, et red. p. a. ad iiij term. 3s. 4d. Idem Radulphus ten. j mess., et xxiiij acr. terræ, quondam Johannis fabri, per cartam et serv. forins., et red. p. a. ad e. t. 4s. Robertus Jurdanson ten. j mess., et ij bov. terræ, cont. xxx acr., et facit iiij precationes in autumpno, et arat et herciat, et vadit in legationibus Episcopi, et red. p. a. ad e. t. 5s. Thomas de Hexham capellanus ten. j mess., et xij acr. terræ, voc. Saddokland, quas adquisivit de Willelmo Hert, et vadit in legationibus Domini Episcopi ut supra, et red. p. a. 2s. Robertus Burg ten. iiij acr. terræ, quondam *(blank)* Saddok, et vadit in legationibus ut supra, et red. 8d. Thomas Goseson ten. ij acr., quondam *(blank)* Saddok, et vadit in legationibus ut supra, et red. 4d. Johannes Kyng ten. j acr. terræ libere, et red. p. a. ad e. t. 2d.

TERRÆ DOMINICÆ. Johannes Swalwels ten. ibid. xvj acr. terræ de eisdem dominicis, et red. p. a. ad iiij term. 13s. 4d.

Robertus Swalwell ten xvj acr. de eisd. domin., et red. p. a. ad
e. t. 13s. 4d.   Thomas Robinson ten. xvj acr. terræ de eisd.
domin., et red. p. a. ad e. t. 13s. 4d.   Robertus Jurdanson ten.
xvj acr. terræ de eisd. domin., et red. p. a. ad e. t. 13s. 4d.
Hugo de Shaldforth ten. xvj acr. de eisd. domin., et red. p. a.
ad e. t. 13s. 4d.   Thomas Gose et Robertus Kyng ten. xvj
acr. de eisd. domin., et red. p. a. 13s. 4d.   Willelmus Ibotson
ten. xvj acr. de eisd. domin., et red. p. a. ad iiij term. 13s. 4d.
Robertus Broune ten. xvj acr. terræ de eisd. domin., et red. p.
a. ad e. t. 13s. 4d.   Johannes Kyng ten. xvj acr. de eisd.
dom., et red. p. a. ad e. t. 13s. 4d.   Robertus Burg ten. xvj
acr. de eisd. domin., et red. p. a. ad e. t. 13s. 4d.   Willelmus
Wodecok ten. xvj acr. de eisd. domin., et red. p. a. ad e. t.
13s. 4d.   Johannes Huchonson ten. xvj acr. de eisd. domin., et
red. p. a. ad e. t. 13s. 4d.   Johannes Gose ten. xvj acr. de eisd.
domin., et red. p. a. ad e. t. 13s. 4d.   Willelmus Thaker et
Willelmus Sagher ten. xvj acr. de eisd. domin., et red. 13s. 4d.
Robertus Smyth et Thomas Goos ten. xxxij acr. de eisd. domin.,
et red. 26s. 8d.   Predicti tenentes habent ibid. ad dictam terram,
quam tenent ibid., dominicam placeam, ut dicunt ibid., quietam sine aliquo redditu, quæ solebat reddere p. a. 2s. 6d., ideo
inquiratur, &c.

COTAGIA.   Hugo de Shaldeford ten. ij cotagia, et xx acr.
terræ, et solebat operari sicut illi de Boldon preter opera ut
inferius, et red. p. a. 13s. 4d.   Hugo de Shaldeforth ten. ij cot.,
et xx acr. terræ, et sol. red. p. a. 16s. 8d. sine operibus, et modo
red. p. a. ad e. t. 13s. 4d.   Johannes Swalwels ten. j cot., et iij
acr. terræ, et red. p. a. ad e. t. 3s. 4d.   Willelmus Sawer ten. j
cot. cum curtilagio, et red. p. a. ad e. t. 2s.   Johannes Gose
ten. j cot. cum curtilagio, et red. p. a. ad e. t. 2s.   Willelmus
Ibotson ten. j cot. cum curtilagio, et red. p. a. ad e. t. 2s.
Willelmus Thakker ten. j cot. cum curtilagio, et red. p. a. ad
e. t. 2s.   Thomas Gose ten. j cot. cum gardino, et red. p. a. ad
e. t. 16d.   Alicia Gedlyng ten. j cot. ibid. sine operibus, et red.
p. a. ad e. t. 2s.

OPERA COTAGIORUM.   Et omnes pred. tenentes cotagiorum
solebant red. inter se pro operibus, ad festum Sancti Martini,
cum cotagiis vastis ut inferius, 11s. 4d., unde de iiij primis cotagiis 6s. 8d., et de quolibet de residuo 5d.

Ricardus Pundere ten. iij gardina nuper vasta de nova dimissione, et red. p. a. 14d.

TERRÆ BONDORUM.   Johannes Swalwels ten. j mess., et ij
bov. terræ bondorum, bov. cont. xv acr. terræ, et red. p. a. ad
iiij term. usuales 16s. pro operibus, et pro scatpenys, ad festum
Purificationis, 19d., et pro averpenys, ad duo festa Sancti Cuth-

berti et Nativitatis Sancti Johannis Baptistæ, 12d., et pro wodlades, ad idem festum Sancti Johannis, 8d., et pro scatpenys, ad festum Sancti Martini, 15d., et ad festum Purificationis Beatæ Mariæ vj buz. avenarum de scat, et ad festum Nativitatis Domini ij gall., et ad festum Paschæ x ova, et solebat operari sicut illi de Boldon, in toto 20s. 6d. preter avenas gallinas et ova. Idem Johannes et Robertus Swalwels ten. j mess., et ij bov. terræ, et faciunt ut supra, et red. 20s. 6d. Idem Robertus Swalwels ten. j mess., et ij bov. terræ, et facit ut supra, et red. p. a. 20s. 6d. Thomas Robertson ten j. mess., et ij bov. terræ, et facit ut supra, et red. p. a. 20s. 6d. Idem Thomas et Johannes Kyng ten. j mess., et ij bov. terræ, et faciunt ut supra, et red. p. a. 20s. 6d. Willelmus Ibotson ten. ij mess., et iiij bov. terræ, et facit ut supra, et red. p. a. 41s. Robertus Browne ten. ij mess., et iiij bov. terræ, et facit ut supra, et red. p. a. 41s. Johannes Kyng ten. j mess., et ij bov. terræ, et facit ut supra, et red. p. a. 20s. 6d. Johannes Huchonson ten. j mess., et ij bov. terræ, et facit ut supra, et red. p. a. 20s. 6d. Robertus Burgeys ten. j mess., et ij bov. terræ, et facit ut supra, et red. p. a. 20s. 6d. Et sunt ibid. v terræ bondorum dimissæ ad penyferme, quarum quælibet red. p. a. 13s. 4d., in toto 66s. 8d.

PASTURÆ. Predicti tenentes ten. inter se quamdam pasturam, voc. Denesyd, et red. p. a. ad e. t. 4s. Iidem ten. inter se pasturam, voc. Shottonnesden, et red. p. a. 53s. 4d. Iidem ten. inter se quamdam pasturam, voc. le Estmore, et red. p. a. 7s. Iidem ten. inter se x acr. de Morelawe, et red. p. a. 11s. Iidem ten. inter se xxxiiij acr. et dim. sub Grenlawe, et red. p. a. ad e. t. 28s. 9d.

MOLENDINUM. Predicti tenentes ten. inter se quoddam molendinum ventriticum, cum portione terræ vastæ, et sol. red. p. a. 6l. 13s. 4d., modo red. p. a. 113s. 4d.

OFFICIUM PUNDERI. Robertus Burgeys ten. j mess., et vj acr. terræ, et dim. acr. prati pro officio punderi ibid., et red. p. a. 4s., et ad festum Nativitatis Domini xl gall., et ad festum Paschæ ccclx ova. — 4s., xl gall., ccclx ova.

METRITH. Predicti tenentes red. inter se pro j vacca de metrith p. a., ad festum Sancti Martini tantum, 6s.

CORNAGIUM. Iidem red. inter se pro cornagio, ad festum Sancti Cuthberti in Septembri, cum portione terræ vastæ, 20s.

COMMUNIS FURNUS. Tenentes villæ red. p. a. pro communi furno ibid. ad e. t. 2s.

COMMUNE FORGIUM. Robertus Browne ten. j forgium ibid., et red. p. a. ad e. t., sicut continetur in antiquo rentali, 12d.

TERRÆ SCACCARII. Thomas Robinson ten. j toftum cum

gardino, cont. dim. acr., quondam Johannis Elsyne, et solebat reddere p. a. 3s., modo red. p. a. 2s.   Predicti tenentes ten. inter se tenuram, quondam Emmæ viduæ, et red. p. a. ad e. t. 12d. Iidem ten. j placeam, quondam Alexandri messoris, et red. p. a. ad e. t. 12d.   Iidem ten. j placeam, quondam Diotæ relictæ (*blank*) capellani, et red. p. a. 12d.   Iidem ten. j placeam, quondam Ricardi messoris, et red. p. a. ad e. t. 12d.   Iidem ten. j placeam, quondam Raginaldi messoris, et red. p. a. ad e. t. 3s. Iidem ten. j tenuram, quondam Rogeri de Casshop, et postea Ricardi Wright, et red. p. a. 4s.   Predicti tenentes ten. inter se j toftum, et j acr. terræ, quondam Ricardi filii Galfridi, et (red.) p. a. ad iiij term. 4s.   Iidem ten. ij acr. terræ, quondam Thomæ Broune, et red. p. a. ad e. t. 2s.   Iidem ten. j tenuram, quondam Thomæ Brekkez, et red. p. a. ad e. t. 3s.   Iidem ten. ij acr., quondam Adæ clerici, et red. p. a. ad e. t. 2s.   Iidem reddunt inter se pro incremento xxij acr. terræ, quondam dicti Adæ, et red. ad e. t. 3s.   Robertus Jurdanson ten. dim. acr., quondam Roberti Air, et red. p. a. 6d.   Iidem ten. inter se xxiiij acr. terræ, quondam in tenura Willelmi Gouk et sociorum suorum, et red. p. a. 24s.   Iidem ten. inter se tenuram, quondam Alani Mody, et red. p. a. ad e. t. 12d.   Iidem ten. inter se j rod. terræ, quondam Alani Blount, et red. p. a. ad e. t. 12d. Iidem ten. inter se tenuram, quondam Ricardi Hurworth, et red. p. a. 18d.   Iidem ten. inter se j placeam novi vasti, quondam Roberti Burgeys, et red. p. a. 12d.   Iidem ten. j placeam, quondam Ricardi Carp', et red. p. a. 2d.   Iidem ten. inter se iiij tofta, quondam Galfridi filii Johannis de Cornford, et red. p. a. 3s.   Willelmus Ibotson ten. j peciam prati, cont. dim. acr., et red. p. a. ad e. t. 2s.

Vastæ.   Predicti tenentes terrarum dominicarum habent ad dictas terras dominicam placeam quietam sine redditu ut dicunt, et solebant reddere p. a. 2s. 6d.   Et est ibid. j cotagium, quondam Adæ Smyth, quod sol. red. p. a. 2s., modo vastum. Item j cot., quondam Christianæ Say, quod sol. red. p. a. 2s., modo vastum.   Item j cot., quondam Hugonis Milner, quod sol. red. p. a. 2s., et opera, modo vastum.

REFFHOP.

Liberi Tenentes.   Willelmus de Hoton ten. j mess., et xxxij acr. terræ, quondam Johannis Birden, et antea Galfridi clerici, per servitium forinsecum, et red. p. a. ad iiij term. majores 5s.   Agnes Freman ten. j mess., et xxxij acr. terræ, quondam Willelmi Wheschall, per serv. pred., et red. 5s.

TERRÆ DOMINICÆ. Willelmus de Refhop ten. xij acr. de terris dominicis ibid., et red. p. a. ad e. t. 25s. Johannes Uttyng ten. xij acr. de eisdem dominicis, et red. p. a. ad e. t. 25s. Predicti Willelmus de Refhop et Johannes Uttyng ten. xij acr. de eisd. domin., et red. 25s. Radulphus Jonson ten. xij acr. terræ de eisd. domin., et red. p. a. ad e. t. 25s. Idem Radulphus et Willelmus Passemour ten. xij acr. de eisd. domin., et red. p. a. 25s. Willelmus Gervaux ten. xij acr. de eisd. domin., et red. p. a. ad e. t. 25s. Johannes Diconson ten. xij acr. de eisd. domin., et red. p. a. ad e. t. 25s. Ricardus Geffrayson ten. xij acr. de eisd. domin., et red. p. a. ad e. t. 25s. Johannes Passemour ten. xij acr. de eisd. domin., et red. p. a. 25s. Johannes de Shotton ten. xij acr. de eisd. domin., et red. p. a. 25s. Willelmus de Hoton ten. xij acr. de eisd. domin., quousque aliquis venerit ad solvendum antiquam firmam, et red. p. a. ad e. t. 16s. Agnes Freman ten. xij acr. de eisd. domin., et red. p. a. 25s. Willelmus Shaldeford ten. xij acr. de pred. domin., et red. p. a. ad e. t. 25s. Idem Willelmus et Johannes Thomeson ten. xij acr. de eisd. domin., et red. p. a. 25s. Idem Johannes Thomson ten. xij acr. de eisd. domin., et red. p. a. ad e. t. 25s. Johannes Perisson ten. xij acr. de eisd. domin., et red. p. a. ad e. t. 25s. Idem Johannes et Johannes Ward ten. xij acr. de eisd. domin., et red. p. a. ad e. t. 25s. Idem Johannes Warde ten. xij acr. terræ de eisd. domin., et red. p. a. ad e. t. 25s. Johannes Hogeson ten. xij acr. terræ de eisd. domin., et red. p. a. 25s. Galfridus Passemour ten. xij acr. de eisd. domin., et red. p. a. 25s. Idem Galfridus et Ranulphus Coke ten. xij acr. de eisd. domin., et red. p. a. 25s. Thomas de Shotton ten. xij acr. de eisd. domin., et red. p. a. 25s. Idem Thomas ten. xij acr. de eisd. domin., et red. p. a. 25s. Johannes de Shotton, Ricardus Geffrayson et Willelmus Hesilden ten. xij acr. de eisd., et red. 25s. Iidem tenentes ten. inter se iiij acr. de eisd. domin., et red. p. a. 4s. Predictus Thomas de Shotton ten. dim. acr. de eisd. domin., et red. p. a. 12d.

TERRÆ BONDORUM. Willelmus de Refhop ten. j mess., et xxx acr. de terris bondorum, et red. p. a. ad iiij term. usuales 4s. 3d., et ad festum Purificationis Beatæ Mariæ vj buz. avenarum de scat, et pro operibus ad iiij term. pred. 12s., et pro firma molendini cum toleneto cervisiæ ad e. t. 13s. 7¼d. plus in omnibus bond. ¼d., et pro scatpenys ad festum Purificationis 19d., et solebat operari sicut illi de Boldon, in toto p. a. 31s. 5½d., preter avenas gallinas et ova. Johannes Uttyng ten. j mess., et xxx acr. terræ de eisdem bondagiis, et facit ut supra, et red. p. a. 31s. 5¼d. Radulphus Jonson ten. j mess., xxx acr. terræ bond., et facit ut supra, et red. p. a. 31s. 5¼d. Willelmus Shaldford et Willelmus Refhop ten. j mess., et xxx acr. terræ, et faciunt ut

supra, et red. p. a. 31s. 5¼d. Johannes Uttyng et Willelmus
Gervaux ten. j mess., et xxx acr. terræ, et faciunt ut supra, et
red. p. a. 31s. 5¼d. Idem Willelmus Gervaux ten. j mess., et
xxx acr. terræ, et facit ut supra, et red. p. a. 31s. 5¼d. Johannes
Diconson ten. j mess., et xxx acr. terræ, et facit ut supra, et red.
p. a. 31s. 5¼d. Ricardus Geffraison ten. j mess., et xxx acr.
terræ, et facit ut supra, et red. p. a. 31s. 5¼d. Johannes Pase-
moure ten. j mess., et xxx acr. terræ, et facit ut supra, et red.
p. a. 31s. 5¼d. Johannes de Shotton ten. j mess., et xxx acr.
terræ, et facit ut supra, et red. p. a. 31s. 5¼d. Predictus Willelmus Shaldford ten. j mess., et xxx acr. terræ, et facit ut supra,
et red. p. a. 31s. 5¼d. Johannes Thomeson ten. j mess., et xxx
acr. terræ, et facit ut supra, et red. p. a. 31s. 5¼d. Johannes
Perisson ten. j mess., et xxx acr. terræ, et facit ut supra, et red.
p. a. 31s. 5¼d. Johannes Warde ten. j mess., et xxx acr. terræ,
et facit ut supra, et red. p. a. 31s. 5¼d. Johannes Hogeson
ten. j mess., et xxx acr. terræ, et facit ut supra, et red. p. a.
31s. 5¼d. Galfridus Passemoure ten. j mess., et xxx acr.
terræ, et facit ut supra, et red. p. a. 31s. 5¼d. Thomas Shotton
ten. ij mess., et lx acr. terræ, et facit ut supra, et red. p. a.
62s. 10½d.

GALLINÆ ET OVA. Et quilibet pred. bondorum solvit ad
festum Nativitatis Domini ij gall., et ad festum Paschæ x ova.
— xxxvj gall., et clxxx ova.

METRITH. Predicti tenentes bond. red. inter se p. a. ad festum Sancti Martini pro metrith 6s.

COMMUNIS FURNUS. Iidem ten. communem furnum ibid., et
red. p. a. ad iiij term. 3s. 4d.

CORNAGIUM ET WODLADES. De 24s. 8d. de cornagio ad festum Sancti Cuthberti in Septembri, et 36s. 6d. pro wodlades, ad
festum Nativitatis Sancti Johannis Baptistæ, onerantur supra
infra firmam bondorum.

CARIAGIUM VINI. Predicti tenentes cariant Domino p. a.
dim. tonelli vini, vel solvunt pro cariagio (blank).

AVENÆ DE SCAT. Et quilibet pred. bond. solvit, ad festum
Purificationis Beatæ Mariæ, vj buz. avenarum de scat.

SMYTHLAND. Johannes Diconson ten. xij acr. terræ, voc.
Smythland, et red. p. a. ad molendinum, et pro redditu in toto
9s. 6d.

PUNDERLAND. Ranulphus Cuke ten. xij acr. terræ, voc. Punderland, et red. p. a. ad iiij term. 4s. 6d., et ad festum Nativitatis Domini lxxx gall., et ad festum Paschæ DC ova. — 4s. 6d.,
lxxx gall., DC ova.

Johannes Pereson ten. j cotagium, et xij acr. terræ, et red.
p. a. ad iiij term. 6s., et ad molendinum 4s. 6d., et ad festum

Nativitatis Domini j gall., et ad festum Paschæ v ova, et solebat
operari sicut illi de Boldon, in toto 10s. 6d., j gall., et v ova.
Galfridus Passemour ten. j cot., et xij acr. terræ, et red. p. a. ad
e. t. 6s., et ad molendinum 4s. 6d., et j gall. ad festum Nativitatis Domini, et ad festum Paschæ v ova, et operatur ut supra,
— 10s. 6d., j gall., v ova. Johannes de Shotton ten. j cot., et
xij acr. terræ, et red. ad e. t. 6s., et j gall. ad festum Nativitatis
Domini, et ad festum Paschæ v ova, et operatur ut supra, in
toto 10s. 6d., j gall., et v ova. Predicti cotagii solvunt quolibet
anno inter se pro operibus, voc. Horneyeld, 12d.

TERRÆ SCACCARII. Willelmus de Shaldeford ten. j acr. iij
rod. terræ ibid., et red. p. a. ad e. t. 16d. Agnes Freman ten. j
placeam juxta domum suam, et red. p. a. ad e. t. 2d. Willelmus
de Oton ten. ij placeas terræ ante ostium suum, et red. p. a. ad
e. t. 4d. Willelmus Refhop ten. j acr. iij rod. terræ in mora,
voc. le Leys, et red. p. a. 16d. Johannes Uttyng ten. j acr. et
iij rod. terræ, et red. p. a. ad e. t. 16d. Radulphus Jonson ten.
j acr. et iij rod. terræ, et red. p. a. ad e. t. 16d. Willelmus Gervaux ten. j acr. et iij rod. terræ, et red. p a. ad e. t. 16d. Johannes Dikson ten. j acr. et iij rod. terræ, et red. p. a. 16d.
Willelmus Ottyng et Johannes Ottyng ten. j acr. et iij rod.
terræ, et red. p. a. 16d. Ricardus Geffrayson ten. j acr. et iij
rod., et red. p. a. ad e. t. 16d. Johannes Passemore ten. j acr.
et iij rod., et red. p. a. ad e. t. 16d. Willelmus de Shotton ten.
j acr. et iij rod. terræ, et red. p. a. ad e. t. 16d. Johannes Oton
ten. j acr. et iij rod. terræ ibid.,et red. p. a. ad e. t. 16d. Radulphus Jonson ten. j acr. terræ et iij rod., et red. p. a. ad e. t. 16d.
Predictus Willelmus de Shaldeford ten. j acr. et iij rod. terræ, et
red. p. a. ad e. t. 16d. Johannes Thomson ten. j acr. et iij rod.
terræ, et red. p. a. ad e. t. 16d. Johannes Perisson ten. j acr. et
iij rod. terræ, et red. p. a. ad e. t. 16d. Johannes Warde ten. j
acr. et iij rod. terræ, et red. p. a. ad e. t. 16d. Johannes Hogeson ten. j acr. et iij rod. terræ, et red. p. a. ad e. t. 16d. Galfridus Passemour ten. j acr. et iij rod. terræ, et red. p. a. ad e. t.
16d. Thomas Shotton ten. j acr. et iij rod. terræ, et red. p. a.
ad e. t. 16d. Idem Thomas ten. j acr. et iij rod. terræ, et red. p.
a. ad e. t. 16d. Johannes Pereson, Johannes Shotton, Galfridus
Passemour, Johannes Diconson et Radulphus Cuke ten. inter se
iij acr. et dim. terræ ibid., et red. p. a. ad e. t. 2s. 8d. Predicti
tenentes ten. inter se j acr. et dim. terræ ibid., et red. p. a. ad e.
t. 14d. Robertus Taillour ten. j toftum cum gardino, quondam
Alexandri Arnald, et red. p. a. 22d. Johannes Diconson ten. j
tenementum, voc. Smythous, quondam Adæ Dakez, et red. p. a.
3s. Christiana Gervaux ten. j tenementum cum gardino et red.
p. a. ad e. t. 3s. Johannes de Eden ten. j tenementum cum gar-

dino, quondam Willelmi Freman, et red. p. a. 12d. Johannes
Smyth ten. j tenementum cum gardino, quondam Roberti Freman, et red. p. a. 2s. Willelmus Baker ten. j tenementum cum
gardino, quondam Hugonis Page, et red. p. a. 12d. Radulphus
Cuke ten. j tenementum cum gardino, et red. p. a. ad e. t. 8s.,
unde pro officio punderi 6s. 8d., et pro quadam domo, quondam
Willelmi Smythknave, 16d. Willelmus Hesilden ten. j tenementum cum gardino, quondam Willelmi Wasshboke, et red. p.
a. 2s. Johannes Warde ten. j parvum toftum edificatum super
vastum Domini, et red. p. a. 6d. Johannes Hogeson ten. quoddam parvum tenementum pro incremento domus suæ, quondam
Johannis filii Thomæ, et red. 6d. Thomas Shotton ten. j placeam
in separali tempore warettæ, quondam ipsius Johannis, et red. 6d.
Iidem tenentes ten. inter (se) quamdam placeam terræ, quondam
Adæ fabri, et red. p. a. ad e. t. 12d. Iidem ten. inter se j placeam,
quondam Radulphi fabri, et red. p. a. ad e. t. 12d. Iidem ten. j
placeam, quondam Alexandri filii Galfridi, et red. p. a. 12d.
Iidem ten. inter se j placeam, quondam Roberti carpentarii, et
red. p. a. 12d. Iidem ten. j placeam, quondam Petri Pape, et
red. p. a. 12d. Iidem ten. inter se j placeam, quondam Willelmi
Makke, et red. p. a. 12d. Iidem ten. j placeam de incremento,
quondam Agnetis sororis Matildæ filiæ Alexandri, et red. p. a.
2s. Iidem ten. j placeam, quondam Willelmi Gray, et red. p. a.
ad e. t. 2s. Iidem ten. inter se j placeam, quondam Nicholai
Maceon, et red. p. a. 4d. Iidem ten. j placeam ad exitum villæ,
quondam Galfridi Scot, et red. p. a. 2s. Iidem ten. inter se j
placeam, quondam Raginaldi Somer, et red. p. a. ad e. t. 2s.
Iidem tenentes ten. inter (se) j placeam, quondam Patricii filii
Nicholai, et red. p. a. 2s. Iidem ten. inter se j placeam, quondam
Thomæ Kent, et red. p. a. 2s. Iidem ten. inter se j placeam
vastam juxta domum Johannis Somer, et red. p. a. 4d.

TERRÆ VASTÆ. Et est ibid. j placea terræ, quondam Petri
Peke, et solebat reddere p. a. 2s., modo vasta. Item j placea
terræ, quondam Galfridi Horimes, et sol. red. p. a. 12d., modo
vasta, et extra tenuram. Item j placea, quondam Alexandri filii
Willelmi, et sol. red. p. a. 10d., modo vasta, et extra tenuram.

BIRDEN.

LIBERI TENENTES. Johannes Rugheued ten. j mess., et xiij
acr. terræ per servitium forinsecum, et red. p. a. ad e. t. 8d.
Robertus Wilkynson de Herington ten. vij acr. terræ ibid., et
red. p. a. ad e. t. 10d. Henricus Milner ten. dim. acr. et dim.
rod. terræ ibid. per servitium unius rosæ p. a., ut in libro de

Boldon. Capellanus Cantariæ Sanctæ Mariæ ten. j acr. terræ, de ij bov. quondam Amfridi, et residuum ponitur in bondagio ut inferius, et red. p. a. 2d. Tenentes ten. inter se libere j acr. terræ, quondam Thomæ Gest, et red. p. a. 12d. Thomas de Boynton miles ten. j acr. apud Smythpote, et red. p. a. (blank). Willelmus filius Thomæ Haddham ten. v acr. terræ, voc. Waselldike, et red. p. a. (blank). Rogerus Smyth ten. j rod. terræ apud Smythpote, et red. p. a. (blank). Willelmus Hadham ten. dim. acr. apud Smythpote, et red. p. a. (blank). Radulphus de Euere ten. dim. acr. apud Gildelawez, et red. p. a. (blank). Johannes Freman ten. dim. acr. apud Gildlawes, et red. p. a. (blank). Thomas Geffrayson ten. j rod. apud Ellerknoll, et red. p. a. (blank). Radulphus de Eure ten. j rod. apud Ellerknoll, et red. p. a. (blank). Margareta uxor Johannis de Lomeley ten. dim. acr. terræ apud Ellerknoll, et red. p. a. (blank). Willelmus Provend ten. j rod. apud Smythpote, et red. p. a. (blank).

Dominus de Nevill et parcenarii sui ten. villam de PARVA BIRDEN, et vadit in magna chacea Domini Episcopi, et quadrigat vinum cum iiij bobus, et red. p. a. 10s.

TERRÆ BONDORUM. Thomas Jonson et Johannes Saunderson ten. j mess., et ij bov. terræ bondorum, et red. p. a. ad iiij term. usuales 4s. 3d., et pro operibus ad e. t. 12s., et pro firma molendini cum tolneto cervisiæ ad e. t. 13s. 7¼d., plus in omnibus bond. ¼d., et ad festum Purificationis Beatæ Mariæ pro scatpenys 19d., et vj buz. avenarum ad idem festum, et solebant operari sicut illi de Boldon, in toto, preter scat avenas, 31s. 5½d. Willelmus Gibson ten. j mess., et ij bov. terræ, et facit ut supra, et red. p. a. ad term. pred. 31s. 5½d. Willelmus de Herynton ten. j mess., et ij bov. terræ, et facit ut supra, et red. p. a. ad e. t. 31s. 5½d. Thomas Dixi ten. j mess., et ij bov. terræ, et facit ut supra, et red. p. a. ad e. t. 31s. 5½d. Johannes Saunderson ten. j mess., et ij bov. terræ, et facit ut supra, et red. p. a. ad e. t. 31s. 5½d. Johannes Hotton ten. j mess., et ij bov. terræ, et facit ut supra, et red. p. a. ad e. t. 31s. 5½d. Willelmus Jonson ten. j mess., et ij bov. terræ, et facit ut supra, et red. p. a. ad e. t. 31s. 5½d. Johannes Wilkynson ten. j mess., et ij bov. terræ, et facit ut supra, et red. p. a. ad e. t. 31s. 5½d. Johannes Hogeson ten. j mess., et ij bov. terræ, et facit ut supra, et red. p. a. ad e. t. 31s. 5½d. Thomas Jonson ten. j mess., et ij bov. terræ, et facit ut supra, et red. p. a. ad e. t. 31s. 5½d.

AVENÆ DE SCAT. Et quilibet predictorum bondorum solvit, ad festum Purificationis Beatæ Mariæ, vj buz. avenarum, in toto (blank).

GALLINÆ ET OVA. Et quilibet eorundem solvit, ad festum Nativitatis Domini, ij gallinas, et ad festum Paschæ, x ova.

METRITH. Iidem tenentes solvunt inter se pro j vacca de metrith, ad festum Sancti Martini tantum 6s.

COMMUNIS FURNUS. Iidem ten. communem furnum ibid., et red. p. a. 2s.

CORNAGIUM. De 13s. 8d. pro cornagio, ad festum Sancti Cuthberti in Septembri, et 16s. 8d. pro wodladz, onerantur supra infra firmam bondorum.

CARIAGIUM VINI. Et pred. tenentes cariabunt inter se dimidium tonelli vini p. a. cum premuniti fuerint.

TERRÆ SCACCARII. Thomas Jonson ten. j mess., iiij. acr. et iij rod. terræ, quondam Galfridi de Birden, parcellam ij bov. terræ, et red. p. a. ad e. t. 3s. 11d. Johannes Saunderson ten. j mess., iij acr. terræ, parcellam dictarum bov., et red. p. a. 4s. 1d. Johannes Wilkynson ten. j placeam, cont. dim. acr., et red. p. a. 2d. Tenentes de Birden ten. inter se j mess., et xl acr. terræ, quondam Johannis Segefeld, et red. p. a. ad e. t. 43s. 8d. Predicti tenentes ten. inter se quamdam pasturam, voc. Newysmoure, et red. p. a. 13s. 4d. Ranulphus Cuke ten. j mess., j acr. et iij rod. terræ, unde j acr. jacet in campo de Westbirden, et iij rod. in campo de Estbirden, quæ venerunt per escaetam Willelmi Milner nativi Domini, et red. p. a. ad iiij term. 2s.

SHALDEFORD.

LIBERI TENENTES. Radulphus de Eure miles ten. j mess., et vij acr. terræ et dim. ibid., voc. Thomesland, quondam Thomæ de Tesedale, per servitium forinsecum, et vadit in legationibus Episcopi, et red. p. a. ad iiij term. 10d. Isabella Boner ten. j mess., et vij acr. terræ, quondam ipsius Thomæ, per serv. pred., et red. p. a. 20d. Heredes Johannis Freman ten. j mess., et xv acr. terræ, quondam ipsius Thomæ, per serv. pred., et red. p. a. ad iiij term. 20d.

TERRÆ BONDORUM. Robertus Aleynson ten. j mess., et ij bov. bondorum, bov. cont. xv acr. terræ, et red. p. a. ad iiij term. usuales 16s., videlicet, pro bov. 8s. pro operibus, et ad festum Purificationis pro scatpenys 19d., et ad festum Sancti Martini pro scatpenys, vocatos per tenentes maltpenys, ut in libro de Boldon, 15d., et pro averpenys, ad duo festa Sancti Cuthberti et Nativitatis Sancti Johannis Baptistæ, 12d., et solebat operari sicut illi de Boldon in omnibus, et pro illis operibus ultra redditum predictum solvit pro arura, ad festum Sancti Michaelis,

16d., et pro operibus autumpnalibus 12d., et pro averrepes, ad idem festum Sancti Michaelis, 6d., et pro quolibet famulo ultra etatem xvj annorum, ad festum Sancti Michaelis, 12d., et pro quolibet pagetto infra etatem predictum ad idem festum 6d., in toto 23s. 4d. Idem Robertus ten. j mess., et ij bov. terræ, et facit ut supra, et red. p. a. 23s. 4d. Johannes Bedyk ten. j mess., et ij bov. terræ, et facit ut supra, et red. p. a. 23s. 4d. Johannes Greveson et Johannes Ludworth ten. j mess., et ij bov. terræ, et faciunt ut supra, et red. p. a. 23s. 4d. Johannes Bedyk et Radulphus Jonson ten. j mess., et ij bov. terræ, et faciunt ut supra, et red. p. a. 23s. 4d. Idem Johannes Greveson ten. j mess., et ij bov. terræ, et facit ut supra, et red. p. a. 23s. 4d. Idem Johannes Ludworth ten. j mess., et ij bov. terræ, et facit ut supra, et red. p. a. 23s. 4d. Radulphus Jonson ten. j mess., et ij bov. terræ, et facit ut supra, et red. p. a. 23s. 4d. Thomas Perisson ten. j mess., et ij bov. terræ, et facit ut supra, et red. p. a. 23s. 4d. Willelmus Smyth ten. j mess., et ij bov. terræ, et facit ut supra, et red. p. a. 23s. 4d. Willelmus Robinson ten. ij mess., et iiij bov. terræ, et facit ut supra, et red. p. a. 46s. 8d. Thomas de Shirburn ten. j mess., et ij bov. terræ, et facit ut supra, et red. p. a. 23s. 4d. Thomas Huetson ten. ij mess., et iiij bov. terræ, et facit ut supra, et red. p. a. 46s. 8d. Willelmus Wardon ten. j mess., et ij bov. terræ, et facit ut supra, et red. p. a. 23s. 4d. Willelmus Aleynson ten. ij mess., et iiij bov. terræ, et facit ut supra, et red. p. a. ad e. t. 46s. 8d.

AVENÆ DE SCAT GALLINÆ ET OVA. Et quilibet predictorum bondorum solvit ad festum Purificationis Beatæ Mariæ, ultra summam pred., vj buz. avenarum, et ad festum Nativitatis Domini ij gallinas, et ad festum Paschæ x ova.

METRITH. Predicti tenentes red. inter se pro j vacca de Metrith, ad festum Sancti Martini, 6s.

CORNAGIUM. Iidem red. inter se pro cornagio, ad festum Sancti Cuthberti in Septembri, 25s. 6d.

WODLADES. Iidem red. inter se pro wodlades, ad festum Nativitatis Sancti Johannis Baptistæ, p. a. 12s.

COMMUNIS FURNUS. Iidem ten. inter se communem furnum ibid., et red. p. a. 2s.

TOLNETUM CERVISIÆ. Iidem ten. inter se tolnetum cervisiæ, et red. p. a. ad e. t. 2s. 8d.

OFFICIUM PUNDERI. Iidem ten. inter se pro tertia parte officii punderi, quæ solebat reddere p. a. 10s., modo red. 6s. 8d.

COTAGIA. Robertus Taillour ten. j cotagium, et j acr. terræ, quondam Walteri fabri, et red. p. a. 4s. 11d., unde ad iiij term. 4s. 2d., et ad festum Michaelis pro operibus 9d. Margareta del Hall ten. j cot., quod fuit quondam forgium villæ, et red. p. a.

ad e. t. 3s., et pro operibus ad festum Sancti Michaelis 9d., in toto 3s. 9d.

TERRÆ SCACCARII. Robertus Aleinson ten. ij tofta ad finem orientalem villæ, et solebat reddere p. a. 6s., modo red. p. a. 5s. Willelmus Aleinson ten. dim. acr. terræ, quondam Willelmi Mody, et red. p. a. ad e. t. 6d. Tenentes ibid. ten. inter se iij acr. terræ in Moresbank cum incremento, et red. p. a. 2s. 6d. Iidem tenentes ten. inter se j mess., quondam Radulphi Tunstall, et red. p. a. ad e. t. 3s. 6d. Iidem tenentes ten. inter se xviij acr. terræ ibid., et red. p. a. 15s. Iidem tenentes ten. inter se xliij acr. terræ apud Hopperhogh, et red. p. a. ad e. t. 43s. Iidem tenentes ten. inter se vj acr., quondam Hugonis filii Walteri et sociorum ejus, et red. p. a. 6s. Iidem ten. inter se iij acr. terræ, quondam in tenura Roberti Aleinson et Thomæ filii Hugonis, quondam Ricardi de Shaldeford, in Blakhamsyde et in Moresacres, et red. p. a. 3s. Iidem ten. j acr. terræ in Whithop, in tenura Willelmi Wardon et Thomæ de Shirburn, quondam Johannis filii Roberti, et red. p. a. 12d.

SHIRBURN.

LIBERI TENENTES. Johannes de Killirby ten. j mess., et ij bov. terræ, quondam Alani de Sherburn, et vadit in legationibus Domini Episcopi, bov. cont. xv acr., et red. p. a. ad iiij term. 3s. 4d. Johannes de Hesilden ten. j toftum, voc. Ragges, et red. p. a., ad festum Sancti Cuthberti in Septembri, 1d.

TERRÆ BONDORUM. Stephanus de Casshop ten. j mess., et ij bov., et red. p. a. ad iiij term. pro operibus 16s., et pro scatpenys ad festum Purificationis 19d., et pro (blank) ad festum Sancti Martini 15d., et pro averpenys ad ij festa Sancti Cuthberti et festum Sancti Johannis Baptistæ 12d., et pro wodlades ad festum Sancti Johannis Baptistæ 8d., et solebat operari sicut illi de Boldon, et pro operibus ultra redditum predictum pro arrura ad festum Sancti Michaelis 16d., et pro operibus autumpnalibus 12d., et pro averpenys ad idem festum 6d., in toto, preter avenas gallinas et ova, 23s. 4d. Johannes Stevenson ten. j mess., et ij bov. terræ, et facit ut supra, et red. p. a. 23s. 4d. Johannes de Herington ten. j mess., et ij bov. terræ, et facit ut supra, et red. p. a. 23s. 4d. Thomas Moreslawe ten. j mess., et ij bov. terræ, et facit ut supra, et red. p. a 23s. 4d. Willelmus de Herington ten. j mess., et ij bov. terræ, et facit ut supra, et red. p. a. 23s. 4d. Johannes Stevenson ten. j mess., et ij bov. terræ, et facit ut supra, et red. p. a. 23s. 4d. Hugo Bonerman ten. j mess., et ij bov. terræ, et facit ut supra, et red. p. a. 23s. 4d.

Idem Hugo et Thomas Herton ten. j mess., et ij bov. terræ, et faciunt ut supra, et red. 23s. 4d. Johannes Porter ten. j mess., et ij bov. terræ, et facit ut supra, et red. p. a. 23s. 4d. Stephanus de Casshop ten. j mess., et ij bov. terræ, et facit ut supra, et red. p. a. 23s. 4d. Johannes Wydowson ten. j mess., et ij bov. terræ, et facit ut supra, et red. p. a. 23s. 4d. Thomas de Herton ten. j mess., et ij bov. terræ, et facit ut supra, et red. p. a. 23s. 4d. Et sunt ibid. vj bondi et dim. dimissi ad penyferme, quorum quilibet red. p. a. 20s. — 6l. 10s.

METRITH. Predicti tenentes red. inter se pro j vacca de metrith, ad festum Sancti Martini, p. a. 6s.

CORNAGIUM. Iidem red. inter se pro cornagio, ad festum Sancti Cuthberti in Septembri, 24s.

TOLENETUM CERVISIÆ. Iidem red. inter se pro tolneto cervisiæ p. a. ad iiij term. 2s. 8d.

OFFICIUM PUNDERI. Iidem red. inter se pro officio punderi ad iiij term. 6s. 8d.

GALLINÆ OVA ET SCAT AVENÆ. Et quælibet ij bov. terræ bondorum red. p. a. ad festum Nativitatis Domini ij gallinas, et ad festum Paschæ x ova, et ad festum Purificationis Beatæ Mariæ vj buz. avenarum de scat.

FURNUS. Iidem ten. inter se communem furnum ibid., et red. p. a. ad e. t. 12d.

FORGIUM. Iidem ten. inter se commune forgium ibid., et red. p. a. 10d.

COTAGIA. Emma Lymebrynner ten. j cotagium, et iiij acr. terræ, quondam Johannis Wall, et red. p. a. ad iiij term. 9s. 8d., et pro operibus ad festum Sancti Michaelis, 9d. in toto 10s. 5d. Thomas Naburn ten. j cot., quondam Ricardi Milner, et red. p. a. ad iiij term. 2s., et pro operibus ad festum Sancti Michaelis 9d. — 2s. 9d. Alanus Jopson ten. j cot., quondam Roberti Lymebrynner, et red. p. a. ad e. t. 2s., et pro operibus ad festum Sancti Michaelis 9d., in toto 2s. 9d. Idem Alanus ten. quoddam aliud cot., quondam Ricardi Mody, et red. p. a. ad iiij term. 2s., et pro operibus ad festum Sancti Michaelis 9d., in toto 2s. 9d. Predictus Alanus ten. j cortillagium ibid., et red. p. a. ad e. t. 6d. Thomas Neyburn ten. j cot., quondam Aliciæ Brewster, red. p. a. sine operibus ad e. t. 2s. Sibilla Webster ten. j cot. cum crofto, cont. j acr. terræ, quondam Ricardi de Heryngton, red. p. a. ad iiij term. pred. sine operibus 2s. Agnes Scury ten. j cot., quondam Alani Muller, red. p. a. sine operibus 2s. Willelmus Boner ten. j cot., et vj acr. terræ, quondam Roberti de Raygton, red. p. a. ad iiij term. 11s., et pro operibus ad festum Michaelis 9d., in toto 11s. 9d. Isabella Passion ten. j cot., quondam Agnetis de Doxhowe, red. p. a. ad e. t. 12d., et pro operibus

ad festum Michaelis 9d., in toto 21d.   Omnes tenentes ibid. ten.
inter se j placeam ad forgium cum incremento, quondam Walteri
filii Roberti, red. p. a. ad e. t. 2s.

TERRÆ SCACCARII.   Predicti tenentes ten. inter se lxj acr.
terræ in mora ex orientali parte villæ, red. p. a. ad iiij term.
usuales 50s. 10d. Iidem tenentes ten. inter se vj acr. terræ ibid.,
red. p. a. ad e. t. 4s. Iidem tenentes ten. inter se dim. acr. terræ
apud Willedonbrig, et red. p. a. 6d.   Quatuordecem bondi de
Shirburn red. p. a. pro v acr. et j rod. terræ apud Blakhamsyde,
et red. 5s. 2d.   Prepositus villæ ibid., qui pro tempore fuerit,
ten. j rod. terræ super lez Brokez, pertinentem ad officium suum,
et red. p. a. 2d.   Magister Hospitalis de Shirburn ten. j parcellam pasturæ dictæ villæ, inclusam infra parcum suum ibid., et red.
p. a. dictæ villæ 12d., et Domino Episcopo 6d.

QUERINGDON.

Magister Hospitalis de Shirburn tenet grangiam de Queringdon, cum dominicis pratis et pasturis, ad firmam, et red. p. a.
ad term. Sancti Martini et Pentecostes 18l. 18s.

Idem Magister ten. manerium de WHITWELL, et red. p. a. ad
iiij term. 6s. 8d.   Idem reddit pro cornagio ejusdem manerii, ad
festum Sancti Cuthberti in Septembri, 2s.   Idem Magister ten.
pasturam de Whitewell, et red. p. a. ad iiij term. 22s. 6d.

CASSHOP.

Thomas Clerk de Elvet ten. j mess., et iiij bov., bov. cont. xv
acr., quondam Johannis de Britley, et antea Johannis Freman,
et vadit in legationibus Domini Episcopi, et red. p. a. 6s. 8d.

Willelmus de Elmeden ten. villam de TRILLESDEN, quondam
Petri de Trillesden, et red. p. a. 13s. 4d. Idem ten. xx acr. terræ,
quondam ipsius Petri, et antea Magistri Ricardi de Coxhowe, et
red. p. a. 20s.

TERRÆ BONDORUM.   Hugo Jonson ten. j mess., et ij bov.
bondorum, bov. cont. xv acr., et red. p. a. ad iiij term. pro operibus 16s., et pro scatpenys ad festum Purificationis Beatæ Mariæ
19d., et pro scatpenys, vocatos par tenentes maltpenys, ad festum
Sancti Martini 15d., et pro averpenys ad duo festa Sancti Cuthberti et ad festum Sancti Johannis Baptistæ 12d., et pro wodlades ad idem festum Sancti Johannis 8d., et solebat operari
sicut illi de Boldon in omnibus, et pro dictis operibus solvit pro
ij aruris ad festum Sancti Michaelis 16d., et pro operibus autumpnalibus 12d., et pro averipe 6d., in toto 23s. 4d.   Ricardus

Aleynson ten. j mess., et ij bov. terræ, et facit ut supra, et red.
p. a. 23s. 4d. Robertus Gilson ten. ij mess., et iiij bov. terræ, et
facit ut supra, et red. p. a. 23s. 4d. Willelmus Mody ten. ij
mess., et iiij bov. terræ, et facit ut supra, et red. p. a. 46s. 8d.
Johannes Newman ten. ij mess., et iiij bov. terræ, et facit ut
supra, et red. p. a. 46s. 8d. Petrus Colynson ten. ij mess., et
iiij bov. terræ, et facit ut supra, et red. p. a. 46s. 8d. Robertus
Gilson ten. j mess., et ij bov. terræ, et facit ut supra, et red.
(*blank*). Et sunt ibid. v mess., x bov. terræ in manu Domini.

METRITH. Predicti tenentes bondi solvunt inter se pro j
vacca de metrith, ad term. Sancti Martini, 6s.

CORNAGIUM. Iidem tenentes solvunt pro cornagio, ad festum
Sancti Cuthberti in Septembri, 20s. 6d.

TOLNETUM CERVISIÆ. Iidem tenentes red. inter se pro tolneto cervisiæ ad iiij term. 2s. 8d.

COMMUNIS FURNUS. Iidem tenentes solvunt inter se pro
communi furno ibid. ad e. t. 12d.

OFFICIUM PUNDERI. Iidem tenentes solvunt inter se pro
tertia parte punderi, et red. p. a. 6s. 8d.

TERRÆ IN MORA. Predicti tenentes ten. inter se lxviij acr.
terræ apud Harestane et Redpath cum incremento, et red. p. a.
62s. 4d. Iidem ten. inter se j acr. terræ ibid., et red. p. a. ad
e. t. 12d.

Iidem ten. inter se j placeam pro j forgeo ibid., et red. p. a.
ad e. t. 4d.

COTAGIA. Johannes Mody ten. j cotagium cum gardino,
quondam Alani filii Agnetis, et red. p. a. ad iiij term. 6d., et ad
festum Michaelis pro operibus 9d., in toto 15d. Willelmus
Whelaw ten. j cot. cum gardino, quondam Alexandri Barker, et
red. p. a. ad iiij term. 18d., et ad festum Michaelis pro operibus
9d., in toto 21d. Robertus Diconson ten. j cot. cum gardino,
quondam Willelmi Birden, et red. p. a. ad iiij term. 6d., et ad
festum Michaelis pro operibus 9d., in toto 15d. Predictus Willelmus Whetlaw ten. j acr. terræ in mora, et red. p. a. ad iiij
term. 12d. Et sunt ibid. ij cot., quondam Raginaldi Rede et
Agnetis Gare, et sol. red. p. a. 12d., et ad festum Michaelis pro
operibus 18d., modo vasta et extra tenuram.

TERRÆ SCACCARII. Thomas Clerk de Elvet ten. j placeam
vastam pro j columbari, quondam Johannis Freman, et red. p. a.
ad iiij term. 4d. Willelmus de Whetlawe ten. j acr. terræ, quondam Johannis Barker, et red. p. a. ad e. t. 5d. Predicti ten.
inter se j acr. terræ, quondam Alani filii Radulphi preposíti, et
red. p. a. ad e. t. 10d. Iidem ten. inter se iiij acr. terræ, quondam ejusdem Radulphi, et red. p. a. ad e. t. 3s. 4d. Iidem ten.
j acr. terræ, quondam Johannis Frer, et red. p. a. ad e. t. 10d.

Iidem ten. j tenuram, quondam Johannis Mody, et red. p. a. ad
e. t. 2s.   Iidem ten. iiij acr. terræ, quondam Willelmi filii Alexandri, et red. p. a. 4s.   Iidem ten. dim. acr., quondam Raginaldi
filii Alani, et red. p. a. ad e. t. 3d.   Iidem ten. j acr. iij rod. et
dim. terræ, quondam Alani prepositi, apud Harestane, et red. p.
a. 22d.   Et sunt ibid. iiij acr. terræ, quondam Johannis Freman,
in novo assarto in mora, et sol. red. 3s. 4d., modo extra tenuram, &c.

COXHOWE.

LIBERI TENENTES.   Walterus de Elmeden ten. lxxx acr.
terræ, cum. j mess., quondam Magistri Ricardi de Coxhowe, per
cartam et servitium forinsecum, et solebat reddere p. a. 32s. 8d.,
modo red. ad iiij term. 24s.

TERRÆ SCACCARII.   Tenentes ibid. ten. quamdam pasturam
in Coxhowe, cont. (*blank*) acr., et sol. red. p. a. 13s. 4d., modo
red. ad iiij term. 6s. 8d.   Willelmus de Risshby ten. xxiiij acr.
terræ in mora de Queringdon, quondam Ricardi Routhbery, et
red. p. a. ad iiij term. 8s. 6d.

SHURUTON.

Dominus de Nevill ten. medietatem villæ de SHERUTON, cum
dominicis, et red. p. a. pro redditu dringagii ad iiij term. usuales
6s., et pro metrith, ad terminum Sancti Martini, 3s., et pro cornagio, ad festum Sancti Cuthberti in Septembri, 30s., et viij
rasers farinæ avenarum, unde iij rasers faciunt quarterium, ad
festum Purificationis, et ad manerium de Midilham ij quart. v
buz. j pek ordei ad idem festum, et iiij quart. vj buz. avenarum
ad dictum manerium ad predictum festum Purificationis, et facit
servitium forinsecum, in toto 29s., viij rasers farinæ, ij quart. v
buz. j pek ordei, iiij quart. vj buz. avenarum.   Johannes de Ask
ten. aliam medietatem dictæ villæ per serv. forins., et red. p. a.
ad iiij term. 40s.

Et tota villa predicta quadrigat medietatem unius tonelli vini,
et j molare ad molendinum Dunolm.

Heredes Willelmi Watervill et Alanus de Tesdall ten. quamdam tenuram — j lib. cimini.

Thomas Hexham ten. j acr. prati in Whitfen de escaeta, et
red. p. a. 2s.

HOLOME.

Heredes Willelmi de Claxton ten. villam de HOLOME, quondam Thomæ de Holome, per &c., et red. p. a. 26s. 8d.

LIBERI TENENTES. Henricus de Essh ten. villam de HUTON, et cccc acr. terræ ibid., per servitium forinsecum, et red. p. a. ad iiij term. usuales 63s. 6d.

TENENTES IN DRINGAGIO. Predictus Henricus, Idonea filia Roberti Perisson, Johannes Clerk, Robertus Rede, Robertus Rakhous, Robertus Emson et Robertus Richardson ten. j mess., et vij bov. terræ, quondam Roberti Perisson, et red. p. a., ad term. Sancti Martini, pro metrith 18d., et pro castelmen ad iiij term. 5s., et pro cornagio, ad festum Sancti Cuthberti in Septembri, pro terra, quondam Guydonis de Huton, 8s. 9d., et pro operibus, ad festum Sancti Martini et ad duo festa Sancti Cuthberti, 4s. 6d., et ad festum Purificationis Beatæ Mariæ j quart. et dim. ordei, et iij quart. avenarum ad manerium de Midilham, et ad scaccarium Dunolm. j quart. et tertiam partem j quart. farinæ avenarum ad idem festum, in toto 19s. 9d., j quart. et dim. ordei, iij quart. avenarum, j quart. et tertiam partem j quart. farinæ avenarum. Willelmus Warde ten. j mess., et ij bov. terræ, quondam Rogerii filii Philippi, et red. p. a. ad term. Martini pro metrith 5d., et pro castelmen ad iiij term. 18d., et pro cornagio, ad term. Sancti Cuthberti in Septembri, 2s. 4d., et ad festum Purificationis j rasure farinæ avenarum ad scaccarium Dunolm., et dat partem suam de avenis et ordeo cum tenentibus supra infra summam eorum, in toto 4s. 3d., j rasure farinæ avenarum.

HOUGHTON.

LIBERI TENENTES. Isabella quæ fuit uxor Roberti de Wessynton ten. j mess., et xxxviij acr. terræ et prati, quondam Johannis de Cornhall, et red. p. a. ad iiij term. usuales, per servitium forinsecum, 13s. 4d.

Robertus Coigniers miles et Ricardus de Burnynghill ten. villam de SOUTHBEDYK, in qua fuerunt villani per librum de Boldon, et solebant invenire clx homines ad metendum in autumpno, et xxxvj quadrigas ad quadrigandum blada Domini apud Houghton, modo red. nichil, ideo inquiratur, et ostendant cartam de tenura sua, et red. p. a. 100s.

Robertus de Carlell ten. moram de Penchare per cartam et serv. forins., et red. p. a. 53s. 4d. Idem Robertus ten. molendinum ibid. per cartam et serv. forins., et red. p. a. 26s. 8d. Idem ten. certas terras apud Bernewell, et red. p. a. ad iiij term. 2s. 6d.

154   BISHOP HATFIELD'S SURVEY.

TERRÆ DOMINICÆ. Matilda Galowey ten. xx acr. terræ de eisdem dominicis terris ibid., et red. p. a. ad iiij term. 14s. 4d. Walterus Geffrayson ten. xl acr. terræ de eisd. domin., et red. p. a. ad iiij term. 28s. 8d. Johannes filius Hugonis ten. xx acr. terræ, de eisd. domin., et red. p. a. ad iiij term. 14s. 4d. Willelmus Air ten. xx acr. de eisd. domin., et red. p. a. ad iiij term. 14s. 4d. Robertus Hik ten. xl acr. terræ de eisd. domin., et red. p. a. ad e. t. 28s. 8d. Robertus Walker ten. xj acr. et dim. rod. terræ de pred. domin., et red. p. a. ad iiij term. 11s. 3d. Goditha Chapman ten. j acr. terræ de eisd. domin., et red. p. a. ad e. t. 12d. Alexander Faber ten. iiij acr. terræ de eisd. domin., et red. p. a. ad e. t. 4s. Matilda Galeway ten. vij acr. terræ de eisd. domin., et red. p. a. ad e. t. 7s. Walterus Geffrayson ten. xiiij acr. terræ de eisd., et red. p. a. ad e. t. 14s. Robertus Porter ten. xj acr. et j rod. terræ de eisd. domin., et red. p. a. ad e. t. 11s. 3d. Thomas Bayns ten. j acr. terræ et dim. de eisd. domin., et red. p. a. ad e. t. 18d. Ricardus Smyth ten. j acr. et dim. de eisd. domin., et red. p. a. ad e. t. 18d. Johannes Paule ten. j acr. terræ de eisd. domin., et red. p. a. ad e. t. 12d. Johannes Yrishe ten. iiij acr. de eisd. domin., et red. p. a. ad e. t. 4s. Ricardus Hardyng ten. xj acr. et j rod. terræ de eisd., et red. p. a. ad e. t. 11s. 3d. Alanus Walker ten. iij acr. de eisd. domin., et red. p. a. ad e. t. 3s. Johannes Hughson ten. xiiij acr. terræ de eisd. domin., et red. p. a. ad e. t. 14s. Willelmus de Milby ten. vj acr. terræ de eisd. domin., et red. p. a. ad e. t. 6s. Willelmus Hudson ten. vij acr. de eisd. domin., et red. p. a. ad e. t. 7s. Alicia Rose ten. j acr. terræ de eisd. domin., et red. p. a. ad e. t. 12d. Willelmus Air ten. xiiij acr. terræ de eisd. domin., et red. p. a. ad e. t. 14s. Robertus Hik ten. xj acr. et j rod. terræ, de eisd. domin., et red. p. a. ad e. t. 11s. 3d. Johanna Echewyk ten. iij acr. de eisd. domin., et red. p. a. ad e. t. 3s. Willelmus Annotson ten. ij acr. terræ de eisd. domin., et red. p. a. ad e. t. 2s. Rogerus Gardyner ten. ij acr. terræ de eisd. domin., et red. p. a. ad e. t. 2s. Johannes Brigham ten. vj acr. terræ de eisd. domin., et red. p. a. ad e. t. 6s. Willelmus Carter ten. iij acr. terræ de eisd. domin., et red. p. a. 3s.

TERRÆ BONDORUM. Johannes Ferrour ten. j cotagium, et j bov. terræ, cont. xij acr., et solebat operari sicut illi de Newbotill, et red. p. a. ad iiij term. usuales 6s. Thomas Fery ten. j cot., et j bov. terræ, et red. p. a. ad e. t. 6s. Robertus Porter ten. ij cot., et ij bov. terræ, et red. p. a. ad e. t. 12s. Walterus Geffrayson ten. j cot., et j bov. terræ, et red. p. a. ad e. t. 6s. Robertus Porter ten. j cot., et j bov. terræ, et red. p. a. ad e. t. 6s. Thomas Fery ten. j cot., et j bov. terræ, red. p. a. ad e.

t. 6s. Ricardus Hardyng, Johannes Irissh et Thomas Fery ten. j cot., et j bov. terræ, et red. p. a. 6s. Johannes Irissh ten. j cot., et j bov. terræ, et red. p. a. ad e. t. 6s. Alanus Walker et Willelmus Milby ten. iij cot., et j bov. terræ, et red. p. a. ad e. t. 6s. Johannes filius Hugonis ten. j cot., et iij bov. terræ, et red. p. a. 18s. Willelmus Air et Alexander Smyth ten. ij cot., et ij bov. terræ, et red. p. a. ad e. t. 12s. Willelmus Hudson ten. j cot., et ij bov. terræ, et red. p. a. ad e. t. 12s. Willelmus Annotson et Rogerus Gardener ten. ij cot., et j bov. terræ, et red. p. a. ad e. t. 6s. Johannes Brigham ten. j cot., et j bov. terræ, et red. p. a. ad e. t. 6s. Johannes Porter ten. j cot., et j bov. terræ, et red. p. a. ad e. t. 6s. Thomas Roos, Johannes Sewryght, Johannes filius Hugonis et Loretta de Boldon ten. iiij cot., et j bov. terræ, et red. p. a. ad e. t. 6s. Isabella Syvewryght, Willelmus Air, Walterus filius Galfridi, Alexander Faber et Johannes Brigham ten. ij cot., et j bov. terræ, et red. p. a. ad e. t. 6s. Omnes isti bondagii solvunt inter se, ad suplendum x marcas de antiquo redditu eorum, 16d. Predicti tenentes bond. solvunt inter se ad festum Natalis Domini xiij gallinas, et ad festum Paschæ lxx ova.

MOLENDINUM. Tenentes villæ ten. inter se medietatem molendini aquatici, et alia medietas pertinet Priori Dunolm., et red. p. a. ad iiij term. 113s. 4d.

BRACINAGIUM. Willelmus Milby ten. bracinagium villæ ibid., et red. p. a. ad iiij term. 10s.

COMMUNIS FURNUS. Johannes Echewyk ten. communem furnum ibid., et red. p. a. ad e. t. 2s.

Tenentes de Boldon, Whitburne et Clevedon red. ibid. p. a., ut quieti sint de falcatione prati de Houghton, 12s. 3d.

PRATUM. Tenentes ten. xiiij acr. et j rod. prati dominicalis, et red. p. a. 40s.

OFFICIUM PUNDERI. Punderus ibid. red. pro officio suo, ad festum Natalis Domini xl gallinas, et ad festum Paschæ cc ova.

TERRÆ SCACCARII. Robertus Porter ten. j tenementum, et xvj acr. terræ, quondam Thomæ de Tynnemouth, et quondam de terra fabri, et red. p. a. ad iiij term. usuales 12s. Idem Robertus ten. j gardinum, quondam Thomæ de Sprotton, et red. p. a. 2s. Thomas del Fery ten. ij acr., quondam Rogeri Kyng, et red. p. a. ad e. t. 3s. Thomas Banes ten. j tenementum cum gardino, et red. p. a. ad e. t. 12d. Ricardus Smyth ten. medietatem j placeæ, quondam Willelmi de Colleby, et red. p. a. 6d. Thomas del Fery ten. j tenementum cum gardino, quondam Laurencii Webster, et red. p. a. 6d. Johannes Paule ten. j tenementum, quondam Gilberti Stot, et red. p. a. ad e. t. 6d.

Idem Johannes ten. j acr. terræ, quondam Johannis Morton, et red. p. a. ad e. t. 18d. Ricardus Hardyng ten. iij acr. terræ, quondam Ricardi Payne, et red. p. a. ad e. t. 3s. Johannes filius Hugonis ten. j acr. terræ, quondam Rogeri Prior ibid., et red. p. a. 16d. Idem Johannes ten. j acr. et dim., quondam Ricardi Walker, et red. p. a. ad e. t. 18d. Idem Johannes ten. j acr., quondam Johannis Boll, et red. p. a. ad e. t. 12d. Robertus Porter ten. j croftum, cont. dim. acr. terræ, voc. Wardescroft, et red. p. a. 2d. Willelmus Baker ten. j placeam, quondam commune forgium, et red. p. a. ad e. t. 6d. Alexander Faber ten. j placeam vastam, et red. p. a. ad e. t. 8d. Isabella Syvewright ten. j croftum, cont. j rōd., et red. p. a. ad e. t. 6d. Robertus Hik ten. j toftum, et red. p. a. ad e. t. 8d. Idem Robertus ten. j toftum cum crofto, quondam Johannis Wright, et red. p. a. ad e. t. 2s. Johannes Echewyk ten. j croftum cum tofto, et red. p. a. ad e. t. 2s. 8d. Rogerus Gardiner ten. j croftum, cont. dim. acr., et red. p. a. ad e. t. 16d. Johannes Brigham ten. j croftum, quondam Ricardi fullonis, et red. p. a. 16d. Willelmus Carter ten. j toftum, et red. p. a. ad e. t. 8d. Alexander Faber ten. j toftum cum gardino, et red. p. a. ad e. t. 2s. Matilda Galeway ten. ibid. j placeam, et red. p. a. ad e. t. 2d. Thomas del Fery ten. j placeam, quondam Thomæ Douber, et red. p. a. ad e. t. 6d. Walterus Geffraison ten. et red. pro incremento tofti, quondam Johannis Porter, p. a. 1d. Loretta de Boldon ten. j placeam cum curtilagio, quondam Johannis filii Rogeri Prior, et red. 1d. Johannes Brigham ten. j acr. terræ, et red. p. a. ad term. pred. 18d. Idem Johannes ten. iiij acr., quondam Johannis de Baynton, et red. p. a. ad e. t. 4s. Idem Johannes ten. j acr., quondam Ricardi fullonis, et red. p. a. ad e. t. 3s. Alicia Roos ten. j placeam terræ, et red. p. a. ad e. t. 18d. Magister Hospitalis de Kypier ten. j placeam pro j grangia ibid., et red. p. a. ad e. t. 6d. Predicti tenentes villæ ten. inter se quamdam pasturam, voc. Bradmoure, et red. p. a. ad e. t. 6s. 8d. Iidem ten. inter se xiij acr. terræ, quondam in tenura bondorum de Parva Birden, et red. 6s. 6d. Robertus Walker ten., de jure uxoris suæ, j placeam, quondam Johannis Seton, quæ est parcella manerii Domini Episcopi, et red. p. a. ad e. t. 12d. Idem Robertus ten., de jure uxoris suæ, j placeam de dominicis, quondam Willelmi filii Ricardi Gardener, et red. 6d. Goditha Chapman ten. j placeam, parcellam de dominicis placeis, quondam Ricardi Taillour, et red. 6d. Robertus de Carlell ten. j placeam de vastis dominicis, juxta Horsepole, pro quodam stabulo, de longitudine xxx pedum et latitudine xx pedum, et red. p. a. ad e. t. 6d. Radulphus Milner ten. iiij acr. terræ ibid., et red. p. a. ad e. t. 4s. Johannes de Brigham ten. iij acr.

terræ in mora ibid., quondam in tenura tenentium de Wardon, et red. p. a. ad e. t. 2s.

WARDON.

TERRÆ BONDORUM. Johannes Air ten. ij mess., et iiij bov. terræ, bov. cont. xiij acr. et dim. terræ, et solebat operari sicut illi de Boldon, et red. p. a. ad iiij term. usuales, cum 2s. 8d. de antiquo redditu, 16s. Robertus Wright ten. iij mess., et vj bov. terræ, et red. p. a., cum 4s. de antiquo redditu, 24s. Johannes Arnald ten. ij mess., et iiij bov. terræ, et red. p. a., cum 2s. 8d. de antiquo redditu, 16s. Johannes Air et Johannes Arnald ten. j mess., et ij bov. terræ, et red. p. a., cum 16d. de antiquo redditu, 8s. Willelmus Porter ten. j mess., et ij bov. terræ, et red. p. a., cum 16d. de antiquo redditu, 8s. Predicti tenentes red. inter se pro lx acr. terræ ibid, ad iiij term. pred. 13s. 4d.

TERRÆ SCACCARII. Willelmus Porter ten. dim. acr. terræ, quondam Ricardi Blakman, et red. p. a. ad e. t. 6d. Tenentes ibid. ten. inter se ij acr. et dim. terræ, quondam Stephani Epplyngden, et red. p. a. 2s. 6d. Iidem tenentes solvunt inter se, ad festum Natalis Domini et Paschæ, xviij gallinas, xc ova. Iidem tenentes solvunt pundero de Houghton ad eadem festa xl gallinas, et ccxl ova.

HERYNTON.

TENENTES IN DRINGAGIO. Thomas Colvyll miles ten., de jure uxoris suæ heredis Thomæ de Essh, duas partes manerii de ESTHERINGTON per servitium forinsecum, et red. p. a. ad iiij term. usuales, pro cornagio 20s., et red. ad festum Sancti Martini, pro ij partibus j vaccæ de metrith, 4s., et red. pro operibus ad (blank) 12s., et red. ad festum Purificationis Beatæ Mariæ iiij quart. avenarum, x buz. de scat farina avenarum, et ij quart. de scatmalt, et solebat invenire j hominem, voc. castelman, et arare et herciare iiij acr. terræ apud Newbotill, et facit operationes cum xij hominibus in autumpno, et dat 12d. pro operibus autumpnalibus tenentibus terræ dominicæ de Newbotill, et ipse vel tenentes sui ibid. sequentur curiam Domini, voc. halmotez, et ibi placitabunt, et recipient rectum et justitiam ; in toto p. a. 37s., iiij quart. avenarum, x buz. de scat farina, ij quart. de scatmalt. Thomas de Herington ten. j mess., et xl acr. terræ ibid. de hereditate per servitium forinsecum, quantum pertinet ad duas partes dringagii, et vadit in magna chacea Domini Episcopi cum

ij leporariis, et quadrigat duas partes j tonelli vini, et sequitur
placita, et vadit in legationibus Episcopi, et pascit canem et
equum, et operatúr ad molendinum opera consueta, et red. p. a.
ad iiij term. 5s.

TERRÆ SCACCARII.   Predictus Thomas Colvill ten., de jure
uxoris suæ, j placeam, voc. le Haynyng, cont. c acr. terræ per
estimationem, et red. p. a. ad term. pred. 37s. 2d.   Willelmus
Robinson ten. j mess., et ij bov. terræ, red. p. a. ad e. t., cum
4d. pro operibus antiquis, firmariis dominicarum de Newbotill
12s. 4d.   Rogerus Atkynson et Willelmus Atthall ten. ij mess.,
et ij bov. terræ, red. p. a. ad e. t., cum 4d. pro operibus ut
supra, 12d.

NEWBOTILL.

TERRÆ DOMINICÆ.   Hugo de Baynton ten. xiij acr. terræ et
j rod. de terris dominicis, red. p. a. ad iiij term. usuales, pro qualibet acra 17d., in toto 18s. 9¼d.   Johannes Wilkynson ten. xxvj
acr. terræ et dim. de eisdem dominicis, red. pro qualibet acra
16d., in toto 37s. 6½d.   Willelmus Tillton ten. xxv acr. terræ de
eisd. domin., red. pro qualibet acra ut supra, in toto 35s. 5d.
Willelmus Belle| ten. x acr. terræ de eisd. domin., red. pro qua-
libet acra ut supra, p. a. 14s. 2d.   Willelmus Jonesson ten. v acr.
terræ de eisd. domin., red. pro acra ut supra, p. a. 7s. 1d.   Willelmus filius Roberti ten. xxxvj acr. terræ de eisd. domin., red.
pro acra ut supra, p. a. 51s.   Johannes Syvewright ten. v acr.
terræ de eisd. domin., red. pro acra ut supra, p. a. 7s. 1d.   Willelmus filius Stephani ten. xx acr. terræ et dim. de eisd. domin.,
red. pro acra ut supra, p. a. 29s. ½d.   Willelmus Flesschewer
ten. xlix acr. et iij rod. terræ de eisd. domin., red. pro acra ut
supra, p. a. 70s. 5½ ¼d.   Johannes Geryngh ten. xxv acr. terræ
de eisd. domin., red. pro acra ut supra, p. a. 36s. 6½d.   Johannes
Hoggeson ten. xiij acr. et j rod. terræ de eisd. domin., red. pro
acra ut supra, p. a. 18s. 9¼d.   Ricardus Saddesson ten. xxx acr.
terræ de eisd. domin., red. pro acra ut supra, p. a. 42s. 6d.   Ricardus Shalton ten. xxiij acr. terræ et j rod. de eisd. domin., red.
pro acra ut supra, p. a. 32s. 11¼d.   Johannes Flech ten. x acr.
terræ de eisd. domin., red. pro acra ut supra, p. a. 14s. 2d.
Willelmus Elisson junior ten. xx acr. terræ de eisd. domin., red.
pro acra ut supra, p. a. 28s. 4d.   Johannes Taillour ten. v acr.
terræ de eisd. domin., red. pro acra ut supra, p. a. 7s. 1d.   Predicti tenentes ten. inter se j acr. terræ de eisd. domin., red. pro
acra ut supra, p. a. 17d.

TERRÆ BONDORUM.   Hugo Baynton et Willelmus Shilton
ten. iij cotagia, et iij bov. terræ, bov. cont. xij acr., red. p. a. ad

iiij term. usuales 18s. Johannes Wilkynson et Ricardus Flexhewer ten. iij cot., et iiij bov. terræ, red. p. a. 23s. Johannes
Bell ten. j cot., et j bov. terræ, red. p. a. 6s. Willelmus Robynson, Willelmus filius Stephani, Ricardus Eden et Johannes Taillour ten. iij cot., et iij bov. terræ, red. p. a. 18s. Johannes
Geryng et Johannes Syvewright ten. ij cot., et ij bov. terræ, red.
p. a. 12s. Johannes filius Rogeri ten. j cot., et ij bov. terræ,
red. p. a. 12s. Johannes ten. j cot., et j bov. terræ, red. p.
a. 6s. Ricardus Toddesson et Hugo de Baynton ten. iij cot.,
et iiij bov. terræ, red. p. a. 16s. Ricardus Shilton et Ricardus
Flesschewer ten. iij cot., et iiij bov. terræ, red. p. a. 18s. Willelmus Elisson ten. j cot., et j bov. terræ, red. p. a. 6s. Johannes
Taillour ten. j cot., et j bov. terræ, red. p. a. 6s. Predictus Willelmus Elisson ten. j cot., et vij acr. terræ, red. p. a. 3s. 6d.
Willelmus filius Roberti ten. j cot., et j bov. terræ, red. p.
a. 6s. Iidem tenentes ten. inter se j acr. terræ predictæ, red.
p. a. 6d.

GALLINÆ ET OVA. Iidem tenentes red. pro xij acr. terræ
punderi, ad festum Natalis Domini et Paschæ, lx gallinas, et
ccclx ova. Item red. pro xvj bov. de ver', ut in libro de Boldon,
ad festa pred. xvj gallinas, et lxxx ova.

TERRÆ IN MORA. Willelmus Shilton ten. ij acr. et dim.
terræ in mora ibid., red. p. a. ad iiij term. 2s. 6d. Willelmus
filius Eliæ ten. j acr. et dim. pred. terræ, red. p. a. 18d. Hugo
de Boynton ten. ij acr. et dim. terræ, red. p. a. ad e. t. 2s. 6d.
Johannes Wilkynson et Ricardus Flexhewer ten. vj acr. terræ
ibid., red. p. a. 6s. Thomas Dikonson ten. j acr. et dim. terræ,
red. p. a. 18d. Johannes Bell ten. j acr. et dim. terræ ibid., red.
p. a. 18d. Ricardus Eden ten. iij rod. terræ ibid., red. p. a. ad
e. t. 9d. Willelmus filius Roberti ten. ij acr. terræ ibid., red. p.
a. 2s. Willelmus filius Stephani ten. ij acr. terræ ibid., red. p. a.
2s. Johannes Gering ten. iij acr. terræ ibid., red. p. a. 3s. Johannes filius Rogeri ten. iij acr. terræ et dim. ibid., red. p. a.
3s. 6d. Johannes Maresshall ten. j acr. et dim. terræ, red. p. a.
18d. Willelmus Robynson ten. j acr. et dim. ibid., red. p. a.
18d. Ricardus Toddesson ten. iiij acr. iij rod. et dim. terræ
ibid., red. p. a. 4s. 7½d. Ricardus Shilton et Ricardus Flesshewer ten. iiij acr. terræ et dim. ibid., red. p. a. 4s. 6d. Willelmus Elisson ten. j acr. terræ ibid., red. p. a. 12d. Johannes
Taillour ten. j acr. terræ et dim. ibid., red. p. a. 18d. Tenentes
de Mikelheryngton ten. vj acr. terræ pred., red. p. a. 6s. Iidem
tenentes ten. inter se xxiiij acr. dictæ terræ ibid., red. p. a. 24s.,
unde iiij acr. quondam Johannis filii Gerardi et sociorum suorum,
sicut continetur in antiquo rentali. Iidem tenentes ten. inter se
pro residuo dictæ terræ ibid., prout continetur in antiquo rentali,

7½d.　Tenentes de Houghton ten. inter se xx acr. terræ in dicta mora de Newbotill, et red. p. a. ad term. pred. 20s.

Iidem tenentes solvunt inter se pro operationibus cotmannorum, et red. p. a. ad e. t. 8s.

Iidem ten. inter se communem furnum ibid., et red. p. a. ad e. t. 3s. 4d.

Iidem ten. inter se medietatem molendini de Newbotill, et red. p. a. 4l. 6s. 8d.

TERRÆ SCACCARII. Willelmus de Shilton ten. iij rod. terræ, quondam Willelmi punderi, red. p. a. ad iiij term. 12d.　Idem Willelmus ten. j toftum ibid. de novo vasto, red. p. a. 3d.　Hugo de Boynton ten. ij acr. terræ ibid., red. p. a. ad e. t. 2s.　Johannes Williamson ten. iij rod. terræ ibid., red. p. a. 12d.　Willelmus Bell ten. j acr. terræ ibid., red. p. a. ad e. t. 8d.　Willelmus filius Johannis ten. j placeam ibid., red. p. a. 6d.　Thomas Smyth ten. j cotagium, et xij acr. terræ de terra fabri, red. p. a. 8s.　Willelmus Robynson ten. vij acr. terræ ibid., red. p. a. 6s. 8d.　Johannes Syvewright ten. iij rod. terræ ibid., red. p. a. 12d.　Idem Johannes ten. j cotagium ibid., red. p. a. ad e. t. 2d. Predictus Johannes ten. j aliud cot. ibid., red. p. a. 4d.　Willelmus filius Stephani ten. j cot. ibid., red. p. a. 6d.　Ricardus de Eden ten. j acr. terræ scaccarii ibid., red. p. a. 8d.　Ricardus Flesschewer ten. ij acr. et iij rod. terræ ibid., red. p. a. 3s.　Idem Ricardus ten. j placeam, voc. Coterypole, red. p. a. 12d.　Predictus Ricardus ten. ij placeas vastas ibid., red. p. a. 8d.　Johannes Taillour ten. j cot. cum gardino, quondam Isabellæ Milner, red. p. a. 2s.　Idem Johannes ten. j acr. terræ scaccarii ibid., red. p. a. 8d.　Johannes Geryng ten. ij acr. terræ ibid., red. p. a. 2s. Predictus Johannes Taillour ten. j acr. terræ scaccarii ibid., red. p. a. 12d.　Predictus Johannes Geryng ten. iij acr. terræ ibid., et dabit multuram ad xiij vas, red. 20d.　Willelmus filius Roberti ten. ij acr. et dim. terræ scaccarii, red. p. a. 3s.　Ricardus Toddesson ten. j acr. terræ scaccarii, red. p. a. 12d.　Idem Ricardus ten. j acr. terræ, voc. Brokeslemp, red. p. a. 9d.　Ricardus de Shilton ten. j acr. et dim. terræ, red. p. a. 18d.　Idem Ricardus ten. j acr. terræ, apud Blaklaw, et red. multuram ad xiij vas, red. p. a. 6d.　Johannes Flecch ten. j cot. ibid., red. p. a. ad e. t. 6d. Willelmus Elisson ten. dim. acr. terræ, red. p. a. 6d.　Hugo Baynton ten. j cot. ibid., red. p. a. ad e. t. 5d.　Idem Hugo ten. j placcam vastam, de xv pedibus in latitudine, juxta tenementum suum, red. 1d.　Margareta de Shapilton ten. iij rod. terræ scaccarii, red. p. a. 12d.　Willelmus de Shilton et Ricardus de Shilton, Ricardus Todson et Johannes Hoggesson ten. Forland pro quibus red. p. a. 4d.

DOMINICA PLACEA.　Johannes Geryng ten. j cotagium infra

dominicam placeam, red. p. a. ad e. t. 3s. 4d. Ricardus Quykham ten. ij cot. infra dominicam placeam predictam, red. p. a.
4s. Alicia filia Roberti ten. j cot. infra eandem placeam, red. p.
a. 2s. 2d. Margareta de Shapilton ten. ij cot. infra eandem
placeam, red. p. a. 2s. 4d. Eadem Margareta ten. j placeam,
quondam j terræ toralis, red. p. a. 12.

MORETON.

TERRÆ BONDORUM. Willelmus Stevenson ten. j mess., et ij
bov. terræ, bov. cont. xij acr., red. p. a. 16d. ad iiij term. usuales,
et 5s. pro operibus, et unaquæque bovata solet operari xx diebus
in autumpno cum j homine, et herciat viij diebus cum j equo de
singulis ij bovatis, et facit iiij precationes in autumpno cum tota
familia domus, excepta housewiva, et quadrigat vj diebus bladum
et fenum, et unaquæque bov. villæ arat apud Houghton dim. acr.
terræ, et facit viij ladas ad Dunolm., vel iiij ad Aukland, et red.
j gallinam ad festum Natalis Domini, et v ova ad festum Paschæ, et cariabit Domino et Senescallo suo, et facit opera ad molendinum consueta, in toto 6s. 4d., et opera consueta. Thomas
Richardson ten. iij mess., et vj bov. terræ, et facit ut supra, et
red. p. a. 19s., et opera. Willelmus Stevenson junior ten. iij
mess., et v bov. terræ, et facit ut supra, et red. p. a. 15s. 10d., et
opera. Johannes Philipson ten. iij mess., et v bov. terræ, et facit
ut supra, red. p. a. 15s. 10d., et opera. Johannes Kyowe ten. iiij
mess., et iiij bov. terræ, et facit ut supra, red. p. a. 12s. 8d., et
opera. Iidem red. ad festum Natalis Domini inter se xxij gall.,
et ad festum Paschæ cx ova.

TERRÆ SCACCARII. Willelmus Stevenson junior ten. j acr.
terræ apud Wylandik, red. p. a. 6d. Johannes Philipson ten.
dim. rod. terræ, voc. Welgar, red. p. a. 4d. Iidem ten. inter se
dim. rod. terræ apud le Knoll, red. p. a. 4d.

MOLENDINUM. Iidem ten. inter se medietatem molendini
aquatici de Newbotill, red. p. a. pro portione sua, cum iiij bov.
in terra de Heryngdon, ad iiij term. 4l. 6s. 8d.

OPERA. Tenentes dictæ villæ solvunt annuatim pro operibus dominicis, quæ solent solvere tenent. de Newbotill ad e. t. 4s.

OFFICIUM PUNDERI. Et dicti tenentes red. p. a. pro officio
punderi, ad festum Natalis Domini et Paschæ, xx gall., et
c ova.

DUNOLM.

Magister Hospitalis de Kypier ten. quandam turrim infra portam ballii borialis, quondam Radulphi de Whitwell, red. p. a. ad iiij term. usuales 12d. Willelmus de Byssopdale ten. j domum, quondam Serlonis, et postea Johannis Morepath, red. 12d. Capellanus cantariæ Sancti Jacobi super novum pontem ten. j tenementum, et j torale antiquum, cum prato, voc. le Milnermydowe, juxta molendinum, red. p. a. 5s. Hugo Corbrig ten. j tenementum in ballio juxta Owengate, quondam Galfridi Leder, et postea Johannis Crawpol, red. p. a. 3s. Communarius Dunolm. ten. j tenementum in ballio, quondam Roberti de Leycester, red. p. a. 2s. Willelmus Rysseby ten., de jure uxoris suæ, j tenementum in ballio, quondam Petri de Maynford, red. 3s. Willelmus Elmeden ten. j tenementum de novo appruatum, super placeam quondam Willelmi del Orcheard, red. p. a. 18d. Idem Willelmus ten. aliam placeam ibid. de novo appruatam, quondam Magistri Johannis de Haghtorp, red. p. a. 12d. Rector Ecclesiæ Beatæ Mariæ in ballio boriali ten. j tenementum extra portam borialem juxta venellam, red. 5s. Elemosinarius Dunolm. ten. certa tenementa infra ballium Dunolm., cum quodam gardino, quondam (*blank*) Lygthfote, red. ad terminum Sancti Martini et Sancti Johannis 3s. Gilbertus Elvet red. pro quodam gardino annexo tenemento, quondam Radulphi Warsop, ante tenementum suum, et postea Roberti Cates, ad e. t. 1d. Robertus Burn ten. j mess., quondam Alani Goldesmyth, in Saddelergate, versus castrum, red. 16d. Thomas Newton capellanus ten. j tenementum ibid., quondam ipsius Alani, red. p. a. 4d. Thomas Barbour ten. j placeam super motam subter pontem tractabilem, quondam Johannis Mallesson, red. p. a. ad e. t. 14d. Agnes Broun ten. j placeam ex altera parte dicti pontis, red. p. a. 4d. Johannes Maresshall ten. j tenementum, quondam Gilberti Clerc, infra portam borialem immediate, red. 4d. Thomas Grey de Heton ten. j tenementum in Owengate juxta introitum hospicii Senescalli, et quondam Johannis de Cornhall, red. p. a. 4d. Johannes Cutiller ten. j tenementum in Saddelergate, juxta tenementum Roberti Broun, quondam Radulphi Sadeler, red. 2d. Prior Dunolm. ten. j tenementum in ballio boriali, quondam Roberti Gretwych, red. p. a. 4d. Magister Rogerus Caterik ten. j tenementum, quondam Willelmi Flesshewer, subtus motam versus veterem pontem, red. p. a. ad e. t. 6d. Willelmus Wryght et Matilda Rawyn ten. j gardinum sub motam castri, quondam Johannis Wodecok, et red. p. a. ad e. t. 18d. Johannes Kylinghall ten. j gardinum sub motam castri extra le Kyngesyate, quondam Henrici Olxudhaw, red. p. a. ad e. t. 2s. (*Blank*) ten. j tenementum, quondam Willelmi de Aukland, red. p. a. 12d. Johannes Fullour magister scolarium ten. j venellam, quondam Thomæ de Coxhide, red. p. a. 2d. Robertus de Walton ten. j tenementum, quondam Willelmi de Langchestre, red. p. a. 6d. Johannes Bowman ten. j seldam sub le Tollebothe, red. p. a. 10s. Johannes Custson ten. novam seldam sub le Tollebothe, red. p. a. 6s. 8d. Johannes Sitoler ten. j tenementum, quondam Walteri Gilet, red. p. a. ad terminum Cuthberti in Septembri, j lib. piperis. Johannes Chestre barbour ten. j placeam sub le Hegh, quondam Nicholai molendinarii, red. 6d. Idem Johannes ten. j gardinum ibid., quondam Johannis de Hawden clerici, red. p. a. 12d. Et est ibid. quoddam tenementum, quondam Johannis de Maydenstan, in ballio Dunolm., red., ad festum Sancti Cuthberti in Septembri, j lib. cimini. Et est ibid. j domus, quondam Edæ Bartour, et solebat reddere p. a. 10s., modo vasta et extra tenuram, ideo &c. Johannes Clerk ten. j gardinum super le Mote, et red. p. a. 12d.

Alanus de Bylingham, Johannes de Boynton, Rogerus Aspour, Rogerus Flesshewer, Ricardus Kyrkby et alii tenentes ibid. ten. burgum Dunolm. ad firmam, cum tolneto molendini, redditibus burgi, cum forisfacturis, tolnetis transeuntium et fori eorundem, red. p. a. ad iiij term. usuales, ad terminum iij annorum, hoc anno secundo, per equales portiones, 80*l*.

WARDA DE STOKTON.

STOKTON VILLA.

TENENTES INFRA BURGUM. Walterus Webster ten. j burgagium, et facit sectam curiæ burgi de tribus septimanis in tres
septimanas, et est quietus de omnibus tolnetis infra libertatem
Dunolm., preter in wappentagio Sadberg, et red. p. a. ad iiij
term. 6d. Willelmus Osbern ten. ij burg. ibid. per servitium
predictum, red. p. a. ad e. t. 22d. Thomas Feuler ten. ij burg.
ibid. per serv. pred., red. p. a. 2s. 6d. Thomas Coly senior ten.
j burg. ibid. per serv. pred., red. p. a. 3d. Johannes filius Johannis Emmesson ten. j burg. ibid. per serv. pred., red. p. a. 3d.
Alicia Ossebern ten. j burg. ibid. per serv. pred., red. p. a. 6d.
Johannes Burdon et Ricardus Miles ten. j burg. ibid. per serv.
pred., red. p. a. 9d. Willelmus Hertburn ten. dim. burg. per
serv. pred., red. p. a. 3d. Willelmus Storherd et Robertus
Clowbek ten. j burg. ibid., red. p. a. 6d. Robertus Doughty
ten. j burg. ibid. per serv. pred., red. p. a. 6d. Johannes Rome
ten. ij burg. ibid., et j placeam vastam de terra Domini ante
ostium, red. p. a. 5d. Johannes de Laton ten. medietatem j
burg. ibid. per serv. pred., red. p. a. 8d. Reginaldus Taillour
ten. medietatem j burg. ibid. per serv. pred., red. p. a. 4d.
Isabella Rysshdew ten. j burg. ibid. per serv. pred., red. p. a.
ad e. t. 6d. Johannes Ydonesson ten. j burg. ibid. per serv.
pred., red. p. a. 6d. Willelmus Row ten. medietatem j burg.
ibid. per serv. pred., red. p. a. 3d. Johannes Lowson ten.
medietatem j burg. ibid. per serv. pred., red. p. a. 4d. Johannes
Brounesknave ten. j burg. ibid. per serv. pred., red. p. a. 8d.
Johannes Ossebern ten. medietatem j burg. ibid. per serv. pred.,
red. p. a. 2d. Willelmus Storherd ten. medietatem j burg. ibid.
per serv. pred., red. p. a. 2d. Ricardus Coly ten. medietatem j
burg. per serv. pred., red. p. a. 6d. Johannes Joyfull et Johanna soror ejus ten. dim. burg. per serv. pred., red. p. a. 3d.

Robertus del Rogh ten. j burg. ibid. per serv. pred., red. p. a.
8d. Thomas Coly ten. dim. burg. ibid. per serv. pred., red. p. a.
4d. Thomas Hertpole ten. j burg. ibid. per serv. pred., red. p.
a. 6d. Ricardus Maunce ten. j burg. ibid. per serv. pred., red.
p. a. 6d. Robertus Coly ten. j burg. ibid. per serv. pred., red.
p. a. 4d. Johannes Williamson ten. medietatem j burg. ibid.,
red. p. a. 2d. Henricus Pillok ten. medietatem j burg. ibid.,
red. p. a. 4d. Robertus de Stokesley ten. j burg. ibid., red. p.
a. ad e. t. 6d. Thomas Maresshall ten. medietatem j burg., red.
p. a. 4d. Ricardus Merlyngh et Cecilia de Conyngburgh ten. j
burg. ut supra, red. p. a. 3d. Johannes Coly ten. medietatem
j burg. ibid. per serv. pred., red. p. a. 3d. Johannes Woderoff
ten. medietatem j burg. ibid., red. p. a. 3d. Johannes Raa ten.
medietatem j burg. ibid. per serv. pred., red. p. a. 1½d. Robertus Clowbek ten. medietatem j mess. ibid. per pred. serv.,
red. p. a. 1d. Ricardus Osbern et Johannes frater ejus ten.
medietatem j burg. per serv. pred., red. 2d.

TENENTES EXTRA BURGUM. Ricardus Brantingham souter,
manens in Aukland, ten. medietatem j burg. ad terminum vitæ
suæ, et facit sectam curiæ ibid. de tribus septimanis in tres
septimanas, vel solvit pro quolibet defectu Domino 6d., red. p.
a. ad iiij term. usuales 1d. Johannes Alverton fyssher, manens
in Alverton, ten. medietatem j burg. ut supra, red. 2d. Adam
Michel, manens in Seggefeld, ten. medietatem j burg. ut supra,
red. p. a. 2d. Johannes Tose, manens in Seggefeld, ten. quartam
partem j burg. ibid. ut supra, red. 1d. Willelmus Waldehave
ten. quartam partem j burg. ibid. ut supra, red. p. a. 2d. Johannes Colie de Jarom ten. quartam partem j burg. ibid. ut
supra, red. p. a. 2d. Johannes Sokburn ten. quartam partem
j burg. ibid. ut supra, red. p. a. 2d. Martinus Draper de Seggefeld ten. quartam partem j burg. ut supra, red. p. a. 1d.
Willelmus Kepwyk ten. quartam partem j burg. ibid. ut supra,
red. p. a. 1d. Walterus Gilet ten. quartam partem j burg. ibid.
ut supra, red. p. a. 1½d. Willelmus Grene souter ten. quartam
partem j burg. ibid. ut supra, red. p. a. 1½d. Walterus Irland
ten. quartam partem j burg. ibid. ut supra, red. p. a. 1½d.
Willelmus Kepwyk ten. quartam partem j burg. ut supra, red.
p. a. 1½d. Thomas Scapman ten. quartam partem j burg. ut
supra, red. p. a. 1d. Thomas Dobynson nativus ten. quartam
partem j burg. ut supra, red. p. a. 1d. Willelmus Colye de
Hertpole ten. quartam partem j burg. ibid. ut supra, red. p. a.
1d. Willelmus Henryson de Seggefeld ten. quartam partem j
burg. ibid. ut supra, red. p. a. 1d. Johannes Adamson ten.
quartam partem j burg. ibid. ut supra, red. p. a. 1d. Matilda

Walker ten. quartam partem j burg. ibid. ut supra, red. p. a. 1d.
Robertus Tesedale ten. quartam partem j burg. ibid. ut supra,
red. p. a. 1d. Thomas Hedlem ten. quartam partem j burg.
ibid. ut supra, red. p. a. 1d. Moricius Milner ten. quartam
partem j burg. ibid. ut supra, red. p. a. 1d. Johannes Hasp-
ham ten. quartam partem j burg. ibid. ut supra, red. p. a. 2d.
Willelmus Pyhton ten. quartam partem j burg. ibid. ut supra,
red. p. a. 2d. Johannes Shalton de Derlyngton ten. quartam
partem j burg. ibid. ut supra, red. p. a. 1d. Oliverus Barkar de
Yarim ten. quartam partem j burg. ibid. ut supra, red. p. a. 1d.
Willelmus Sanderson ten. quartam partem j burg. ibid. ut supra,
red. p. a. 2d. Johannes Fisscher de Yarome ten. quartam
partem j burg. ibid., red. p. a. 1½d. Willelmus Alesbury et
Alexander Chapman de Ripon ten. medietatem j burg., red. p.
a. 2½d. Willelmus Pawle de Jarome ten. quartam partem j
burg. ut supra, red. p. a. 2d. Johannes Raper de Duresme
ten. quartam partem j burg. ut supra, red. p. a. 2d. Nicholaus
Fissher de Yarome ten. quartam partem j burg. ut supra, red. p.
a. 1d. Andreas Cok de Hertpole ten. medietatem j burg. ut
supra, red. p. a. 2d. Johannes at Towneshende nativus ten.
medietatem j burg., red. p. a. 2d. Willelmus Ketell de Seggefeld ten. quartam partem j burg. ibid. ut supra, red. p. a. 1d.
Willelmus Pestell ten. quartam partem j burg. ibid. ut supra,
red. p. a. 1d. Johannes Collesson ten. j burg. ibid. ut supra,
red. p. a. ad e. t. 6d. Willelmus Coke de Yarome ten. medietatem j burg. ibid. ut supra, red. p. a. 2d. Thomas Emmesson
ten. quartam partem j burg. ibid. ut supra, red. p. a. 1d. Petrus
Flesshewer de Hertpole ten. medietatem j burg. ibid. ut supra,
red. p. a. 3d. Ricardus Fewler ten. quartam partem j burg.
ibid. ut supra, red. p. a. 2d. Lucas Broune ten. quartam partem
j burg. ibid. ut supra, red. p. a. 1½d. Johannes Worksall ten.
j burg. ibid. ut supra, red. p. a. 8d. Ricardus Raa ten. quartam partem j burg. ibid. ut supra, red. p. a. 2d. Johannes
Hogge ten. medietatem j burg. ibid. ut supra, red. p. a. 3d.

LIBERI TENENTES. Johannes de Ursall ten. j messuagium, et
iiij bov. terræ, quondam Adæ Priston, de parcellis j carucatæ
terræ dictæ, per cartam et forinsecum servitium, red. p. a. ad iiij
term. usuales 6s. Willelmus Osbern ten. ij bov. terræ de parcellis dictæ carucatæ, red. p. a. per servitium predictum 3s.
Robertus Coly ten. ij bov. terræ de parcell. dictæ carucatæ, red.
p. a. per serv. pred. 4s. 4d. Johannes Elvet ten. j mess., et iiij
bov. terræ, quondam Thomæ Porter, per cartam et servitium, et
mundat stagnum et le fleme molendini de Norton, red. p. a. 20s.
Idem Johannes ten. j toftum, et j bov. terræ, et iij acr. prati,

STOCKTON WARD.—STOCKTON. 167

quondam Ricardi de Stokton clerici, per forins. serv., et dicta acra terræ et iij acræ prati jacent ex parte australi aquæ de Tese ex opposito manerii, red. p. a. ad iiij term. pred. 13s. 4d.

De villata de CLAXTON de feodi firma p. a. ad iiij terminos principales 13s. 4d.

Johannes Carrow pro consimili firma in villa de (blank), red. p. a. ad e. t. 2s. 3d., pro TROPTHEULES.

Adam Fulford red. pro villa de GRENDON JUXTA TORP, red. p. a., ad festum Sancti Cuthberti in Septembri, 2s.

BURGUS. Ricardus Maunce et socii sui red. pro firma burgi de Stokton, cum tolnetis, perquisitis, finibus per alienationem, forisfacturis, tolneto, voc. towirst, una cum 22s. 11½d. de redditu burgi ibid. ut supra, in ij parcellis, red. p. a. 106s. 8d.

PARCUS. Et est ibid. quidam parcus cum antiquo pomerio, et vij acr. et j rod. prati inclusis ibid., qui dimittitur, red. p. a. ad. e. t. 8l.

PASTURA. Item est ibid. quædam pastura, voc. Bissopholme et Turspit, quæ dimittitur, et red. p. a. 40s.

PASSAGIUM AQUÆ. Item est ibid. passagium aquæ cum botello, quod dimittitur, red. p. a. 53s. 4d.

FIRMARII. Thomas Fewler ten. j mess., et j bov. terræ, quondam Alani Gernet, et facit in omnibus sicut firmarii de Norton, red. p. a. ad iiij term. usuales 3s. 4d. Emma quæ fuit uxor Willelmi filii Thomæ ten., de jure dotis, j mess., et j bov. terræ, quondam dicti Alani, et postea Adæ Stevenson, et facit pro portione sicut firmarii de Norton, red. 3s. 4d. Eadem Emma ten. j mess., et j bov. terræ, quondam Roberti filii Johannis, et facit opera ut supra, red. 3s. 4d.

TERRÆ DOMINICÆ IN COMPOTO BALLIVI IBIDEM. Et sunt ibid. ix carucatæ terræ de terris dominicis, cont. DCCCX acr. prati, red. per acram 4d., — 13l. 10s., et dimittitur ad solvendum, ad festum Michaelis, 8l.

COTAGIA. Robertus Dykon ten. j cotagium, voc. Castelman, cont. j rod. terræ, et facit iij precationes in autumpno, precium operis 3d., et cariabit gallinas et ova usque hospicium Domini ubicumque fuerit infra Tynam et Tese, red. p. a. in toto ad iiij term. usuales 6d. Emma quæ fuit uxor Willelmi filii Thomæ ten. aliud tenementum, per dotem, ibid., red. in omnibus, et facit ut supra pro portione 6d. Isti duo cotagii red. ad festum Michaelis pro operibus 18d.

TERRÆ BONDORUM. Johannes Dobbe ten. j mess., et ij bov. terræ, bov. cont. xv acr., red. p. a. 2s. 6d. ad festum Purificationis Beatæ Mariæ pro scatpenys, et vj buz. scat avenarum, pro averpenys 16d., et facit opera septimanalia et arrui, et opera autumpnalia, wodlades, et omnia alia opera sicut bondi de Nor-

ton, red. in toto ad iiij term. usuales 14s. 2d. Thomas Culy
junior ten. j mess., et ij bov. terræ, et facit in omnibus ut supra,
red. p. a. 14s. 2d. Willelmus de Wattes ten. j mess., et ij bov.
terræ, et facit in omnibus ut supra, red. p. a. 14s. 2d. Willelmus
Emme ten. j mess., et ij bov. terræ, et facit ut supra, red. p. a.
14s. 2d. Idem Willelmus et Johannes Dikon ten. j mess., et ij
bov. terræ, et faciunt ut supra, red. 14s. 2d. Alanus filius Johannis ten. j mess., et ij bov. terræ, et facit ut supra, red. p. a.
14s. 2d. Thomas filius Johannis ten. j mess., et ij bov. terræ, et
facit ut supra, red. p. a. 14s. 2d. Johannes Emmesson ten. j mess.,
et ij bov. terræ, et facit ut supra, red. p. a. 14s. 2d. Robertus
Dikon ten. j mess., et ij bov. terræ, et facit ut supra, red. p. a.
14s. 2d. Johannes Joyfull ten. j mess., et ij bov. terræ, et facit
ut supra, red. p. a. 14s. 2d. Tenentes ibid. tenent inter se vj acr.
terræ, voc. Punderland, red. p. a. 5s.

METRICH. Tenentes bondorum solvunt inter se p. a., ad
terminum Sancti Martini, pro j vacca de metrich 6s.

GALLINÆ ET OVA. Item quilibet bondus solvit p. a. ij gallinas ad festum Nativitatis, et x ova ad festum Paschæ, in toto
pred. bondi xx gall., cc ova.

OFFICIUM PUNDERI. Punderus ibid. solvit Domino quolibet
anno lxxx gallinas ad festum Nativitatis, et D ova ad festum Paschæ, unde in toto lxxx gall., D ova.

SELFODES. De selfodes et famulis bondorum totum sicut continetur in villa de Norton.

FORGIUM. Et fuit ibid. quoddam forgium in vasto Domini,
quod solebat reddere p. a. 4d., modo vastum et extra tenuram.

Predicti tenentes ten. inter se communem furnum, red. p. a.
ad e. t. (blank).

CASTELMEN. De redd. ibid. pro castelmen ad iiij term. 12d.

TERRÆ SCACCARII. Willelmus Shephird et Robertus Slow-
bek ten. j mess., et ij bov. terræ, quondam bondorum, et quondam Milonis filii Roberti de terra scaccarii, red. p. a. ad iiij term.
16s. 8d., et pro scatpenys ad terminum Purificationis 2s. 6d., et
vj buz. avenarum, et pro averpenys ad iiij term. 16d., et pro v
wodelades ad terminum Nativitatis Sancti Johannis Baptistæ
12d., et faciunt opera ad molendinum sicut bondi, et non faciunt
alia opera cum bondis, nisi ij gallinas ad festum Nativitatis, et x
ova ad festum Paschæ, in toto 21s. 6d. Willelmus filius Johannis
at Touneshende ten. j mess., et j bov. terræ, quondam Germani
Pulter, et postea Johannis filii Willelmi, et red. p. a. ad iiij term.
usuales 8s. 5d. Idem Willelmus ten. j tenuram, quondam Germani emptoris, et mundabit stagnum et le. fleme molendini de
Norton, red. p. a. ad iiij term. usuales 3s. 4d. Lucas filius Willelmi Broune ten. xx acr. terræ, quondam Willelmi Broune, red.

p. a. tantum pro operibus 6s. 8d. Johanna filia Roberti Emme
ten. j mess., et j bov. terræ, quondam bondorum, et quondam in
tenura Thomæ filii Rogeri, et facit in omnibus sicut firmarii de
Norton, red. p. a. 3s. 4d. Ricardus Maunce pro quadam placea
terræ, citus *(sic)* manerii, pro domo sua elargienda, red. p. a. 4d.
Willelmus Eme ten. j placeam, quondam Willelmi filii Thomæ,
red. p. a. 2d.

TERRÆ CANTARIÆ. Et sunt ibid. iiij bov. cum j mess., quondam Roberti Combe, quæ solebant reddere p. a. 6s. 8d., et modo
nichil, quia in manu mortua pro quadam cantaria ibid., quæ occupatur per quemdam capellanum continue celebrantem ibid. Item
de quodam veteri tofto, quondam Roberti de Coum pro citu aulæ
suæ, et sol. red. p. a. 16d., modo nichil, quia in tenura dicti
capellani.

TERRÆ VASTÆ. Item fuit ibid. quoddam forgium in vasto
Domini, et sol. red. p. a. 4d., modo vastum et extra tenuram, ut
dicunt. Item quædam placea, quondam Willelmi filii Thomæ, de
terra scaccarii, et sol. red. p. a. 2d., modo in manu Domini per
mortem Emmæ uxoris filii Thomæ.

VALOR MANERII. Juratores dicunt &c., quod est ibid. quoddam manerium edificatum, cujus situs nichil valet ultra reprisam
domorum ibid. Et est ibid. quoddam pomerium cujus fructus
cum herbagio appreciatur communibus annis ad 2s. Et est ibid.
quidam parcus, cum antiquo pomerio viij acr. et j rod. prati in-
cluso, quæ appreciantur et dimittuntur hoc anno communiter
pro 8l. Et sunt ibid. cxl acr. prati diversi in diversis locis, precium acræ 3s., unde, summa in toto 21l., videlicet, in le North-
mede xiij acr., in Haygate ij acr., in Sundrenes xij acr. et j rod.,
in Westhalburn x acr., apud Lusthorne xx acr., in Lynehalgh
xxx acr., in Lyttelnes x acr., in Elvetmore xj acr. et j rod., in
Campsyke v acr., apud Cotegrene ij acr., apud Coldsyke ij acr.,
item pratum juxta le Coldsyke, cont. iij acr., in Cotacredene v
acr., apud Esthalburn v acr., apud Grenesmedow vij acr., summa
acrarum cxlij acr. et ij rod. prati, et sic ij acr. et ij rod. prati, quæ
excedunt cxl acr. prati superius, appreciantur p. a. ad 7s. 6d.
Item est ibid. j pecia prati, voc. Pykesike, cont. v acr., precium
acræ 18d., — 7s. 6d. Item apud le Hawbankes j acr. appreciatur
ad 5s. 6d. p. a. Item apud Haybrigate ij acr. et j rod. cum
Fermelech appreciantur ad 8s. p. a. Item apud Halburnheude
ij acr. prati, precium 8s. Item apud Knapdale j acr. et dim., precium 3s. Item apud Bernerdmyre, Crounerpole et Sandlandheued, precium 5s. Item le Mirehed appreciatur ad 18d. Item
dim. acr. prati, voc. le Pighill, appreciatur communibus annis
ad 20d.

Punderus ibid. habet, causa officii sui, ij placeas prati, voc.

Miresheued et Wybbysgar, et le Porkside versus austrum, cont. j acr. et dim., et Beligate et Jarmrgate, et via quæ ducit versus Preston, &c.

TERRÆ DOMINICÆ IN ONERE BALLIVI.   Et sunt ibid. ix carucatæ terræ, cont. DCCCX acr., precium acræ 4d., — 13l. 10s., et dimittuntur pro 8l. hoc anno, &c.

PASTURÆ.   Et est ibid. quædam pastura, voc. Halstonmore, et appreciatur ad 73s. 4d. p. a. Item pastura de Normantonmore appreciatur ad 20s. p. a.   Item pastura prati, post asportationem feni de Rewayn, appreciatur p. a. ad 40s.   Item sunt ibid. aliæ pasturæ, videlicet, le Bisshopholme et Turspit, quæ apprecientur et dimittuntur hoc anno pro 40s., &c.

SUBBOSCUM.   Et sunt ibid. in parco predicto certum boscum et subboscum, unde proficuum subbosci appreciatur communibus annis ad 3s. 4d.   Et in grosso bosco ibid. sunt aereæ ardearum tempore anni, quæ apprecientur communibus annis ad 13s. 4d.

PASSAGIUM.   Item est ibid. quoddam passagium aquæ cum batello ibid., quod dimittitur ad firmam pro 53s. 4d. p. a.

HERTBURN.

LIBERI TENENTES.   Johannes Laykan ten. ibid. ij mess., et ij bov. terræ, quondam Walteri Freman, per cartam et forinsecum servitium, et auxiliabit cum aliis tenentibus villæ ad purgandum stagnum et le fleme molendini aquatici de Norton, red. p. a. ad iiij term. usuales 13s. 4d.

FIRMARII.   Willelmus Baron ten. j mess., et j bov. terræ, et facit in omnibus sicut bondi, preter opera septimanalia, et ladas, et quadrigatas, pro quibus red. p. a. 15d. ad festum Sancti Cuthberti in Septembri, 7s. 4d. de redd., in toto 8s. 7d., et opera. Willelmus Baron ten. j mess., et j bov. terræ ibid., quondam Willelmi Bosse, voc. Osbernesland, et facit opera in omnibus sicut firmarii de Norton faciunt pro j bov., et red. p. a. ad iiij term. pred. 3s. 4d., et opera.

TERRÆ DOMINICÆ.   Willelmus Baron et socii sui ten. inter se de dominicis de Stokton, juxta bercariam Domini, j peciam terræ super Northdeynsyde, cont. xliij acr. terræ, red. p. a. pro omnibus ad iiij term. usuales 21s. 8d.

COTAGIA.   Predictus Willelmus Baron ten. j cot. cum gardino, et facit opera sicut cotarii de Norton, red. p. a. ad iiij term. usuales 6d.   Thomas Fewlere ten. ij cot. cum gardinis, et facit opera ut supra, red. p. a. 12d.   Thomas Baron ten. j cot. cum gardino, et facit opera ut supra, red. p. a. 6d.

COMMUNIS FURNUS. Tenentes villæ ibid. ten. inter se communem furnum, red. p. a. ad iiij term. usuales 2s.

TORALE. Iidem ten. inter se j torale commune pro quo nichil red. ut dicunt, ideo inquiratur.

COMMUNE FORGIUM. Iidem ten. inter se quoddam forgium ibid., red. p. a. ad e. t. 2d.

METRICH. Tenentes bondi inferius red. p. a. ad festum Martini pro j vacca de metrich 6s.

TERRÆ BONDORUM. Willelmus Baron ten. j bondagium, cont. ij bov. terræ, bov. cont. xv acr., et facit in omnibus sicut bondi de Norton, red. p. a. ad iiij term. usuales 14s. 2d. Robertus Agnesson ten. j bov., cont. ut supra, et facit in omnibus ut supra, et red. p. a. 14s. 2d. Willelmus de Carleton ten. j bondagium, cont. ut supra, et facit in omnibus ut supra, red. p. a. 14s. 2d. Johannes Alman et Robertus de Carlton ten. j bond., cont. ut supra, et faciunt ut supra, red. p. a. 14s. 2d. Gilbertus Haugh et Willelmus Ingleby ten. j bond., cont. ut supra, et faciunt ut supra, red. p. a. 14s. 2d. Thomas Baron ten. j bond., cont. ut supra, et facit in omnibus ut supra, red. p. a. 14s. 2d. Idem Thomas et Gilbertus Haw ten. j bond., cont. ut supra, et faciunt ut supra, red. p. a. 14s. 2d. Johannes Roger ten. j bond., cont. ut supra, et facit in omnibus ut supra, red. p. a. 14s. 2d. Robertus Carlton ten. j bond., cont. ut supra, et facit ut supra, red. p. a. 14s. 2d. Willelmus Carlton ten. j bond., cont. ut supra, et facit ut supra, red. p. a. 14s. 2d. Umfridus Welfed ten. j bond., cont. ut supra, et facit ut supra, red. p. a. 14s. 2d.

Et in bovatis terræ hic deficientibus de xij bondagiis et dim., contentis in libro de Boldon, quæ arentantur supra in titulo liberorum tenentium ij acr., et in titulo firmariorum j acr. in manu Willelmi Baron, quæ red. pro scatpenys, et averpenys, et metrich ut superius. Item quilibet selffod red. p. a. Domino 3d. Item quilibet serviens bondorum pred. red. Domino pro operibus p. a. 12d. ad festum Sancti Michaelis.

TERRÆ SCACCARII. Willelmus Fouremen senior, Robertus filius ejus, Willelmus Fouremen junior, Johannes Shephird de Herdwyk, Willelmus Baron, Adam Dobbe de Hertburn ten. in villa de Hertburn xxiiij acr. terræ scaccarii, red. p. a. ad iiij term. usuales 11s. Thomas Fewler ten. j toftum cum crofto, cont. dim. acr. terræ scaccarii, red. pro omnibus p. a. 14d. Idem Thomas ten. j toftum et croftum, cont. j rod. terræ scaccarii, red. p. a. pro omnibus 6d. Robertus de Carlton ten. j toftum et croftum, cont. j rod. terræ scaccarii, red. p. a. 6d. Willelmus Carlton ten. iij rod. terræ scaccarii, super placeam, voc. Croft, red. p. a. 6d. Thomas Baron ten. j toftum cum gardino de terra

172   BISHOP HATFIELD'S SURVEY.

scaccarii, quondam Cristiani Hayton, red. p. a. 12d. Willelmus
Baron ten. j selionem terræ, voc. Maldrig, de terra scaccarii,
cont. j rod., red. p. a. 4d.   Predictus Willelmus Carlton ten. j
placeam appruatam de vasto, pro tenemento suo elargiendo, de
terra scaccarii, cont. in longitudine xl pedes et in latitudine xij
pedes, red. p. a. pro omnibus 6d.

NORTON.

TENENTES IN DRINGAGIO.   Rogerus Fulthorp miles ten. ij
mess., et j carucatam terræ, voc. Lukasland, cont. viij bov., quælibet bov. cont. xv acr. terræ, per servitium forinsecum, et operabitur
per xxxij dies, vel habeat xxxij homines simul die, et inveniet iiij
quadrigas j die vel ij quadrigas ij diebus ad bladum Domini
quadrigandum, et si homines habuerit faciet iiij precationes in
autumpno, cum omni familia domus, excepta hocewyva, sed ipse
et propria domus queti erunt de hujusmodi precationibus, et
omnia ista opera arentantur modo ad 9s. 10d. tantum ad festum
Michaelis, et 10s. p. a. ad scaccarium ad iiij term. majores, in
toto 19s. 10d.   Idem Rogerus ten. xxix acr. terræ, quondam
Magistri Johannis de Norton, voc. Trumperland, red. 6s. 8d.
    LIBERI TENENTES.   Ricardus Stanlawman ten. j mess., et
iij bov. terræ, quondam Adæ filii Johannis, per servitium forinsecum, red. p. a. ad iiij term. usuales 11s.   Robertus Johnson
ten. j mess., et j bov. terræ, voc. Bysesland, per serv. forins.,
red. p. a. 16s. 8d.   Robertus Spurner ten. j mess., et iij bov.
terræ et xij acr. terræ, quondam Willelmi filii Thomæ clerici,
per idem serv., red. p. a. ad e. t. 18s. 6d.
    TERRÆ BONDORUM.   Johannes Sandy ten. j bondagium in-
tegrum, cont. ij bov., bov. cont. xv acr., red. p. a. 2s. 6d. pro
scatpenys ad festum Purificationis, vj buz. avenæ de scat ad
idem festum, averpenys 16d. ad iiij term. usuales, v quadrigatas
de wodlades ad festum Nativitatis Sancti Johannis, ij gallinas
ad festum Nativitatis, x ova ad festum Paschæ; et operatur per
totum annum iij diebus per septimanam, exceptis septimanis
Paschæ et Penthecostes et xiij diebus Nativitatis Domini, precium dietæ ½d.—6s., et in operatione sua facit in autumpno iiij
precationes ad metendum cum omni familia domus, excepta
hosewyva, precium operis 6d.—2s., et postea metet iij rodas
daveripe, precium 6d., et arat et herciat iij rodas davererd, precium 6d., et postea unaquæque caruca villanorum arat et herciat ij acr., et semel habebit corrodium Episcopi, precium operis
pred. ij acr. 8d.—16d.; et tunc sunt quieti de operibus ejusdem
septimanæ, set quando magnas precationes faciunt, habent cor-

rodium Domini, et in operationibus suis ebdomadalibus herciant
cum opus fuerit, et faciunt ladas, et cum eas fecerint habebit
unusquisque j panem, et falcant j die apud manerium de
Stokton in operatione sua usque ad vesperam, et tunc habebunt
corrodium, et faciunt in nundinis Sancti Cuthberti singuli ij
villani j botham, et quando logias faciunt et wodlades ducunt
quieti sunt de hujusmodi aliis operationibus. Villani debent
facere singulis annis in operatione sua, si opus fuerit, j domum
longitudinis xl pedum et latitudinis xv pedum, et tunc cum
fecerint sunt unusquisque quietus de 4d. de averpenys. Toti
villani nichil solvunt de cornagio ibid., eo quod non habent
pasturam, prout patet in libro de Boldon, red. p. a. ad iiij
term. usuales 14s. 2d. Johannes Spurner senior ten. j bondagium integrum, cont. ut supra, et facit in omnibus sicut pred.
Johannes, red. 14s. 2d. Ricardus Sanderson ten. j bond. integrum, cont. ut supra, et facit in omnibus ut supra, red. p. a. 14s.
2d. Willelmus Magesson ten. ij bond., bond. cont. ut supra, et
facit in omnibus ut supra, red. p. a. 28s. 4d. Johannes Spurner
et Johannes Buterwyk ten. j bond., cont. ut supra, et faciunt ut
supra, red. p. a. 14s. 2d. Johannes Buterwyk ten. j bond. integrum, cont. ut supra, et facit in omnibus ut supra, red. p. a.
14s. 2d. Robertus Arnald, Johannes Smyth, Adam Sparow et
Johannes filius Rogeri de Blaxston ten. j bond., cont. ut supra,
et faciunt in omnibus ut supra, red. p. a. 14s. 2d. Johannes
Maresshall et Johannes Pytyngton ten. j bond., cont. ut supra,
et faciunt ut supra, red. 14s. 2d. Johannes filius Rogeri de
Blayston ten. j bond., cont. ut supra, et facit ut supra, red. p. a.
14s. 2d. Thomas Dobynson ten. j bond. integrum, cont. ut
supra, et facit in omnibus ut supra, red. p. a. 14s. 2d. Johannes
Redmershill ten. j bond. integrum, cont. ut supra, et facit ut
supra, red. p. a. 14s. 2d. Willelmus Sibbesson ten. j bond.
integrum, cont. ut supra, et facit ut supra, red. p. a. 14s. 2d.
Adam Pythter ten. ij bond., bond. cont. ut supra, et facit ut
supra, red. p. a. 28s. 4d. Willelmus Parler ten. ij bond., bond.
cont. ut supra, et facit ut supra, red. p. a. 28s. 4d. Robertus
Arnald ten. j bond. integrum, cont. ut supra, et facit ut supra,
red. p. a. 14s. 2d. Johannes Pyityington ten. j bond. integrum,
cont. ut supra, et facit ut supra, red. p. a. 14s. 2d. Johannes
Buckan ten. ij bond., bond. cont. ut supra, et facit ut supra,
red. p. a. 28s. 4d. Alicia Stokesley ten. j bond. integrum,
cont. ut supra, et facit ut supra, red. p. a. 14s. 2d. Alanus del
Well ten. ij bond., bond. cont. ut supra, et facit ut supra, red.
p. a. 28s. 4d. Robertus de Carlton ten. ij bond., bond. cont. ut
supra, et facit ut supra, red. p. a. 28s. 4d. Adam Sparow ten. j
bond., cont. ut supra, et facit ut supra, red. p. a. 14s. 2d.

Johannes Wiḷkynson ten. ij bond., bond. cont. ut supra, et facit
ut supra, red. p. a. 28s. 4d.

SERVIENTES. Et quilibet serviens cujuslibet predictorum bondorum, etatis xvj annorum et ultra, solvit Domino, quolibet anno,
pro precariis in autumpno, ad festum Michaelis, 12d. tantum.

SELFODEZ. Et quilibet selffode, cujuscumque gradus, manens in villa, solvit Domino p. a., ad idem festum Michaelis, 3d.

PUNDERUS. Punderus ibid. solvit, causa officii sui, ad festum Nativitatis Domini, lxxx gallinas, et ad festum Paschæ
D ova.

REDDITUS FIRMÆ COTMANNORUM. Willelmus Couper ten.
j cotagium, quondam Adæ Edeson, et j acr. terræ cotmannorum,
red. p. a. ad iiij term. usuales 6d., et operatur per xiij dies p. a.,
precium operis ½d., et iiij precationes in autumpno, precium
precariæ cujuslibet 3d., per recognitionem inter tenentes, quæ
opera modo arentantur ad 11½d. p. a., solvendos ad festum
Michaelis tantum. Johannes Magson ten. j cotagium, et dim.
acr. terræ, et facit in omnibus sicut predictus, red. p. a. (blank).
Willelmus de Kent ten. j cot., et j acr. terræ, et facit in omnibus ut supra, red. p. a. (blank). Johannes Mawer ten. j cot.,
et iij rod. terræ, et facit pro quantitate ut supra, red. p. a.
(blank). Emma Kyrkman ten. j cot., et j acr. terræ, et facit ut
supra pro quantitate, red. p. a. (blank). Johannes Maresshall
ten. j cot., et j acr. terræ, et facit ut supra pro quantitate, red.
p. a. (blank). Robertus de Carleton ten. j cot., et iij rod. terræ,
et facit pro quantitate ut supra, red. p. a. (blank). Thomas
filius Alani Halyman ten. j cot., et iij rod. terræ, et facit pro
quantitate ut supra, red. p. a. (blank). Johannes Glover ten. j
cot., et iij rod. terræ, et facit pro quantitate ut supra, red. p. a.
(blank). Johannes Emue ten. j cot., et iij rod. terræ, et facit
pro quantitate ut supra, red. p. a. (blank). Gilbertus Spurner
ten. j cot., et j acr. terræ, et facit pro quantitate ut supra, red.
p. a. (blank). Tenentes ibid. ten. inter se j cot., iiij acr. et j
rod. terræ, et faciunt pro quantitate ut supra, red. p. a. ad e. t.
sicut predictus Willelmus Couper in omnibus, prout patet in
libro de Boldon, 4s. 2d. Iidem tenentes ten. inter se ij acr.
et j rod. terræ, voc. Punderland, red. p. a. ad e. t., prout patet
in libro de Boldon, 2s. 7½d.

FORGIA. Willelmus Eyt ten. magnum forgium ibid., red.
p. a. ad iiij term. usuales 8d. Johannes Eyt ten. j aliud forgium, red. p. a. ad e. t. 4d. Johannes Smyth ten. j aliud
forgium, red. p. a. ad e. t. 4d. Johannes Haresson ten. j aliud
forgium, red. p. a. ad e. t. 2d.

COLUMBARE. Johannes Magesson ten. j columbare ibid.,
red. p. a. ad e. t. 6d.

COMMUNIS FURNUS. Tenentes pred. ten. inter se communem furnum ibid., red. p. a. ad e. t. 66s. 8d.

TOLNETUM CERVISIÆ. Iidem ten. tolnetum cervisiæ inter
se, red. p. a. ad e. t. 10s.

METRICH. Iidem tenentes solvunt pro ij vaccis de metrich,
ad term. Sancti Martini, quolibet anno 12s.

MOLENDINA. Molendina de Norton, Stokton, Hertburn,
red. p. a. cum viij acr. prati, et pratis juxta molendina, videlicet, vj acr. in prato, voc. Milncrok, ex parte australi dicti
molendini, precium acræ 4s., et j acra, voc. Seggecrok, versus
boriam, precium 4s., item dim. acr. prati, voc. Crawcrok, et
j acr. prati, voc. Langacre, appreciantur ad 3s., in toto 26*l.*
13s. 4d.

TERRÆ SCACCARII. Rogerus Fulthorp ten. j placeam vastam ante domum suam ibid. de novo appruatam, red. p. a. 4d.
Ricardus Stanlawman ten. j placeam vastam ante ostium suum
ut supra, red. p. a. 2d. Johannes Pydyngton ten. j placeam
juxta domum suam, quondam Aliciæ Caa, red. p. a. 2d. Isolda
Buterwyk ten. j messuagium, quondam Willelmi Baksthorp,
red. p. a. 2s. Johannes Gibbesson ten. dim. acr. prati, quondam Walteri filii Alexandri de la Eawe, red. p. a. 6d. Johannes
Emue ten. j mess., quondam Germani de Kent, red. p. a. 18d.
Thomas Dobynson ten. j acr. et iij rod. terræ, voc. Punderland,
super Mordensyd, quondam Willelmi Emue, red. p. a. 2s. Gilbertus Spurnhar ten. xv cotagia sine firma bov. ten. per estimationem in campo de Virthouk, cont. lx acr. terræ, red. p. a. ad
iiij term. pred. 32s. Johannes Elleston ten. iiij acr. terræ,
super le Moorflat, red. p. a. 16d. Johannes Sandy ten. ibid. ij
acr. terræ, red. p. a. 8d. Robertus Arnald ten. dim. acr. terræ,
super le Wyndflat, red. p. a. 12d. Johannes Taillour ten. j
mess. cum gardino de vasto Domini, red. p. a. 12d. Johannes
Wryght ten. j mess. cum gardino ibid., red. p. a. 18d. Ricardus Well ten. j mess. cum gardino ibid., red. p. a. 6d. Johannes
Redmersshill ten. j mess. cum gardino sine terra, et iiij precationes in autumpno tantum, precium operis 3d., red. p. a. in
toto 6d., et opera. Thomas Dobynson ten. j mess. cum gardino
sine terra, et facit ut pred. Johannes, red. 6d., et opera.

TENENTES VOCATI MALMEN SIVE FIRMARII. Johannes de
Holleston et Johannes Sandy ten. j mess., et iiij bov. terræ,
quondam terræ dominicæ, red. p. a. ad iiij term. usuales 10s.,
videlicet, pro qualibet bov. 3s. 4d., et arant et herciant pro
singulis ij bov. dim. acr. terræ, preciatæ 4d., et invenient ij
homines ad metendum per ij dies, et totidem ad falcandum, et
totidem ad fenum levandum, et ij quadrigas per ij dies, vel j
quadrigam ij diebus, ad bladum quadrigandum, et totidem ad

fenum quadrigandum, precium 2s. 4d. Et omnes firmarii faciunt
iiij precationes in autumpno cum omni familia domus, excepta
hosewyva, precium 15½d., plus in toto ½d., et mundant stagnum
molendini et le fleme, et cariabunt meremium ad dictum molendinum, de novo faciendo vel reparando, quociens necesse
fuerit, et invenient molares ad molendina de Norton et Stokton,
et cooperient molendinum aquaticum de Norton sumptibus suis
propriis, et multurabunt blada sua ad dictum molendinum ad
xiij vas, et quando Dominus Episcopus faciet domum de novo,
vel reparari faciet manerium suum de Stokton, erunt ibid. in
auxilium levationis meremii domus ibid.   Et cariabunt dolea
vel pipas vini Domini de aqua de Tese in celarium Domini Episcopi ad manerium suum de Stokton per recognitionem dictorum
juramentorum et tenentium dominii ibid., et prout continetur
in libro de Boldon — 15s. 9¼d.   Johannes Smyth ten. ij mess.,
et ij bov. terræ, et facit pro portione sua sicut predicti Johannes et Johannes, red. p. a. ad iiij term. pred. 10s. 5½d.   Willelmus Gibbouson ten. j mess., et j bov. terræ, et facit pro
portione ut supra, red. p. a. 5s. 2½ ¼d.   Johannes Hall de Ber-
kyng ten. j mess., et j bov. terræ, et facit pro portione ut supra,
red. p. a. 5s. 2½ ¼d.   Robertus Johnson ten. j mess., et j bov.
terræ, et facit pro portione ut supra, red. p. a. 5s. 2½ ¼d.   Johannes Gibbesson ten. ij mess., et ij bov. terræ, et facit pro
portione ut supra, red. p. a. 10s. 5½d.   Willelmus Laykan ten. j
mess., et j bov. terræ, et facit pro portione ut supra, red. p. a.
5s. 2½ ¼d.   Emma Kirkman ten. j mess., et j bov. terræ, et
facit pro portione ut supra, red. p. a. 5s. 2½ ¼d.   Robertus
Johnson ten. j mess., et j bov. terræ, et facit pro portione ut
supra, red. p. a. 5s. 2½ ¼d.   Willelmus Wryght ten. j mess., et
ij bov. terræ, et facit pro portione ut supra, red. p. a. 10s. 5½d.
Robertus Arnald ten. j mess., et j bov. terræ, et facit pro portione ut supra, red. p. a. 5s. 2½ ¼d.   Isabella de Butterwyk ten.
j mess., et j bov. terræ, et facit pro portione ut supra, red. p. a.
5s. 2½ ¼d.   Johannes Pyttynghton ten. j mess., et j bov. terræ,
et facit pro portione ut supra, red. p. a. 5s. 2½ ¼d.   Johannes
filius Rogeri de Blaxton ten. j mess., et j bov. terræ, et facit pro
portione ut supra, red. p. a. 5s. 2½ ¼d.   Johannes Butterwyk
ten. ij mess., et ij bov. terræ, et facit pro portione ut supra, red.
p. a. 10s. 5½d.   Gilbertus Spurnhare ten. j mess., et ij bov.
terræ, et facit pro portione ut supra, red. p. a. 10s. 5½d.   Diota
filia Gilberti Halbet ten. j mess., et j bov. terræ, et facit pro
portione ut supra, red. p. a. 5s. 2½ ¼d.   Alicia quæ fuit uxor
Roberti Dobynson ten. j mess., et ij bov. terræ, et facit ut supra,
red. p. a. 10s. 5½d.   Johannes de Carlton ten. j mess., et ij bov.
terræ, et facit ut supra, red. p. a. 10s. 5½d.   Thomas Dobbynson

ten. j mess., et j bov. terræ, et facit ut supra, et red. p. a.
5s. 2¼¼d. Willelmus Nowthird ten. j mess., et j bov. terræ, et
facit ut supra, et red. p. a. 5s. 2½ ¼d. Johannes Emme ten. j
mess., et j bov. terræ, et facit ut supra, red. p. a. 5s. 2½ ¼d.

De viij bov. terræ de eadem tenura, ut patet in libro de Boldon, qui ostendit quod quondam fuerunt xx firmarii qui tenuerunt inter se xl bov. terræ, sunt in manu liberorum tenentium
pred., videlicet, in manu Ricardi Stowleman iij bov., Roberti
Johnson j bov., et Gilberti Spurner iiij bov. terræ pred.

CARLTON.

TENENTES IN DRINGAGIO. Willelmus filius Johannis de
Redmershill ten. libere per cartam iiij bov. terræ, cont. lx acr.,
pro omnibus servitiis, preter quod veniet ad magnam chaceam
Domini Episcopi cum leporariis suis, red. p. a. ad iiij term.
usuales 5s. Simon de Camera ten. iiij bov. terræ consimili modo,
red. p. a. ad iiij term. pred. 5s.

LIBERI TENENTES. Thomas filius Johannis Gower ten. j
rod. prati ibid., red. p. a. ad iiij term. usuales 4d. Hugo de
Laton de Thorp ten. j rod. prati ibid., red. p. a. 4d. Thomas
de Cramblygton ten. j rod. prati ibid., apud Qwytton, red. p. a.
8d.

TERRÆ BONDORUM. Willelmus Umfrey ten. ij mess., et iiij
bov. terræ, bov. cont. xv acr., red. pro singulis ij bov. p. a. ad
iiij term. 10s., et inveniet pro ij bov. per vj dies j quadrigam ad
bladum vel fenum quadrigandum, quod arentatur ad 19d. p. a.
ad festum Michaelis, et faciet iiij precationes in autumpno cum
omni familia sua, excepta hosewyva, et arentatur ad 2s. ad festum Michaelis, et red. pro singulis ij bov. ij gallinas ad festum
Nativitatis Domini, et xx ova ad festum Paschæ, et cariabit
meremium pro molendino de Carlton, et inveniet molares ad dictum molendinum sumptibus suis propriis. Et si Dominus faciet
domum de novo, vel reparat manerium de Stokton, auxiliabit ad
levandum meremium, et cooperiet molendinum ibid. cum necesse
fuerit sumptibus suis propriis. — 27s. 2d. Johannes de Neseham ten. j mess., et j bov. terræ, et facit in omnibus sicut pred.
Willelmus, red. p. a. 6s. 9½d. Henricus Shephird et Robertus
Bolum ten. divisim iij mess., et vj bov. terræ, et faciunt ut supra,
red. 40s. 9d. Johannes Broun ten. j mess., et j bov. terræ, et
facit ut supra, red. p. a. 6s. 9½d. Robertus Barker ten. ij mess.,
et iiij bov. terræ, et facit ut supra, red. p. a. 27s. 2d. Johannes
Dobynson ten. j mess., et ij bov. terræ, et facit ut supra, red.
p. a. 13s. 7d. Johannes Barker ten. ij mess., et iiij bov. terræ,

et facit ut supra, red. p. a. 27s. 2d.   Johannes Broune ten. j
mess., et ij bov. terræ, et facit ut supra, red. p. a. 13s. 7d.
Johannes Halgton ten. ij mess., et iiij bov. terræ, et facit ut
supra, red. p. a. 27s. 2d.   Johannes Dobbesson ten. ij mess., et
iiij bov. terræ, et facit ut supra, red. p. a. 27s. 2d.   Johannes
Taillour ten. j mess., et ij bov. terræ, et facit ut supra, red. p. a.
13s. 7d.   Agnes quæ fuit uxor Johannis Taillour ten. j mess., et
j bov. terræ, et facit ut supra, red. p. a. 6s. 9½d. Robertus Robinson ten. ij mess., et iiij bov. terræ, et facit ut supra, red. p. a.
27s. 2d.   Willelmus Johnson de Waleworth ten. j mess. et dim.,
et iiij bov. terræ, et facit ut supra, red. 20s. 4½d.   Robertus
Fewler ten. j mess., et ij bov. terræ, et facit ut supra, red. p. a.
13s. 7d.   Willelmus Seggefeld ten. ij mess., et iiij bov. terræ, et
facit ut supra, red. p. a. 27s. 2d.   Johannes de Halghton et Johannes Barker ten. j mess., et ij bov. terræ, et faciunt ut supra,
red. p. a. 13s. 7d.   Robertus Barker et Willelmus Seggefeld
ten. j mess., et ij bov. terræ, et faciunt ut supra, red. p. a. 13s. 7d.
Ricardus Sparow ten. ij mess., et iiij bov. terræ, et facit ut supra,
red. p. a. 27s. 2d.

MOLENDINUM.   Tenentes ibid. ten. inter se molendinum
ibid., red. p. a. ad iiij term. usuales 6l.

COMMUNIS FURNUS. Iidem tenentes ten. inter se communem
furnum, red. p. a. ad iiij term. pred. 2s.

BRACINAGIUM. Iidem tenentes pro bracinagio villæ ibid. red.
p. a. ad e. t. 2s.

AUXILIUM NATIVORUM. Thomas Godfry nativus Domini,
commorans apud Seton Carrow, red. p. a. 5s.

FORGIUM.   Et est ibid. quoddam forgium, unde nichil red.,
quia extra tenuram, ut dicunt, et non arentatur.

TERRÆ SCACCARII. Ricardus Sparow ten. j mess. de terra
scaccarii de novo appruatum, red. p. a. ad iiij term. 16d.   Willelmus Seggefeld ten. j mess., et j acr. terræ del Furland, red. p.
a. 12d.   Willelmus Umfreyson ten. iij buttes terræ, cont. j rod.,
red. p. a. 12d.   Robertus Robynson ten. j rod. terræ ibid., red.
p. a. ad e. t. 4d.   Robertus Barker ten. j rod. terræ ibid., red. p.
a. 2d.   Johannes Halghton ten. j rod. terræ ibid., red. p. a. 2d.
Johannes Dobynson, Willelmus Seggefeld et Johannes Taillour
ten. j rod. terræ ibid., red. p. a. 4d.   Robertus Fawler ten. j
rod. prati, quondam Roberti Rogerson, red. p. a. 12d.

MAYNESFORTH.

LIBERI TENENTES.   De libera firma de dicta villa ibid. de
antiquo sol. annuatim ad manerium de Midelham p. a. ad iiij

term. usuales 36s. 8d. De tenentibus villæ per collectorem Johannes de Herdwyk et percenariorum suorum *(sic)* p. a. 34s. 10d. Willelmus Hancelap et Thomas Smyth red. pro terra, voc. Bartonesland, cont. viij acr. terræ, p. a. ad iiij term. pred. 12s. Thomas Walworth pro terra Domini Willelmi Walworth ibid., red. p. a. 8s. 6d. Hugo de Westwyk red. pro terra ibid. p. a. ad e. t. 10s. 8d. De redditu quondam Johannis de Perys in Maynesford ad e. t. 1d. Et est ibid. de redditu quondam Johannis Dawson modo Johannis, red. p. a. j lib. piperis. Perquisita curiæ cum finibus et amerciamentis ibid. appreciantur communibus annis ad 3s.

TERRÆ VASTÆ. Et est ibid. j mess., et ij bov. terræ, in manu Domini pro defectu tenentis, et solebat red. p. a. 24s., et modo extra tenuram. Item quoddam tenementum cum terra pertinente, quondam Johannis Smyth, in manu Domini causa pred.

HERDEWYK.

LIBERI TENENTES. Rogerus filius Alani de Fulthorp ten. libere per cartam j mess., quondam Ricardi de Stanlaw clerici, et ij bov. terræ ibid., red. p. a. ad festum Martini tantum 23½d. Idem Rogerus ten. ij placeas modo inclusas infra dictum mess., quondam pred. Ricardi, red. p. a. 12d. Idem Rogerus ten. j placeam ibid., quondam Ricardi filii Herberti, red. p. a. ad term. Martini 10d. Idem Rogerus ten. aliam placeam, quondam pred. Ricardi de Stanlaw, et ij bov. terræ, red. p. a. 6s. 6d. Idem Rogerus ten. j aliam placeam, quondam pred. Ricardi de Stanlaw, et ij bov. terræ, red. p. a. ad festum Sancti Cuthberti in Septembri 23½d. Idem Rogerus ten. j aliam placeam, quondam Ricardi filii Herberti, red. p. a. ad festum Sancti Cuthberti in Septembri 10d. Johannes filius Willelmi ten. ibid. libere per cartam ij mess., et ij bov. terræ, quondam Thomæ Porter, red. p. a. ad festum Martini 2s. 2d., et ad festum Cuthberti in Septembri 2s. 2½d., in toto 4s. 5d.

TERRÆ DOMINICÆ. Willelmus Fouremen senior, Robertus filius ejus, Johannes Shephird et Ricardus Stanlawman ten. inter se omnes terras dominicas, et dictæ dominicæ continent xvj bov. terræ, et quælibet bov. cont. xviij acr. terræ, unde summa cclxxxviij acr., precium acræ 7¼d., plus in toto 4s. 8d., red. p. a. ad iiij term. 8l. 18s. 4d.

TERRÆ SCACCARII. Ricardus filius Johannis Stanlawman ten. j mess., et ij acr. terræ, quondam Roberti Litelwell, red. 3s. 6d. Sibilla quæ fuit uxor Willelmi Eme ten. j toftum cum crofto, cont. dim. acr. terræ, quondam Johannis de Butterwyk,

red. p. a. ad iiij term. usuales 2s. 4d.   Predictus Ricardus ten. j
placeam terræ, quondam Johannæ filiæ Juliani, red. p. a. 4d.
Idem Ricardus ten. j toftum, quondam Ricardi de Wodhome,
red. p. a. 12d.

MIDILHAM.

LIBERI TENENTES.   Johannes Hert ten. j mess., et lxxxix
acr. terræ, per homagium et fidelitatem et sectam comitatus
Dunolmensis, red. p. a. ad iiij term., videlicet, Sancti Martini,
Sancti Cuthberti in Martio, Sancti Johannis, et Sancti Cuthberti
in Septembri, 26s.   Rogerus filius Willelmi de Wassington ten.
j placeam, et xxij acr. terræ, per serv. pred., red. 6s. 8d.   Johannes Heneley capellanus ten. j mess., et xxxiiij acr. terræ, quondam Thomæ Diotson, per serv. pred., red. p. a. ad e. t. tantum
6d., sol. pro quadam placea terræ, voc. Orcheard, ad festum
Michaelis 14s. 6d.   Matilda filia Walteri filii Thomæ de Maynesford ten. j mess., per serv. homagii et fidelitatis.   Walterus
de Hedirdakres ten. v acr. terræ, et ij acr. prati ibid., per serv.
homagii et fidelitatis.   Johannes Hardwyk ten. j mess., et xxiiij
acr. terræ, voc. Waytesland, per serv. pred., red. p. a. ad iiij
term. 6s. 5d.
     TERRÆ DOMINICÆ.   Robertus Raginald ten. j mess., voc.
Grewhondesplace, red. p. a. 8d. ad festum Michaelis tantum ad
manerium de Midelham, et 12d. ad scaccarium ad iiij term. pro
omnibus servitiis, in toto 20d.   Idem Robertus ten. x acr. terræ
de terris dominicis, unde vij acr. jacent super le Welflat, ij acr.
in Newtonfeld, et j acr. in le Croftflat, red. p. a. 10s.   Robertus
Atkynson ten. de dictis terris v acr. et dim. terræ, red. p. a.
5s. 6d.   Johannes Atthegate ten. de terris dominicis xlj acr. et
dim. rod., red. p. a. 43s. 9½d.
     COTAGIA SINE MESSUAGIIS TERRÆ SCACCARII.   Robertus
Atkynson ten. j cotagium, et vij acr. terræ, et facit iiij opera in
autumpno, et ij operationes in feno, precium operis 4d., red.
p. a. ad iiij term. usuales 2s. pro operibus.   Johannes Atthegate ten. j mess., pro quo mess. tenetur operari in autumpno
per iiij dies operabiles, et ij dies in feno, precium operis 4d., si
facit operationes per diem habebit 1d. de Domino, red. p. a. ad
iiij term. pred. 12d. pro operibus.   Idem Johannes ten. j cot.,
et vj acr. terræ, et facit opera ut supra, red. p. a. 3s. 6d.   Johannes Stok ten. iij mess. et dim. terræ cot., et operatur in
autumpno per xij dies, et ad fenum per vj dies, precium operis
ut supra, et pred. medietas mess. pred. non operatur ut dicunt,
quia de vasto Domini de novo appruata, ideo inquiratur &c., et

red. 3s. 8d. Predictus Johannes ten. ij cot., et xij acr. terræ, et facit viij precationes in autumpno, et iiij dies in feno, red. p. a. ad e. t. 6s. 4d. Idem Johannes ten. xiij acr. et dim. terræ, red. p. a. ad e. t. 13s. 10d. Willelmus Randesson ten. j mess., vj acr. terræ et dim. cot., red. p. a. 18d. Idem Willelmus ten. j swynsty de vasto Domini de novo appruatam, et operatur in autumpno pro pred. mess. et dim. vj dies, et in feno iij dies, precium operis 6s., red. 2d. Predictus Willelmus ten. ij acr. et iij rod. terræ dominicæ, red. p. a. 3s. 3d. Idem Willelmus ten. j cot., et vj acr. terræ, et operatur iiij dies in autumpno, et ij in feno, red. 3s. 4d. Robertus del Gate ten. j mess., et operatur ut supra, red. p. a. 12d. Idem Robertus ten. vij acr. terræ dominicæ, red. p. a. ad e. t. 7s. 8d. Alicia de Ludworth ten. j mess. de vasto Domini de novo appruatum, red. p. a. 5d. Johannes de Danby ten. j acr. et dim. terræ dominicæ, red. p. a. 18d. Willelmus Tode ten. iij acr. terræ domin., red. p. a. 3s. 4d. Simon Cook ten. j mess. terræ, et operatur iiij opera autumpnalia, et ij in feno, red. p. a. 12d. Idem Simon ten. iij acr. domin., red. p. a. ad e. t. 3s. 4d. Robertus Hancelap vicarius ten. j mess. de vasto Domini, red. p. a. 4d. Johannes Blakburn ten. j mess. terræ, et operatur ut supra, red. p. a. 12d. Idem Johannes ten. j placeam edificatam, voc. le Swynesty, red. p. a. 2d. Predictus Johannes (ten.) j cot. ibid., red. p. a. ad e. t. 12d. Idem Johannes ten. iij acr. et j rod. terræ domin., red. p. a. 3s. 2d. Robertus Ellyngton ten. j mess. terræ, et operatur ut supra, red. p. a. 12d. Idem Robertus ten. iij acr. terræ domin., red. p. a. ad e. t. 3s. Alicia Reynald ten. j mess. terræ, et operatur ut supra, red. p. a. 12d. Eadem Alicia ten. j placeam edificatam de vasto Domini, red. p. a. 2d. Predicta Alicia ten. ij acr. et iij rod. terræ domin., red. p. a. 2s. Willelmus Gardiner ten. j mess. terræ, et operatur ut supra, red. p. a. 12d. Predictus Willelmus ten. medietatem j mess., et operatur, videlicet, ij opera in autumpno, red. 6d. Idem Willelmus ten. xvj acr. terræ, red. p. a. ad e. t. 17s. 6d. Willelmus Calvehird ten. j cot., et vj acr. terræ, et operatur iiij opera in autumpno, et ij in feno, red. 3s. 2d. Idem Willelmus ten. j acr. et dim. terræ domin., red. p. a. 18d. Johannes Herdwyk ten. j placeam prati, voc. Graungecroke, red. p. a. 4s. 6d. Idem Johannes ten. j placeam terræ, juxta tenuram Willelmi Calvehird ex parte occidentali, red. 4s. 4d. Petrus de Craston ten. j croftum, juxta le Punfeld ex parte occidentali, cont. iij rod., et solebat reddere p. a. 4s. 6d., modo red. 18d. Idem Petrus ten. j mess. terræ, et operatur ut supra, red. p. a. 12d. Predictus Petrus ten. vij acr. terræ domin., red. p. a. 6s. 4d. Alicia Rauf ten. j mess. terræ, et operatur ut supra, red. p. a. 12d. Thomas

Smyth ten. j mess., et vij acr. terræ, appreciatas ad 8s. p. a.,
et hæc occupantur per pred. Thomam ex consuetudine quod
faciat annuatim ferramenta sarr' (carrucarum?) de ferro Domini, et etiam ferrabit iij equos annuatim pro carr' (carrucis?)
Domini ibid. in manerio, de ferro proprio ipsius Thomæ, red.
p. a. 8s., et opera. Idem Thomas ten. j cot., et vj acr. terræ, et
operatur ut supra, red. p. a. 3s. 6d. Idem Thomas ten. iij acr.
et dim. terræ domin., red. p. a. 4s. Predictus Thomas ten.
j forgium ibid., red. p. a. 4d. Ricardus de Benton ten. j mess.
terræ, et operatur ut supra, red. p. a. 12d. Idem Ricardus ten.
x acr. et j rod. terræ domin., red. p. a. 10s. 10d. Johannes
Lanchestre ten. j cot., et vj acr. terræ, et operatur ut supra, red.
p. a. 3s. 2d. Idem Johannes ten. ij acr. terræ domin., red. p. a.
2s. Willelmus Smyth ten. j mess. terræ, et operatur ut supra,
red. p. a. 12d. Idem Willelmus ten. iiij acr. terræ domin., red.
p. a. 4s. Predictus Willelmus ten. j mess. de vasto Domini,
red., de novo appruatum, p. a. 8d. Willelmus Cornford ten. j
mess. terræ, et operatur ut supra, red. p. a. 12d. Idem Willelmus ten. vij acr. terræ domin., red. p. a. 7s. Johannes del
Gate junior ten. j mess., et operatur ut supra, red. p. a. 12d.
Idem Johannes ten. xxiiij acr. iij rod. et dim. terræ ibid., red.
p. a. 26s. 1½d. Johannes Ourmagh ten. j mess. terræ, et operatur ut supra, red. p. a. 12d. Idem Johannes ten. vj acr. terræ
domin., red. p. a. 16s. 4d. Johannes Bisshop ten. vj acr. terræ
domin., red. p. a. 6s. 7d. Johannes Sawter ten. j mess., et
operatur ut supra, red. p. a. 12d. Idem Johannes ten. ix acr.
et dim. terræ domin., red. p. a. 9s. 10d. Johannes Seying ten.
j mess. terræ, et operatur ut supra, 12d. Idem Johannes ten.
iiij acr. terræ dominicæ, red. p. a. 4s. Item de quodam cot. de
novo invento in tenura, red. p. a. 12d. Elena Dissher ten.
j mess. et dim., et facit vj opera in autumpno, et iij in feno,
red. p. a. 18d. Johannes Thomesson ten. j cot., et vj acr. terræ,
et facit iiij opera autumpnalia, et ij in feno, red. 3s. 6d. Idem
Johannes ten. j acr. terræ domin., red. p. a. ad e. t. 12d. Adam
Shephird ten. j mess. terræ, red. p. a. ad e. t. 2s. Idem Adam
ten. vj acr. terræ domin., red. p. a. ad e. t. 6s. Predictus Adam
ten. iij acr. terræ domin., red. p. a. ad e. t. 3s. Adam Broune-
smyth pondere ten. j acr. terræ domin., red. p. a. 2s. Predictus
Adam ten. officium punderi ibid., red. p. a. ad e. t. 6s. De
pred. Adam pro officio punderi ad festum Nativitatis Domini
et Paschæ lxxx gall., et cccc ova. Predictus Johannes Atgate
ten. communem furnem ibid., red. p. a. 4s. 6d.

    TERRÆ BONDORUM. Johannes Stug' ten. j mess., et ij
bov. terræ, quælibet bov. cont. xv acr., red. p. a. 2s. ad iiij term.
usuales, et 6d. pro scatpenys ad festum Purificationis Beatæ

Mariæ, vj buz. de scath, voc. in Boudonbok dim. cheldræ de scath, ad pred. festum Purificationis, et 16d. pro averpenys ad festum Sancti Martini, et v quadrigatas de wodlades ad festum Sancti Johannis, ij gallinas ad festum Nativitatis, x ova ad festum Paschæ; et operabitur per totum annum in ebdomada per iij dies, excepta septimana Paschæ, Pentecostes, et xiij diebus in Nativitate Domini, et in operatione sua facit in autumpno iiij precationes ad metendum cum omni familia domus, excepta hosewyva, et postea metet iij rod. de averype, et arat iij rod. daverherth, et herciat dictas iij rod., et arat ij acr. terræ et herciat, et tunc semel habebit corrodium Episcopi, et tunc sit quiete de operibus ebdomadalibus, et quando magnas precationes facit in autumpno habebit corrodium, et in operationibus suis ebdomadalibus herciat cum opus fuerit pro labore suo per diem; et facit ladas, et cum eas facit habet unusquisque j panem de Domino, et falcabit j die ad manerium ibid. in operatione sua usque ad vesperam, et tunc habebit corrodium; et faciunt in nundinis Sancti Cuthberti, singuli ij villani tenentes iiij bov., j botham, et quando logeas faciunt et woddelades ducunt quieti erunt de opere suo illa die., red. 15s. 4d. Dominus Ricardus de Hanse-lap vicarius ten. j mess., et iiij bov. terræ, et facit ut supra, red. 53s. 4d. Johannes del Gate junior, Johannes Sawter et Ricar-dus Benton ten. j mess., et ij bov. terræ, et faciunt in omnibus ut supra, red. p. a. 15s. 4d. Johannes Ouermagh ten. j mess., et ij bov. terræ, et facit ut supra, red. p. a. 15s. 4d. Willelmus Cornforth ten. j mess., et ij bov. terræ, et facit ut supra, red. p. a. 15s. 4d.

Predicti bondi red. pro j vacca de metrich, ad festum Sancti Martini, tantum, 3s.

Item iidem vj bondi solvunt pro cornagio, ad term. Sancti Cuthberti in Septembri, p. a. 6s.

VALOR MANERII DE MIDILHAM. Juratores pred. dicunt quod manerium de Middelham pred. nichil valet ultra re-prisas. Et dicunt quod sunt ibid. iij carucatæ terræ, quælibet carucata cont. xc acr., — cclxx acr., precium acræ 6d., in toto 6l. 15s. Item de pratis dominicis in Grangemedow xviij acr. et dim. prati, precium acræ 3s., si evacuetur de aqua. Item x acr. prati del Riddyng, cum j acr., voc. Halbetsonacre, pre-cium acræ 2s. 6d., si evacuetur de aqua. Item pratum, voc. Newmedow, cont. xx acr., precium acræ 2s., si evacuetur de aqua. Item dim. acr. prati, voc. Mirdhirhomploch, precium 3s. communibus annis. Item quoddam pratum, voc. Edmundes-medow, cont. xij acr., et valet p. a. 12s. Item j acr. prati, voc. Grangecrok, precium 3s. p. a. Item pratum, voc. Stany-crok, cont. j acr. prati, precium 5s. 6d. Item pratum, voc.

184   BISHOP HATFIELD'S SURVEY.

Spornlawosmedow, cont. iiij acr., precium acræ 3s. Item
pratum, voc. Hayneswelmed, cont. xiij acr., precium acræ
2s. 6d. Item pratum, voc. le Prye, cont. iiij acr., precium
acræ 18d. Item pratum, voc. Redkar, cont. iij acr., precium
acræ 18d. Item pratum, voc. le Welhede, cont. ij acr., precium acræ 4s. Item j acr. prati, voc. Stynkandlech, precium 4s.
Item j acr. prati, voc. Stanynghop, precium 6s. 8d. In toto
10l. 3s. 4d.

Herbagium parci. Et dicunt quod herbagium parci ibid..
valet communibus annis 53s. 4d.

Pasturæ. Et dicunt quod pastura, voc. Cotemor, cum
auxilio frisci, valet p. a., cum alia pastura, voc. Harpermor,
28s. Item pastura in maresco, voc. le Horseker, si evacuetur
de aqua, valet 13s. 4d. Item le Wylowkerr valet p. a. 20d., si
evacuetur de aqua. Item j pecia prati apud Cornford, voc.
Halmed, cont. viij acr., precium acræ 5s. Item apud Seggefeld
j pecia prati, voc. le Estmed, cont. viij acr., precium acræ 2s. 6d.
In toto 103s.

Pomerium cum Gardino. Et dicunt de j pomerio infra
manerium pred., cujus herbagium valet p. a. 2s. Item j gardinum retro boveriam, quod dimittitur pro 3s. 4d. Item j curtilagium juxta cameram servientium, quod valet p. a. 2s. In
toto 7s. 4d.

CORNFORTH.

Rogerus filius Willelmi Ussher ten. j mess., et liiij acr.
terræ per cartam, homagium, fidelitatem, et sectam comitatus
Dunolm., red. p. a. ad iiij term. usuales 22s. 6d. Idem Rogerus ten. j pratum, voc. Colynsonmedow, cont. ij acr., et nichil
red. Domino, ideo ostendat qualiter tenet, &c. Willelmus Kellaw ten. j mess., et ix acr. terræ, iij acr. prati, et j placeam
terræ, cont. ij acr., voc. Raufpark, red. p. a. per servitium
homagii, fidelitatis, et sectæ comitatus ad iiij term. pred. 4s. 8d.
Tenentes villæ ibid. ten. xviij acr. terræ libere, quondam Nicholai Burgeys, cum j placea edificata ad voluntatem, red. p. a. ad
e. t. 6s. 8d.

Terræ Bondorum. Willelmus Tode nativus Domini ten. ij
mess., et iiij bov. terræ, cont. ij terras bondorum, et red. p. a. ad
iiij term. usuales 4s., et pro scatpenys ad festum Purificationis
12d., et pro averpenys ad festum Sancti Cuthberti in Martio et
festum Nativitatis Sancti Johannis Baptistæ 2s. 8d., et pro wodlades ad idem festum Sancti Johannis (blank). Et operatur per
totum annum vj diebus in ebdomada, exceptis septimanis Paschæ
et Pentecostes et xiij diebus in Natali Domini, et in operatione sua
facit viij precationes in autumpno ad metendum cum omni familia

domus, excepta ousewyva; et preterea metet vj rod. daverepe, et arat vj rod. davereth, et herciat pred. vj rod., et arat iiij acr. terræ et herciat, et tunc bis habebit corrodium, et sit quietus de operibus illius ebdomadæ; et quando magnas precationes facit in autumpno habebit corrodium, et in operationibus suis ebdomadalibus herciat cum opus fuerit pro labore suo per diem. Et debent facere singulis annis si opus fuerit j domum longitudinis xl pedum, et latitudinis xv pedum, et tunc cum fecerint sunt quieti unus-quisque de 4d. de averpeny; et faciunt ladas, et cum eas fecerint habebit unusquisque j panem de Domino. Et falcat per ij dies in operatione sua usque ad vesperam, et tunc habebit corrodium; et faciunt in nundinis Sancti Cuthberti j botham, et quando logeas faciunt et wodlades ducunt, tunc quieti erunt de operationibus suis illa die; et facit cariagium pro Domino Episcopo et Senescallo, et red. p. a. in omnibus 27s. 1½d. Willelmus Patefyn nativus ten. ij bondagia, et facit ut supra, et red. p. a. 27s. 1½d. Jo-hannes Atgate ten. ij bond., et facit ut supra, red. p. a. ad e. t. 27s. 1½d. Ricardus Pundere ten. j bond. et dim., et facit ut supra pro portione sua, red. p. a. 20s. 9¼d. Robertus Bouteby senior ten. ij bond., et facit ut supra pro quantitate, red. p. a. 27s. 1½d. Johannes filius Stephani Gervoys ten. ij bond., et facit ut supra pro quantitate, red. p. a. 27s. 1½d. Walterus filius Ro-berti Magson ten. ij bond., et facit ut supra, red. p. a. 27s. 1½d. Willelmus Kyng ten. j bond., et facit pro quantitate ut supra, red. p. a. 13s. 10¼d. Thomas Kyrkman ten, j bond., et facit pro quantitate ut supra, red. p. a. 13s. 10¼d. Robertus Routby junior ten. j bond. et dim., et facit ut supra pro quantitate, red. p. a. 20s. 9d. Johannes Lanchestre ten. j bond., et facit pro quantitate ut supra, red. p. a. 13s. 10¼d. Radulphus Kyng ten. ij bond., et facit pro portione ut supra, red. p. a. 27s. 1½d. Omnes pred. tenentes ten. inter se terras del Forland, videlicet, super Pillemor xxxvj acr., apud Hungrecrok ij acr., juxta le New-brig ij acr., apud le Brik ij acr., et lx acr. in diversis locis campi, pro quibus solvunt p. a. ad iiij term. usuales 4l. 8d. Ricardus Paytfyn ten. j mess., de vasto Domini edificatum, quondam Jo-hannis Grene, red. p. a. 4d. Johannes filius Stephani Seryng ten. j mess., super vastum Domini edificatum, red. p. a. 4d.

TORALE. Omnes tenentes ibid. ten. commune torale ibid., red. p. a. ad e. t. 4d.

COMMUNIS FURNUS. Iidem tenentes ten. communem fur-num ibid., red. p. a. 6s. 8d.

CORNAGIUM. Predicti tenentes red. inter se pro cornagio, ad festum Sancti Cuthberti in Septembri, 20s.

METRICH. Iidem tenentes red. inter se pro j vacca de me-trich, ad festum Sancti Martini, 6s.

186   BISHOP HATFIELD'S SURVEY.

Molendinum.   Iidem tenentes red. pro quodam molendino
aquatico ibid., quod solebat reddere p. a. 20*l.*, modo red.
13*l.* 6s. 8d.
Wodladz.   Item iidem pro c wodlades p. a., ad festum
Sancti Johannis, 20s.
Scatpenys.   Item iidem red. pro scatpenys, ad festum Sancti
Martini, 25s.
Averpenys.   Predicti tenentes bondi red. pro averpenys,
ad festum Cuthberti in Martio, (*blank*).   Predicti tenentes solvunt pro quibuslibet ij bov., ad festum Natalis Domini ij gall.,
et ad festum Paschæ x ova, — xl gall., cc ova.
Walterus filius Roberti Megson ten. j acr. prati, voc. Gren-
crok, et red. p. a. 3s.*

SEGEFELD.

Liberi Tenentes.   Rogerus Fultorp et Johannes Herdwyk
per homagium, fidelitatem, et sectam comitatus, red. p. a. 10s.
De redditu assisæ de villata de Butterwyk per servitium pred.,
soluto ad iiij term. 6*l.* 13s. 4d.   De villata de Oldakres de redditu assisæ, et soluto, red. 16s., ut in libro de Boldon per serv.
pred., ad e. t. 8s. 11d.   Johannes Heneley persona ecclesiæ de
Seggefeld ten. j mess., et xxj acr. terræ, red. p. a. ad festum
Purificationis Beatæ Mariæ 1d.   Item dictus Johannes solvit ad
manerium de Middelham per serv. pred. pro dicta terra, red. ad
festum Cuthberti in Septembri j lib. cimini.   Idem Johannes
ten. j mess., et xij acr. terræ, quondam Thomæ del Hall, per
serv. pred., red. p. a. 2s. 4d.   Idem Johannes ten. j mess., et
iiij acr. terræ libere, quondam Thomæ del Hall, per serv. pred.,
et nichil red., quia dictæ iiij acræ sunt parcella terræ pro qua
dictus redditus 2s. 4d. pred. solvitur, ut dicunt.   Thomas del
Hall ten. j mess., et xxviij acr. terræ per pred. serv., et nichil
red. causa pred., ut dicunt.   Thomas Grey ten. ij placeas vastas,
quondam Thomæ de Rowdys, iiij bov. terræ, cont. lx acr. terræ,
per homagium, et sectam comitatus, et fidelitatem, red. p. a.
13s. 8d.   Thomas Chancellor ten. j mess., et ix acr. terræ,
quondam Rogeri de Wodland, per serv. pred., red. 5s.   Hugo
Durant ten. j acr., quondam Thomæ de Nesebid, per serv. pred.,
red. p. a. 6d.   Idem Hugo ten. x acr. terræ, quondam ipsius
Thomæ, red. p. a. per serv. pred. 4s. 4d.   Idem Hugo ten. iiij
acr. terræ, quondam Aldwymeri, per serv. pred., red p. a. 2s.

* Below this clause is added in the margin, in another hand, "Mem. de cariagio vini."

Predictus Hugo ten. j tenementum, quondam Willelmi Harpour, red. p. a. ad festum Purificationis ¼d. Item de stagno molendini de Fisshburn, red. p. a. ad e. t. 2s.

TENENTES VOCATI MALMEN. Thomas Hedlem ten. xviij acr. terræ, quondam Willelmi de Mordon, red. p. a. ad iiij term. 6s. Johannes Tesse junior ten. ij bov. terræ, unde quælibet bov. cont. xviij acr., et arat et herciat dim. acr. terræ, et inveniet ij homines ad metendum, et totidem ad falcandum, totidem ad fenum levandum, et j quadrigam ij diebus ad bladum cariandum, et totidem ad fenum cariandum. Et omnes firmarii faciunt iiij precationes in autumpno cum tota familia domus, preter hosewyvam, red. p. a. ad iiij term. pred. 5s. Isabella quæ fuit uxor Willelmi Sibbon ten. j mess., et ij bov. terræ, et facit ut supra, red. p. a. 5s. Robertus Addy ten. j mess., et iij bov. terræ, et facit ut supra, red. p. a. pro quantitate 7s. 6d. Johannes de Chestre ten. j mess., et j bov. terræ, et facit ut supra pro quantitate, red. p. a. 2s. 6d. Adam Tremdon ten. j mess., et j bov. terræ, et facit ut supra pro quantitate, red. p. a. 2s. 6d. Thomas Hedlem ten. j mess., et iij bov. terræ, et facit ut supra pro quantitate, red. p. a. 7s. 6d. Robertus Pemwale ten. j mess., et ij bov. terræ, et facit ut supra pro quantitate, red. p. a. 5s. Johannes Elisson ten. j mess., et ij bov. terræ, et facit ut supra pro quantitate, red. p. a. 5s. Johannes de Morleston ten. j mess., et j bov., et facit pro quantitate ut supra, red. p. a. 5s. Thomas Gape ten. j mess., et j bov. terræ, et facit pro quantitate ut supra, red. p. a. 2s. 6d. Radulphus *(blank)* ten. j mess., et j bov. terræ, et facit pro quantitate ut supra, red. p. a. 2s. 6d. Willelmus Langley ten. j mess., et j bov. terræ, et facit pro quantitate ut supra, red. p. a. 2s. 6d. Hugo Durant ten. j mess., et ij bov. terræ, et facit pro quantitate ut supra, red. p. a. 5s. Johannes Letelyn ten. j mess., et ij bov. terræ, et facit pro quantitate ut supra, red. p. a. 5s. Willelmus Butterwyk ten. j mess., et ij bov. terræ, et facit pro quantitate ut supra, red. p. a. 5s. Thomas Shephird de Ellestow ten. j mess., et ij bov. terræ, et facit pro quantitate ut supra, red. p. a. 5s. Johannes Addy ten. j placeam noviter edificatam, et j bov. terræ, quondam Johannis Tosse, et facit ut supra pro quantitate, red. p. a. ad iiij term. pred. 2s. 6d. Willelmus Warde ten. j mess., et ij bov. terræ, et facit pro quantitate ut supra, red. p. a. 5s. Thomas Gape ten. j mess., et ij bov. terræ, et facit pro quantitate ut supra, red. p. a. 5s. Johannes de Heighyngton ten. j mess., et j bov. terræ, et facit pro quantitate ut supra, red. p. a. 2s. 6d. Thomas del Hall ten. j mess., et ij bov. terræ, et facit pro quantitate ut supra, red. p. a. 5s. Elias de Overton ten. j mess., et j bov. terræ, et facit pro quantitate ut supra, red. p. a.

2s. 6d.   Petrus Wydowesson ten. j mess., et ij bov. terræ, et facit pro quantitate ut supra, red. p. a. 5s.   Johannes de Chestre ten. j mess., et j bov. terræ, et red. p. a. pro omnibus servitiis, ut dicunt, 4s. 4d.

COMMUNIS FURNUS.   Willelmus de Broghton ten. communem furnum ibid., red. p a. ad iiij term. 6s. 8d.

COLUMBARIA.   Thomas de Hedlem ten. j columbarium ibid., red. p. a. 6d.   Johannes Maggesson ten. j columbarium ibid., red. p. a. 6d.

Adam Milner pro redditu ad iiij term. pred. 4d.

COMMUNE TORALE.   Predictus Thomas Hedlem ten. commune torale ibid., red. p. a. 12d.

COMMUNE FORGIUM.   Thomas Smyth ten. commune forgium ibid., red. p. a. 20d.

MOLENDINA.   Tenentes villæ ten. j molendinum aquaticum, et j molendinum ventriticum, cum tolneto cervisiæ, videlicet, de qualibet quart. brasei 1d., red. p. a. ad iiij term. 13*l*. 6s. 8d.

COTAGIA.   Johannes Sadler ten. j cotagium, et ij acr. terræ cotagiorum, et facit iiij opera in autumpno, et ij in feno, red. p. a. ad iiij term. usuales 2s.   Willelmus Warde ten. j cot., et facit in omnibus ut supra, red. p. a. 2s.   Johannes Berier ten. j cot., et facit ut supra pro quantitate, red. p. a. 2s.   Johannes Taillour de Mordon ten. medietatem j cot., quondam Gilberti Gilet, et facit pro omnibus servitiis ut supra, red. p. a. ad e. t. 8d.   Robertus Berier ten. medietatem j cot., quondam Willelmi Swat, et facit ut supra, red. p. a. pro omnibus servitiis 8d. Adam Michel ten. j cot., et facit ut supra pro portione, red. p. a. 12d.   Walterus de Bradbery ten. j cot., et ij acr. terræ, et facit ut supra pro quantitate, red. p. a. 18d.   Willelmus del Grene ten. j cot., et facit pro quantitate ut supra, red. p. a. pro omnibus servitiis 3s.   Willelmus Pollard ten. j cot., et facit ut supra pro quantitate, red. p. a. 2s.   Ricardus Walker ten. j cot., et facit pro portione ut supra, red. p. a. 2s.   Petrus Wydowesson ten. j cot., et facit ut supra pro quantitate, red. p. a. 2s.   Johannes Tosse senior ten. j cot., et facit ut supra pro quantitate, red. p. a. 2s.   Robertus Spycer ten. j cot., j acr. et j rod. et dim. terræ, et facit pro quantitate ut supra, red. 3s.   Stephanus Stowe ten. j cot., et facit ut supra pro quantitate, red. p. a. 18d. Willelmus Kellaw ten. j cot., et facit in omnibus ut supra pro quantitate, red. p. a. 18d.   Thomas Bakster ten. j cot., et facit ut supra pro quantitate, red. p. a. 18d.   Isabella Karleton ten. j cot., et facit ut supra pro quantitate, red. p. a. 18d.   Predictus Thomas Baxster ten. j cot., et facit pro quantitate ut supra, red. p. a. 18d.   Thomas Hertpol ten. j cot., et facit ut supra, red. p. a. pro quantitate 18d.   Willelmus Kellow ten. j cot., et facit ut supra, red. p. a. 12d. Alicia Morcok ten. j cot., et facit ut supra, red. p. a. 12d. Robertus Pyper ten. j cot., et facit ut supra, red. p. a. 12d. Johannes Arthure ten. j cot., et facit ut supra, red. p. a. 12d. Johannes Holome ten. j cot., et facit ut supra, red. p. a. 12d. Thomas Hertpole ten. medietatem j cot., et facit ut supra, red. p. a. pro quantitate 8d. Galfridus Broun ten. j cot., et facit ut supra pro quantitate, red. p. a. 12d. Johannes Herdwyk ten. j cot., et red. pro omnibus servitiis tantum, red. p. a. 12d. Thomas Cape ten. j cot., et facit pro quantitate ut supra in omnibus, red. p. a. 18d. Mariota filia Willelmi ten. j cot., et facit ut supra pro quantitate, red. p. a. 12d. Thomas Hertpole ten. j cot., et facit ut supra, red. p. a. 12d. Willelmus Ketill ten. j cot., et facit ut supra, red. p. a. 12d. Ricardus Webster ten. j cot., et facit ut supra, red. p. a. 12d. Rogerus Middelham ten. j cot., et facit ut supra, red. p. a. 12d. Adam Yonge ten. j cot., et facit ut supra, red. p. a. 12d. Willelmus Tose ten. j cot., et facit ut supra, red. p. a. 12d. Willelmus Chapman ten. j cot., et facit ut supra, red. p. a. 12d. Johannes Walker ten. j cot., et facit in omnibus ut supra, red. p. a. 2s. Adam Michol ten. ij cot., et facit ut supra in omnibus pro quantitate, red. p. a. 2s. Thomas Barker ten. j cot., et facit ut supra pro quantitate, red. p. a. 12d. Henricus Pillok ten. j cot., et facit pro quantitate ut supra, red. p. a. 12d. Johannes Smyth ten. j cot., red. p. a. pro omnibus servitiis 14d. Walterus Chapman ten. j cot., in quo manet, red. p. a. pro omnibus servitiis 8d. Robertus Pollard ten. j forgium de vasto Domini de novo appruatum, red. p. a. pro omnibus servitiis 8d. Robertus de Rowlye ten. medietatem j cot., ex occidentali parte villæ, et facit pro portione, red. p. a. 10d. Nicholaus Theker ten. j cot. ad finem villæ ex parte occidentali Domini vasti, et facit ij precationes in autumpno, et operatur per j diem in feno, red. p. a. 2s.

TERRÆ BONDORUM. Willelmus Todde ten. j messuagium, et ij bov. terræ, red. p. a. ad iiij terminos usuales 2s. 6d. pro scatpenys, et quælibet bov. continet xv acras, vj buz. de scathaver, voc. per Boldonboke dim. cheldræ de scat, ad festum Purificationis, et pro averpenys 16d. ad festum Martini, v quadrigatas de wodlads ad festum Sancti Johannis Baptistæ, ij gallinas ad festum Nativitatis, et x ova ad festum Paschæ; et operatur in ebdomada per totum annum per iij dies, exceptis septimanis Paschæ et Pentecostes et xiij diebus in Natali Domini, et in operatione sua facit in autumpno iiij precationes cum omni familia domus, excepta hosewyva; et preterea metet iij rodas daveripe, et arat iij rodas de averherd, et herciat dictas iij rodas, et arat ij acras terræ et herciat, et tunc semel habebit corrodium Episcopi, et tunc sit quietus de operibus illius ebdomadæ, et quando magnas precationes facit in autumpno habebit corrodium ; et in operationibus suis ebdomadalibus herciat, cum opus fuerit, pro labore suo per diem ; et facit ladas, et cum eas facit habebit unusquisque j panem de Domino ; et falcat j die ad manerium ibid. in operatione sua usque ad vesperam, et tunc habebit corrodium ; et faciunt in nundinis Sancti Cuthberti singuli ij villani j botham, et quando logias faciunt, et wodlads ducunt quieti erunt de aliis operationibus illa die ; et omnes villani debent facere singulis annis in operatione sua, si opus fuerit, j domum longitudinis xl pedum, et latitudinis xv pedum, et tunc cum faciunt sunt quieti unusquisque de 4d. daverpenys, in toto 14s. 4d.   Robertus Cape ten. j (mess.), et ij bov. terræ, et facit in omnibus sicut predictus Willelmus, red. p. a. 14s. 4d.   Johannes Bentley et Robertus Pollard ten. j mess., et ij bov. terræ, et faciunt ut supra, red. p. a. 14s. 4d.   Johannes Maggesson ten. j mess., et ij bov. terræ, et facit ut supra, red. p. a. 14s. 4d.   Petrus Potter et Johannes Taillour ten. j mess., et ij bov. terræ, et faciunt ut supra, red. p. a. 14s. 4d.   Robertus Penywale et Walterus de Bradbery ten. j mess., et ij bov. terræ, et faciunt ut supra, red. 14s. 4d.   Robertus Cape et Thomas Baxster ten. j mess., et ij bov. terræ, et faciunt ut supra, red. p. a. 14s. 4d.   Elias Owton ten. j mess., et ij bov. terræ, et facit ut supra, red. p. a. 14s. 4d.   Johannes Whelp et Thomas Baxster ten. j mess., et ij bov. terræ, et faciunt ut supra, red. p. a. 14s. 4d.   Johannes Preston ten. j mess., et ij bov. terræ, et facit ut supra, red. p. a. 14s. 4d.   Willelmus Henrison et Willelmus Newbygging ten. j mess., et ij bov. terræ, et faciunt ut supra, red. 14s. 4d.   Johannes Blakheued ten. j mess., et ij bov. terræ, et facit ut supra, red. p. a. 14s. 4d.   Johannes Haddy ten. j mess., et ij bov. terræ, et facit ut supra, red. p. a. 14s. 4d.   Willelmus Blakheued et Willelmus Taillour ten. j mess., et ij bov. terræ, et faciunt ut supra, red. 14s. 4d. Willelmus Lang ten. j mess., et ij bov. terræ, et facit ut supra, red. p. a. 14s. 4d.   Johannes Lang ten. j mess., et ij bov. terræ, et facit ut supra, red. p. a. 14s. 4d.   Thomas Carleton ten. j mess., et ij bov. terræ, et facit ut supra, red. p. a. 14s. 4d. Thomas Carleton et Thomas Carter ten. j mess., et ij bov. terræ, et faciunt ut supra, red. 14s. 4d.   Petrus Wydowesson et Willelmus Carter ten. j mess., et ij bov. terræ, et faciunt ut supra, red. p. a. 14s. 4d.   Willelmus del Grene et Willelmus de Redmershill ten. ix acras bond., qui reddunt in omnibus ut pro j mess. et ij bov. terræ bond. ut supra, preter quod non faciunt opera ad manerium de Middelham sicut predictus Willelmus Todde facit, ut dicunt, videlicet, autumpnalia, in feno, in arrura, herciatura, faciendo domum vel botham, preter opera

ebdomadalia, et wodlads, red. p. a. ad iiij terminos predictos
14s. 2d.

OFFICIUM PUNDERI. Willelmus Kellaw ten. officium punderi, et red. p. a. ad festum Sancti Martini 6s.

GALLINÆ ET OVA. Predictus Willelmus red. pro dicto
officio suo lxxx gallinas ad festum Nativitatis, et cccc ova ad
festum Paschæ — lxxx gall., et cccc ova.

METRICH. Omnes tenentes solvunt ad festum Martini pro
j vacca de Metrich 6s.

CORNAGIUM. Iidem solvunt pro cornagio, ad festum Cuthberti in Septembri, quolibet anno 20s.

SCATPENYS. Iidem solvunt pro scatpenys p. a. ad idem
festum 31s. 8d.

AVERPENYS. Iidem tenentes solvunt pro averpenys ad idem
festum 26s. 8d.

WODLADES. Omnes tenentes bondi solvunt pro wodlades ad
festum Sancti Johannis Baptistæ 20s.

Item pro scatpenys ad terminum Sancti Martini p. a. 25s.

TERRÆ SCACCARII. Robertus Capp ten. iiij acras terræ scac-
carii ibid., red. p. a. ad iiij terminos usuales 2s. Johannes
Tose ten. xij acr. terræ predictæ ibid., red. p. a. ad e. t. 6s.
Willelmus Warde ten. ij acr. terræ scaccarii ibid., red. p. a. 12d.
Johannes Maggesson ten. xj acr. terræ predictæ ibid., red. p. a.
5s. 6d. Johannes Tele beryer ten. iiij acr. terræ ibid., red. p. a.
2s. Robertus Saddy ten. iij acr. terræ ibid., red. p. a. 18d.
Johannes Chestre ten. viij acr. terræ ibid., red. p. a. 4s. Adam
Tremdon ten. iij acr. terræ ibid., red. p. a. 18d. Elias de Owton
ten. iiij acr. terræ ibid., red. p. a. 2s. Robertus Penywale ten.
iiij acr. terræ ibid., red. p. a. 2s. Johannes Elisson ten. iiij acr.
terræ ibid., red. p. a. 2s. Willelmus Pollard ten. ij acr. terræ
ibid., red. p. a. 12d. Radulphus Cape ten. vj acr. terræ ibid.,
red. p. a. 3s. Hugo Durant ten. iiij acr. terræ ibid., red. p. a.
2s. Petrus Wydowesson ten. ij acr. terræ ibid., red. p. a. 12d.
Johannes Lasselyn ten. iiij acr. terræ ibid., red. p. a. 2s. Stephanus Stawe ten. vj acr. terræ ibid., red. p. a. 3s. Thomas
Shiphird de Holstob ten. vj acr. terræ ibid., red. p. a. 3s. Thomas Baxter ten. ij acr. terræ ibid., red. p. a. 12d. Thomas Cape
ten. xj acr. terræ ibid., red. p. a. 5s. 6d. Johannes Preston ten.
iiij acr. terræ ibid., red. p. a. 2s. Willelmus Henrison et Willelmus Newbigging ten. iiij acr. terræ ibid., red. p. a. 2s. Johannes Addy ten. iiij acr. terræ ibid., red. p. a. 2s. Willelmus
Lang ten. iiij acr. terræ ibid., red. p. a. 2s. Johannes Lang
ten. ix acr. terræ ibid., red. p. a. 4s. 6d. Ricardus Webster ten.
vj acr. terræ ibid., red. p. a. 3s. Petrus Wydowson et Thomas
Baxter et Nicholaus Theker ten. xij acr. terræ, quæ fuerunt in

manu Domini causa mortis Johannis de Bischopton, red. p. a.
6s. Thomas de Carlton ten. iiij acr. terræ ibid., red. p. a. 2s.
Thomas del Hall ten. iiij acr. terræ ibid., red. p. a. 2s. Adam
Michel ten. ij acr. terræ ibid., red. p. a. 12d. Thomas Hedlem
ten. iiij acr. terræ ibid., red. p. a. 2s. Johannes Maggesson,
Thomas Carleton, Thomas Carter, Johannes Whelp, Robertus
Cape et Stephanus Stowe ten. j acr. terræ in diversis parcellis
ibid., red. p. a. 6d.

EXTRA TENURAM. De xv acr. terræ in mora ibid., vocata
Harpermoure, quæ solebant reddere p. a. 13s. 4d., nichil red.,
quia ballivus de Middelham red. De xij acr. terræ ibid. nichil,
quia in manu Domini per mortem Johannis Bysschopton, sol.
red. p. a. 6s., modo vastæ.

MORA VOCATA LE BROK. Tenentes villæ ejusdem ten. j
moram, vocatam le Brok, et sol. red. p. a. 40s., modo red. ad iiij
terminos usuales 16s. 8d.

PASTURÆ. Johannes Shephird de Fissburn ten. j pasturam,
vocatam Wytterdow, red. p. a. 53s. 4d. Idem Johannes ten. j
clausuram, vocatam Grenewykestclos, et sol. red. p. a. 12s. 1d.,
modo 6s.

MOLENDINUM FULLONICUM. Et fuit ibid. aliquando j molendinum fullonicum juxta Corneforth, quod. sol. red. 33s. 4d., et
modo vastum et extra tenuram.

TERRÆ VASTÆ. Est ibid. j cotagium vastum, quondam Petri
de Foxden, et sol. red. p. a. 18d. ad iiij terminos, iiij opera autumpnalia, et ij in feno. Item j cotagium vastum, quondam
Emmæ de Elmeden, et sol. red. 18d., et opera ut supra. Item j
cotagium vastum ad finem villæ ex parte boriali, et sol. red.
18d., et opera ut supra. Item j cotagium ad finem villæ ex parte
occidentali Domini vasti, et sol. red. 2s. p. a., ij opera in autumpno, et j in feno. Item sunt ibid. xij acræ terræ in manu
Domini per mortem Johannis Bisshopton, et sol. red. p. a. 6s.
Item j molendinum fullonicum juxta Cornford, quod sol. red. p. a.
33s. 4d., modo vastum. Item xij acræ terræ apud Ryghill in
manu Domini defectu tenentis, unde prepositus habebit j dis-
trictam, videlicet, j carectam et iij affros, unde potest levare 6s.
pro firma hujus anni, et medietate temporis providebit de alio
tenente ibid. Item dicunt quod sunt ibid. iiij acr. terræ in manu
Domini per mortem Johannis de Foxden, qui diem suum clausit
extremum, et obiit sine herede, ideo in manu Domini per estimationem (escaetam?) ut dicunt.

PRESTON.

TENENTES IN DRINGAGIO. Johannes de Carrcw rcd., pro terris Thomæ de Seton in Preston, p. a. ad iiij terminos majorcs, videlicet, ad festum Sancti Martini 10s. 6d., et ad quemlibet alium terminum 9s. 2¼d., et facit forinsecum servitium et sectam comitatus . . . * 38s. ½ ¼d. Willelmus Baron ten. certas terras ibid., et facit ut supra in omnibus, et ad molendinum, et sectam ad halymote, et red. ad terminum Sancti Martini et ad festum Sancti Johannis Baptistæ p. a. 10s. Thomas Baron ten. j parcellam terræ ibid., et facit in omnibus ut supra, red. p. a. 4d. Idem Thomas ten. ibid. j aliam parcellam terræ, et facit in omnibus ut supra, red. p. a., videlicet, ad iiij terminos, ad terminum Martini 6d., ad quemlibet alium terminum 3½ ¼d. —— 17½ ¼d. Matilla Boos ten. j bov. terræ ibid., red. p. a. ad iiij terminos 14¼d.

* The MS. is here illegible.

WAPPENTAGIUM

DE

SADBERGE.

ANTIQUA BURGAGIA CUM ANTIQUIS DOMINICIS. Willelmus Fawcon ten. iiij burgagia, et xxx acr. terræ et dim. in campo ibid.,
per fidelitatem et sectam comitatus, de tribus septimanis in tres
septimanas, et dupplicat firmam pro relevio, et ipse, cum vicinis
suis, ten. hujusmodi tenuram, et cum aliis dominis wappentagii,
videlicet, Baro de Graystok, Priorissa de Neseham, Robertus de
Ogle, Walterus Taylboys, Isabella quæ fuit uxor Johannis Percy
de Kyldale, Johannes de Aslayby, heres Alexandri Surteys et
alii custodes gaolæ et prisonis ibid., et red. pro evasione, si acci-
deret, prisonariorum ibid.; et idem Willelmus red. pro firma ad
festum Paschæ et Michaelis per equales portiones 4s. 8d.   Idem
Willelmus ten., de terris Johannis Fawcon junioris, vij acr. terræ
per servitium predictum, red. p. a. 14d.   Idem Willelmus ten.,
de terris Johannis Waryn, xx acr. terræ ibid., per serv. pred.,
red. p. a. 3s. 2d.   Predictus Willelmus ten., de terris Johannis
Rysshden, ij burgagia, xxix acr. terræ per serv. pred., red. p. a.
5s. 10d.   Johannes Eyre ten. j acr. j rod. et dim. terræ ibid. per
serv. pred., red. p. a. 2d.   Robertus in le Wie ten. j burgagium,
et vj acr. terræ per serv. pred., red. p. a. 20d.   Johannes in le
Wie ten. vij burgagia, et lx acr. terræ ibid., red. p. a. per serv.
pred. 11d.*   Robertus Maresshall ten. iiij burgagia, et xvij acr.
terræ ibid. per serv. pred., red. p. a. 4s. 1d.   Idem Robertus ten.
ij bov., cont. xxx acr. terræ, per serv. pred., red. p. a. 4s.   Idem
Robertus ten. j burgagium, et vij acr. terræ et dim., quondam
Willelmi Waryn, per serv. pred., red. p. a. 19d.   Predictus Robertus ten. quoddam tenementum, vocatum Rygsonhous, per
serv. pred., red. p. a. 12d.   Robertus Willison in le Wie ten. j
burgagium ibid. per serv. pred., red. p. a. 2d.   Johannes Blak-
heye ten. j burgagium ibid. per serv. pred., red. p. a. 6d.   Johannes filius Willelmi ten. iij burgagia, et xl acr. terræ ibid. per

* There is added in the margin, " Continetur in rentali de Sadbury 11d.

serv. pred., red. p. a. 5s. 6d.   Idem Johannes ten. iij bov. terræ,
quæ fuerunt Ricardi de Lelom, per serv. pred., red. p. a. 6s.
Idem Johannes ten. j burgagium, et xxxv acr. terræ ibid. per
serv. pred., red. p. a. 5s.   Johannes Robertson ten. ij burgagia,
et xj acr. terræ ibid. per serv. pred., red. p. a. 2s. 7d. Nicholaus
Surteys capellanus ten. j tenementum, xxvj acr. terræ per serv.
pred., red. p. a. 4s.   Willelmus Wryght ten. iiij burgagia, et iij
rod. terræ ibid. per serv. pred., red. p. a. 2s.   Johannes Waryn
ten. ij burgagia, xvj acr. terræ et dim. ibid. per serv. pred., red.
p. a. 2s. 11d.   Idem Johannes ten. $\frac{xx}{xx}$ (sic) et iij acr. terræ ibid.
per serv. pred., red. p. a. 5s. 7$\frac{1}{2}$d.   Johannes de Whitton ten. ij
burgagia, et vj acr. terræ ibid. per serv. pred., red. p. a. 2s. 9d.
Willelmus Food ten. j burgagium, et ij bov. terræ, quondam Ricardi Lelom, per serv. pred., red. p. a. 5s. 8d.   Willelmus Smyth
ten. j burgagium, et vj acr. terræ ibid. per serv. pred., red. p. a.
7d.   Idem Willelmus ten. j burgagium, et iiij acr. terræ ibid.
per serv. pred., red. p. a. 16d.   Idem Willelmus ten. quandam
placeam, vocatam Prestesonsplace, ibid. per serv. pred., red. p. a.
2d.   Predictus Willelmus ten. ij acr. iij rod terræ, et j croftum
ibid. per serv. pred., red. p. a. 6$\frac{1}{2}$d.   Willelmus Welefed ten. j
bov. terræ, quondam Willelmi Waryn, per. serv. pred., red. p. a.
22d.   Henricus Draper ten. j burgagium, et vij acr. terræ et
dim., quondam ipsius (Willelmi) Waryn, per serv. pred., red.
p. a. 19d.   Willelmus Casson ten. j tenementum, viij acr. terræ
et dim. rod. per serv. pred., red. p. a. 16$\frac{1}{2}$d.   Thomas in le Wye
ten. medietatem j messuagii, et xij acr. terræ ibid. per serv. pred.,
red. p. a. 2s. 2d.   Isabella in le Wia ten. medietatem j burgagii, et viij acr. terræ ibid. per serv. pred., red. p. a. 15d.   Robertus de Grytham ten. j burgagium, quondam Johannis Freman, per serv. pred., red. p. a. 9d.   Predictus Robertus de
Grytham ten. iiij burgagia, iiij acr. terræ et dim., quondam
Aliciæ Mark, per serv. pred., red. p. a. 19d.   Johannes Robynson ten. j burgagium, quondam dictæ Aliciæ, per serv. pred.,
red. p. a. 6d.   Idem Johannes ten. ij burgagia ibid. per serv.
pred., red. p. a. 12d.   Willelmus Couper ten. vij burgagia, et
x acr. et dim. terræ ibid. per serv. pred., red. p. a. 5s. 2d.   Robertus Gretham ten. xj burgagia, et xxxvij acr. terræ per serv.
pred., red. p. a. 7s. 10d.   Idem Robertus ten. j burgagium, et
iij acr. terræ, quondam Ceciliæ Milner, red. p. a., per serv.
pred., 10d.   Predictus Robertus ten. ij bov. terræ, quondam
Roberti Lelon, per serv. pred., red. p. a. 4s.   Johannes Haf-
fert ten. j burgagium, et j croftum per serv. pred., red. p. a. 6d.
Ricardus Patesson ten. placeam Beatæ Mariæ ibid. per serv.
pred., red. p. a. 6d.   Thomas Surteys ten. vij acr. et dim. terræ
ibid. per serv. pred., red. p. a. 13d.   Predictus Ricardus Pates-

196

BISHOP HATFIELD'S SURVEY.

son ten. iij burgagia, vij acr. terræ et dim. per serv. pred., red.
p. a. 2s. 10½d. Predictus Thomas Surteys ten. j burgagium,
quondam Ismaynæ de Layton, per serv. pred., red. p. a. 12d.
Adam Clerc ten. ij acr. terræ et j rod., de escaeta Domini, quondam dictæ Ismaynæ, per serv. pred., red. p. a. 13d. Idem Adam
ten. j burgagium ibid. per serv. pred., red. p. a. 12d. Henricus de Ingelby clericus ten. iij burgagia, xxj acr. terræ ibid.
per serv. pred., red. p. a. 5s. Willelmus Dawson ten. j burgagium, et vj acr. terræ ibid. per serv. pred., red. p. a. 9d.
Henricus Hameldon ten. j burgagium et dim., et xiiij acr. terræ
ibid. per serv. pred., red. p. a. 2s. 2d. Willelmus Stothawe
salar ten. j burgagium, vocatum Stokherplace, per serv. pred.,
red. p. a. 12d. Predictus Thomas Surteys ten. j tenementum,
xlj acr. terræ, quondam Thomæ Willesson, per serv. pred., red.
p. a. ad iiij terminos 6s. 7d. Willelmus Wakerfeld ten. j croftum, vocatum Pedcokcroft, et ij acr. et dim. prati in le Brod-
syke, per serv. pred., red. p. a. 11d. Willelmus de Middelton
ten. ij acr. terræ, quondam Ricardi de Punceys, ibid. per serv.
pred., red. p. a. 3½d. Nicholaus Coyll ten. j placeam, vocatam
Pokkesplace, et j acr. terræ, vocatam Wormesland, per serv.
pred., red. p. a. 2s. 4d. Willelmus Cowper ten. vj acr. terræ
ibid. per serv. pred., red. p. a. 10d. Idem Willelmus ten. j
placeam, vocatam Fyggesplace, per serv. pred., red. p. a. 7d.
Willelmus Waryn ten. j messuagium, et xxx acr. terræ per serv.
pred., red. p. a. 4s. 4d. Thomas Surteys ten. j burgagium, et
iij acr. terræ ibid. per serv. pred., red. p. a. 6d. Amicia at
Water ten. j burgagium ibid. per serv. pred., red. p. a. 10d.
Johannes Kylinghall ten. j messuagium, et lx acr. terræ, quondam Ricardi Lelom, per serv. pred., red. p. a. 8s. 8d. Predictus Robertus de Gretham ten. j bov. terræ, quondam Ricardi
Lelom, per serv. pred., red. p. a. 2s. Johannes Hogh ten. j
burgagium ibid. per serv. pred., red. p. a. 6d. Willelmus de
Dalton ten. j burgagium ibid. per serv. pred., red. p. a. ad festum Cuthberti in Septembri 6d.

    Nova Burgagia. Robertus Maresshall ten. j messuagium,
xvij acr. terræ, quondam Thomæ capellani, red. p. a. 12s.
Agnes filia Johannis Rogerson, ten. j tenementum, vocatum
Herynggharsplace, solebat reddere p. a. 21d., modo red. 18d.
Willelmus Smyth ten. j forgium, quart. burgagii, quondam
Hugonis de Whytton, red. p. a. 6d. Henricus de Ingleby ten.
j burgagium, quondam Willelmi Haksmall, red. p. a. 2d. Thomas in le Wye et Isabella in le Wye ten. j placeam, red. p. a.
2d. Robertus Maresshall in le Wye ten. j placeam, red. p. a.
4d. Johannes Spycer ten. j placeam, vocatam Walkersplace,
de escaeta, red. p. a. ad festum Pentecostes et Martini 3s. Pre-

dictus Robertus Maresshall ten. j placeam ibid., vocatam Sher-
wyndesplace, red. 1d.

TERRÆ DOMINICÆ. Willelmus Fautor ten. j bov. terræ,
cont. xv acr. prati et pasturæ, red. p. a., ad festum Martini et
Paschæ et Cuthberti in Septembri, 9s. 1d. Johannes Blake et
Rogerus Blakye ten. j bov. prati et pasturæ, red. p. a. 9s. 1d.
Johannes Robertson ten. j bov. terræ ibid., red. p. a. 9s. 1d.
Willelmus Fote ten. j bov. terræ ibid., red. p. a. 9s. 1d. Johannes Clerk ten. j bov. terræ ibid., red. p. a. 9s. 1d. Willelmus Smyth ten. j bov. terræ ibid., red. p. a. 9s. 1d. Willelmus
Dalton ten. j bov. terræ et dim. ibid., red. p. a. 13s. 6½d.
Robertus Denys ten. j bov. terræ ibid., red. p. a. 9s. 1d. Willelmus Cowper ten. j bov. terræ ibid., red. p. a. 9s. 1d. Johannes Robertson in le Wia ten. j bov. terræ ibid., red. p. a.
9s. 1d. Willelmus Wryght ten. ij bov. terræ ibid., red. p. a.
18s. 2d. Robertus filius Ricardi ten. ij bov. terræ ibid., red.
p. a. 18s. 2d. Robertus de Gretham ten. j bov. terræ ibid.,
red. p. a. 9s. 1d. Johannes de Gretham ten. j bov. terræ
ibid., red. p. a. 9s. 1d. Robertus de Maresshall ten. j bov.
terræ ibid., red. p. a. 9s. 1d. Willelmus Dobbesson ten. ij bov.
terræ ibid., red. p. a. 18s. 2d. Thomas de Burdon ten. j bov.
terræ ibid., red. p. a. 9s. 1d. Rogerus Blakye et Johannes de
Notyngham ten. j bov. terræ ibid., red. p. a. 9s. 1d. Prior de
Fynghall ten. ibid. ij bov. de terra Ricardi Bellam, unde nichil
solvit qua causa de causa ignoratur (sic), ideo inquiratur. Ricardus Pateson ten. dim. bov. terræ ibid., red. p. a. 4s. 6½d.

MORTON.

Johannes de Morton et percenarii sui ten. villam de MOR-
TON per servitium militare, red. p. a. ad festum Martini et
Nativitatis Sancti Johannis Baptistæ 16s. 5½d. Iidem Johannes
et socii sui red. p. a. pro cornagio ad terminum Martini tantum
20d. Iidem Johannes et socii sui ten. terram Petri de Wythes,
red. p. a. ad e. t. 6d. Iidem Johannes et socii sui ten. terram
Willelmi Cordwaner, red. p. a. 6d. Predictus Johannes ten.
v messuagia, et xlvj acr. terræ, et j acr. prati, et solebat reddere
p. a. 4l. 12s., modo red. ad terminum Martini et Pentecostes
46s.

HERTILPOLE.

Dominus Rogerus de Fultorp miles ten. j tenementum in
Hertpol, vocatum le Herynghows, red. p. a. ad terminum Martini 12d.

198   BISHOP HATFIELD'S SURVEY.

Communis Furnus. Willelmus Dawesson ten. communem furnum, cum tolenctis infra burgum, red. ad festa Paschæ et Martini 7s.

Molendinum. Johannes Hapsam et Robertus filius ejus ten. molendinum ventriticum, quæ quidem molendinum et furnus solebant redderc 77s. 8d., modo red. (*blank*).

NEWBIGGYNG.

Gilbertus de Newbigging et socii sui ten. ibid. xlviij acr. terræ dominicæ, et red. ad festa Paschæ et Michaelis 24s.

Comes Warwic pro redditu villatæ de Langnewton, et pro dominio ibid., ad festa Martini et Cuthberti, 10*l.* Idem Comes pro terris, quondam Johannis de Balliol, ad terminum Sancti Martini tantum, red. 70s.

Tenentes villæ de Carlebury red. pro libera firma ibid. ad terminos Martini, Pentecostes, Johannis, et Michaelis, 41s. 8d.

De warda de Seton Karrow pro warda castri ibid. ad festum Nativitatis Sancti Johannis 13s. 4d.

De warda castri de Middelton Seint George et Over Myddelton ad festum Paschæ 9s.

De warda castri de Connescliff, red. p. a. ad e. t. 13s. 4d.

De warda castri de Ellestop, pro warda de Cotom p. a. ad terminos predictos 4s. 6¼d.

De Greystane pro eadem warda ad e. t. p. a. 13½d.

De warda de Nesebit pro eadem p. a. ad e. t. 18d.

De Cotom pro se pro eadem warda p. a. ad e. t. 20½d.

De liberis tenentibus de Newbygging ad festa Paschæ et Michaelis p. a. ad e. t. 13s. 4d. De eisdem pro quadam placea prati, vocata Hawyng, p. a. ad e. t. 3s. 8d.

De villa de Morton super le More, de redditu Thomæ Sorteys, p. a. ad e. t. 60s.

De villa de Bordon, per Priorissam de Neseham, p. a. ad e. t. 60s.

De Waltero Tailboys et Roberto Ogle pro villa de Neseham p. a. ad e. t. 60s.

De villa de Aslayby p. a. ad e. t. 60s.

*Be it to remembre that I Robert Rodes satt, at the Castell in the Newe Castell upon Tyne in the Counte of Northumberland, by force of a wryte of diem clausit extremum after the deth of the Erlle of Warwyke, and thar toke an inquisicion of the Castell of Bernarde Castell in the Bysshopryke of Dureham, and informed tham, that ware sworne in the saide inquisicion, that the saide Castell of Bernarde Castell was in the Counte of Northumberland, qwarin I hurte the liberte and title of the Chirch of Seynt Cutbert of Dureham, qwylk me sore repentis. Qwarefore I beseke my Lorde of Dureham of his grace and absolucion at the reverence of Jhesu. Wretyn of myne awne hande at Dureham the xxix day of Aprill the yere of the reigne of Kyng Edwarde the iiij[th] the fyrste.

---

* The following entry is an addition in a later hand.

APPENDIX.

I. — ROTULUS PREPOSITI DE AUKELAND ANNO RICARDI DE BURY EPISCOPI QUINTO.

Compotus Petri de Midrigge prepositi manerii de Auke-
land a festo Sancti Michaelis Anno Pontificatus Domini
Ricardi de Bury quarto usque festum Sancti Michaelis
Anno Pontificatus ejusdem quinto.

Arreragia. Idem respondet de 19*l*. 10s. 8d. de arreragiis
compoti sui ipsius anni precedentis. Et de 31s. 1½d. de arreragiis claris arreragiorum Willelmi filii Rogeri prepositi ante
ipsum. Summa 21*l*. 21½d.

Redditus Assisæ. Idem resp. de 6d. de redditu j cotagii ad
portam manerii de termino Sancti Martini tantum. Summa
6d.

Operaciones in Denariis. Idem resp. de 17s. 6d. de
ccccxx operibus venditis. Et de 4*l*. 4s. receptis de eisdem
bondis, pro eorum operacionibus septimanariis in autumpno, a
festo S. Petri ad vincula usque festum S. Martini, de quolibet
3s., de consuetudine. Et de nichil de lxxviij operibus xiij cotmannorum de Aukland, quia fecerunt opera sua hoc anno in
herba spargenda, de quolibet vj opera. Et de 38s. 3d. de operacionibus xvij bondorum de West Aukland, pro operacionibus suis
in autumpno, de quolibet 2s. 3d., de consuetudine. Et de
12s. 9d. rec. de eisdem xvij bondis pro eorum outelade, de quolibet 9d. pro iij outelades. Et de nichil de cxx quadrigatis bosci
cariandis per bondos de West Aukland, quia fecerunt opera hoc
anno. Et de 2s. 9d. rec. de v malmannis de West Aukland pro
eorum avirakres. Et de 18s. 6d. rec. de Aukland, Escumb, et
Neuton pro eorum arrura. Summa 8*l*. 13s. 9d.

Vendicio Herbagii et Pomarii. Et de 10s. rec. de solo

pomarii, redacto in cultura, dimisso per tempus compoti. Et de
3s. 6d. de herbagio pomarii juxta Gaunlesse vendito. Et de
fructu nichil, quia nullus fructus nec arbor. Summa 13s. 6d.
VENDICIO PRATORUM. Et de 50s. 2½ ¼d. rec. de xj acr. j
rod. prati de West Aukland venditis, sine servicio bondorum.
Et de nichil de xviij acr. prati in parco in diversis locis, quia
falcantur hoc anno. Et de 10s. rec. de rewayno omnium pratorum in parco post falcacionem, vend. Willelmo clerico. Et de
nichil de xviij acr. infra parcum, et iiij acr. in Halmedus, quia
falcantur. Et de j placea prati in parco, vend. in anno precedente, nichil, quia falcatur. Et de 16s. 8d. rec. de les Leyes
apud Gaunlesbrigg. Summa 76s. 10½ ¼d.

AGISTAMENTA ET PASTURÆ SEPARALES. Et de 79s. ½d. rec.
de Ricardo parcario de agistamentis hyemalibus de parco hoc
anno. Et de 10l. 13s. 4d. rec. de pasturis estualibus tocius
parci, preter clausum subtus aulam, vend. in grosso Domino Roberto de Maneyrs militi, a festo Invencionis S. Crucis usque festum S. Michaelis in fine hujus compoti, Ricardo filio Gilberti
et Willelmi clerici (sic). Et de 7s. 5d. rec. de eodem Ricardo
de agistamento estuali clausi subtus aulam, per indenturam.
Summa 14l. 19s. 9½d., preter capita ix pullanorum Domini
Thomæ Surteys, pro quibus nichil.

PERQUISITA CURIÆ. Et de 5s. 2d. rec. de perquisitis curiæ
parci de Ricardo parkario per talliam. Summa 5s. 2d.

VENDICIO BOSCI ET TANNI. Idem respondet de 13s. 3d. rec.
de eodem Ricardo parcario per talliam, ut de tanno vend. Et de
2s. rec. de eodem Ricardo de summitatibus quercuum prostratarum in parco vend. Et de 15d. rec. de eodem de sicco bosco
per ventum prostrato. Summa 16s. 6d.

VENDICIO BLADI. Idem resp. de 24l. 11s. 1½d. rec. de cxl
quart. ij buz. et dim. brasei de skat vend., pro quart. 3s. 6d.
Summa 24l. 11s. 1½d.

WODELADE. Idem resp. de 9s. 9d. rec. de Domino Nicholao
Gategang receptore, ut in wodelade facto. Summa 9s. 9d.

VENDICIO CEPI. Idem resp. de 58s. 4d. de lxx petris cepi
vend., pro petra 10d. Summa 58s. 4d.

FORINSECA RECEPTA. Idem resp. de 26s. 8d. rec. de pre-
posito de Rekenhall, sine tallia. Et de 14s. rec. de Domino
Nicholao de Gategang receptore Dunelm., per j indenturam.
Summa 40s. 8d.

VENDICIONES SUPER COMPOTUM. Idem resp. de 3s. de
diversis venditis super compotum. Summa 3s.

Summa totalis recepti, cum arreragiis compoti precedentis,
80l. 10s. 9¼d.

EXPENSÆ.

REPARACIONES DIVERSÆ A FESTO S. MICHAELIS USQUE FES-
TUM NATALIS DOMINI. Idem computat in lxxxvj petris plumbi
de stauro de remanentibus, videlicet, liij petr. rec. de Ricardo de
Kyrkenny, et xxxiij petr. de veteri plumbo, fundandis et jactandis
pro gutteris cameræ Senescalli et aulæ emendandis, cito post
festum S. Michaelis, in principio hujus compoti, pro petra jac-
tanda ½d., 3s. 7d., eo quod tunc plumbator non fuit cum Domino
in certo. In j petra stanni empta pro eodem, et pro capella
emendanda eadem vice, 2s. 7d. Item plumbatori pro magna
capella et parva capella et aliis cameris soudandis, per x dies,
4s. 2d., per diem 5d. Item cuidam sibi deservienti per idem
tempus 10d. Item Johanni de Allirton pro gutteris magnæ
capellæ emendandis ad taskam 3s. Item cuidam carpentario pro
turello emendando ad taskam 3s. 6d. Item cuidam cementario
emendanti arream furni veteris contra adventum Domini, precepto ballivi, ex convencione, 5s. Item cuidam carpentario
emendanti cooperturas gutterarum aulæ cum cindulis per iij
septimanas, et cameram Domini, 6s., eidem per septimanam 2s.
Item cuidam alii carpentario per idem tempus operanti ibidem
4s. 6d., eidem 18d. per septimanam. Item cuidam deservienti
eisdem carpentariis per j septimanam 10d. Item cuidam carpentario operanti super dictam aulam per ij septimanas 4s.,
eidem per septimanam 2s. Item servienti suo per vj dies 6d. In
spykings ferri, lednaylls, schotnaylls, et bordnaylls empt., pro
aula cooperienda ut supra, 3s. 10d. Item in gugonns ferri empt.,
pro fenestris aulæ, 7d. In ij vertenellis empt., pro hostio cameræ
Domini Episcopi, 4d. In ij crokes empt., pro hostio stabuli, 1d.
Item in ij vertenellis et gumphis empt., pro hostio lardarii, 5d.
In j serura empt. pro eodem 4d. In ij seruris empt., pro bracina,
et camera Senescalli, 6d. Item ij cementariis operantibus circa
magnum murum lapideum reparandum, ex parte occidentali manerii, per v septimanas 20s., cuilibet per septimanam 2s. Item
cuidam homini frangenti et querenti lapides pro dicto opere, per
idem tempus, 5s. Item ij deservientibus predictis cementariis,
per idem tempus, 10s., eisdem per septimanam 2s. In j pecia
ferri empt., pro j pykois faciendo, 3d. In dicto pikoys faciendo
3d. In j vanga ferri empt., pro dicto opere, 3d.* Item cuidam
homini daubanti granarium avenarum, ex convencione, 6d. In j
gardino de haya faciendo infra curiam, juxta bracinam, ex convencione, 20d. Item ij sklattariis operantibus super longum stabulum et turellum per iij dies 2s., cuilibet per diem 4d. Item

---

* There is added in the margin, "restat j picoise, j vanga."

cuidam sklattario operanti ibid. per dim. diem 2d. Item cuidam eisdem deservienti per idem tempus 7d. In c brodds empt. pro eodem opere 2d. Item in hekkes in magno stabulo emendandis 2d. Item in j camino in cruello faciendo 8d. In muris lapideis thoralis emendandis per ij cementarios per iij dies 2s. Item ij sibi deservientibus 12d. Item cuidam cementario pro muris dressuræ emendandis per ij dies 8d. Item cuidam homini daubanti ibid. per ij dies et dim. 7½d. Item in iiij bordis empt. pro fenestris dressuræ faciendis 8d. Item in vj gumphis et vertenellis empt. pro eisdem 6d. In hespes et staples pro eisdem 1d. Item in DC brodds empt. pro dressura cooperienda 12d. In c schotnaylls empt. pro eodem opere 4d. In xl spikings empt. pro eodem opere 2d. In ij bordis sarrandis pro dressura 4d. Item cuidam carpentario pro eisdem fenestris et dressura reparandis, ex convencione, 18d. Item cuidam carpentario pro domo candelabrorum reparanda 12d. In DCC brodds empt. pro eodem 14d. Item in xl spikings, j hespe, et j stapil empt. pro j hostio ejusdem 3d. In parietibus daubandis 10d. In ij fothres de sklatstane empt. pro eadem domo et dressura cooperiendis 12d. In j roda ejusdem domus candelabrorum et dressuræ cooperienda, ex convencione, 3s. Item cuidam sklattario emendanti garderobam cameræ ·Senescalli 12d., ex convencione. In vj bordis empt. pro j spure pro camera Domini 12d. Item carpentario pro opere suo, cum clavis empt., 7d. In vj bordis empt. pro garderoba cameræ Regis emendanda 6d. Item in fenestris vitreis magnæ capellæ emendandis contra Natale, ex convencione, 13s. 4d. Item Johanni de Allirton carpentario operanti super aulam per viij dies ante Natale 2s. 8d., per diem 4d. In MM de sponnaylls, pro centum 2d., 3s. 8d. Item cuidam cementario emendanti j peciam muri lapidei, retro grangiam, emendandam ad taskam 2d. Item cuidam carpentario pro manngours et crethes in stabulo emendandis per iij dies 6d. In fenestris coquinæ, et gabulo cameræ Domini Regis daubandis, ex convencione, 18d. Item cuidam sklattario operanti super bracinam per j diem 4d. In serura magnæ portæ emendanda per Johannem de Bur' ante Natale 6d. In iiij ulnis de canabo empt. pro fenestra vitrea in gabulo aulæ contra Natale 12d. In j ulna canevacii empt. pro fenestra cameræ supra portam, precepto auditoris, 4d. Item cuidam cementario facienti j novum furnum, ex convencione, 26s. 8d. Summa 7l. 16s. 1½d.

ITEM CUSTUS DOMORUM. Idem computat in MD cindulis colpandis et cooperiendis super aulam per Johannem de Allirton carpentarium, incipiendo post Natale Domini, ex convencione, 21s. 6d. Item cuidam sibi deservienti per xviij dies super aulam 2s. 3½d., eidem per diem 1½d. In MMMM de brodds empt. pro

eodem, precium 6s. 8d., pro centum 2d. Item in arreis cameræ
Senescalli, et ad portam orientalem daubandis, ex convencione, 8d.
In arreis cameræ Regis daubandis, ex convencione, 12d. Item in
xxxviij bordis de Estland empt. pro hostio coquinæ, et fenestris
faciendis, 7s. 11d., pro pecia 2½d. In ij arboribus de fyrre pro ij
scalis inde faciendis pro stauro 15d. In clx spikings empt., pro j
schaffald in coquina faciendo, pro dicta coquina reparanda, 9d.
In mmmm clavis empt. pro hostiis coquinæ, et fenestris faciendis,
13s. 4d., pro centum 4d. In viij ligaminibus ferri empt. pro hostio
coquinæ 16d.   Item Johanni de Allirton carpentario, incipienti
circa boscum colpandum pro cindulis faciendis pro coquina, in
septimana proxima ante Pentecosten, 2s. 2d.   Item Ricardo de
Allirton carpentario operanti circa dictas cindulas, et hostia fenes-
trorum coquinæ, per eandem septimanam, 2s. 2d.   Item Roberto
carpentario per eandem septimanam 18d.   Item eisdem iij carpentariis per iij dies in septimana Pentecostes 2s. 9d., videlicet,
Johanni et Ricardo per diem 8d., et Roberto 3d.   Item Johanni
de Allirton, Willelmo Spenser, et Johanni filio Ricardi de Allirton operantibus circa dictum opus, et cindulas colpandas, et coquinam cooperiendam 6s. 6d., cuilibet 2s. 2d.   Item Ricardo de
Allirton carpentario operanti 18d.   Item Johanni de Allirton
carpentario, Willelmo Spenser, Johanni filio Ricardi de Allirton,
carpentariis, a dominica proxima post festum S. Barnabæ usque
diem dominicam proximam post festum S. Michaelis, per xvj septimanas, circa cindulas colpandas, et pro coquina cooperienda,
et j portham ad ostium longi stabuli, et alias domos reparandas,
103s., cuilibet per septimanam 2s. 2d. Item Ricardo de Allirton
carpentario operanti ibid. per idem tempus 24s., per septimanam
18d. Item ij hominibus eisdem carpentariis deservientibus, et por-
tantibus cindulas desuper coquinam, per xxj dies 5s. 3d., cuilibet
per diem 1½d. In vj flakes faciendis pro j skaffald 6d. In sarracione j quarterii plancturarum pro dicto opere 9d. In mm de lattis
colpandis et faciendis de meremio Domini 6s. 8d., pro centum 4d.
In j arbore sarranda, pro camino in camera Domini supportando,
2d. In xiij^M de sponnaylls et brodds empt., pro coquina cooperienda, et aula, et le salthous, et aliis domibus reparandis, 21s. 8d.,
pro centum 2d.   Item cuidam sklattario querenti mm de lapidibus de sklat apud Lutterington, pro pristrina, bracina, et le
salthous, et stabulo, et pro servicio suo pro eisdem domibus cooperiendis et reparandis, ad taskam, 33s. 4d.   Item in dono
Domino de Lutterington pro licencia habenda pro lapidibus de
sklat querendis 2s.   Item cuidam homini conducto eunti cum
carectariis Domini Episcopi usque Middilham, circa calcem que-
rendam, et usque Lutterington, pro petris de sklat querendis, per
viij dies 12d.   Item cuidam cementario emendanti stabulum,

scilicet, murum stabuli, ad taskam, 4d. Item eidem emendanti
le salthous, ex convencione, 3s. Item Waltero verrario pro fenestris vitreis in gabello aulæ emendandis 13s. 4d. In barres,
wegges, et clavis ferri empt. pro eodem opere 23d. Summa
14*l*. 11s. 2½d.

CUSTUS BRACINÆ CUM EMPCIONE VASORUM. Idem computat
cuidam mundanti domum bracinæ contra adventum Domini 1d.
In ij doleis vini vacuis empt. pro cuvis inde faciendis 5s. In ij
tynis empt. 18d. In j maskfat empt. 5s. In j gylfat empt.
2s. 6d. In vj fraxinis empt. apud Escumb pro circulis faciendis
20d. In xj circulis pro cuvis empt. 8d. Item ij coupariis operantibus circa dicta vasa reparanda per vj dies 4s. Item cuidam
cupario pro iij dies 12d. In xij bordis de Estland empt. apud
Hertilpoll, pro vasibus faciendis, 2s. 10d. In cariagio eorundem
usque Aukland 8d. Item cuidam cementario emendanti furna-
gium per j diem 4d. Item cuidam sibi deservienti 2d. In iij
gatis empt. pro bracina 5d. In iiij parvis cuvis empt. 6s. In j
ferro empt. pro le tunmele 1d. In iij ligaminibus ferri empt. pro
fenestris bracinæ 4d. In clavis empt. pro alveo bracinæ 1d.
Summa 32s. 4d.

CUSTUS CONDUCTUS. Idem computat in cxcvij petris plumbi
empt. pro conductu jactando 77s. 11½ ¼d., pro petra 4½ ¼d. In
xl libris stanni empt. pro pipes soldandis 10s., pro libra 3d.
Item in ij cultellis et j ferro empt. pro plumbatore 4d.* In
cepo empt. pro opere suo, per vices, 10d. In sabulone portando
pro plumbo jactando 2d. Item diversis hominibus adjuvantibus
dicto plumbatori circa dictum opus, infra parcum et extra, cum
necesse fuit, 19s. 3d., ut patet per dictas parcellas. In xxxij
ladis bosci cariandis pro plumbo jactando 16d. Summa
109s. 6½ ¼d.

CLAUSURA PARCI ET PRATORUM. Idem computat in expensis
factis circa palicias parci erigendas, et clausuram parci emendandam, una vice, ut patet per parcellas, 9s. 2d. Item in parco
claudendo alias, et pratis infra parcum claudendis, ut patet per
parcellas, 14s. 7d. In ij pontibus infra parcum, videlicet, ponte
de Coundonnburn, et ponte de Eggisclyffburn, emendandis per
ij carpentarios per ij septimanas 6s. 8d., cuilibet per septimanam
20d. Summa 30s. 5d.

EMPCIO BLADI. Idem computat in vij quart. avenæ emptis
pro prebenda equorum carectarum Domini Episcopi 14s., pro
quart. 2s. In iiij quart. fabarum et pisorum empt. pro porcis
sustinendis et impinguendis pro lardario 10s., pro quart. 2s. 6d.
Summa 24s.

* This clause is struck out, and the reason given is, " Quia ad certum feodum,
et debet invenire instrumenta sua."

EMPCIO SALIS. Idem computat in vij buss. salis empt. pro lardario 5s. 10d., pro buss. 10d. In j quart. salis. empt. et liberato Johanni pistori pro expensis Domini contra Natale 6s. 8d. Summa 12s. 6d.

MINUTÆ EXPENSÆ. Idem computat in semine porrectorum et ceporum, et alea empt. 20d. Item cuidam cupario pro doleis vini emendandis 15d., post recessum Domini. Item comp. in xxiiij quart. carbonum maritimorum empt., pro quodam thorali calcis comburendo, 2s. In bosco colpando pro dicto opere 7½d. Item cuidam homini pro dicto thorali comburendo, ex convencione, 12d. Item cuidam homini mensuranti dictam calcem 3d. In expensis Magistri Johannis de Whytcherch et secum existentium, circa festum Nativitatis Beatæ Mariæ, 21d. In hernasio carectarum Domini Episcopi commorantis ibid., et ferrura equorum predictarum carectarum, per diversas vices, ut patet per parcellas, 10s. 4½d., Domino existente ultra Martinum. In vadiis iij carectariorum Domini loge carr' (sic) existentium ibid., a xxj die Julii usque finem v septimanarum proxime sequentium 14s., cuilibet per diem 1½d., plus in toto 9½d. Item cuidam homini facienti x petras cepi in alba candela 10d. In lychino empt. 4d.   Summa 45s. 1d.

FALCACIO. Idem computat in xviij acr. prati infra parcum, quæ non pertinent ad bondos, falcandis, 7s. 6d., pro acra 5d. In dicta herba spargenda 9d. In dictis fenis vertendis, levandis, et reparandis 4s. 3d. Item ij hominibus onerantibus carectas cum feno per iiij dies 12d., cuilibet per diem 1½d. Item iij hominibus tassantibus fenum infra grangiam per vj dies 2s. 3d., cuilibet per diem 1½d. Item in xviij acr. prati infra parcum, et iiij acr. in Halmedues, falcandis, nichil in denariis, quia per clxviij opera. In dicta herba spargenda nichil, quia per cotmannos. In dictis fenis faciendis per lxxxiiij, quorum xxviij habuerunt cibum, 14d., cuilibet ½d. pro cibo. In dictis fenis cariandis per lvj, quorum xxviij habuerunt cibum, 2s. 4d., cuilibet pro cibo 1d., ex consuetudine.   Summa 19s. 4d.

STIPENDIA. Idem computat in stipendio parkarii pro terminis S. Martini et Pentecostes 5s. Item janitori de eisdem term. 4s. Item plumbatori pro stipendio suo 30s. per tempus hujus compoti, et usque festum S. Andreæ post hunc compotum. Summa 39s.

LIBERACIO DENARIORUM. Idem computat Johanni Baret preposito de Coundon 7l. 3s. 6d. Item xvij bondis de West Aukland pro cxx quadrigatis bosci cariatis, ex consuetudine, 10s. Item xxviij bondis de Aukland, Escom, et Neuton pro eorum wodlade facto 14d., cuilibet ½d. Item Roberto plumbatori pro stipendio suo, a retro existente in anno primo, ex precepto auditoris 21s.* Item Waltero Mummyng janitori pro semine, et aliis rebus pro curtilagio reparando, prout billa sua testatur, 4s. 9d., precepto auditoris. Item cuidam medico pro capite j clerici sanando, precepto Domini Episcopi, 40d. Item Domino Nicholao de Gategang per j indenturam 12*l.* Item in solucione facta ad scaccarium Dunolm. pro falcacione et reparacione pratorum de West Aukland pro ij annis elapsis, per testimonium et preceptum Johannis de Thropton, 17s. 8d.   Summa 22*l.* 17d.

ALLOCACIO. Idem petit allocacionem de 9s. 9d., de quibus oneratur superius de wodlade, eo quod fecerunt opera hoc anno.† Summa 9s. 9d.

Summa omnium expensarum, allocacionum, et liberacionum 60*l.* 10s. $8\frac{1}{2}$ $\frac{1}{4}$d.

Et sic debet Domino 20*l.* $\frac{1}{2}$d. De quibus pendent super Willelmum filium Rogeri prepositum ante ipsum 31s. $1\frac{1}{4}$d, et sic super se ipsum Petrum 18*l.* 8s. 11d., de quibus successor suus est onerandus.

‡GRANARIUM.

FRUMENTUM. Idem respondet de vij buss. frumenti de remanentibus compoti precedentis. Et de xiij quart. frumenti rec. de lj bondis de Heighington, Midrige, et Killirby, et de ij malmannis de Heighington, pro eorum redditu de skat, videlicet, de quolibet bondo ij buss. cumulatis, et de quolibet malmanno j buz. cumulat. Et de iiij quart. ij buss. rec. de incremento eorundem ut de cumulis, quorumlibet vj buz. ij buz. Et de iij quart. iiij buz. rec. de xxviij bondis de Aukland, Escumb, et Neuton pro consimili redd., de quolibet bondo j buss. cumulat. Et de j quart. j buss. rec. de incremento eorundem, videlicet, de quolibet vj buz. j buz. Et de vij buz. frumenti, per mensuram fori, rec. de Braffirton. Et de j quart. frumenti rec. de preposito de Stoketon. Et de ij quart. frumenti rec. de preposito de Rykenhall. Et de iiij quart. frumenti rec. de preposito de Midrige. Et de iiij buz. rec. de preposito de Coundon. Summa xxxj quart. j buz.

De quibus in liberacione Domino Roberto de Calne, per j ac-

---

* The following notices are interlined in connexion with this entry, shewing that in the first instance this payment had been disallowed, and afterwards allowed by the Bishop's Council. "Disallocatur." "Et post allocatur per consilium."

† The following entry is struck out in the roll. "Et de 3s. 1d. sibi disallocatis in anno precedente, quos solvit pro lapidibus novi molendini ventritici reparandis, per preceptum Johannis de Thropton."

‡ This and the following entries are on the back of the roll.

quietanciam, xxiiij quart. frumenti* per manus Willelmi Mumming. Item cuidam comburenti j lymkilne, ex convencione, ij buss. Item cuidam cementario facienti j furnum, precepto ballivi, ij buss. In pane furnito pro expensis Magistri Johannis de Wytcherch et secum existencium venatorum in Werdale, iij quart. In liberacione Domino Roberto de Calne per manus pulletarii contra Natale iiij buss.† Item liberatum cuidam cementario reparanti domos de curialitate, ex convencione, j quart. Et in vendicione super compotum iiij buz.   Summa xxix quart. Et remanent ij quart. j buz.

BRASEUM ORDEI. Idem respondet de cliij quart. brasei ordei demoliti rec. de lj bondis de villatis superius nominatis, de quolibet bondo iij quart. brasei per mensuram fori, videlicet, viij buz. pro quart., cum cantellis.   Et de xiij quart. ij buz. rec. de eisdem, et de ij malmannis de Heighington, videlicet, de quolibet bondo et malmanno ij buss. cumulat.   Et de iiij quart. iij buss. dim rec. de incremento eorundem, videlicet, de cumulis quorumlibet vj buz. ij buz.   Et de vij buss. brasei rec. de Braffirton per mensuram fori.   Et de xlij quart. rec. de xxviij bondis de Aukland, Escumb, et Neuton, de quolibet j quart. iiij buz. mensura fori.   Et de iiij quart. iiij buss. rec. de eisdem bondis, de quolibet j buss. cumulat.   Et de j quart. j buss. rec. de incremento eorundem ut de cumulis, de vj buz. ij buz.   Summa ccxviij quart. j buz. et dim.

De quibus in liberacione Domino Roberto de Calne, per suam acquietanciam, lxxvij quart. brasei mensura fori.   In vendicione, ut in denariis ut infra, cxl quart. ij buz. dim. per minus centum, pro quart. 3s. 6d.   Summa ccxvij quart. ij buz. et dim.   Et remanent vij buz.

FABÆ ET PISA. Idem respondet de iiij quart. fabarum et pisorum de empcione.   Et de ij buz. de preposito de Stokton. Summa iiij quart. ij buz.

Et liberantur pro liiij porcis sustinendis et impinguendis pro lardario.   Summa quæ prima.   Et nichil remanet.

AVENA. Idem respondet de xxvj quart. avenæ, mensura fori, rec. de liij bondis de villatis supradictis, de quolibet bondo iiij buss., et de quolibet malmanno ij buz.   Et de viij quart. v buss. dim. buz. rec. de incremento eorundem, videlicet, de cumulis vj buss. ij buz.   Et de vij quart. de xxviij bondis de Aukeland, Escumb, et Neuton, de quolibet ij buss.   Et de ij quart. ij buss.

* The following entry, standing between the words "frumenti" and "per manus Willelmi Mumming," has been struck out, and the reason assigned is placed in the margin, "quia in compoto de Coundon." "In petura j cervi Domini, et iij gruium, a festo Epiphaniæ Domini usque fest. S. Michaelis, iij quart. j buz."

† "iiij buss." is struck out.

dim. rec. de incremento eorundem ut supra. Et de j quart. vj
buss. rec. de Braffirton. Et de iiij quart. avenæ rec. de preposito
de Stoketon. Et de ix quart. iij buz. rec. de preposito de
Midrige per talliam. Et de viij quart. avenæ rec. de preposito
de Rykenhall per talliam. Et de vij quart. avenæ de empcione.
Summa lxxiij quart. viij buz., quart. per novem buz.

De quibus in liberacione Domino Ricardo de Calne, per j
acquietanciam, l quart. ij buss., quart. per ix buz., quorum ultimus
cumulatus. In liberacione Willelmo Broun per talliam v quart.
per novem buss. Et in liberacione x equorum carrectarum Domini commorantis ibid., Domino existente ultra Martinum, vij
quart. Summa lxij quart. ij buz. Et remanent xj quart. vj buz.

SAL. Idem respondet de j quart. vij buz. salis rec. de empcione ut infra. Et de j buz. de remanentibus. Summa ij quart.

In liberacione Johanni pistori pro expensis Domini Episcopi
ante Natale per j talliam. In x carcosiis boum rec. de Petro
lardinario removendis vij buz. In vendicione super compotum
j buz.

BOVES ET VACCÆ PRO LARDARIO. Idem respondet de xxiiij
bobus rec. de preposito de Midilham pro lardario. Et de j bove
rec. de preposito de Midregg. Et de iiij bobus, quorum j vacca,
de preposito de Stokton. Et de xxiij bobus et vaccis rec. de in-
stauro de Werdall per iiij tallias. Et de vj bobus rec. de preposito de Alverton per talliam. Summa lviij.

De quibus in liberacione pro lardario facienda, per talliam
scriptam per manus Gilberti de Lancastre, lij carcosia. Item
preposito de Stokton, per talliam, vj. Summa quæ patet. Et
nichil remanet.

PORCI. Idem respondet de xliiij porcis rec. de preposito de
Stokton per talliam. Et de ij rec. de eodem sine tallia. Et de
vj rec. de preposito de Midilham per talliam. Et de xx rec. de
preposito de Querington. Et de ij rec. de preposito de Heighington. Summa lxxiiij.

De quibus in liberacione pro lardario facienda, per talliam
scriptam per manus Gilberti de Lancastre, lxxij. Item preposito
de Coundon, quorum j sus, ij. Summa quæ supra. Et nichil
remanet.

CARO BOVINA. Idem respondet de x carcosiis boum rec. de
Petro lardinario in recessu Domini Episcopi. Summa x.

De quibus liberantur usque Houden, pro expensis Domini
Episcopi, v carcosia per talliam. Summa v. Et remanet v
carcosia.

CEPUM. Idem respondet de lxxxviij petris iiij libris cepi fusi
de remanentibus. Et de xxiij petris cepi fusi rec. de Petro lardinario per talliam contra. Summa cxj petr. iij libr.

De quibus in factura candelarum pro expensis Domini Episcopi x petr. In vendicione ut in denariis lxx petr. Item can-
delabris per talliam xij petr.   Summa xcij petr. Et remanent
xix petr. iij libr.

ALBÆ CANDELÆ. Idem respondet de cxxxv libr. albæ candelæ de factura superius.   Summa cxxxv libr.

De quibus in missis usque Midilham, pro expensis Domini
Episcopi ibid. et alibi, per talliam contra candelabra, cv libr.
Item liberantur usque Dunolm. pro expensis Magistri Johannis
de Whitcherch xxiiij.   In vendicione super compotum vj libr.
Summa quæ patet.   Et nichil remanet.

OPERACIONES. Idem respondet de mlxiiij operibus, per minus
centum, rec. de xxviij bondis de Aukland, Escom, et Neuton, a
festo S. Martini usque ad vincula S. Petri per xxxviij septimanas,
de quolibet j opus per septimanam.   Summa mlxiiij.

De quibus in herciatura apud Coundon ad utrumque semen
cxcvj opera, per minus centum, de quolibet vij opera. In ramayll
et rys tractandis, pro pratis infra parcum et parcum claudendis,
xxviij.   In pratis falcandis per bondos clxviij.   In fenis faciendis
et reparandis lxxxiiij, quorum xxviij cibum cuilibet ½d.   In fenis
cariandis lvj, quorum xxviij cibum, videlicet cuilibet 1d.   Item
allocantur eisdem pro iiij septimanis ferialibus cxij, per minus
centum.   In vendicione ut in denariis ccccxx.   Summa quæ
patet.   Et nichil remanet.

PLUMBUM. Idem (resp.) de liij petris plumbi ut de remanentibus compoti precedentis.   Et de cxcvij petr. plumbi de empcione, ut in capitulo de custibus conductus.   Et de lxxx petr.
plumbi de exitibus parci de Stanhop circa festum Natalis Beatæ
Mariæ.   Summa cccxxxiiij petr.

De quibus in reparacione diversarum domorum et conductus
ibid. ccxiiij petr.   Et remanent. cxx petr.

II.—ROTULI BALLIVORUM DIVERSORUM MANERIORUM ANNO THOMÆ DE HATFIELD EPISCOPI QUINTO.

AUKLAND.

COMPOTUS ROGERI DE TIKHILL BALLIVI MANERII DE AUKLAND A FESTO SANCTI MICHAELIS ANNO PONTIFICATUS DOMINI THOMÆ EPISCOPI DUNELM. QUARTO USQUE IDEM FESTUM ANNO PONTIFICATUS EJUSDEM QUINTO.

REDDITUS ASSISÆ. Idem respondet de 6d. rec. de redditu j cotagii ad portam manerii p. a.   Summa 6d.

REDDITUS BATELLI., Et de 6s. 8d. rec. de redd. batelli de terminis S. Martini. et Pentecostes.   Summa 6s. 8d.

VENDICIO OPERUM. Et de 44s. 4d. rec. de Mlxiiij operacionibus, per minus centum, venditis, pro opere ½d., non deductis iiij septimanis ferialibus. Et de 4l. 4s. rec. de xxviij bondis pro eorum operacionibus autumpnalibus, de quolibet 3s. Et de 3s. 6d. rec. de lxxxiiij operacionibus xiiij cotmannorum de Aukland, de quolibet vj opera, precium operis ½d. Et de 38s. 3d. rec. de xvij bondis de West Aukland pro eorum operacionibus aut., de quolibet 2s. 3d. Et de 2s. 9d. rec. de v malmannis ibid. pro eorum avirakres. Et de 18s. 6d. rec. de Aukland, Escom, et Neuton pro eorum avirakres. Et de 10s. rec. de bondis de West Aukland pro cxx quadrigatis bosci cariandis p. a., pro qualibet 1d. Et de 12s. 9d. rec. de xvij bondis de West Aukland, de quolibet 9d., pro iij outlads. Et de 2s. 5d. rec. de xxix precariis, venditis hoc anno, in blado metendo et ligando in aut., eo quod nichil fecerunt, deducto de qualibet precaria 1d. pro cibo, videlicet, de iiij hominibus de Lotryngton. Item de hominibus in West Aukland.*   Summa 10l. 16s. 6d.

VENDICIO HERBAGII POMARII. Et de 12s. rec. de solo pomarii subtus castrum, et herbagio pomarii juxta Gaunlesse. Summa 12s.

---

* There is added in the margin, " Inquiratur an Dominus habet eligere precarias vel tenens, et eciam inquiratur de certo numero metentium, et cujus erunt vendiciones."

212   APPENDIX.—BISHOP HATFIELD.

PRATA.   Et de 45s. rec. de xj (ix?) acr. prati de West Aukland venditis hominibus de West Aukland, pro acr. 5s.   Et
nichil de xvij acr. prati, voc. le Leyes, quia falcantur ad opus
Domini.   Et nichil de rewayno omnium pratorum post falcacionem, quia in manu Domini.   Et nichil de xviij acr. prati in
parco, et v acr. prati in Hallmedow, quia falcantur ad opus Domini.   Et nichil de j acr. et j rod. prati juxta le Stile, quia falcantur ut supra.   Et nichil de ix acr. juxta Gaytbrigg, iiij acr. in
Brakkesbank, quia falcantur ut supra.   Et nichil de iiij acr. prati
ad portam orientalem, quia reservantur bestiis de venacione.
Summa 45s.

PASTURÆ ET AGISTAMENTA.   Et de 19s. 2d. rec. de agistamentis hiemalibus in parco usque festum Invencionis, cum
13s. 4d. in visu.   Et nichil de pastura estivali tocius parci, quia
in manu Domini, et precepto Domini et Senescalli, ut dicunt.
Et nichil de pastura clausus subtus aulam, quia ad bestias de
venacione.   Summa 19s. 2d.

PERQUISITA CURIÆ.   Et nichil de perquisitis curiæ parci,
quia in compoto capitalis forestarii quia se interponit.   Summa
nulla.

VENDICIO TANNI.   Et de 6s. 8d. rec. de tanno xxiij arborum
prostratarum pro clausura facienda inter parcum et prata.
Summa 6s. 8d.

VENDICIO BLADI.   Et de 7l. 2s. 3d. de xxviij quart. iiij buz.
brasei de scat venditis, quart. ad 5s.   Summa 7l. 2s. 3d.

WODLADE.   Et de 9s. 9d. rec. de receptore Dunelm., ut in
wodlade facto hoc anno per bondos de West Aukland.
Summa 9s. 9d.

FORINSECA RECEPTA.   Et de 53l. 13s. 4d. rec. de Domino
Johanne de Sculthorp receptore Dunelm. per indenturam.   Et
de 32s. 11½d. de eodem ut in visu in expensis factis super pulla-
nos Domini, ut patet per billam.   Summa 55l. 6s. 3½d.

Summa totalis tocius receptus 78l. 4s. 9½d.

EMPCIO PLUMBI ET STANNI ETC.   In lx petris plumbi empt.
in visu 17s. 6d., pro petr. 3d.   In xij libr. stanni empt. 2s. 6d.
In vj libr. stanni empt. 15d.   In cxx petr. plumbi empt. pro conductu 32s. 6d.   In iiij petr. stanni empt. pro eodem 12s., pro
petr. 3s.   In vj libr. cepi empt. pro eodem 4½d.   In lxxxvj petr.
plumbi empt. pro cohopertura domorum, videlicet, cameræ Domini, magnæ capellæ, cameræ Regis, et garderobæ Domini, et
pro plumbo in coquina et bracina, 23s. 4d.   In iiij petr. stanni
empt. pro eodem opere 12s., pro petr. 3s.   In xij libr. cepi empt.
pro eisdem 9d., pro libr. ½ ¼d.   Item Johanni Couper sibi (sic)

auxilianti eidem plumbatori circa conductum reparandum et emendandum, per xj dies, 16½d., capienti per diem 1½d. Item eidem deservienti predicto plumbatori circa capellam et cameram &c., per x dies 15d., capienti per diem 1½d. In lx grossis spikynges pro dicto opere 6d. In cc clavis empt. pro eodem opere 6d. In ij souddyngyrnes empt. 4d. In j ledladle ferri empt. 10d. In j vanga empt. pro eodem officio 2½d. Summa 107s. 2½d.

DIVERSÆ OPERACIONES. Item ij carpentariis operantibus infra magnam grangiam, pro portis ejusdem erigendis, per iij dies, cuilibet per diem 3d., 18d. In ij plates, ij anulis, ij gojouns ferri emp. pro eisdem 12d. Item cuidam carpentario operanti pro iiij dies circa mangeours et heckes in stabulis erigendos pro pullanis, contra adventum Domini, 16d. In ligaminibus ferri, crokes, stapulis, hespes, et clavis empt. pro hostiis eorundem stabulorum, et cameræ ad portam orientalem, 15d. Item cuidam carpentario reparanti hostium stabuli palefridorum cum ij plates, ij bies, et aliis necessariis pro eodem 9d. Item cuidam cementario facienti j fenestram lapideam de novo in occidentali parte aulæ, ex convencione, pro se et servitore suo, 2s. 3½d. In grossis barris ferri empt. pro eadem fenestra, cum claspes ferri empt. pro eadem fenestra, 2s. 6d. In j fenestra vitrea empt. pro eadem fenestra lapidea, et omnibus aliis fenestris aulæ, ex certa convencione, 40s. In albicione aulæ, ex precepto Domini, ex convencione, 3s. Item in lx latthis empt. pro emendando cohopertorio cameræ ad finem aulæ 4d. In c brodds empt. pro eodem 2d. Item cuidam sclattario pro predicto opere emendando per v dies, capienti per diem 3d., 15d. Item cuidam mulieri sibi deservienti per idem tempus 5d. In petris de sklat lucrandis pro dicto opere 8d. Item in xl petris novi plumbi empt. pro j plumbo faciendo, precepto Domini, pro carnibus de venacione custodiendis, 10s., pro petr. 3d. In xl petr. veteris plumbi empt. pro eodem 8s. 4d., pro petr. 2½d. Item cuidam carpentario erigenti et reparanti carpentariam ejusdem operis per iiij dies 12d., eidem per diem 3d. Item cuidam cementario facienti foramina fenestræ cameræ supra portam australem pro barres ferri imponendis, pro hernasio ponendo et salvando, 3d. In x barres ferri empt. pro eadem fenestra 5s. Item cuidam carpentario facienti j novum hostium pro dicta camera 6d. In spikinges empt. 2d. In ligaminibus ferri cum crokes, hespes, staplis, et clavis empt. pro eodem hostio 8d. In j magna serura pendili pro hostio 3d. In reparacionibus domorum, ut in visu, 2s. 8d. In sarracione ij bordarum pro le dressours 4d. In factura j spere infra hostium coquinæ 3d. Item cementario ponenti j plumbum in coquina 3d. Summa 4l. 6s. 1½d.

CLAUSURA PARCI. Idem computat Willelmo Clerk et Johanni filio suo et Simoni de Shapp pro j muro lapideo de novo construendo circa parcum de Aukland, per convencionem factam coram Johanne de Sculthorp, receptore Dunelm., et Ricardo de Whitparys forestario, prout patet per indenturam factam inter eosdem, 40*l*. In cccxl rodis fossati faciendis circa prata infra parcum, cum ryles de bosco Domini, ad supponendum dictum opus, ex convencione, in grosso 8*l*. 6s. 8d. Item cuidam homini erigenti palicias circa clausum subtus aulam, per xvj dies, per vices, 2s. 8d., capienti per diem 2d. In clausura parci ut in visu, 18d.*   Summa 48*l*. 10s. 10d.

FALCACIO. Item in xviij acr. prati et j rod. infra parcum falcandis, quæ non pertinent ad bondos, 9s. 1½d., pro acra 6d., videlicet, ix acræ juxta Gaytbrigg, iiij acræ in Brakesbank, iiij acræ ad portam orientalem, et j acra et j roda juxta le Setle. In xvij acr. prati infra parcum, voc le Leyes, falcandis, 8s. 6d., pro acra 6d. In dicta herba spargenda, videlicet, xxxv acr. et j rod. superius falcatis, 9d., in precio xviij operacionum cotmannorum, videlicet, ad ij acr. j operacio, et hoc per dim. diem, quia sine cibo. In dictis fenis vertendis et levandis, per plures vices, 8s. 9d. In iiij carectis conductis per iiij dies, pro dictis fenis cariandis, cuilibet per diem 6d., 8s. In xviij acr. prati infra parcum, et v. acr. prati in Halmedowe falcandis per bondos 2s. 10d., in pred. lxix operacionibus bondorum, videlicet ad quamlibet acram iij opera, precium operis ½d. In dicta herba spargenda 4d., in predictis viij operacionibus cotmannorum, ad iiij acras j opus. In dictis fenis vertendis et levandis, quasi per j diem integrum, 3s. 5d., videlicet, per lxxxij opera bondorum per dim. diem integrum, pro quolibet opere ½d. In dictis fenis reparandis, moyandis infra grangiam 3s. 4d., in pred. lxxxij operacionibus per dim. diem, videlicet pro opere ½d., videlicet, medietas illorum ante nonam, et alia medietas quasi post nonam. In dictis fenis cariandis per xxviij bondos, per ij dies, 7s., cuilibet 1½d. per diem, videlicet, pro cibo 1d., et pro opere ½d.   Summa 52s. 1d.

EXPENSÆ PULLANORUM. In expensis pullanorum Domini perhendinantis ibid., ut patet per billam, 7*l*. 19¼d. In expensis eorundem ibid., ut patet per billam Domini Johannis de Sculthorp 32s. 11½d.   Summa 8*l*. 14s. 6½ ¼d.

VADIA ETC. In vadiis sui ipsius per tempus compoti, capientis (per) diem 2d., 60s. 8d. Item eidem pro calciatura sua, hoc anno, 6s. 8d.   Summa, 67s. 4d.

STIPENDIA. In stipendio janitoris manerii, per tempus com-

---

* There is added in the margin, "Mem. quod dictus Rogerus tenetur perficere totam clausuram parci."

poti, 4s. In stipendio j plumbatoris, per idem tempus, 30s.
In stipendio clerici sui hoc anno nichil. Summa 34s.

ALLOCACIONES. Idem petit allocacionem de 15s., de quibus
oneratur infra, de v terris bondorum existentibus in manu Domini,
ut dicunt, quia infra 4s., de qualibet terra 3s., pro operacionibus
autumpnalibus de Escom et North Aukland.* Et de 2s. 3d. pro
j terra in West Aukland, de quibus oneratur ut infra summam
38s. 3d.* Et de 9s. 9d., de quibus oneratur infra receptum de
receptore Dunelm., ut in wodlade, eo quod fecerunt cariagum
hoc anno. Et de 14d. solutis dictis xxviij bondis, videlicet, cuilibet ½d., pro dictis wodlads et cariagio.* Et de 10s. de quibus
oneratur infra, ut in capitulo de vendicione operum rec. de bondis de West Aukland pro vj carrectis bosci cariandis. Et de 10s.
solutis eisdem hoc anno, ex consuetudine, eo quod fecerunt cariagium hoc anno. Et de 4s. 8d. de cxij operacionibus allocatis
bondis pro eorum septimanis festivalibus. Et de 8s. 2d. in pred.
cxcvj herciaturis expensis ad grangiam de Coundon ad utrumque
semen, precium operis ½d. Et de 10s. pro roba sua anni precedentis, ex convencione, eo quod Dominus non fecit liberaturam.
Et de 12s., de redditu pomarii, de quibus oneratur superius, eo
quod solvuntur ad scaccarium.† Summa 64s. 7d.

Summa totalis expensarum et liberacionum 77l. 16s. 8½ ¼d.
Et debet 8s. 5¼d.

FRUMENTUM.‡ Idem respondet de xxiij quart. j buz. iij pecs
frumenti, de redditu bondorum, ut plenius patet per parcellas in
compoto precedente. Summa xxiij quart. j buz. iij pecs.

De quibus allocantur in decasu redditus viij bondorum de
West Tikley allocati in penyferme grangiæ de Midryg, ij quart.
v buz. pec. Et in liberacione sibi ipsi preposito de Coundon xx
quart. iiij buz. et dim. Summa ut supra. Et equales.

BRASEUM. Et de xlj quart. ij buz. brasei de remanentibus
compoti precedentis. Et de ccxviij quart. vij buz., per minus
centum, de redd., ut patet per parcellas in compoto precedente.
Summa cclx quart.

De quibus allocantur, pro redd. viij bondorum existencium
ad firmam denariorum, xxvj quart. v buz. In hospicio Domini,
per indenturam, ut patet, clxv quart., per minus centum. In
vendicione, ut in visu, xxviij quart. iiij buz. Summa ccxx
quart. Et remanent xl quart.

---

*. The preceding entry is struck out.
† The words "superius eo quod solvuntur ad scaccarium" are struck out, and
there is interlined "liberatum Johannis de Sculthorp."
‡ The following entries are on the back of the roll.

AVENÆ. Et de xix quart. dim. buz. avenarum de remanentibus compoti precedentis. Et de xlvj quart. iij buz. pec de redd.
hoc anno, ut plenius patet pro parcellas in compoto precedente.
Summa lxv quart. iij buz. iij pecs.
De quibus in allocacione pro redd. viij bondorum existencium
ad firmam denariorum, v quart. ij buz. iij pecs. In liberacione
sibi ipsi preposito de Coundon xlj quart. dim. buz. Item in liberacione sibi ipsi preposito de Coundon, ut in visu, xix quart. dim.
buz.   Summa ut supra.   Et equales.

COUNDON.

COMPOTUS ROGERI DE TIKHILL BALLIVI GRANGIÆ DE COUNDON
A FESTO S. MICHAELIS ANNO PONTIFICATUS DOMINI THOMÆ
EPISCOPI DUNELM. QUARTO USQUE FESTUM S. MICHAELIS ANNO
PONTIFICATUS SUI QUINTO.

ARRERAGIA. Idem respondet nichil de arreragiis compoti
sui finalis, quia habuit superplusagium.   Summa nichil.
REDDITUS ASSISÆ. Et de 5s. rec. de redditu j placeæ, et v
acr. terræ in Condon ad iiij term.   Summa 5s.
PRATA. Et nichil de ij acr. prati de Athillmedowe, quia falcantur ad opus Domini. Et nichil de vij acr. et j rod. in le
Brademedowe, quia falcantur ut supra. Et nichil de v acr. et j
rod. juxta Eldongat, quia falcantur ut supra. Et nichil de iiij
acr. prati, quondam pastura, quia falcantur ut supra.   Summa
nichil.
AGGISTAMENTA ET PASTURÆ. Et de 20d. de aggistamentis
lxxx multonum a festo S. Michaelis usque festum Natalis Domini. Et de 4s. 4d. de agisst. xxvj boum de Eldon in stipulis,
pro capite 2d., per idem tempus. Et de 12d. de aggisst. iiij equorum per idem tempus. Et nichil de pastura de Eldongat vel
Neudikes. Et nichil hic de pastura de Eldonbrigg, videlicet iiij
acr., quia falcantur supra inter prata. Et nichil de les falowes
juxta le Northbrigg, quia arantur et seminantur cum avena. Et
nichil de les leyes apud Wellawe, quia arantur et seminantur ut
supra. Et nichil de les leyes apud Wellflat, quia arantur et
seminantur ut supra. Et nichil de pastura del Milnegat, quia ad
affros Domini pro continuo labore. Et de 5s. rec. de lx bobus
euntibus in campo per j septimanam, per caput 1d.   Summa
12s.

VENDICIO BLADI. Et de 6*l.* de xxx quart. ordei venditis, quart. ad 4s. Summa 6*l.*

CARNES COREA ET PELLES. Et nichil de ij corcis et carnibus ij boum mortuorum in morina, quia j dealbatur, et j non fuit excoriatum. Et de 6s. 3d. de xxij pellibus hogges, et xxviij pellibus agnorum, de exitu mortis in hieme, venditis. Summa 6s. 3d.

MARLE. Et nichil de marle vendito, quia nichil venditur, et hoc precepto Senescalli. Summa nichil.

FORINSECA RECEPTA. Et de 6*l.* 13s. 4d. rec. de Petro preposito de Midderigg per talliam. Et de 6*l.* rec. de Gilberto preposito de Rykenhall per talliam. Et de 20s. rec. de preposito de Heyghinton. Summa 13*l.* 13s. 4d.

FIRMA VACCARUM ET OVIUM. Et de 2s. rec. de j vacca posita ad firmam. Et de 4s. 8d. de xxviij ovibus lactantibus dimissis ad firmam, pro capite 2d. Summa 6s. 8d.

Summa totalis tocius recepti 21*l.* 3s. 3d.

EXPENSÆ.

SUPERPLUSAGIUM. In superplusagio ultimi compoti sui finalis redditus 4*l.* 8s. 2½d. Summa 4*l.* 8s. 2½d.

CARUCÆ ET HERCIATURA. In ij peciis ferri empt. pro carucis, in visu, 10d. In iij ferris pedalibus empt., in visu, 5d. In j clout pro moldebred empt., in visu, 2½d. In xij arculis boum empt., in visu, 2d. In x petris ferri empt. pro carucis 3s. 4d. In xij petris ferri empt. pro carucis 5s. 6d. In vj cluts pro moldebredes empt. pro carucis 15d., pro pecia 2½d. In xxiiij ferris pedalibus empt. pro carucis 2s. In dim. petræ ferri empt. pro j catena facienda pro j caruca cum factura 3d. In j novo cultro empt. 6d. In j novo vomere empt. 4d. In lxxij arculis boum empt. pro carectis et plaustris 11d.* Item cuidam carpentario colpanti et scapulanti xliiij juga et meremium, pro xj carucis, in parco de Bedburn, per v dies et dim., 16½d., per diem 3d. In xiiij carucis de novo faciendis, de meremio de stauro et superius colpato, 3s. 6d., per peciam 3d. In ix carucis capitandis 9d. Item cxcvj herciaturis bondorum herciancium ad semen frumenti et avenæ, quasi per j diem, 16s. 4d.,† cuilibet 1d., videlicet, pro cibo ½d., et pro opere ½d. In pane et cervisia et aliis empt. pro lxxvj carucariis tenentibus et fugantibus xxxviij carucas

---

* There is added in the margin, " Remanent x peciæ ferri. Remanent xij pedalia. Remanent v carucæ."

† The apparently correct sum 16s. 4d. is struck out, and 10s. 5d. is interlined.

mutuatas diversis temporibus arruræ, quasi per j diem, quia
habuerunt cibum, cuilibet 1d., 6s. 4d. In ferramento carucarum
fabricando nichil in' denariis, quia faber habet terram, videlicet
iij acr. p. a., pro opere suo.   Summa 37s. 8d.

CARECTÆ ET PLAUSTRA. In uncto empt. pro carectis et
plaustris, in visu, 2d. In ij colers novis empt., in visu, 10d. In
iij carectis et ij plaustris axandis, per ij vices, cum axis de stauro,
20d. In j nova carecta empt. cum ferri ligacionibus 14s. 6d.*
In lx clouts empt. pro carectis et plaustris, per tempus compoti,
5s. In ij petris uncti empt. pro eisdem, per idem tempus, 20d.
In xl straknaylls empt. pro rotis affirmandis, per vices, 8d. In
viij wyndbandes et iiij hurtours empt. 11d. In j corda de ix
tayciis empt. pro carectis 7d. In ij kypstringes empt. 2d. In
vj capistris empt. 6d. In j coreo equino albo empt. pro harnasio
emendando 8d. In whippcord empt. pro carectariis 1½d. In j
sella pro carecta empt. 5d. In iiij paribus tractuum empt. 12d.
In iiij colers empt. 15d. In ij paribus de flakes empt. pro carectis 5d. In ferrura affrorum pro term. S. Martini, ut in visu, et
term. Pentecostes in isto compoto 3s.   Summa 19s. ½d.

EMPCIO BLADI. In vj quart. frumenti empt. pro liberacione
famulorum 36s., quart. ad 6s. In iiij quart. ordei empt. pro
semine, quart. ad 4s., 16s. In ij quart. iiij buz. pisorum empt.
pro semine 10s., quart. ad 4s.   Summa 62s.

EMPCIO STAURI. In ij affris empt. pro carectis 16s. In
vj bobus empt. pro carucis et plaustris ad festum Dominicæ in
Ramis Palmarum, pro capite 8s., 48s. In lxxx multonibus empt.
pro stauro, pro capite 6d., 40s. Item in xviij porcis empt. 27s.,
pro capite 18d. In ix porcis empt. pro stauro, pro capite 12d.,
plus in toto 2d., 9s. 2d. In xvj porcis empt. pro stauro 18s. 8d.,
pro capite 14d. Item in vj porcis empt. pro stauro 5s. Item in
ix aucis de tak empt. 4½d., pro capite ½d., ex consuetudine. In
xxj aucis empt. 21d., pro capite 1d. In lx pullis gallinarum
empt. pro stauro 2s. 6d., pro capite ½d.   Summa 8l. 8s. 5½d.

NOVA STRUCTURA MAGNÆ GRANGIÆ. Item in ix arboribus,
prostratis in parco per ventum, scapulandis et squarrandis, pro j
grangia de novo construenda, 18d. In sarracione eorundem arborum in syles et aliis 2s. 3d. Item Johanni de Alverton et
sociis suis, carpentariis, pro tota grossa carpentaria ejusdem domus, usque ad impocissionem lattarum, ex certa convencione,
53s. 4d. In MMMM lattis faciendis de bosco Domini, pro dicta
domo, 6s. 8d., pro centum 2d. In MMMMMM brodds empt. pro
dicto opere 4s. 6d., pro mille 9d. Item cuidam cohopertori pro
dicta domo cohoperienda per totum, et lattis aptandis et imponen-

---

* The preceding entry is struck out.

dis, ex convencione, 16s. In x perticatis et dim. muri lapidei de
novo faciendis ex duabus partibus collaterum dictæ domus, cum
lucracione petrarum, et serviciis hominum, ex certa convencione,
in toto 31s. 6d. In ij gabulis dictæ domus de muro lapideo faciendis, altitudinis xxvij pedum et longitudinis xxvij pedum, in
toto, ex certa convencione, 20s. In iiij gojouns, iiij anulis, et iiij
plates ferri empt., pro hostio dictæ domus, 18d. In ij crokes,
et ij ligaminibus ferri empt., pro j parvo hostio ejusdem domus,
8d. Item ij hominibus operantibus, per iij dies, riddandis et
mundandis infra, 9d., capientibus per diem 1½d. In cibo et potu
empt. pro xxx hominibus euntibus cum xxx carectis et plaustris,
cariantibus lapides de sklatt del Blakhall usque Coundon, ex
mutuo, pro domibus cohoperiendis, 2s. 6d.   Summa 7*l.* 14d.

STRUCTURA PRO FENO. Item cuidam carpentario elargeanti
bovariam pro j domo pro feno de novo facienda, cum colpacione
iiij coplarum de syles in parco, et pro tota carpentaria, ex convencione, 20s. In v rodis muri lapidei de novo construendis pro
dicta domo, ex convencione facta, 13s. 4d., preter calcem. In j
muro lapideo de novo construendo infra dictam domum ex trans-
verso, ex convencione, 16d. In MMM de stanbrodds empt., pro
dicta domo, 4s. In MM de stanlattes faciendis, pro dicto opere,
5s., pro centum 3d. In dicta domo cohoperienda per totum, cum
lucracione petrarum pro dicto opere, et pro servicio sibi deservi-
entis, ex convencione, 28s. 9d. In crokes et ligaminibus ferri
empt. pro hostio ejusdem domus 8d.   Summa 73s. 1d.

NOVA STRUCTURA DIVERSARUM DOMORUM. Item cuidam
carpentario colpanti v coplas de syles in parco, pro j domo de
novo construenda, quæ dividitur in j domum carectarum, j domum
pro deyar', ij porchers, et j domum pro gallis et gallinis, pro tota
carpentaria, ex convencione, 10s. In muris lapideis dictæ domus
in circuitu, cum muris lapideis infra dictam domum pro divi-
sione, faciendis ex convencione, 10s. Item in lx spikings empt.
pro carpentaria dictæ domus 1d. Item cuidam cohoperienti, pro
dicta domo cum stramine de novo cohoperienda, per totum, ex
convencione, 4s. In ij hostiis faciendis pro ij porchars de meremio Domini 2d. In crokes et ligaminibus ferri empt. pro eisdem
hostiis 8d.   Summa 24s. 11d.

TORALE CALCIS. Item Petro de Coundon pro combustione
j toralis calcis, continentis ccc quart., pro muris diversarum
domorum superius factis, ex certa convencione, 18s.   Summa
18s.

MINERA CARBONUM. Item in j minera carbonum maritimorum de novo fundenda in campo de Coundon, cum cordis, scopes,
et wyndas emptis et factis pro eodem opere 5s. 6d.   Summa
5s. 6d.

EXPENSÆ MINUTÆ. In ij plaustris carbonum maritimorum empt. pro famulis curiæ in hieme, pro stramine salvando, 6d. In candelis empt. pro bovaria pro bobus noctanter videndis $3\frac{1}{2}$ $\frac{1}{4}$d. In vj rastells et vj furcis empt. pro feno 6d. In pergameno empt. 2d. Summa $17\frac{1}{2}$ $\frac{1}{4}$d.

In bladis dominicis sarclandis per cxxviij conductos, quasi per j diem, cuilibet per diem $\frac{1}{2}$ $\frac{1}{4}$d., 8s. Summa 8s.

In xviij acr. et iij rod. prati falcandis, pro acra 6d., 9s. $4\frac{1}{2}$d. In dicta herba spargenda $5\frac{1}{2}$d. In dictis fenis vertendis, levandis, et reparandis 4s. 6d. Summa 14s. 4d.

In lxvj quart. frumenti triturandis ad tascam 11s., pro quart. 2d. In xxx quart. ordei triturandis ad tascam 3s. 9d., pro quart. $1\frac{1}{2}$d. In lxix quart. avenæ triturandis ad tascam 5s. 9d. In bladis tocius exitus ventulandis nichil in denariis, quia per mulieres curiæ. Summa 20s. 6d.

In xx metentibus et ligantibus per v dies in prima septimana 41s. 8d., cuilibet per diem 5d. In xxviij metentibus et ligantibus per v dies in secunda septimana 58s. 4d., cuilibet per diem 5d. In xxviij metentibus et ligantibus per ij dies et dim. in tercia septimana 29s. 2d., cuilibet per diem 5d. In xl metentibus et ligantibus per iij dies, et viij metentibus per j diem, in quarta septimana 53s. 4d., cuilibet per diem 5d. In x metentibus et ligantibus per v dies et dim. in quinta septimana 22s. 11d., per diem 5d. . . . .* bond. de West Aukland vivos, per ij dies 14d., cuilibet per diem 1d. pro cibo. . . . . bond. de Aukland, Escom, et Neuton viventes, per iij dies 5s., cuilibet 1d. pro cibo per diem. . . . . pro famulis curiæ 8d. Summa 10l. 12s. 3d.

. . . . fugandis plaustris, et vj carucariis per tempus compoti 56s., cuilibet 7s. . . . . per idem tempus 5s. Item parkario per idem tempus 3s. 6d. Summa 64s. 6d.

. . . . 16d., x ad 4d. In vj libr. uncti empt. 9d. . . . . xij mulieres lavandas et tondendas bidentes 12d., cuilibet 1d. Summa 3s. 5d.

(Summa totalis) expensarum et liberacionum 50l. 7s. $\frac{1}{4}$d. Et . . . . 26l. 19s. $3\frac{1}{4}$d.

. . . .† frumenti de remanentibus compoti precedentis . . . . rec. de exitu hoc anno.

De quibus lxvj quart. triturata ad tascam, cum xxxix quart. . . . . seipso Rogero ballivo de Aukland ut de scaccario . . . . de empcione ut infra . . . . Petro preposito grangiæ de Midrig. Summa cxxv quart. j buz. iij pecs.

---

* Where the mark . . . . is printed, the roll is damaged and illegible.
† The succeeding entries are on the back of the roll.

. . . . In liberacione j janitoris, j plumbatoris, j carectarii, j
hominis fugantis . . . . xl quart. j buz. et dim.   In lib. j bercarii
a festo S. Michaelis usque fest. Pentecostes per xxxiiij septimanas . . . . Item in lib. ejusdem a fest. Pentecostes usque fest.
S. Michaelis per xviij sept., j quart. iiij buz. . . . . a festo S. Michaelis usque fest. Pentecostes per xxxiiij sept., j quart. iij buz.
pec, capienti per . . . . usque fest. S. Michaelis per xviij sept., j
quart. iij buz., per iij sept. ij buz.   In lib. . . . . per sept. dim.
buz.   Item in lib. j mulieris curiæ per tempus compoti, capientis
per iij sept. j buz. . . . . Werdall, precepto Domini, a die Sabbati
proximi ante fest. S. Laurencii usque fest. S. Michaelis in finem
hujus compoti . . . . Item in lib. Johannis Geldhird ibid. per
idem tempus iiij buz. ij pecs et dim., capientis per iiij sept. ij
buz. . . . . fest. S. Petri ad vincula usque fest. S. Michaelis, per
viij sept., v buz. et dim., per iij sept. ij buz. . . . . xl quart. iiij
buz. pec.   Summa ut supra.   Et equales.

. . . . exitu grangiæ.   Et triturantur ad tascam . . . . empcione ut infra.   Summa xxxiiij quart.

. . . . viij acr. terræ, super acram dim. quart. . . . . iiij quart.
In vendicione ut infra xxx quart.   Summa ut supra.   Et
equales.

. . . . pisorum de toto exitu hoc anno triturato.   Et de ij
quart. iiij buz. de empcione Willelmi de Norton.   Summa vij
quart. iiij buz.

. . . . ij quart. iiij buz.   Item liberatum Willelmo de Norton
pro pullanis Domini ij quart.   Et in expensis . . . . in pastu porcorum iij quart.   Summa vij quart. iiij buz.   Et equales.

AVENA.   Idem resp. de cxxix quart. iiij buz. pec. de exitu
grangiæ, de quibus lxix quart. triturata ad tascam, quorum xv in
visu.   Et de xxij quart. avenarum rem. in garbis pro bobus sustentandis, a fest. S. Andreæ usque Invencionem S. Crucis.   Et de
vj quart. rem. in garbis pro bestiis de venacione sustentandis.   Et
de xix quart. dim. buz., rec. de seipso Rogero ballivo de Aukland,
de scatt de anno precedente.   Et de xlj quart. dim. buz., rec. de
seipso preposito de Coundon, ut de redditu hoc anno.   Summa
ccxvij quart. v buz. pec.

De quibus in semine hoc anno, super lxxiiij acr. xxxvij quart.
Item in prebenda iij affrorum a fest. S. Martini usque fest. Invencionis S. Crucis, per xxiiij sept. et ij noctes, xiiij quart. j buz. et
dim., eisdem per noctem iij pecs.   In sustentacione boum a fest.
S. Andreæ usque fest. Invencionis S. Crucis, per xxj sept., eisdem
per noctem xvj garbæ, per estimacionem xxij quart.   In bestiis
de venacione sustentandis a fest. S. Martini usque fest. Purificacionis, eisdem per noctem viij garbæ, vj quart.   Item in lib. per
talliam contra Willelmum de Norton, pro expensis pullanorum,

xlvj quart. ij buz.   Item in lib. in hospicio Domini per diversas
indenturas, tam de scatt de Aukland quam de exitu de manerii,
prout oneratur in onere, lxxiiij quart.   Summa cxcix quart. iij
buz. et dim.   Et remanent xviij quart. j buz. iij pec.

AFFRI. Idem resp. de iij affris de remanentibus compoti
precedentis. Et de ij affris de empcione.   Summa v.   Et
remanent v affri.

PULLANI. Et de iiij pullanis masculis de remanentibus tunc
in secundo anno. Et de j rec. per indenturam de Willelmo de
Mordon, Vicecomite.   Summa v.   Et lib. Johanni de Layburn instauratori iiij.   Et remanet j.
Et de iij pullanis de remanentibus tunc in primo anno, masculis. Et de j pullano masculo rec. de Vicecomite Dunelm.
Summa iiij.   Et lib. eidem Johanni iij.   Et remanet j.

TAURUS. Et de j tauro rec. de preposito de Midilham circa
Invencionem S. Crucis.   Summa j.   Et remanet j taurus.

BOVES. Et de xxxiij bobus de remanentibus compoti precedentis. Et de vj bobus rec. de empcione ut infra, circa fest.
Dominicæ in Ramis Palmarum. Et de iiij bobus rec. de preposito de Rykenhall.   Summa xliij.   De quibus in fura-
cione noctanter in campo, circa fest. S. Martini, ij.   Item in
morina, circa fest. Petri ad vincula, ij quorum caro cadavera, et j
non excoriatur.   Summa iiij.   Et remanent xxxix.

VACCÆ. Et de ij vaccis rec. de preposito de Midilham ad
fest. Invencionis S. Crucis. Et de j vacca rec. per indenturam
de Willelmo de Mordon, Vicecomite.   Summa iij.   Et lib.
Adæ instauratori ij.   Et remanet j vacca.

BOVICULI. Et de ij boviculis rec. de adjuncto ij stirks de remanentibus. Et de j boviculo rec. de preposito de Midilham ad
festum Invencionis.   Summa iij.   De quibus lib. Adæ
instauratori ad fest. Invencionis j.   Summa j.   Et remanent
ij boviculi.

STIRCS. Et de ij stircs de remanentibus compoti.   Summa ij.   Et adjungantur cum boviculis.   Et nichil
remanet.

JUVENCÆ. Et de ij juvencis impressis de remanentibus.   Et
de ij juvencis rec. de preposito de Midilham.   Summa iiij.
Et lib. Adæ instauratori ad festum Invencionis.   Et nichil remanet.

JUVENCULÆ. Et de iiij juvenculis de remanentibus.   Summa iiij.   Et lib. Adæ instauratori ad festum Invencionis.
Et nichil remanet.

VITULUS. Et de j vitulo femello de exitu.   Et remanet j
vitulus femellus.

SUES. Idem resp. de ij suibus de adjuncto porcorum de re-

manentibus.   Summa ij.   De quibus in morina ad fest.
Epiphaniæ j.   Summa j.   Et remanet j sus.

PORCI. Et de xxxv porcis de remanentibus, quorum ij
suellæ. Et de xlix porcis de empcione ut infra.   Summa
lxxxiiij.   De quibus in adjunctione cum suibus ij.   Item in
morina ij.   Item lib. Johanni Verty in hospicio Domini per talliam lx.   Summa iiij.   Et remanent lxxx porci. *(sic)*.

HOGGES. Et de xij hogges de adjuncto porcellorum de remanentibus.   Summa xij.   Et remanent xij hogges.

PORCELLI. Et de xvij porcellis de exitu j suis per vices.
Summa xvij.   De quibus in hospicio Domini, per manus
Johannis Verty, v.   In adjuncto cum hogges xij.   Summa
xvij.   Et nichil remanet.

OVES. Et de xxxiiij ovibus de remanentibus compoti precedentis.   Summa xxxiiij, et tonsi fuerunt.   Et remanent xxxiiij
oves.

MULTONES. Et de lxxx multonibus de adjuncto hoggastrorum de remanentibus.   Et de lxxx multonibus de empcione ut
infra.   Summa clx.   Et remanent clx multones.

HOGGASTRI. Et de lxxx hoggastris de remanentibus.   Et de
c de adjuncto agnorum de remanentibus.   Summa clxxx.
De quibus in morina xxij in hieme ante tonsuram.   In adjuncione cum multonibus lxxx.   Summa cij.   Et remanent lxxviij
hoggastri.

AGNI. Et de c agnis de remanentibus compoti.   Et de
xxviij agnis de exitu.   Summa cxxviij.   De quibus in morina
xxviij de exitu.   In adjuncto cum hoggastris c ante tonsuram.
Summa cxxviij.   Et nichil remanet.

AUCÆ. Et de xxx aucis de empcione ut infra.   Et de xiij
aucis de exitu.   Summa xliij.   Et remanent xliij aucæ.

CAPONES. Et de xxiiij caponibus de remanentibus.   Et de
xx caponibus de factura hoc anno.   Summa xliiij.   Et remanent xliiij capones.

GALLI. Et de iij gallis de remanentibus.   Summa iij.
Et remanent iij galli.

GALLINÆ. Et de v gallinis de remanentibus compoti.   Et
de xl de adjuncto pullorum de empcione.   Summa xlv.   Et
remanent xlv gallinæ.

PULLI GALLINARUM. Et de lx pullis de empcione utriusque
sexus.   Summa lx.   De quibus in factura in capones xx.   In
adjuncto cum gallinis xl.   Summa lx.   Et nichil remanet.

LANA. Idem resp. de xxxiiij velleribus ovium, clx velleribus
multonum, lxxviij velleribus hoggastrorum, tonsorum hoc anno,
ponderis xxxix petr. per estimacionem, de vij velleribus j petra,
preter locketts.   Summa vellerum cclxxij.   Summa petrarum xxxix.   Et remanent.

COREA. Et de j coreo bovis de morina.   Summa j.   Et dealbatur.   Et nichil remanet.   Et nichil de j coreo alterius bovis, quia nondum excoriatur.   Et equales.

PELLES. Et de xxij pellibus hoggastrorum de morina in hieme.   Et de xxviij pellibus agnorum de morina.   Summa l. Et venduntur ut infra.   Et nichil remanet.

DEYAR'. Et nichil de deyar' hic, neque de j vacca, neque de ovibus lactantibus, quia dimittuntur ad firmam ut infra.

MIDRIGG.

VISUS COMPOTI THOMÆ DE TODENHAM SERVIENTIS GRAN-GIÆ DE MIDRIGG A FESTO S. MICHAELIS ANNO PONTIFICATUS VENERABILIS PATRIS ET DOMINI DOMINI THOMÆ DE HATHE-FELD EPISCOPI DUNELM QUARTO USQUE FESTUM PURIFICA-TIONIS BEATÆ MARIÆ VIRGINIS TUNC PROXIMUM SEQUENS PER XVIII SEPTIMANAS ANNO PREDICTO.

ARRERAGIA. Et de 71s. 2½ ¼d. de arreragiis ultimi compoti sui proximi precedentis.   Summa 71s. 2½ ¼d.

FIRMA DOMINICA. Et de 4s. 4½d. receptis de firma xvij acr. et dim. terræ dominicæ ad terminum Martini.   Et de 15d. rec. de Petro de Midrigg pro v acr. dominic. ad dictum terminum. Et de 2s. 1d. rec. de Rogero de Chilton pro x acr. ad dictum terminum.   Summa 7s. 8½d.

VENDICIO OPERUM. Et de 4s. rec. de peniferme de bondis de West Thikley.   Et de 14s. 4d. rec. de j cotagio in Redde-worth, iiij in Midrigg, et j malmanno, ad term. Martini.   Et de 6s. 9d. rec. de xxvij bondis de Killerby et Midrigg pro eorum trituracione, a festo S. Michaelis supra usque festum S. Martini, de quolibet vj opera, precium operis ½d.   Et de 8½d. rec. de eisdem pro eorum trituracione, inter festa Martini et Natalis Domini, de quolibet j opus.   Summa 61s. 9½d.

AGISTAMENTA. Et de 8s. rec. de agistamentis yemalibus bidencium Johannis de Thropton sibi dimissis in grosso, a festo S. Michaelis supra usque Carnisprivium.   Et de 6s. 8d. rec. de agistamentis yemalibus in le Ker, Meteles et alibi, dimissis in grosso usque ad terminos supra.   Et de 2s. 6d. rec. de agista-mentis yemalibus in Cuntleche.   Et de 3s. 8d. rec. de bestiis de Reddeworth agistatis in stipula Domini post festum Michaelis. Summa 20s. 10d.

VENDICIO STAURI. Et de 24s. 6d. rec. de vij porcis venditis,

pecia ad 3s. 6d.   Et de 16s. 8d. rec. de iiij porcis venditis,
pecia ad 4s. 2d.   Summa 41s. 2d.

Summa tocius recepti cum arreragiis 9*l.* 12s. 8½ ¼d.

CARUCÆ.   In iiij peciis ferri ad 7d. — 2s. 4d.   Et in vj novis
ferris pedalibus 6d.   Et in iij novis moldibredclouts 7½d.   Et in
capitacione iij carucarum 3d.   Et in temonibus emptis 3d.   Et
in uncto empt. pro collers boum 2d.   Et in ij moldibreds 1½d.
Et in xvj arculis pro bobus 4d.   Et in cibo pro xv bondis de
Midrigg herciantibus per j diem ad semen frumenti, quilibet
1d. — 15d.   Et in stipendio fabri ad term. Martini 2s.   Summa 7s. 10d.

CARECTÆ.   Et in iiij cluts carectarum 2d.   Et in uncto pro
carectis 2d.   Et in albo coreo 1d.   Et in mercede fabri pro
ferrura affrorum de term. Martini 18d.   Summa 23d.

REPARACIO DOMORUM.   Et in mercede j tectoris tegentis
super le bire, per ij dies, 6d.   Et in mercede servitoris ejusdem
2d.   Et in mercede j tectoris cooperientis super grangiam, per j
diem, 3d.   Et in mercede servitoris ejusdem 1d.   Summa 12d.

EMPCIO STAURI.   Et in xj porcis empt., unde vij peciæ ad
20d., et iiij peciæ ad 2s., 19s. 8d.   Et in ij hogettis empt. 22d.
Summa 21s. 6d.

MINUTÆ.   Et in j sporta ordetia empt. 4d.   Et in j nova
tyna 4d.   Et in pergameno empt. 2d.   Et in carbonibus empt.
pro famulis 7½d.   Summa 17½d.

TRITURACIO.   Et in trituracione xxxv quart. vij buz. frumenti, unde per famulos curiæ x quart. iiij buz. triturata per
famulos curiæ, et xxv quart. iij buz. ad tascam, quart. ad 2½d.—
5s. 3½d.   Et in ventulacione tocius frumenti 8½ ¼d.   Et nichil
in trituracione v quart. iiij buz. pisorum, quia per famulos
curiæ.   Et in ventulacione eorundem 1d.   Et in trituracione
xx quart. iij buz. avenarum nichil, quia per famulos.   Et
in ventulacione earundem, vj quart. ad 1d., 3¼d.   Summa
6s. 4½d.

VADIA ET SALARIA.   Et in vadiis ipsius servientis per tempus visus, videlicet, per xviij septimanas, capientis qualibet
septimana 14d., 21s.   Et in partem calciaturæ ipsius servientis
3s. 4d.   Et in partem solucionis pro roba sua 5s.*   Et in mercede clerici facientis visum duplicem cum abreviacione 3s. 4d.*
Summa 24s. 4d.

STIPENDIA.   Et in stipendiis j carectarii, et vj carucariorum
ad term. Martini, quilibet 4s., 28s.   Summa 28s.

---

* The preceding entry is struck out.

Summa totalis expensarum 4*l.* 12s. 5d.   Et debet 100s. 3½ ¼d.
Quos solvit Domino Johanni de Skulthorp super hunc compotum.

EXITUS GRANGIÆ.*

FRUMENTUM.   Idem respondet de xxxv quart. vij buz. frumenti de exitu novi grani, mensura fori.   Et de j quart. dim.
buz. frumenti seminis inferius.   Summa xxxvj quart. vij buz.
et dim.
De quibus in semine xxiij quart. j buz.   Et in liberacione
vij famulorum per tempus visus x quart. iiij buz.   Summa
xxxiij quart. v. buz.   Et remanent iij quart. ij buz. et dim.
frumenti.
PISA.   Et de v quart. iiij buz. pisorum trituratis de exitu.   Et
omnes in pastu porcorum.   Et equales.
AVENÆ.   Et de xx quart. iij buz. avenarum de exitu grangiæ.
De quibus in prebenda affrorum ij quart.   Summa ij quart.
Et remanent xviij quart. iij buz.
AFFRI.   Idem resp. de iij affris de remanentibus.   Et rema-
nent iij affri femellæ.
PULLANI.   Et de ij pullanis de remanentibus.   Et remanent
ij pullani masculi in secundo anno.
PULLI.   Et de iij pullis de exitu in compoto precedente.   Et
remanent iij pulli de exitu.
BOVES.   Et de xxvij bobus de remanentibus.   Et remanent
xxvij boves.
PORCI.   De xj porcis de empcione ut infra.   Summa xj.
Et omnes venduntur infra.   Et equales.
SUES.   Et de j sue de remanentibus.   Et remanet j sus.
HOGGETA.   Et de xj hoggetis de tot porcellis remanentibus.
Et remanent xj hoggeta.
OVES.   Idem resp. de xiiij ovibus matricibus de remanen-
tibus.   Summa xiiij.   De quibus in morina in principio
putredinis vij.   Summa vij.   Et remanent vij oves matrices.
MULTONES.   Et de ij multonibus de remanentibus.   Sum-
ma ij.   De quibus in morina ut supra in putredine j.
Summa j.   Et remanet j multo.
HOGS ET JERCS.   Et de x hogs et jercs de remanentibus.
Summa x.   De quibus mactantur ut supra ij.   Et in morina
ij.   Summa iiij.   Et remanent vj hogs et jercs.
AGNI.   Et de xj agnis de remanentibus de exitu.   Summa
xj.   De quibus in morina iij.   Summa iij.   Et remanent
viij agni.

* The succeeding entries are on the back of the roll.

CASSÆ MULTONUM. Et de x cassis multonum de tot multo-
nibus mactatis supra. Et omnes venduntur infra pro 3s. 4d.
CAPONES. GALLINÆ. De xx caponibus de remanentibus.
De j gallo, v gallinis de remanentibus. Et omnes remanent.

COMPOTUS PETRI DE MIDRIG PREPOSITI DE MIDRIG A
FESTO PURIFICATIONIS BEATÆ MARIÆ ANNO CONSECRACIONIS
DOMINI QUARTO USQUE FESTUM ASSUMPCIONIS BEATÆ MARIÆ
PROXIMUM SEQUENS ET THOMÆ FILII STEPHANI A DICTO FESTO
ASSUMPCIONIS USQUE FESTUM S. MICHAELIS.

FIRMÆ DOMINICÆ. Idem respondet de 13s. 1½d. de firma
xvij acr. et dim. terræ dominicæ pro iij term. supradictis. Et
de 3s. 9d. de Petro de Midrigg pro v acr. dominic. ad e. t. Et
de 6s. 3d. de Rogero de Chilton pro x acr. terræ ad e. t.
Summa 23s. 1½d.

VENDICIO OPERUM. Et de 6l. de bondis de West Thickeley
pro eorum serviciis arentatis ad e. t. Et de 14s. 4d. de j cotagio
in Redworth, iiij in Midrig, et j malmanno ad term. Pentecostes. Et de 4l. 14s. 6d. de operationibus autumpnalibus
provenientibus de xv bondis de Midrigg, et de xij bondis de
Killerby, de quolibet 3s. 6d. Et de 12d. de tenentibus de
Midrigg et Redworth pro falcatione et factura ij acr. et dim.
prati in Mikekingeskerr juxta le thorn, ex consuetudine. Et
de 6s. 9d. de lxxxj precariis, videlicet, de Redworth xlviij, de
Newbiging xij, de West Thikley ix, cum cotagiis Johannis de
Thropton, de Midrig ix, de Killerby iiij, precium operis 1d. Et
de nichil de xxvij bondis de Killerby et Midrig pro eorum
trituracione ante fest. S. Michaelis. Summa 11l. 16s. 7d.

VENDICIO PRATORUM. Et de 17s. de Symone Custsone
pro vj acr. prati apud Kempildam. Et de 29s. de Johanne
Hunter pro vij acr. prati in Smaleburnes. Et de 18s. de hominibus Domini Episcopi de Weshikley pro ix acr. debilis prati,
quod vocatur Cuntlech. Et de 4s. de Willelmo Martyn pro
j acra apud Grenescrok. Et de 18s. de Petro de Midrigg pro
iiij acr. apud Grenemedowe juxta pratum de Hephall. Et de
10s. 6d. de Willelmo de Medilton pro iij acr. debilis prati in
Bradmedowe. Et de dim. marcæ de Symone Gregori pro Cot-
garthe et Wythoumere. Et de 13s. de Johanne filio Petri de
Reddeworth pro Cuttedleyes, Toftwell, et Prestmedowe. Et de

20d. de Willelmo Skot pondere pro Kerdik, quod dicit pertinere ad officium suum, ideo ad graciam Domini. Et de 12s. de Johanne Nesbit pro iij acr. et dim. prati in Metlech. Et de 11s. 6d. de Johanne de Chesewyk pro iij acr. prati apud Kempilburn.   Summa 7l. 16d.

PASTURÆ ET AGISTAMENTA. Et de 14s. de hominibus de Shiluedon pro pastura del Brokes. Et de 18d. de Roberto Wildehare pro xviij selionibus de Wydhopleys. Et de (blank) de Hob Batmanson de Bolum pro j pecia, cont. j acr. et dim., quæ vocatur Salterhill. Et de 4s. 6d. de Petro de Midrygg pro leyes del Grenesgat. Et de 31s. de aggistamentis in Wedhopleys. Et de (blank) de agist. estivalibus in pasturis Domini. Et de 5s. de villata de Bolum pro via habenda ad vivarium de Wedhop cum animalibus suis. Et de (blank) de herbagio warectarum. Et de (blank) de pastura de Domesgat, et friscarum inter Bysshopgat et Werkesgat. Et de (blank) de pastura de Wodefeld in estate.   Summa 56s.

Summa recepti 22l. 17s. ½d.

CUSTUS CARUCARUM. In iiij carucis de novo faciendis 10d. In vj peciis ferri empt. pro carucis, precium peciæ 8d., 4s. In vj ferris pedalibus empt. 12d. In iij moldbredcluts empt. 12d. In fabricacione dicti ferri 12d.   Summa 6s.

CUSTUS CARECTARUM. In iiij cluts pro carectis empt. 4d. In iij wyndbandes empt. 3d. In albo coreo empt. pro harnasio emendando 2d. In uncto pro carectis 1d. In ferrura equorum 12d. In carbonibus empt. pro focali 6d.   Summa 2s. 4d.

STIPENDIA. In stipendiis j carectarii, et vj carucariorum pro term. Pentecostes 21s., cuilibet 3s.   Summa 21s.

TRITURACIO. In xxiiij quart. frumenti triturandis, per quart. 4d., 8s.   Summa 8s.

SARCLACIO. In blado Domini sarclando nichil, quia per bondos Domini, qui sarclare debent bladum Domini nichil capiendo.

FACTURA FENI. In custibus carucarum et carectarum minutis et necessariis, cum falcacione et factura feni, factis per Petrum prepositum, 35s. 2d.   Summa 35s. 2d.

CUSTUS AUTUMPNALES. In ccxl metentibus conductis, quasi per j diem, quolibet capiente in die 4½d., 4l. 10s. In lxxxviij metentibus conductis, quasi per j diem, quolibet eorum capiente in die 6¼d., 45s. 10d.   Summa 6l. 15s. 10d.

Et liberati Rogero de Tykhill per Petrum prepositum 6l. 13s. 4d. Et Domino Alano de Schutlyngdon per Thomam filium Stephani 40s.   Summa 8l. 13s. 4d.

Summa totalis expensarum et liberacionum 19*l*. 20d. Et debet Thomas filius Stephani Domino 75s. 4½d., qui sunt de pratis et pasturis venditis, et non levati, ut patet per billam eidem Thomæ liberatam. Postea solvit Domino Alano apud Aukland 12s. Et debet adhuc 63s. 4½d.

FRUMENTUM. Idem resp. de xxiiij quart. frumenti de exitu novi grani. Summa patet.

Inde computat (in) liberacione vij famulis pro eorum liberatura, per vj septimanas ante festum Michaelis, iiij quart. Et remanent xx quart. frumenti.

AFFRI. Et iij de affris femellis inventis in grangia. Et de ij rec. de Rogero de Tykhill, quæ fuerunt Johannis Kyng de Killerby. Summa v. Et remanent v affri femellæ.

BOVES. Et de xxvij bobus inventis infra dictam grangiam. Et remanent xxvij boves.

QUERYNDON.

VISUS COMPOTI ROBERTI DE BEVERLEY SERVIENTIS GRANGIÆ DE QUERYNDON A FESTO S. MICHAELIS ANNO PONTIFICATUS VENERABILIS PATRIS ET DOMINI DOMINI THOMÆ DE HATHEFELD DEI GRACIA DUNELM. EPISCOPI QUARTO USQUE FESTUM PURIFICATIONIS PER XVIII SEPTIMANAS ANNO PREDICTO.

ARRERAGIA. Idem respondet de 72s. 11½¼d. de arreragiis ultimi compoti sui. Summa 72s. 11½¼d.

AGISTAMENTA. Et de 5s. rec. de agistamentis yemalibus ccc multonum Ricardi filii Gilberti de Dunelm., post festum Michaelis in principio hujus visus, v ad 1d. Et de 2s. 8d. rec. de agistamentis clx multonum Thomæ de Coxhowe, post fest. pred., v ad 1d. Et de 4s. rec. de agistamentis xij pullanorum in yeme ut supra, pro capite 4d. Summa 11s. 8d.

VENDICIO BLADI. Et de 25s. 6d. rec. de vj quart. ordei vend. de novo grano, quart. ad 4s. 3d. Summa 25s. 6d.

VENDITIO STAURI. Et de 28s. 4d. rec. de x porcis vend., unde v quilibet ad 3s., et v quilibet ad 2s. 8d. Summa 28s. 4d.

Summa tocius recepti cum arreragiis 6*l*. 18s. 5½¼d.

Expensæ.

Carucæ. In iij peciis ferri empt., pecia ad 9d., 2s. 3d. Et in vj ferris pedalibus, pecia ad 1¼d., 7½d. Et in ij molde-bredcluts empt. 6d. Et in j novo vomere empt. 5d. Et in xxiiij arculis pro bobus, iiij ad 1d., 6d. Et in xxx tugges empt., v ad 1d., 6d. Et in novo capite empt. pro caruca 2d. Et in factura ij novarum carucarum, de meremio Domini, 6d. Et in uncto empt. pro collis boum 2d. Et in mercede fabri pro ferris carucarum acuendis et faciendis pro term. Martini 18d.   Summa 7s. 1½d.

Carectæ. In ferrura affrorum ad term. Martini 18d. Summa 18d.

Empcio bladi. In ij quart. frumenti empt. apud Seggefeld 12s., quart. ad 6s.   Summa 12s.

Empcio stauri. Et in x porcis empt., pecia ad 2s. 2d., 21s. 8d. Et in ij porcis empt. 5s. 2d.   Summa 21s. 8d. Item 5s. 2d.

Pars construcionis novæ porcariæ. Et in xvj sperris empt. pro j nova porcaria edificata 10d. Et in cc lattis empt. pro eodem 12d. Et in cccc brodds 5d. Et in mercede j cementarii operantis et facientis muros lapideos in fundandis parietibus dictæ domus, per iij dies, capientis per diem 2d., 6d. Et in mercede j hominis servientis eidem, per idem tempus, 3d. Et in mercede j carpentarii operantis ibid., per iiij dies, capientis per diem 2d., 8d. Et in mercede j tectoris tegentis super dictam domum, et super alium defectum infra manerium, per iiij dies, 8d. Et in mercede j servitoris eidem, per idem tempus, 4d.   Summa 4s. 8d.

Expensæ necessariæ. In x ulnis panni saccini empt., precium ulnæ 1½ ¼d., 17½d.* Et in vj quart. carbonum maritimorum pro famulis curiæ 6d. Et in j novo cribro, et j ridel 3d. Et in j novo somario 3d.†   Summa 9d.

Trituracio. In trituracione xxxij quart. frumenti, unde x quart. v buz. veteris grani anni precedentis, et xxj (quart.) iij buz. de novo exitu, inde ij quart. triturata per famulos, et xxx quart. ad tascam, quart. ad 2½d., 6s. 3d. Et in ventulacione tocius frumenti, iiij quart. ad 1d., 8d. Et in trituracione vj quart. ordei, ad 1¼d., 7½d. Et in ventulacione ejusdem 1½d. Et nichil in trituracione j quart. pisorum, pro pastu porcorum, quia (per) famulos. Et nichil in trituracione vj quart. avenæ,

* This entry is struck out, and the reason given is, " Quia in compoto precedente."

† This entry is struck out.

quia per famulos. Et in ventulacione earundem 1d. Summa
7s. 9d.

STIPENDIA. In stipendiis j carectarii et vj carucariorum ad
term. Martini, quilibet 4s., 28s. Et in salario clerici facientis
istum visum 3s. 4d.* Summa 28s.

Summa totalis expensarum 4*l.* 8s. 7½d. Et debet serviens
Domino 49s. 10¼d. Postea allocatur eidem 4s. 2d. pro salario et
calciatura sua, per tempus istius compoti. Et sic debet adhuc
45s. 8¼d. Quos soluti Domino Johanni de Skulthorp, super
istum compotum, et sic quietus.

Exitus Grangiæ.†

FRUMENTUM. De ij quart. peck frumenti de remanentibus.
Idem resp. de x quart. v buz. veteris grani anni proximi precedentis trituratis, mensura fori. Et de xxj quart. iij buz. rec. de
exitu novi grani, mensura fori. Et de ij quart. de empcione
infra. Summa xxxvj quart. peck. De quibus in semine,
mensura fori, xxj quart. ij buz., super lxxvj acr., super acr. ij
buz. pec. Et in liberacionibus famulorum, mensura fori, videlicet, j carectarii et vj carucariorum, ad plenam liberacionem, per
xviij septimanas infra hunc visum, x quart. iiij buz. Et in liberacione ipsius servientis per idem tempus, qualibet septimana j
buz., ij quart. ij buz. Summa xxxiiij quart. Et remanent ij
quart. peck frumenti.

ORDEUM. Idem resp. de vj quart. ordei de novo exitu, mensura fori. Et venduntur infra. Et equales.

PISA. Et de j quart. pisorum de novo exitu, mensura fori.
Et expenditur in pastu porcorum. Et equales.

AVENA. Et de vj quart. avenæ de exitu, mensura fori. Et
expenduntur in prebenda affrorum. Et equales.

AFFRI. De iij affris de remanentibus, quorum ij masculi. Et
de j pullano masculo in ij° anno de remanentibus. Summa iiij.
Et remanent iij affri, quorum ij masculi, et j pullanus masculus
in secundo (anno).

BOVES. De xxvij bobus de remanentibus. Summa xxvij.
Et remanent xxvij boves.

PORCI. De xij porcis empt. ut infra. Summa xij. De
quibus x vend. ut infra. Summa x. Et remanent ij porci.

---

* This entry is struck out.
† The following entries are on the back of the roll.

COMPOTUS RICARDI STERE BALLIVI MANERII DE QUERING-
DON A PRIMA DOMINICA QUADRAGESIMÆ ANNO PONTIFICATUS
DOMINI THOMÆ EPISCOPI QUARTO USQUE FESTUM S. MICHAELIS
ANNO PONTIFICATUS EJUSDEM QUINTO.

ARRERAGIA. Idem respondet nichil de arreragiis ultimi
compoti hic, quia in compoto suo de Midilham anno quarto.
Summa nichil.

VENDICIO OPERUM. Et de 25s. 6d. de lj bondis pro eorum
arrura ad semen frumenti, de quolibet 6d. pro opere. Et de
25s. 6d. de eisdem pro eorum arrura ad semen avenarum, de
quolibet 6d. pro iij rodis. Et de 38s. 4d. de cccclx operibus autumpnalibus, per minus centum, de lj bondis de Shaldford, Shir-
bourne, et Cashop, cum eorum familiis, simul cum coterellis et
shelffodes, preter hussewyvas, metentibus, colligentibus et ligantibus bladum Domini, quasi per j diem, pro opere 1d. Et de
19s. 1½d. de predictis lj bondis pro eorum averepe in aut.,
videlicet, quilibet eorum metet iij rod. bladi Domini per j diem,
precium operis j diei 4½d.   Summa 108s. 5½d.

VENDICIO PRATORUM. Et nichil de siketto ex parte orientali
de Athill hic, quia inferius cum Holmedow &c. Et de 8s. de
Shirrefscrok vend. Johanni Boner. Et de 8s. de Benesmedowe
vend. Thomæ de Hessewell. Et de 9s. de Ferymedowe vend.
Magistro de Shirburn. Et de 9s. rec. de ij acr. juxta Athilbrigg
vel Athilforth vend. Magistro de Shirburn. ` Et de 5s. rec. de
Shotenwellmedowe vend., per viam aggistamenti. Et de 66s.
rec. de Holmedowe, voc. fennes, flasskes, Atthillswang, videlicet,
siketto ex parte orientali de Athill, cont. iij acr. prati, vend. in
grosso Magistro de Shirburn. Et de 10s. rec. de Fenheued-
medowe vend. Magistro de Shirburn. Et nichil de fennes hic,
quia superius cum flassks. Et de 24s. rec. de Newmedowe vend.
Magistro de Shirburn. Et de 4s. rec. de j acra juxta Athill juxta
Welheued vend. Magistro de Shirburn. Et de 6s. 8d. rec. de
Newmedowe subtus le Hough vend. Ricardo de Whitparys. Et
de nichil de iij rod. apud Mirylawe, quia in waretta, et vend.
cum pasturis. Et de 9s. rec. de Brintleche vend., per viam aggistamenti. Et de 4s. rec. de Halcrokes, per viam aggistamenti.
Et de 4s. 6d. rec. de Spitillecche vend. Johanni Romangour. Et
de 21s. rec. de Bowbriggmedowe vend. Magistro de Shirburn.
Et de 3s. rec. de j acra apud Athilbuttes vend. Ricardo Smyth.
Et de 13s. 4d. rec. de Wythuycrok vend. Magistro de Shirburn.
Et de 6s. de Litilbenlecche vend. Magistro de Shirburn. Et de
14s. rec. de Miklbenlech vend. Magistro de Shirburn. Et nichil
de Pullewell, cont. vij acr., quia falcatur. Et nichil de Pertre-

medowe cum les leyes, quia falcantur. Et 4s. 6d. de Cotgarth
vend. Magistro de Shirburn. Et de 16s. rec. de Nethirbenlech,
voc. Lyttelbenlech et Smythesmedowe, vend. Magistro de Shirburn. Et de 3s. rec. de j placea prati, juxta Welstrand, vend.
Nicholao de Kellau. Et de 14d. de j placea prati, juxta Cotgarth, vend. Magistro de Shirburn. Et de nichil de Northholm,
quia inter pasturas. Summa 12*l*. 9s. 2d.

AGGISTAMENTA ET PASTURÆ. Et de 36s. rec. de pastura del
Cotmore vend. Magistro de Shirburn. Et de 20s. rec. de pastura de Wydhoppleys, cum pastura del Bankes, vend. Et de
27s. 6d. rec. de pastura del Park, cum le leys ante hostium,
vend. Et de 16s. rec. de pastura del Smythes vend. Et de
26s. 8d. rec. de pastura de Pethegg vend. Et nichil de aggistamentis in estate pro capite propter pestilenciam, et valent 40s.
Et nichil de pastura de Hungrecrok, quæ solebat dimitti pro 2s.
Et nichil de Arnaldflat, et leyghes juxta Whitcros et Mirilaws-
leghes, et pastura de Northhow et Firimedwe, quia non possent
dimitti propter pestilenciam. Summa 6*l*. 6s. 2d.

VENDICIO BLADI. Et de 9s. 6d. rec. de ij quart. iij buz.
ordei vend., quart. ad 4s. Et de 3s. 4½d. rec. de j quart. j buz.
dragettæ vend., quart. ad 3s. Et de 30s. 4d. rec. de xiiij quart.
avenarum, quorum xj de scatt., vend., quart. ad 2s. 2d. Summa
43s. 2½d.

VENDICIO MARLE. Et de 2s. 6d. rec. de xxx fothres marle
vend. Summa 2s. 6d.

Summa totalis tocius recepti 26*l*. 9s. 6d.

EXPENSÆ.

CARUCÆ. Idem computat in viij peciis ferri empt. pro carucis 4s., pro pecia 6d. In vj ferris pedalibus empt. 7½d. In iij
clouts pro moldebreds empt. 9d. In iij carucis de novo faciendis
de meremio Domini 9d. In ij carucis capitandis 2d. In iij
herciis novis empt. 9d. Item fabro pro term. Pentecostes pro
ferris carucarum 18d. In xxiiij arculis boum empt. 6d., pro
iiij 1d. In tugges et temonibus empt. 6d. In ij jugis empt. 3d.
In j ploughbeme, j moldebred, j capite, j stilt, j handle, et j
shethe pro caruca facienda 4d. In uncto empt. pro collers boum
2d. Summa 10s. 3½d.

CARECTÆ. In j carecta ferro ligata empt. 14s. In j pari
tractuum empt. 5d. In iij colers empt. 9d. In j pari de baces
empt. pro sella carectæ 3d. In albo coreo empt. 6d. In viij clouts
empt. pro carectis 6d. In iiij capistris empt. 2d. In uncto empt.

pro carectis 5d.   Item in j kippstringe empt. 1d.   In j corda
empt. pro carecta liganda 4d.   Item fabro pro ferrura iij affrorum ad term. Pentecostes 18d.   Summa 18s. 11d.
EMPCIO STAURI.   In j affro empt., ad fest. Pentecostes, pro
carectis, 9s. 6d.   Summa 9s. 6d.
REPARACIONES DOMORUM.   Item Johanni de Allirton carpentario erigenti carpentariam grangiæ, ex convencione facta per
Dominum Johannem de Sculthorp, 10s.   Item cuidam tectori
cohoperienti dictam grangiam, reparanti granarium, deyare, stabulum carectariorum per totum, et bovariam in parte, per xlj dies
operabiles, 10s. 9d., per diem 3d.   Item ij servitoribus suis sibi
deservientibus cum aqua, stramine, et mortare, per idem tempus,
6s. 10d., cuilibet per diem 1d.   In v^M de latthes faciendis de
bosco Domini, pro grangia pro stauro, 12s. 6d., pro centum 3d.
In DC spikynges empt. pro dicta grangia reparanda 18d.   In xij^M
brodds empt. pro eodem opere 10s., pro centum 1d.   In iiij lage-
nis cervisiæ empt. et expenditis circa levacionem meremii 4d.
Item ij hominibus conductis euntibus cum carectis, et j alio
famulo fuganti ij carectas de Queringdon usque Satley, per iiij
dies, pro meremio et latthes ibid. querendis, pro dicto opere,
16d., cuilibet per diem 2d.   Item cuidam cementario emendanti
muros dictæ grangiæ, et eciam muros lapideos circa curiam et infra, per xxj dies, 5s. 3d., per diem 3d.   Item servitori suo per
idem tempus 2s. 7½d., per diem 1½d.   Summa 61s. 2¼d.
MINUTÆ EXPENSÆ.   In iiij shovells ferratis empt. 10d.   In
ij saccis, quælibet de dim. quart., empt. 10d.   In carbonibus
empt. pro famulis 6d.   Summa 2s. 2d.
SARCLACIO.   In bladis dominicis sarclandis hoc anno 3s.
Summa 3s.
FALCACIO.   In vij acr. prati de Pullewell, j acr. apud Pertre,
iiij acr. in le Horsthetheringg, et alibi per loca, falcandis 6s.   In
dicta herba spargenda 6d., pro acra ½d.   In dictis fenis vertendis,
levandis, et reparandis 3s.   Summa 9s. 6d.
TRITURACIO.   In xij quart. frumenti triturandis ad tascam
2s. 6d., quart. ad 2½d.   In xviij quart. vij buz. et dim. ventandis
4½d.   In xvj quart. avenarum triturandis ad tascam 16d.   In
xxxv quart. iij buz. avenarum ventandis, quorum x quart. in
palea, 6d., vj quart. 1d.   Summa 4s. 8½d.
AUTUMPNUS.   In blado metendo per precarias bondorum
nichil, quia totum per conductos, et hoc precepto Senescalli.   In
blado metendo et ligando per viij conductos per vj dies 20s.,
cuilibet per diem 5d.   In blado metendo et ligando per viij conductos per v dies 16s. 8d., cuilibet per diem 5d.   In blado metendo et ligando per xl conductos per vj dies 100s., cuilibet
per diem 5d.   In blado metendo et ligando per xx conductos per

vj dies 40s., cuilibet per diem 4d.　In vij paribus cyrothecarum empt. pro famulis curiæ 7d.*　　Summa 8*l.* 17s. 3d.

STIPENDIA.　In stipendiis j carectarii et vj carucariorum de term. Pentecostes 21s., cuilibet 3s.　　Summa 21s.

Summa totalis expensarum 15*l.* 17s. 6½d.　Et debet Domino 10*l.* 11s. 11½d.

†EXITUS GRANGIÆ.

FRUMENTUM.　Idem respondet de xviij quart. vij buz. et dim. de exitu grangiæ, inventis ibid. post recessum Roberti, unde xij quart. ad tascam. Et de ij quart. pec frumenti de remanentibus.　　Summa xx quart. vij buz. iij pecs.　　In quibus in liberacionibus j carectarii et iiij carucariorum per tempus compoti, per xxxiiij septimanas, xiiij quart. j buz., cuilibet per iij septimanas ij buz.　In liberacionibus ij carucariorum per xxx septimanas, infra idem tempus, iiij quart. vj buz. pec., et non plus quia j carucarius mortuus, et alter captus fuit per Senescallum ad commorandum super terram per iij septimanas ante fest. S. Michaelis.　Item cuidam homini custodienti prata et pasturas in campo et grangia infra et extra, quia nullus messor per tempus compoti, capienti j buz. per iij septimanas, j quart. ij buz.　Item cuidam carpentario facienti carucas tempore pestilenciæ, ex convencione, j buz.　　Summa xx quart. ij buz. pec.　　Et remanent v buz. et dim.

ORDEUM.　Et de ij quart. vij buz. et dim. ordei inventis in grangia in pallea.　　Summa ij quart. vij buz. et dim.　　De quibus in semine j buz. et dim.　In vendicione ut infra ij quart. Summa ij quart. vij buz.　Et nichil remanet.

DRAGETTA.　Et de j quart. j buz. dragettæ inventis in pallea. Summa j quart. j buz.　Et venditur ut infra.　Et nichil remanet.

AVENA.　Et de xvj quart. avenæ inventis in granarium post recessum Roberti.　Et de x quart. avenæ inventis in pallea in grangia.　Et de xxv quart. iij buz. avenæ de exitu inventis in garbis, unde xvj quart. ad tascam.　Et de ij quart. de exitu in garbis pro bobus sustinendis.　Et in xxiiij quart. de redditu de scatt.　　Summa lxxxvij quart. iij buz.　　De quibus in semine xliiij quart., mensura fori, super lxxxviij acr.　Item liberata ipsi ballivo de Midilham xviij quart.　Item lib. usque

* There is added in the margin in another hand, " Summa acrarum clxiiij, summa metentium ccccxlviij, sic ad acram ij et dim., plus in toto xxxviij."
† The succeeding entries are on the back of the roll.

Dunelm. auditori iij quart. In prebenda iij affrorum herciancium ad semen avenæ, et eciam cariancium lapides, meremium,
et latthes, et aliis operibus, iij quart. In vendicione ut infra xiiij
quart. In sustentacione boum in garbis ij quart.   Summa
lxxxiiij quart. Et remanent iij quart. iij buz.

AFFRI. Et de iij affris inventis in manerio post recessum
Roberti de Bevirley. Et de j affro de empcione ad fest. Pentecostes.   Summa iiij. Et remanent iiij affri.

PULLANUS TERCIO ANNO. Et de j pullano masculo invento
in manerio, post recessum Roberti, in secundo anno.   Summa
j. Et remanet j in iijᵒ anno.

BOVES. Et de xxvij bobus inventis in manerio post recessum
Roberti.   Summa xxvij. Et remanent xxvij.

PORCI. Et de ij porcis inventis in manerio. Et liberati
usque Midilham. Et nichil remanet.

MIDILHAM.

COMPOTUS RICARDI STERE BALLIVI MANERII DE MIDILHAM
A FESTO S. MICHAELIS ANNO PONTIFICATUS DOMINI THOMÆ
EPISCOPI DUNELM. QUARTO USQUE FESTUM S. MICHAELIS ANNO
PONTIFICATUS SUI QUINTO.

ARRERAGIA. Idem respondet de 25l. 9d. de arreragiis ultimi
compoti sui precedentis.`   Summa 25l. 9d.

REDDITUS ET FIRMÆ. Et de 36s. 8d. rec. de firmis de
Maynsforth ad iiij term. usuales p. a. Et de 6d. rec. de firm.
Thomæ de Midilham ad fest. S. Michaelis tantum. Et de 8d.
rec. de firm. Thomæ filii Rogeri pro Grehundesplace ad dict.
term. Et de 4s. rec. de firm. curtilagii in tenura Petri de Skelton ad dict. term. Et de 2s. rec. de j libr. piperis, de redditu
Willelmi de Maynsforth, vendita sic hoc anno.   Summa
43s. 10d.

VENDICIO OPERUM. Et de 4l. 8s. 4d. rec. de xlv bondis et
xvij malmannis et dim. pro cxxxij acr. et dim. terræ arandis ad
utrumque semen, pro acra 8d., videlicet, xc acr. per dictos
bondos ad semen frumenti, et xxxiij acr. iij rod. per eosdem ad
semen avenarum, de quolibet iij rod., et viij acr. et iij rod. per
xvij malmannos et dim., de quolibet iij rod. Et de 63s. 4d. rec.
de Dcclx precariis, in blado metendo et ligando, bondorum preter
selffodes. Et de 14l. 12s. 6d. de vijᴹxx operacionibus septimanariis bondorum, sine deduccione iiij septimanarum, pro opere ½d.

Et de 22s. 6d. rec. de eisdem xlv bondis pro avireps, de quolibet 6d. pro iij rodis.   Summa 23*l.* 6s. 8d.

VENDICIO PRATORUM. Et de 12s. rec. de Sproweslawe vend. bondis de Midilham.   Et de 11s. rec. de prato de Welheued, et j acra ibid., vend. Roberto de Gretwych.   Et de 15s. rec. de prato de Edmondesmedowe vend. Johanni de Parys.   Et nichil de j acra prati atte Welheued hic, quia supra cum le Welheued. Et de 18s. rec. de Graungebrigcrok, Stanycrok, et j acra prati apud le Heuedland.   Et de 7s. rec. de Stynckandlech vend. Willelmo filio Margaretæ.   Et de 42s. rec. de Cornforthmedowe vend. hominibus de Cornforth.   Et de 25s. rec. de Seggefelmedowe vend. hominibus de Seggefeld.   Et de 4s. 6d. rec. de j acra prati apud Stanyhopp vend. Johanni de Parys.   Et nichil de prato del Ryddyng, quia falcatur, videlicet, x acr.   Et nichil de Howettesakre, quia falc., viz., j acr.   Et nichil de le Graungemedowe, quia falc., viz., xiiij acr.   Et nichil del Newmedowe, quia falc., viz., xx acr.   Et nichil de Thaynswellmedow, quia falc., viz., xiiij acr.   Et de 3s. de Mercherhoplech vend. pundero. Summa 6*l.* 17s. 6d.

AGGISTAMENTA ET PASTURÆ. Et de 3s. rec. de iij bobus Rogeri de Whassington et Roberti filii Margaretæ aggistatis in parco in estate.   Et nichil de aggistamentis plus in parco, quia ad bestias de venacione.   Et de 27s. rec. de pastura moræ, et le Milnlech, et le Leys dimissis in grosso.   Et nichil de pasturis et waretta hoc anno, quia nulli bidentes.   Et nichil de pastura del Viverbanks, pastura subtus aulam, et Doppwelkerr, quia ad boves Domini.   Et de 4s. rec. de pastura de Wylikerr vend. Petro de Skelton.   Et de 6s. 6d. rec. de pastura del Redekerr vend. hominibus de Midilham.   Et de 10s. 8d. rec. de aggistamentis in le kerr in estate, ut patet per capita, et non plus, propter pestilenciam. Et nichil de pastura del Pry, quia falcatur.   Summa 51s. 2d.

VENDICIO BLADI. Et de 4*l.* 4s. rec. de xiiij quart. frumenti vend., quart. ad 6s.   Et de 32s. 3½d. rec. de vij quart. vj buz. ordei vend., quart. ad 4s. 2d.   Summa 116s. 3½d.

VENDICIO STAURI. Et de 5s. rec. de j affro masculo vend. ut in visu.   Et de 38s. rec. de xij porcis vend. ut in eodem visu ad diversa precia.   Summa 43s.

WODLAD. Et nichil de wodlad, quia arrentatur ad scaccarium, et nichil cariaverunt hoc anno.   Summa nulla.

VENDICIO COREI. Et de 4s. 6d. de ij coreis ij boum mortuorum in morina vend. cum carnibus.   Summa 4s. 6d.

Summa totalis tocius recepti, cum arreragiis, 68*l.* 3s. 8½d.

EXPENSÆ.

CARUCÆ ET HERCIATURA.   In iiij peciis ferri empt. pro carucis, ut in visu, 2s. 9d.   In xv peciis ferri empt. pro eisdem ad
diversa precia 8s. 4d., videlicet, x peciis ad 5s., et v peciis ad
3s. 4d., causa pestilenciæ.   In xvj ferris pedalibus empt., quorum
x in visu, 20d.   In iij clouts pro moldebredes empt. 7½d.   In iij
vomeribus empt. ut in visu 13½d.   In vj carucis de novo faciendis,
unde iij in visu, 18d.   In iiij carucis capitandis, unde ij in visu,
4d.   In vj moldebredes, vj capitibus, iij shetthes, vj‾handles empt.
9d.   In lxxxvj arculis boum, unde xxiiij in visu, empt. 21d., pro
iiij 1d.   In virgis empt. pro reparacione attelæ carucarum, ut in
visu, 2d.   In uncto empt. pro collers boum, ut in visu, 3d.   In
xlviij tuggis empt., ut in visu, 6d.   In fugacione carucarum, ad
semen frumenti, 6d., per xij opera bondorum.   In herciatura ad
semen frumenti 5s. ½d., in pred. cxxj operacionibus bondorum,
pro opere ½d., quia per dim. diem.   In herciatura ad semen
avenarum 4s. 3½d. in pred. ciij operacionibus per dim. diem, pro
opere ½d.*   In ferris carucarum nichil, quia faber habet terram.
Summa 25s. 3½d.

CARECTÆ ET PLAUSTRA.   In xij clouts empt. pro carectis,
quorum viij in visu, 6d.   In j axe empt. cum axacione carectæ
et emendacione corporis 5d.   In j pari de baces empt., ut in
visu, 3d.   In j pari tractuum empt. 5d.   In iij novis capistris
empt. 3d.   In uncto empt. pro carectis et plaustris 8d.   In
albo coreo empt., ut in visu, 6d.   In j pari de lynpynnes ferri
empt. 2d.   Item fabro pro iij affris ferrandis per tempus compoti 3s.   In iij colers empt. 7½d.   In viij clouts pro plaustris
8d.   Summa 7s. 5½d.

DIVERSÆ REPARACIONES.   Item cuidam tectori operanti super
cameram serviencium, quondam partem grangiæ, et porchers
veteres, per viij dies in principio compoti, 2s., per diem 3d.   Item
cuidam sibi deservienti per idem tempus 8d.   Item cuidam
tectori operanti super dictam grangiam, et stabulum carectariis
pertinentem, longum stabulum, et le scaffald per xlviij dies 12s.,
capienti per diem 3d.   Item cuidam sibi deservienti per idem
tempus 4s.   In stipendio j cementarii facientis novos muros
lapideos pro j nova porcher, ac eciam erigentis et punctantis
omnes muros lapideos circa manerium et infra, et eciam punctantis muros lapideos coquinæ, pistrinæ, granarii, et domus
serviencium, per xl dies operabiles, eidem per diem 3d., 10s.
Item ij sibi deservientibus de lapidibus et mortero per idem

---

* The preceding entry is struck, and the following reason is given: "Quia injunc-
tum erat sibi in anno precedente, quod debet herciare per equos proprios."

tempus 10s., cuilibet per diem 1½d. In xxxj sperres empt. pro
dicta porcher construenda 18d. In c latthes empt. pro eodem
opere 5d. In d brodds empt. pro eodem opere 5d. In cc
spikynges empt. pro hostiis et portis et fenestris affirmandis
infra manerium 6d. Item carpentario pro servicio suo pro dicta
porcher facienda 15d. per v dies. In iiij ligaminibus et crokes
empt. pro hostiis ejusdem domus 3d. In viij seruris cum clavi-
bus empt. pro hostiis coquinæ, pistrinæ, domus janitoris, pane-
triæ, botillariæ, celarii vini, cameræ Willelmi de Westley, et
celarii sub longa camera 2s. In cibo et potu empt., et expenditis
super xxxiij homines cum xxxiij carectis cariantibus sclatstan del
Blakhall juxta Wolsingham usque Midilham pro longa camera
cohoperienda, ex mutuo, 3s.   Summa 48s.

CUSTUS REPARACIONUM CAMERARUM. Item Johanni de Allirton carpentario duarum camerarum erigendarum per totum,
ex convencione facta per Dominum Johannem de Sculthorp,
40s. In MMD latthes colpandis et lucrandis apud Sattley 8s. 4d.,
pro centum 4d. In vij^M brodds empt. pro eodem opere camerarum
8s. 2d., pro mille 14d. In DC spikingges empt. pro eodem opere,
pro plankes affirmandis, 18d., pro centum 3d. In c bordnaills
empt. pro hostiis et fenestris 2d. In dictis cameris cohoperiendis, cont. ix rod. et dim., cum lucracione lapidum de sclat, per
iij sclattatores, unde ij in morina, 47s. 6d., pro rod. 5s. Item
cuidam cementario emendanti omnes defectus dictarum camerarum, ex convencione, sub et supra, 5s. In lx petris plumbi
veteris empt. pro gutteris dictarum camerarum, preter j vetus
plumbum, quondam Edwardi de Bailliol, 12s. 6d., pro petr.
2½d. In cc lednaills empt. pro gutteris 6d. In cc spikingges
empt. pro plankes imponendis sub plumbo 6d. In iiij ligaminibus ferri pro dictis hostiis emendandis, cum ferro empt. pro
eisdem, 12d. In xx ligaminibus ferri empt. pro x fenestris,
cum clavis, sub et supra, 2s. Item cuidam homini deservienti
plumbatori pro gutteris reparandis, per iiij dies, 6d. In cepo
empt. pro eodem opere 1d.   Summa 6l. 7s. 9d.

CUSTUS CALCIS. In j torali calcis comburendo pro diversis
operibus 7s. ex convencione. In xxiiij quart. calcis empt. pro
dicto opere 2s. In eisdem cariandis 2s., per xlviij opera bondorum.   Summa 11s.

MINUTÆ EXPENSÆ. In viij carrectis carbonum maritimorum
empt. pro famulis curiæ . . . . In iiij porcellis castrandis 2d. In
j novo sacco empt. . . . . In ij crebris et ij ridells empt. 5d.
Item iij hominibus . . . . . In iij shovells ferratis . . . . . 6d.
In xv . . . .*

* The roll is here very much damaged, and a skin is evidently wanting.

*Affri. Idem respondet de iiij affris . . . . Et de ij affris
. . . . . Summa vj. De quibus in vendicione ut in visu j.
Summa j.
Tauri. Et de j tauro de remanentibus compoti precedentis.
Summa j.
Et liberatur usque Coundon.
Boves. Et de xxxj bobus rec. de remanentibus comp. pre-
cedentis. Summa xxxj. De quibus in morina . . . . infra
parcum iij, quorum caro cadavera putrida. Summa iiij. Et
remanent xxviij.
Vaccæ. Et de v vaccis sterilibus rec. de remanentibus comp.
precedentis. Summa v. Et liberantur Rogero de Tikhill,
ballivo de Coundon, usque Coundon ad fest. Invencionis, sub
nomine ij vaccarum, j boviculi, et ij juvencarum. Summa v.
Et nichil remanet.
Apri. Et de j apro rec. de remanentibus comp. precedentis.
Summa j. Et remanet j aper.
Sues. Et de iiij suibus rec. de adjuncto porcorum et hoggs.
Summa iiij. De quibus in morina in porcellando j. Summa j. Et remanent iij sues.
Porci. Et de iij porcis, quorum ij sues, de remanentibus
comp. sui finalis. Et de xix porcis rec. de adjuncto hoggs de
remanentibus. Et de xvj porcis rec. de adjuncto hoggs, parcella
de remanentibus et exitus. Et de iiij porcis rec. de seipso,
ballivo de Queringdon. Summa xlij. De quibus in adjuncione cum suibus iij ut supra. In hospicio Domini per
indenturas ix. In vendicione ut infra xij. Summa xxiiij.
Et remanent xvj porci masculi.
Hoggs. Et de xix hoggs rec. de remanentibus comp. precedentis finalis. Et de xxxv rec. de adjuncione, parcella de
remanentibus et exitus. Summa liij. De quibus in adjuncione cum suibus j. Item in adjuncione cum porcis xix. Item
in adjuncione cum porcis xvj. Summa xxxvj. Et remanent xviij.
Porcelli. Et de xvij porcellis rec. de remanentibus comp.
sui finalis. Et de xxiiij porcellis rec. de exitu hoc anno.
Summa xlj. De quibus in decimis ij de exitu. In hospicio
Domini per indenturas iiij de exitu. In adjuncione cum hoggs
xxxv diversæ etatis. Summa xlj. Et nichil remanet.
Cigni. Et de iiij cignis, quorum ij aer' vij cigniculis, et
vj cigniculis de remanentibus, ut in visu. Summa xvij. De
quibus in hospicio Domini per indenturas diversas viij. Summa viij. Et remanent ix, quorum ij aer'.

* The following entries are on the back of the roll. There is no account of grain
of various kinds in stock, the clauses thereto relating were on the missing skin.

CIGNICULI. Et de iiij cigniculis rec. de exitu hoc anno. Summa iiij. De quibus in morina j. Et remanent iij cigniculi.

AUCÆ. De iij aucis rec. de remanentibus, quorum ij mariol'. Et de vij aucis rec. de exitu hoc anno. Et de vij aucis rec. de empcione ut de tak. Summa xvij. Et remanent xvij aucæ, quorum ij mariol'.

COLUMBELLI DE EXITU. Et de ccix columbellis rec. de exitu columbarii hoc anno. Summa ccix per minus centum. De quibus in hospicio Domini, per indenturas, cxlix. Item liberati Willelmo de Westley usque Aukland, per talliam, lx. Summa ccix per minus centum. Et nichil remanet.

COREA. Et de ij coreis vaccarum rec. de remanentibus. Et de iij coreis boum rec. de morina hoc anno. Summa v. De quibus, in expensis hernasii carectarum ij non dealbata. In vendicióne ij. Summa iiij. Et remanet j.

STOKTON.

COMPOTUS ROBERTI FILII JOHANNIS FILII ADÆ DE NORTON PREPOSITI MANERII DE STOKTON A DIE DOMINICA PROXIMA POST FESTUM PASCHÆ VIDELICET XIX DIE APRILIS ANNO PONTIFICATUS DOMINI THOMÆ EPISCOPI DUNELM. QUARTO USQUE FESTUM S. MICHAELIS PROXIMUM SEQUENS ANNO PONTIFICATUS SUI QUINTO PER XXIII SEPTIMANAS ET II DIES.

FIRMA. Idem respondet de 12s. rec. de xij acr. terræ in Sundrenesse, arrentatis ad scaccarium super Thomam de Seton. Summa 12s.

VENDICIO OPERUM. Et de 38s. 9d. de operacionibus xv malmannorum et dim. de Norton, de quolibet 2s. 6d., preter precarias in blado metendo. Et de 15d. rec. de dim. malmanno de Hertburn pro consimilibus operacionibus, preter precarias in autumpno in blado. Et de 5s. rec. de ij malmannis de Stokton pro cons. operacionibus. Et de 44s. 1d. rec. de xxvj malmannis de Carleton pro cons. operacionibus. Et de 6s. rec. de operacionibus dringorum de Preston. Et de 22d. rec. de servicio Roberti Lucas. Et de 3½d. rec. de vij operacionibus et dim. j cotmanni de Stokton in herba spargenda. Et nichil de 68s. de lj bondis pro eorum arrura ad semen frumenti, pro tempore Willelmi de Totenham. Et nichil de 25s. 6d. de eisdem pro corum arrura ad semen avenæ, pro tempore ejusdem. Et de 7s.

rec. de clxviij operacionibus xij cotmannorum in herba spargenda, de quolibet xiiij opera, pro opere ½d.   Et de 57s. 9d. rec.
de DCXCiij precariis* hoc anno, per minus centum, cum viij
precariis emergentibus de seipso preposito, nativo, bondorum,
malmannorum, et eorum familiarum, coterellorum, et cum ix
selffod, et cum servicio Roberti Lucas, malmanni, de Carleton,
preter dringos de Preston, in blado metendo et ligando, et non
plures hoc anno causa pestilenciæ mortis.   Et de 7l. 6s. 7½d. de
MMMDXIX operacionibus septimanariis lj bondorum, per xxiij
septimanas tempore hujus compoti, sine deduccione septimanæ
Paschæ, de quolibet iij opera per septimanam, precium operis ½d.,
quia per dim. diem.   Summa 15l. 8s. 7d.

VENDICIO PRATORUM.   Et nichil de prato de Westhalburn,
quia falcatur ob defectum emptoris.   Et de 10s. rec. de Halburn-
end vend.   Et de 4l. rec. de Northmedowes vend.   Et nichil
de Knapdall, quia totum in waretta, vend. in anno precedente
pro 8s.   Et nichil de Keldsyk, quia falcatur ad manerium,
videlicet, ij acr.   Et nichil de Lusthormedowe, quia falcatur,
videlicet xx acr.   Et de 16s. rec. de iij acr. prati, juxta Keldsyk,
vend.   Et de nichil de via de Holmegat, quia habent viam
sufficientem ad pasturam.   Et de 11s. 6d. rec. de Cotgrene
vend., in anno precedente vend. pro 15s.   Et de 16s. rec. de
Chothakreden vend.   Et de 8s. rec. de Haybrigg vend.   Et de
6s. 8d. rec. de Pyksik vend., et tamen in waretta.   Et de 16s.
rec. de Esthalburn vend.   Et de 20s. rec. de siketto juxta calce-
tum, voc. Grenesmedowe.   Et de 10s. rec. de Cronanspoll, Ber-
nardesmyre, et Sandlandheued vend.   Et de 15s. rec. de Campsid
vend.   Et de 67s. 3d. de xij acr. et j rod. prati de Sundrenesse
dimissis Thomæ de Seton, ad scaccarium.   Et nichil de Lynes-
halough, quia falcatur, xxx acr., videlicet, iij acr. et dim. in herba,
xxvj acr. et dim. in feno.   Et nichil de Lytellnesse, quia falcatur,
xv acr.   Et nichil de Elvetmere, quia falcatur, xj acr. et j rod.
Et de 20s. rec. de rewayno pratorum falcatorum.   Et nichil de
Howbank, quia totum in waretta.   Et nichil de Haygate, quod
solebat vendi pro 10s., quia falcatur pro manerio.   Et de 2s. 8d.
de capitali sellione ex parte boriali bercariæ, vend. Willelmo filio
Johannis de Hertburn.   Et nichil de Beligate, quia inter warettas.   Summa 14l. 19s. 1d.

VENDICIO PASTURÆ.   Et de 50s. rec. de pastura de Holstan-
more.   Et de 48s. rec. de pastura de Oultredens et les leyes.
Et de 14s. rec. de Normantonmore vend. Thomæ de Seton.   Et
nichil de pasturis in waretta hoc anno.

* There is added in the margin, "minus in numero quam in anno precedente per
cclvij opera."

*PARCUS. Et de 24s. rec. de viij equis aggistatis in parco, pro capite 3s. Et de 6s. rec. de iiij equis aggistatis ibid., pro capite 18d. Et nichil de iiij equis dictis euntibus ibid. ad plenum, pro capite 3s. Et de 116s. rec. de lviij bobus aggistatis ibid., pro capite 2s. Et de 2s. rec. de ij bobus ibid., pro capite 12d. Et nichil de vij acr. et j rod. prati in eodem parco, quia falcantur ob defectum emptoris. Summa 13*l.*

POMARIUM. Et de 8d. rec. de fructu gardinorum vend. Et nichil de herbagio, quia ad equos Domini. Summa 8d.

VENDICIO STAURI. Et de 66s. 8d. rec. de Domino Reginaldo de Hillyngton vicario de Norton pro xvj bobus et iiij vaccis eidem vend., videlicet, de mortuariis receptis tempore vacacionis Ecclesiæ de Norton. Summa 66s. 8d.

Summa totalis tocius recepti 47*l.* 7s.

EXPENSÆ.

CARUCÆ. In x peciis ferri empt. ad diversa precia 5s. 10d. In xxj ferris pedalibus empt. 22¼d. In vij clouts pro moldebredes empt. 17½d. In meremio empt. pro iiij carucis de novo faciendis 20d. In iiij carucis de novo faciendis 12d. In c temonibus empt. 2s. 1d., pro iiij 1d. In xcvj tugges empt. 12d., pro viij 1d. In spenwithes empt. 4d. In xlv arculis boum empt. 11d., pro iiij 1d. In xj jugis empt. 2s. 3½d., pro pecia 2½d. In j ploughstaff ferrato empt. pro caruca 1d. Item fabro pro ferrura affrorum, et ferris carucarum pro term. Pentecostes 6s. In xxiiij virgis fugalibus pro carucis fugandis 3d., pro viij 1d. In cibo et potu empt. et expenditis super carucarios tenentes et fugantes lviij carucas mutuatas, per ij vices, 9s. 8d., pro caruca 2d. In j vomere empt. 5d. Summa 34s. 10¼d.†

JUVENCI. Et de ij juvencis rec. de remanentibus Willelmi de Totenham. Summa ij. Et remanent ij.

JUVENCULÆ. Et de ij juvenculis rec. de remanentibus Willelmi de Totenham. Summa ij. Et remanent ij.

VITULI EXITUS. Et de ij vitulis rec. de exitu ij vaccarum de remanentibus Willelmi de Totenham, quorum j masculus. Summa ij. Et remanent ij, quorum j masculus.

APRI. Et de iij apris, rec. de adjuncto porcorum inventorum in manerio. Summa iij. Et remanent iij apri.

---

* This clause is included under the general heading, "Vendicio pasturæ."

† The roll is here imperfect, one or more skins are wanting. The succeeding entries are on the back of the roll.

Sues. Et de iij suibus, rec. de adjuncto porcorum inventorum in manerio, quorum j juvenis.   Summa iij.   Et remanent iij sues.

Porci.   Et de xxx porcis de stauro invento in manerio, quorum ij apri, et iij sues.   De quibus in adjuncione cum apris ij.   Item in adjuncione cum suibus iij.   Summa v. Et remanent xxv porci.

Hogges.   Et de x hogges de adjuncione porcellorum inventorum in manerio.   Summa x.   Et remanent x' hogges.

Porcelli.   Et de x porcellis rec. de stauro invento in manerio.   Summa x.   De quibus in adjuncione cum hogges ut supra x.   Summa x.   Et nichil remanet.   Et equales.

Pavones.   Et de j pavone rec. de stauro invento in manerio.   Summa j.   Et remanet j pavo.

Pavennæ.   Et de j pavenna, rec. de stauro invento in manerio.   Summa j.   Et remanet j pavenna.

Paviculi.   Et de iiij paviculis rec. de exitu.   Summa iiij. Et remanent iiij paviculi.

Capones.   Et de j capone rec. de stauro invento in manerio. Summa j.   Et remanet j.

Correa Equina.   Et de iij correis equinis mortuis in morina ut supra.   Et remanent iij correa.

COTUM.

Compotus Roberti Wacelin servientis manerii de Cotum a festo S. Michaelis anno Pontificatus Domini Thomæ de Hatfeld Dunelm. Episcopi quarto usque idem festum anno revoluto per annum integrum.

Arreragia.   Idem respondet de 4*l*. 19s. 9d. de arreragiis ultimi compoti sui anni precedentis.   Summa 4*l*. 19s. 9d.

Redditus Assisæ.   Et de 9s. 3d. rec. de firma Thomæ Surteys p. a. de term. S. Martini et Pentecostes.   Et de 9s. 3d. rec. de firma Thomæ de Graistans p. a. ad e. t.   Et de 33s. rec. de xiij coteriis de Cotum et Braffirton ad e. t.   Et de 2s. rec. de cotagio Nicholai de Westmerland ad e. t.   Et de 18d. rec. de firma Rogeri Scat de Braffirton ad e. t.   Et de 2s. 11d. rec. de firma Ricardi Chanceller ad e. t.   Et de 12d. rec. de firma Aliciæ viduæ ad term. S. Martini in hieme tantum.   Et de 6d. rec. de firma Walteri Passemore ad eundem term. tantum.   Et de 1½d. rec. de

redditu Radulphi de Rikenhale pro j libr. cimini in Cotum. Et
de 2s. 6d. rec. de cotagio, quondam Ricardi Mures, ad term.
Martini et Pentecostes, quod Rogerus Redheued tenuit. Et de
1d. rec. de terra Petri Burdon p. a. in Braffirton ad term. S.
Martini tantum. Et de 1½d. rec. de j pari cirotecarum de redd.
Thomæ Graistans pro manerio de Trafford. Et de j libr. et dim.
cimini de manerio de Graistans ad term. Martini tantum. Et de
j libr. piperis de Thoma Surteys et percenariis suis p. a. Et de
6d. de redd. j paris calcarum de manerio de Graistans p. a. Et
de 6s. 8d. de firma domus capellani, et gardini capellæ ad term.
Martini et Pentecostes. Et de 6d. de incremento cotagii Rogeri
Redhed. Summa 69s. 11d., j libr. piperis, j libr. et dim.
cimini.

FIRMÆ DOMINICÆ. Et de 32s. 6d. de xxxix acr. terræ dominicæ ad term. S. Cuthberti in Marcio, et ad term. S. Johannis
Baptistæ et S. Cuthberti in Septembri, ad term. 8s. 1½d., pro
acra 2½d. Summa 32s. 6d.

VENDICIO PRATORUM. Et de 13s. 4d. rec. pro prato del
Redker vend. Et de 6s. 8d. rec. pro prato de Suailker. Et
nichil de Jordanacre et les Burnebankes, quia falcantur pro manerio. Et nichil hoc anno de Fildker, Cristalacre, et Baynker,
quia jacent inter terras dominicas. Et nichil del Chapelcroft, quia
inter warettas. Et nichil del Horspole, quia pro bobus Domini.
Et nichil de xij acr. in le Bradmedow, nec de j acra, voc. Cal-
garghtcrok, quia falcantur pro Domino. Et non plus hoc anno
in vendicione pratorum, eo quod nulli emptores causa pestilenciæ.
Summa 20s.

AGISTAMENTA. Et de 7s. rec. de agistamentis in stipulis et
alibi dimissis in grosso Henrico de Qwhessou. Et nichil de
agistamento de les flaskes, nec del Ker, quia pro bobus Domini, eo quod nulli emptores causa pestilenciæ. Summa 7s.

PERQUISITA CURIÆ. Et de 5s. 9d. rec. de perquisitis j curiæ
tentæ apud Cotum p. a. Summa 5s. 9d.

VENDICIO BLADI. Et de 8l. 13s. 3d. rec. de xxviij quart.
vij buz. frumenti vend., pro quart. 6s. Et de 35s. rec. de vij
quart. debilis frumenti vend., precium quart. 5s. Et de 47s. 4½ ¼d.
rec. de xj quart. iij buz. ordei vend., precium quart. 4s. 2d. Et
de 2s. 6d. rec. de vj buz. pisorum vend., precium buz. 5d. Et de
3s. rec. de ij quart. debilis avenæ vend. Summa 13l. 13½ ¼d.

VENDICIO STAURI. Et de 12s. rec. de j bove vend. Et de
20s. rec. de viij porcis vend., pro quolibet 2s. 6d. Et de 12s. rec.
de iiij porcis similiter vend. Summa 44s.

FORINSECA RECEPTA. Et de 7s. 3d. rec. de Roberto serviente de Derlington in precio lviij herciaturarum ad semen frumenti, precium operis 1½d. Et de 7s. 1½d. rec. de eodem servi-

ente in precio lvij herciaturarum ad semen avenæ, precium operis
1½d.   Summa 14s. 4½d.
VENDICIO SUPER COMPOTUM.   Et de 2s. 9d. de rebus vend.
super compotum, ut patet in tergo.   Summa 2s. 9d.

Summa totalis tocius recepti 27*l*. 17s. 2¼d.

EXPENSÆ ET LIBERACIONES.

CUSTUS III CARUCARUM.   Inde computat in xx peciis ferri
ad 6d. — 10s.   In ix moldebrodcluts, pro quolibet 2½d., 22½d.
In xvij ferris pedalibus 17d.   In iij bemes 9d.   In ij herciis 4d.
In iiij carucis de novo faciendis 12d.   In tugges et temes similiter
empt. 17d.   In xxx arculis boum 8d.   In stipendio j prostrantis
meremium in parco de Bedburn per ij dies 6d.   In mercede ejusdem squarrantis dictum meremium per ij dies 6d.   In uncto pro
collers boum empt. 2½d.   In vj carucis capitandis 6d.   In ij libr.
candelarum pro bobus Domini noctanter in hieme 2½d.   In j
conducto fugante carucam, dum famulus seminavit, per xvj dies
16d.   In j conducto ad herciandum ad semen avenæ per xviij
dies, per diem ½ ¼d., 11¼d.   Et in mercede fabri pro ferris carucarum acuendis p. a., pro qualibet caruca 18d., 4s. 6d.   Et in j
conducto custodiente boves Domini, per iij septimanas ante fest.
Michaelis, ratione famulorum tunc mortuorum, per septimanam
12d., 3s.   Summa 29s. 1¼d.
CARECTÆ.   Et in xij clutis pro carectis 9d.   In uncto ad
idem 2d.   In iiij capistris, et j kipstring 5d.   In j pari tractuum
4d.   In iiij colers equinis 20d.   In iij teris pro equis 6d.   In j
gang stoures pro carecta 1d.   In j axe cum axacione ejusdem 5d.
In ferrura iiij affrorum p. a. 4s.   Summa 8s. 4d.
EMPCIO STAURI.   Et in viij porcis empt., pro quolibet 19¼d.,
12s. 10d.*   In iiij hogettis, pro quolibet 10d., 3s. 3d.*   In iij
hogettis similiter empt. 3s. 1d.   Et in j jumento empt. pro carucis 10s.   Summa 13s. 1d.
EXPENSÆ FORINSICÆ ET MINUTÆ.   In carbonibus empt. pro
famulis p. a. 2s.   In ij ferris pro tribulis, et j pro j vanga 3½d.
In viij rakes pro feno 4d.   In viij ulnis panni pro iiij saccis faciendis 14d.   In crebris et ridells reparandis 2d.   In pergameno
pro compoto dicti servientis scribendo 2d.   Summa 4s. 1½d.
CUSTUS DOMORUM.   In stipendio j cooperientis super novam
grangiam per xj dies, per diem 2½d., 2s. 3½d.   In j serviente
eidem 11d.   In j cooperiente super aliam grangiam per vij dies,

---

* The preceding clause is struck out.

per diem 2½d., 17½d. In j serviente eidem 7d.   Summa
5s. 3d.

SARCULACIO. In bladis Domini, videlicet, clxxxix acr., sar-
culandis, per cxx, quasi per j diem, cuique per diem 1d., 10s.,*
pro qualibet acra ½d., 7s. 10½d.   Summa 7s. 10½d.

FALCACIO FENI. In xiiij acr. feni falcandis pro manerio de
Cotum, pro acra 6d., 7s. In herba illa spargenda, volvenda, et
facienda 3s. 1d.   Summa 10s. 1d.

TRITURACIO VENTILACIO PRO PREDICTO. In lxxxvj quart.
vij buz. frumenti triturandis, quorum lvij quart. ad 3d., et xxix
ad 2½d., 20s. 3½d. In xj quart. iij buz. ordei, et v quart. vj buz.
pisorum triturandis, pro quart. 1½d., 2s. 1½d. In lxviij quart. et
dim. avenæ triturandis, pro quart. 1d., 5s. 8½d. Et in cix
quart. frumenti, xj quart. iij buz. ordei, v quart. vj buz. pisorum
tocius exitus ventilandis, pro singulis iij quart. 1d., 2s. 7½d. Et
in xciij quart. et dim. avenæ ventilandis, pro singulis vj quart.
1d., 15½d.   Summa 32s. ½d.

AUTUMPNUS. In lxxviij conductis metentibus et ligantibus
bladum Domini in autumpno, quasi per j diem, cuique in die
6d., 39s. In lxxxv conductis ad idem, quasi per j diem, cuique
in die 5d., 35s. 5d. Et in expensis xcij bondorum de Derlington,
Blakwell, et Cokerton metentium in autumpno, quasi per j diem,
cuique pro cibo 1d., 7s. 8d. Et in expensis xxx carectis *(sic)*
dictorum bondorum cariantibus fenum usque Aukland, ex consuetudine, cuique in die pro cibo 1d., 2s. 6d. Et in expensis xlvj
carectis *(sic)* dictorum bondorum cariantibus bladum et fenum
usque Cotum, quasi per j diem, cuique pro cibo 1d., 3s. 10d. Et
in xviij conductos onerantes dictas carectas, cuique in die 5d.,
7s. 6d. Et in ij tassantibus bladum infra grangiam et extra,
cuique in die 6d., 6s.   Summa 101s. 11d.

STIPENDIA. Et in stipendio capellani divina celebrantis in
capella de Cotum p. a. 66s. 8d. In stipendio j carectarii de
term. S. Martini 3s. 6d. In stipendiis vj carucariorum ad e. t.,
cuique 4s., 24s. Et in stipendio j carectarii ad term. Pentecostes
3s. 6d. In stipendiis ij carucariorum ad e. t., cuique 3s., 6s. Et
in stipendiis iiij carucariorum mortuorum, per iij septimanas ante
festum Michaelis, cuique 2s., 8s.   Summa 112s. 8d.

ALLOCACIONES. Et allocati cuidam servienti 14s. 4½d., de
cxv herciaturis ad semen avenæ rec. de serviente de Derlington
ut superius oneratur, eo quod fecerunt opera . . . .† quia per dim.
diem.   Summa 14s. 4½d.

LIBERACIO DENARIORUM. Et in liberacione facta cuidam
bedman de dono Domini 2s. 6d. Et lib. Roberto Wacelin ser-

* " 10s." is struck out.   † The roll is here damaged and illegible.

vienti de Derlington pro operibus manerii ibid. 10*l.* 15s. 10d.
Summa 10*l.* 18s. 4d.

Summa totalis expensarum et liberacionum 27*l.* 15s. 2¼d.

*Exitus Grangiæ per Tempus ut infra.

Frumentum. Idem respondet de j quart. v buz. pec frumenti de remanentibus. Et de x quart. frumenti de scatt de redditu de Derlington. Et de cix quart. vij buz. de toto exitu, quorum xviij quart. triturata per famulos.   Summa cxxj quart. iiij buz. pec.†   De quibus in semine super lxxix acr. terræ, super acr. ij buz. dim., xxiiij quart. vj buz. Et in liberacionibus vij famulorum p. a., exceptis pro iiij, per iij septimanas, mortuis ante fest. Michaelis, xxix quart. iij buz. Et in liberacione Willelmi Naper janitoris de Derlington p. a., capientis plenam liberacionem, iiij quart. ij buz.   Et j bedman de elemosina Domini, capienti per septimanam dim. buz., iij quart. ij buz. Et cuidam carpentario operanti infra manerium de Derlington pro bonitate sua, ex convencione per W. Redhede, ij buz.   Et in hospicio Domini, per ij indenturas, xviij quart.   Et in eodem hospicio per j talliam iiij quart.   Et in vendicione infra xxxv quart. vij buz.   Summa cxviij quart. vj buz.   Et remanent ij quart. vj buz. pec. frumenti.

Ordeum. Et de xj quart. iij buz. ordei tocius exitus trituratis ad taskam.   Summa ut supra.‡   Et vend. infra.   Et nichil remanet.

Pisa. Et de v quart. vj buz. pisorum tocius exitus trituratis ad taskam.   Summa v quart. vj buz.§   De quibus in semine iiij quart.   Et in pane pro affris manerii tempore seminis iiij buz.   Et in pastu porcorum per vices dim. quart.   Et in vendicione infra vj buz.   Summa ut supra.   Et equales.

Avena. Et de xciij quart. dim. avenæ de exitu, quorum xxv quart. triturata per famulos.   Et de xv quart. de redditu de scatt de Derlington.   Et de ix quart. pro bobus Domini in garbis per estimacionem, ut inferius.   Summa cxvij quart. iiij buz.‖ De quibus in semine super cx acr. terræ, super acr. dim. quart., lv quart. j buz.   Et in hospicio Domini, per iij indenturas, xliij quart.   Et in prebenda affrorum manerii per tempus compoti v quart. dim. Et in prebenda xxvij boum de carucis in xxxvj trabis

---

* The following entries are on the back of the roll.
† There is added in the margin, " Respondet plus se iij° per ix quart. vj buz."
‡ There is added in the margin, " Respondet plus se v^to per vj buz. pec."
§ There is added in the margin, " Respondet ultra se per j quart. v buz."
‖ There is added in the margin, " Respondet plus se altero per xiij quart. ij buz."

avenæ in garbis, summa ix quart. Et in prebenda pullanorum
Domini existentis apud Derlington per j noctem, eundo versus
Alirton ad perhendinandum precepto Domini Alani de.Shitling-
ton, v buz. Et in prebenda equorum Domini Alani de Shit-
lington et Domini Johannis de Bridlington, eundo et redeundo
per Derlington pro negociis Domini, per v vices, vij buz. Et in
vendicione infra ij quart. debilis avenæ. Et in vendicione super
compotum iij buz. Summa ut supra. Et equales.

Staurum.

Affri. Et de iiij affris de remanentibus, quorum j masculus.
Et de j de empcione, quorum j masculus. Summa v. De
quibus in hospicio Domini pro le chariot, per manus Willelmi
de Dratton, j masculus, per indenturam. Summa j. Et
remanent iiij affri.

Pullani. Et de j pullano in secundo de remanentibus.
Summa j. Et remanet j pullanus in tercio anno.

Boves. Et de xxviij bobus de remanentibus. Summa
xxviij. De quibus in vendicione infra j. Summa j.
Et remanent xxvij boves.

Porci. Et de xij porcis de remanentibus. Et de iiij de
empcione. Summa xv. De quibus in vendicione infra
xij. Summa xij. Et remanent iiij porci.

Capones. Et de xij caponibus de remanentibus. Summa
xij. Et remanent xij capones.

Gallus et Gallinæ. Et de j gallo et vj gallinis de remanentibus. Et remanent j gallus et vj gallinæ.

Redditus Piperis. Idem resp. de j libr. piperis, de redd.
Thomæ Surteys. Summa j libr. Et liberata garderobæ.

Redditus Cimini. Item de j libr. dim. cimini de redd.
Thomæ Graystanes. Et liberata garderobæ.

RIKENHALL.

Visus compoti Willelmi de Todenham servientis Grangiæ de Rikenhall a festo S. Michaelis Anno Pontificatus
Venerabilis Patris et Domini sui Domini Thomæ de Hathe-
feld Dei Gracia Dunelm. Episcopi quarto usque diem domi-

NICUM PROXIMUM ANTE FESTUM PURIFICATIONIS BEATÆ MARIÆ
ANNO PREDICTO PRIMO DIE COMPUTATO ET NON ULTIMO PER XVIII
SEPTIMANAS.

ARRERAGIA.   Idem respondet de 12*l.* 6s. 1½ ¼d. de arreragiis
ultimi compoti proximi precedentis.   Summa 12*l.* 6s. 1½ ¼d.

REDDITUS OPERUM. Et de 40s. rec. de xij bovatis terræ
in Rikenhall pro operacionibus bondorum ad term. Martini.
Summa 40s.

AGISTAMENTA YEMALIA. „Et de 8s. 4d. rec. de agistamentis
yemalibus inter festa Michaelis et Martini infra hunc visum.
Et de 13s. 4d. rec. de villatis de Rikenhall et Wodom, pro agistamentis dimissis in grosso, a festo S. Martini infra hunc visum
usque fest. Purificationis tunc proximum sequens, et per ij septimanas ultra.   Summa 21s. 8d.

COREA.   Et de 15d. rec. de j coreo j bovis mortui de morina
in tergo.   Summa 15d.

Summa tocius recepti cum arreragiis 15*l.* 9s. ½ ¼d.

EXPENSÆ.

CARUCÆ.   Idem computat in iiij peciis ferri empt., unde
ij peciæ ad 9d., et ij peciæ ad 7d., 2s. 8d.   Et in iiij ferris pedalibus 4d.   Et in ij moldibredcluts 5d.   Et in factura ij novarum
carucarum de meremio Domini, et capitacione ij veterum carucarum, 6d.   Et in mercede j hominis herciantis per xx dies ad
semen frumenti, per diem 1d., quia sine cibo, 20d.   Et in tuggis,
et arculis pro bobus, 3d.   Et in mercede fabri pro ferris iiij carucarum de novo faciendis, et veteribus ferris reparandis, per tempus
visus, 18d.   Summa 7s. 4d.

CARECTÆ.   Et in iiij cluts empt. pro carectis 2d.   Et in dim.
coreo equino albo empt. pro harnesio carectarum emendando 6d.
Et in uncto pro carectis 1½d.   Et in mercede fabri pro ferrura
affrorum, per tempus dim. anni, 18d.   Summa 2s. 3½d.

EMPCIO BLADI.   Et in j quart. siliginis empt. pro semine
4s. 8d.   Summa 4s. 8d.

EMPCIO STAURI.   Et in j bove empt. 11s.   Et in iiij hogettis empt., pecia ad 13d., 4s. 4d.   Summa 15s. 4d.

MINUTÆ EXPENSÆ.   Et in carbonibus empt. pro famulis
curiæ 5d.   Summa 5d.

TRITURACIO ET VENTULACIO.   Et in trituracione xxxv quart.
iiij buz. frumenti, unde xxix quart. iiij buz. triturata ad tascam,
et vj quart. per famulos curiæ, quart. ad 2½d., 6s. 1½ ¼d.   Et

in ventulacione tocius frumenti supra, iiij quart. ad 1d., 8½ ¼d.
Et in trituracione xxj quart. j buz. avenæ nichil, quia per famulos. Et in ventulacione earum, vj quart. ad 1d., 3½d. Summa 7s. 2d.

STIPENDIA. Et in stipendiis j carettarii et vj carucariorum
ad term. Martini infra hunc compotum, quilibet 4s., 28s. Et
in stipendio j hominis, custodientis grangiam et campos, in loco
messoris in absencia servientis, ad dictum term., 3s. Summa
31s.

LIBERACIO DENARIORUM. Et in liberacione facta Domino
Johanni de Sculthorpe receptori scaccarii Dunelm. ix die Febru-
arii, per indenturas, 60s.*

Summa totalis expensarum 68s. 2½d. Et debet serviens
Domino 12l. 10¼d., quos solvit Domino Johanni de Sculthorp
in una summa 14l. super visum, et quietus hic.

†FRUMENTUM. Idem respondet de j quart. iiij buz. frumenti
de remanentibus. Idem resp. de iiij quart. veteris grani trituratis ad tascam, mensura fori. Et de xxxj quart. iiij buz. de
exitu in parte novi grani, unde vj quart. triturata per famulos
curiæ, et residuum ad tascam. Summa xxxvij quart. De
quibus in semine xxiij quart. j buz. mensura fori. Et in liberacione j carettarii et vj carucariorum ad plenam liberacionem per
tempus istius visus, quilibet per xij septimanas j quart. frumenti,
x quart. iiij buz. Et in liberacione j garcionis custodientis
grangiam et campos de Rikenhall in absencia Willelmi de Totenham, capientis qualibet septimana dim. buz., j quart. j buz.
Summa xxxiiij quart. vj buz. Et remanent ij quart. ij buz.
frumenti.

SILIGO. Et de j quart. siliginis de empcione ut infra. Et
seminatur. Et equales.

AVENA. Et de iiij quart. iiij buz. rec. de remanentibus in
granario. Idem resp. de xxj quart. j buz. avenæ trituratis in
parte, novi exitus, mensura fori, per famulos. Summa xxv
quart. v buz. De quibus in prebenda iij affrorum, a festo
S. Martini usque fest. Purificationis, per xij septimanas, qualibet
nocte j pec et dim., iij quart. iiij buz. et dim. Summa iij
quart. iiij buz. et dim. Et remanent xxij quart. ij pecks.

AFFRI. Idem resp. de iij affris de remanentibus. Et
remanent iij affri, quorum ij femellæ.

BOVES. Et de xxviij bobus de remanentibus. Et de j bove

---

* The preceding entry is struck out, and the reason given is, " quia in compoto
precedente."
† The following entries of grain and stock in hand are on the back of the roll.

252   APPENDIX.—BISHOP HATFIELD.

de empcione infra. Et de ij rec. de Willelmo de Totenham
serviente de Stokton.   Summa xxxj.   De quibus j mortuus de morina cujus caro cadaver.   Summa j.   Et
remanent xxx boves.
    HOGETTI. Idem resp. de iiij hogettis de empcione infra.
Et remanent iiij hogetti.
    COREUM. Idem resp. de j coreo j bovis mortui.   Et ven-
ditur infra.   Et equales.
    CAPONES. De xiiij caponibus de remanentibus.   Summa
xiiij.   Et remanent xiiij capones.

COMPOTUS GILBERTI WYDOUSMAN PREPOSITI GRANGIÆ DE
RYKENHALL A DIE VENERIS PROXIMO ANTE FESTUM S. MARCI
EVANGELISTÆ ANNO PONTIFICATUS DOMINI THOMÆ EPISCOPI
DUNELM. QUARTO USQUE FESTUM S. MICHAELIS PROXIMUM
SEQUENS ANNO PONTIFICATUS EJUSDEM QUINTO.

    OPERACIONES IN DENARIIS. Idem respondet de 4l. rec. de
xij bovatis terræ villatæ de Rykenhall pro eorum operacionibus,
de terminis S. Johannis Baptistæ et S. Cuthberti in Septembri
infra hunc compotum, de qualibet bovata p. a. 13s. 4d. Et de
5s. rec. de redd. term. S. Cuthberti ante hunc compotum.
Summa 4l. 5s.
    VENDICIO PRATORUM. De nichil de iiij acr. prati, juxta le
Haykerr, quia falcantur hoc anno. Et de 8s. 6d. rec. de
Raunfelcrokes vend. Johanni de Wodome et Thomæ de Wodome.
Et de 3s. rec. de Ketpollcrok vend. Thomæ de Tours. Et de
3s. rec. de Milncrok vend. servienti de Heworth. Et de 7s. 6d.
de Prestholme vend. Galfrido Cape. Et de 7s. 6d. rec. de
Blaklawcrok et Mashallcrok vend. vicario de Akley. Et de 3s.
rec. de Marlecrok vend. Roberto de Coxside. Et de 10s. rec. de
Cotsik vend. Johanni filio Alianoræ. Et de 4s. rec. de Coppe-
thornmedowe vend. Roberto de Coxide. Et de 16s. rec. de ij
acr. in Augthlechmouth, et ij acr. juxta Aulechmouth vend.
Roberto Joy. Et de 2s. 6d. rec. de Oxenmere vend. Johanni
Tolet. Et de 5s. 6d. rec. de les Crokes atte postes, et le
Cuttedleys vend. Willelmo Smyth. Et de 2s. rec. del Mount
vend. Ricardo filio Adæ. Et de 3s. rec. del Crok atte postes
vend. Johanni Carter. Et de nichil del Crawnestes, quia falcatur ad opus Domini, x acræ videlicet. Et nichil de Redker-
medowe, quia falcatur ad opus Domini, x acræ videlicet. Et de

16s. rec. de Smallmedowes vend. Radulpho de Rykenhall. Et
nichil hic de ij acr. juxta Aughlechmouth, quia venduntur supra
infra summam 16s. Et nichil de ij acr. extra Augehlechmouth,
quia falcantur apud le stalpes vel postes. Et de 4s. rec. de j
acra ibid. vend. Ricardo Wayward. Et de 4s. rec. de j acra
ibid. sub le Langflat vend. Gilberto Bett. Et de 2s. 6d. rec. de
dim. acr. ibid. vend. Ismaniæ Pikday de Rikenhall. Et de
4s. 6d. rec. de j acra ibid. sub le Langflat vend. Radulpho Wy-
dowman. Et de 36s. rec. de Overhaykerr vend. Gilberto de
Wodome. Et nichil hic de Grenescrok et Horskerr, quia
inter pasturas inferius prout solebat. Et de 2s. 2d. rec. de
siketto atte leyend vend. Radulpho de Rykenhall. Et nichil de
Saloughcrok, quia falcatur, j acra videlicet. Et de 7s. 6d. rec.
de Horskermedowe vend. Johanni Tolet. Et de 12d. rec. de
Yharecrok vend. Johanni de Ketton. Et de 12s. rec. de Crok-
lecche vend. Gilberto preposito et Adæ Standupprigth. Et
nichil de iij acr. prati inter le Forthes, quia falcantur. Et
nichil de Chesterlangat, quia communis via. Et nichil de poma-
rio, quia falcatur, vj acræ videlicet. Et nichil de Blaklawe-
medowe, quia falcatur, vij acræ videlicet. Et nichil de prato del
Wellyng, quia falcatur, vij acræ videlicet. Et de 4s. 3d. rec.
de Losthowmedowe vend. Ricardo del Grange. Summa
8l. 9s. 5d.

PASTURÆ. Et de 2s. de herbagio infra pomarium. Et de
36s. rec. de pasturis de Grenescrok et Horskerr vend. hominibus de Rykenhall. Et de 18d. rec. de pastura del Drykerre
vend. Willelmo filio Henrici de Akley. Et de 4l. rec. de pastura del Northfeld vend. usque fest. S. Michaelis, preter 20s.
pro hieme futuro. Et de 8s. rec. de pastura xxx selionum
pasturæ del Blaklawe vend. Radulpho de Rykenhall. Et de
10s. de xx acr. in Whightleyes. Et de 2s. de herbagio de Pyn-
dercrok, et non plus hoc anno, quia demergebatur. Summa
6l. 19s.

VENDICIO BLADI. Et de 6l. 12s. rec. de xxiiij quart. frumenti vend., quart. ad 5s. 6d. Et de 4s. rec. de ij quart.
frumenti squirrall' vend., quart. ad 2s. Summa 6l. 16s.

FORINSECA RECEPTA. Et de 53s. 4d. rec. de Margareta
Mudy de Dunelm. de debito Domini, de ordeo sibi vend. per
Thomam de Totenham nuper ballivum grangiæ de Midderig per
acquietanciam meam sub sigillo meo. Summa 53s. 4d.

VENDICIO SUPER COMPOTUM. Et de 15s. 6d. de diversis
rebus vend. super compotum, ut patet in tergo. Summa
15s. 6d.

Summa totalis tocius recepti 29l. 18s. 3d.

EXPENSÆ.

CARUCÆ. Idem computat in j pecia ferri empt. pro carucis
7d. In iiij peciis ferri empt. pro eisdem 2s. 6d. In iij clouts
pro moldebreds empt. 9d. In vj ferris pedalibus 7½d. In xxxvj
temonibus empt. 9d. In xlviij tugges empt. 8d. In xxx arculis
boum empt. 6d. In j caruca facienda de novo de meremio Domini
3d. In j caruca capitanda 1d. Item fabro pro ferris carucarum
acuendis pro term. Pentecostes infra hunc compotum 21d., capienti p. a. 3s. 6d.   Summa 8s. 5½d.

CARECTÆ ET PLAUSTRA. Item in j novo plaustro non ligato
empt. 6s. 8d. In dicto plaustro de novo axando cum axe
Domini 2d. In viij clouts empt. pro dicto plaustro 8d. In viij
clouts empt. ad carectas 6d. In j carecta axanda cum axe
Domini 2d. In uncto empt. pro carectis et plaustris 6d. In j
pari tractuum empt. 4d. In j kipstring empt. 1d. In ij
reyngnes pro capistris empt. 1d. In j pari des baces pro sella
carectæ 3d. In colers carectarum emendandis 2d. In albo
coreo empt. 6d. In j gang de cartstoures empt. 1d. Item
fabro pro ferrura affrorum pro term. Pentecostes 18d. Summa 11s. 8d.

MINUTÆ EXPENSÆ. In j carecta carbonum empt. in autumpno pro famulis curiæ et metentibus 4d. In iiij rastells
empt. pro feno 2d. In quodam cursu aquæ emendando pro
pratis siccandis 15d.   Summa 21d.

SARCLACIO. In bladis dominicis sarclandis per lxxx conductos, quasi per j diem, 6s. 8d., cuilibet 1d.   Summa 6s. 8d.

FALCACIO. In l acr. prati falcandis, per loca. ut patet, 25s.,
pro acra 6d. In dicta herba spargenda 2s. 1½d., pro acra ½d. In
dicta herba vertenda, fenis levandis et reparandis, per plures
vices, 12s. 6d. Item ij hominibus conductis pro carectis one-
randis per iiij dies 12d., cuilibet per diem 1½d. Item ij hominibus conductis tassantibus fenum infra curiam in ruckes, per iiij
dies, 12d. Item viij mulieribus tassantibus et moyantibus fenum
in grangia, per iij dies. 4s., per diem 2d.   Summa 43s. 6d.

TRITURACIO. In xxj quart. frumenti triturandis ad tascam
4s. 4½d., pro quart. 2½d. In xlj quart. j buz. et dim. frumenti
ventandis 10d., pro iiij quart. 1d. In xix quart. vj buz. et dim.
avenæ ventandis 2½d., pro viij quart. 1d.   Summa 5s. 5d.

AUTUMPNUS. Item xij metentibus et ligantibus per v dies
25s., cuilibet 5d. per diem. Item xij metentibus et ligantibus
per v dies in septimana sequente 25s., cuilibet 5d. per diem.
Item xij metentibus et ligantibus per iiij dies et dim. sequent.
22s. 6d., cuilibet 5d. per diem. Item xij metentibus et ligantibus
per ij dies et dim. sequent. 12s. 6d., cuilibet 5d. per diem. Item

xxviij metentibus et ligantibus per iij dies sequent. 35s., cuilibet
5d. per diem.   Item xxviij metentibus et ligantibus per v dies et
dim. sequent. 64s. 2d., cuilibet 5d. per diem.   Item xx metentibus et ligantibus per iij dies sequent. 25s., cuilibet 5d. per diem.
Item iiij metentibus et ligantibus per ij dies sequent. 3s. 4d.,
cuilibet 5d. per diem.   Item ij hominibus onerantibus carectas et
plaustra, et moyantibus per viij dies 6s. 8d., cuilibet 5d. per
diem. In vij paribus cyrothecarum empt. 7d., pro famulis curiæ.*
Summa 10*l*. 19s. 9d.

STIPENDIA.   In stipendio j carettarii de term. Pentecostes
infra hunc compotum 3s. In stipendiis vj carucariorum de eodem
term. 18s., cuilibet 3s.   Summa 21s.

LIBERACIO DENARIORUM.   Item liberati Rogero de Tykhill
ballivo de Coundon 6*l*. per talliam.   Summa 6*l*.

Summa totalis expensarum et liberacionum 21*l*. 18s. 2½d.
Et debet Domino 8*l*. ½d.

†FRUMENTUM.   Idem respondet de j quart. iiij buz. frumenti
inventis in granario, ut patet in indentura.   Et de xlj quart. j
buz. et dim. frumenti de trituracione, de blado invento in garbis,
unde xxj quart. triturata ad tascam.   Et de ij quart. frumenti
squirall' rec. de eodem exitu.   Summa xliiij quart. v buz. et
dim.‡   De quibus in liberacionibus sui ipsius, j carettarii, et
vj carucariorum a die veneris proxima ante fest. S. Marci Evangelistæ usque diem veneris proximam ante fest. S. Michaelis,
per xxij septimanas, xv quart., cuilibet ij buz. per iij septimanas.
In liberacione in hospicio Domini per talliam contra Johannem
pistorem iiij quart.   In vendicione ut infra xxiiij quart.   Et ij
quart. v buz. et dim. deficiunt et venduntur super compotum pro
14s. 9d.   Summa xliij quart. v buz. et dim.   Et remanet
j quart. frumenti.

AVENA.   Et de j quart. v buz. avenæ rec. in granario per indenturam.   Et de xiiij quart. rec. de blado invento in palea.   Et
de vj quart. ij buz. avenæ rec. de blado invento in garbis.
Summa xxj quart. vij buz.§   De quibus, in hospicio Domini,
per talliam et testimonium Willelmi del Orchiard, xvj quart.
Item in hospicio Domini usque Ryton iiij quart., testimonio Rogeri de Tykhill.   In hospicio Domini per talliam contra Willelmum de Drayton j quart.   In expensis affrorum masculorum in

---

*   There is added in the margin, " Summa acrarum clxxxij, metentium DX, sic ad
acram ij et dim., plures in toto per lv."
†   The succeeding entries are on the back of the roll.
‡   There is added in the margin, " Respondet se iij° per vj quart. v buz."
§   There is added in the margin, " Respondet minus se iiijto per xj quart. vij buz."

estate cariantium fymum iij buz. et dim. Et in vendicione super compotum iij buz. et dim. pro 9d.   Summa ut supra.   Et equales.

AFFRI.   Et de iij affris, quorum j masculus, rec. per indenturam.   Summa iij.   Et remanent iij.

BOVES.   Et de xxviij bobus rec. per indenturam pro carucis. Et de ij bobus rec. per indenturam depastis pro lardario.   Et de ij bobus rec. per eandem indenturam missis ibid. ad incrassandum per Johannem de Notingham.   Summa xxxij.   De quibus, liberatur Johanni de Notingham pro expensis Domini apud Stokton j.   Item eidem Johanni usque Ryton, per manus Willelmi de Redeworth, j.   Item lib. Rogero de Tykhill usque Coundon iiij ad festum Invencionis.   Summa vj.   Et remanent xxvj.

HEGHINGTON.

VISUS COMPOTI THOMÆ DE TODENHAM SERVIENTIS GRANGIÆ DE HEGHINGTON A FESTO S. MICHAELIS ANNO PONTIFICATUS VENERABILIS PATRIS ET DOMINI SUI DOMINI THOMÆ DEI GRACIA DUNELM. EPISCOPI QUARTO USQUE FESTUM PURIFICATIONIS BEATÆ MARIÆ PROXIMUM SEQUENS ANNO PREDICTO PER XVIII SEPTIMANAS.

ARRERAGIA.   Idem respondet de 38s. ¼d. de arreragiis ultimi compoti sui proximi precedentis.   Summa 38s. ¼d.

REDDITUS ASSISÆ.   Et de 8s. rec. de ij malmannis de Heghington ad term. Martini infra hunc visum.   Et de 7s. 9d. rec. de iij cotmannis ad dictum term.   Summa 15s. 9d.

VENDICIO OPERUM.   Et de 4s. rec. de xvj bondis de Heghington, de quolibet j opus per septimanam, pro eorum trituracione inter fest. Michaelis et S. Martini, precium operis ½d.   Et de 8d. rec. de eisdem pro eorum trituracione in fest. S. Martini et Natalis Domini, de quolibet pro dim. dietæ ½d.   Summa 4s. 8d.

AGISTAMENTA.   Et de 6s. 8d. de agistamentis yemalibus in pasturis de Bankeden et Bromeflat, vend. in grosso Johanni de Nesbyt, in principio hujus visus.   Summa 6s. 8d.

VENDICIO STAURI.   Et de 9s. rec. de j jumento vend. Summa 9s.

Summa tocius recepti cum arreragiis 74s. 1¼d.

EXPENSÆ.

CARUCÆ. Et in iij peciis ferri empt. ad 7d. — 21d. Et in iiij ferris pedalibus 4d. Et in ij moldibredecluts 5d. Et in capitacione ij carucarum 2d. Et in viij herciaturis bondorum per j diem ad semen frumenti, quilibet pro cibo 1d., 8d. Et in mercede j hominis herciantis ad dictum semen per vj dies, 6d., quia nullus carettarius. Et in viij arculis empt. pro bobus 2d. Et in xij temonibus 2d. Et in uncto empt. pro collers boum 2d. Et in ferris faciendis et reparandis, una cum factura ferruræ affrorum nichil, quia faber tenet terram per illud servicium. Et in ij novis herciis empt. 6d.   Summa 4s. 10d.

CARECTÆ. In ij peciis ferri empt. pro ferrura affrorum inde facienda, tam per tempus compoti precedentis quam visus hucusque non computatis 15d. Et in uncto 1d.   Summa 16d.

EMPCIO STAURI. Et in j jumento empt. 11s.   Summa 11s.

MINUTÆ. Et in carbonibus marinis empt. 4d. Et in pergameno empt. 2d. Et in mercede clerici facientis istum visum duplicem cum abrevacione compoti 3s. 4d.*   Summa 6d.

TRITURACIO. Et in trituracione xxj quart. vij buz. frumenti, unde v quart. vij buz. triturata per famulos Domini, et xvj quart. ad tascam, quart. ad 2½d. — 3s. 4d. Et in ventulacione tocius frumenti, iiij quart. ad 1d. — 5½d. Et in trituracione xiiij quart. ij buz. avenarum nichil. Et in ventulacione ejusdem 2d. Summa 3s. 11½d.

STIPENDIA. Et in stipendiis iiij carucariorum ad term. S. Martini infra hunc visum, quilibet eorum ad 4s. — 16s. Summa 16s.

Summa totalis expensarum 37s. 7½d.   Et debet 36s. 5½ ¼d., quos solvit Domino Johanni de Skulthorp super hunc compotum.

EXITUS GRANGIÆ.†

FRUMENTUM. Idem respondet de xxj quart. vij buz. frumenti de exitu grangiæ trituratis infra, mensura fori. Et de v buz. et dim. de avantagio frumenti seminati inferius, videlicet, ad xx quart. j quart.   Summa xxij quart. iiij buz. dim.   De quibus in semine xiiij quart. j buz. raser, mensura super.   Et

---

* The preceding entry is struck out.
† The succeeding entries are on the back of the roll.

in liberacionibus iiij famulorum per tempus supra, ad plenam liberacionem, vj quart.   Summa xx quart. j buz.   Et remanent ij quart. j buz. frumenti.

AVENÆ. Idem resp. de xiiij quart. ij buz. trituratis infra, mensura fori.   Summa xiiij quart. ij buz.   De quibus in prebenda affrorum j quart. ij buz.   Summa j quart. ij buz. Et remanent xiij quart.

STAURUM.

AFFRI. Et de ij affris de remanentibus. Et de j jumento de empcione infra.   Summa iij.   De quibus in vendicione infra j.   Summa j.   Et remanent ij affri, unde j femella.

BOVES. Et de xviij bobus de remanentibus.   Et remanent xviij boves.

CAPONES. De vj caponibus de remanentibus.   Summa vj. Et remanent vj capones.

COMPOTUS PETRI PREPOSITI DE HEGHINGTON A FESTO PURIFICACIONIS BEATÆ MARIÆ ANNO CONSECRACIONIS DOMINI QUARTO USQUE FESTUM S. MICHAELIS PROXIMUM SEQUENS.

REDDITUS ET OPERA. Idem respondet de 8s. de firma ij malmannorum de Heghinton de term. Pentecostes.   Et de 7s. 9d. de firma iij cotmannorum ibid. ad e. t.   Et de 48s. de xvj bondis ibid. pro operibus eorum in autumpno, preter cariagium bladi et feni, de quolibet 3s.   Et de 3s. 3d. de xxxix precariis de xiij cotrellis, de quolibet iij opera, precium operis 1d. Et de 8s. de eisdem xvj bondis pro eorum averacres de novo, videlicet, quilibet eorum arabit et herciabit dim. acram terræ ad semen yemale vel vernale, precium operis 6d.   Summa 75s.

VENDICIO PRATORUM. Et de 11s. de hominibus de Heghington pro dim. acr. prati in Hallecrok, et iij acr. et dim. in Haliwellesyk, unde ij acr. jacent ex parte orientali, et j acr. et dim. ex parte occidentali. De Grevescrok, cont. dim. acr., et iij acr. in Halmedewe, et v acr. j rod. in Litelkingesker nichil, quia falcantur pro grangia.   Summa 11s.

VENDICIO PASTURÆ. Et de 10s. de dim. acr. in Schalkerdonmore, x acr. in Schalkerdonflatt, et xij acr. in Wydehopeside, xl acr. in Langeflatt, dim. acr. in le Horsethetherings sic dimissis. Et de xx acr. warettæ in Wydehopeside nichil, quia nullus emptor. Et de 26s. 8d. de Bankeden. De Bromeflat nichil, quia ad boves Domini. Summa 36s. 8d.

Summa recepti 6*l*. 2s. 8d.

De quibus computat in custu carucarum et carectarum 10s. In blado triturando, minutis et necessariis, fimis empt., et stramine, 10s. Et stipendiis famulorum 12s. In pratis falcandis, et feno faciendo 4s. In denariis liberatis Rogero de Tykhill, ut patet in compoto suo de Coundon, 20s. In custu autumpni nichil hic, quia per Rogerum de Tykhill.

Summa totalis expensarum et liberacionum 56s. Et debentur Domino 66s. 8d., qui quidem denarii remanent in manibus bondorum pro serviciis suis.

III.—MAGNUS ROTULUS RECEPTORUM ET EXPENSARUM ANNO JOHANNIS DE FORDHAM EPISCOPI DUNELM. QUINTO.

Compotus Willelmi de Elmeden Constabularii Castri Dunelm. et Receptoris Scaccarii ibidem de omnibus receptis expensis et liberacionibus suis ibidem a festo S. Michaelis Archangeli anno Regis Ricardi Secundi post conquestum nono et Pontificatus Venerabilis Patris Domini Johannis Episcopi Dunelm. quarto usque in crastinum dicti festi proximum sequens per unum annum integrum.

Arreragia. Idem respondet de 683*l.* 14s. 8¼d. de arreragiis compoti anni precedentis.   Summa 683*l.* 14s. 8¼d.

Onus Wardæ de Derlington.   Et de 16*l.* 5s. 3d. de exitibus et proficuis villæ de Derlington currentibus in onere coronatoris Wardæ ibid., et collectoris reddituum liberorum tenencium, sicut continetur in compoto ipsius collectoris de isto anno.   Et de 38*l.* 8s. 11d. de exit. et prof. de Bondegate in eadem villa current. in onere prepositi ibid., ut patet in compoto ipsius prepositi, cum 116s. 6d. de curia ibid. hoc anno.   Et de 93*l.* 16s. 8d. de aliis exit. dictæ villæ non current. in onere ipsius prepositi, set ejusdem constabularii.   Et de 66s. 8d. de redd. manerii de Oxenhall hoc anno, cum 6s. 8d. de operibus ejusdem.   Et de 9*l.* 18s. 6d. de exit. et prof. villæ de Halghton current. in onere prepositi, ut patet in compoto ejusdem, cum 18s. 4d. de curia ibid. hoc anno, per rotulos curiæ examinatos.   Et de 12s. 6d. de aliis exit. dictæ villæ non current. in onere prepositi, set ejusdem constabularii.   Et de 8*l.* 9s. 9d. de exit. et prof. villæ de Quesshowe current. in onere prepositi, cum 25s. 6d. de curia.   Et de 29*l.* 18s. 3d. de exit. et prof. villæ de Blakwell current. in onere prepositi, cum 37s. 2d. de curia.   Et de 26s. 6d. de aliis exit. dictæ villæ non current. in onere collectoris, set ejusdem const.   Et de 26*l.* 15s. 6d. de exit. et prof. villæ de Cokyrton current. in onere prepositi et collectoris, cum 63s. de curia.   Et de 35*l.* 15s. 5d. de exit. et prof. villæ de Heihington current. in onere prepositi, cum 67s. 10d. de curia.   Et de 14*l.* 2s. de aliis

exit. ejusdem villæ non current. in onere collectoris, set ejusdem
const. Et de 34*l.* 5s. 6½ ¼d. de exit. et prof. villæ de Midrig
current. in onere prepositi, cum 18s. 2d. de curia. Et de
26*l.* 3s. 2d. de aliis exit. ejusdem villæ non current. in onere
prepositi, set ejusdem const., cum 7s. 2d. de scat j malmanni.
Et de 26*l.* 13s. 6d. de exit. et prof. villæ de Killyrby current. in onere collectoris, cum 39s. 10d. de curia. Et de
40s. 10d. de aliis exit. ejusdem villæ non current. in onere
collectoris, set ejusdem const. Et de 25*l.* 2s. 6d. de exit.
et prof. villæ de Rykenall cum grangia current. in onere
const. tantum, cum 12d. de curia, et cum 12d. de firma
molendini de Acly. Et de 57s. 6½ ¼d. de exit. et prof. villæ
de Braffyrton, cum 14s. ½ ¼d. de bladis et braseo de scaccario current. in onere const. tantum. Et de 4*l.* 3s. 1d. de
exit. et prof. villæ de Redworth current. in onere collectoris,
cum 5s. 10d. de curia. Et de 13s. 4d. de aliis exit. ejusdem
villæ current. in onere const. Et de 12*l.* 14s. 5d. de exit. et
prof. villæ de Westhikley current. in onere collectoris, cum
Newbigging, et cum 4s. 6d. de curia. Et de 24s. 4d. de aliis
exit. dictæ villæ non current. in onere collectoris, set const. Et
de 22*l.* 16s. 10½d. de exit. et prof. villæ de West Aukland current. in onere prepositi, et cum 38s. 4d. de curia. Et de
9*l.* 7s. 2d. de aliis exit. ejusdem villæ non current. in onere
collectoris. Et de 42*l.* 14s. 1¼d. de exit. et prof. villæ de
North Aukland current. in onere collectoris, et cum 36s. de
curia. Et de 54*l.* 10s. 11d. de aliis exit. dictæ villæ non current. in onere collectoris, set const. Et de 17*l.* 8s. 10d. de exit.
et prof. villæ de Coundon current. in onere prepositi, cum 6s.
de curia. Et de 10*l.* 13s. 4d. de aliis exit. ejusdem villæ non
current. in onere prepositi, set const. Et de 15*l.* 18s. 6d. de
exit. et prof. villæ de Byres current. in onere collectoris, cum
8s. 10d. de curia. Et de 55s. 2d. de aliis exit. ejusdem villæ
non current. in onere collectoris, set const. Et de 16*l.* 7s. ½d.
de exit. et prof. villæ de Escom current. in onere collectoris,
cum 24s. 2d. de curia. Et de 25s. de aliis exit. dictæ villæ non
current. in onere collectoris, set const. Et de 22*l.* 14s. 4d. de
exit. et prof. villarum de Newtoncap, Honewyk, et Wodingfeld,
cum 10s. 4d. de curia, current. in onere collectoris de isto anno.
Et de 31s. 9d. de aliis exit. dictæ villæ non current. in onere
collectoris, set const. Et de 9*l.* 4s. 3d. de exit. et prof. villæ
de Witton current. in onere const. tantum. Et de 12*l.* 11s. 2d.
de exit. et prof. villæ de Lynesak current. in onere collectoris
tantum, cum 33s. 2d. de curia. Et de 4*l.* 14s. 3d. de exit. et
prof. villæ de Nortbedburn current. in onere collectoris, cum
24s. 2d. de curia. Et de 112s. 8d. de aliis exit. et prof. ejus-

dem villæ non current. in onere collectoris, set const. Et de
14*l*. 23d. de exit. et prof. villæ de Southbedburn current. in
onere collectoris, cum nichil de curia. Et de 30s. 6d. de aliis
exit. et prof. ejusdem villæ non current. in onere collectoris, set
const. Et de 4*l*. 14s. 5d. de exit. et prof. villæ de Bischopley
current. in onere collectoris, cum 9s. 6d. de curia. Et de 12s.
de aliis exit. et prof. ejusdem villæ non current. in onere collectoris, set const. Et de 43*l*. 12¼d. de exit. et prof. villæ de
Wolsinghame current. in onere collectoris, cum 4*l*. 2s. 4d. de
curia. Et de 18*l*. 18s. 10d. de aliis exit. et prof. ejusdem villæ
non current. in onere collectoris, set const. Et de 30*l*. 2s. 11½d.
de exit. et prof. villæ de Stanhop current. in onere collectoris,
cum 50s. 4d. de curia. Et de 9*l*. 7s. 10d. de aliis exit. et prof.
ejusdem villæ non current. in onere collectoris, set const. Summa hujus wardæ 787*l*. 9s. ½d.

ONUS WARDÆ CESTRIÆ.   Et de 45*l*. 7d. de exitibus et proficuis villæ de Cestria currentibus in onere prepositi, cum
8*l*. 19s. 2d. de curia. Et de 28*l*. 11s. de aliis exit. et prof.
ejusdem villæ non current. in onere prepositi, set constabularii.
Et de 17*l*. 2s. 3d. de exit. et prof. villarum de Urpeth, Pelawe,
et Piktre, Pelton, et North Bedyk, current. in onere const.
tantum per rentale, cum 6d. de curia. Et de 47s. 6d. de exit.
et prof. del Newfeld cum membris current. in onere const.
tantum. Et de 21*l*. 8s. 4d. de exit. et prof. de Framwelgat cum
Holmersch, et Nettilworth current. in onere const. tantum, cum
11s. 6d. de curia ibid. hoc anno. Et 14*l*. 16s. 4d. de exit. et prof.
villarum de Newton et Plawseworth current. in onere const. tantum, cum 4s. de curia. Et de 69*l*. 9s. 8d. de exit. et prof. villæ et
dominii de Gateshed current. in onere const. tantum. Et de
9*l*. 9s. 8d. de exit. et prof. villarum de Kyblesworth, Wodingden,
cum aliis membris, current. in onere const. tantum. Et de 45s. 1d.
de exit. et prof. villarum de Twisil et Edmansle current. in onere
const. tantum, cum 3d. de novo appruato. Et de 21s. 8d. de exit.
et redd. Magistri Hospitalis de Kypier current. in onere const.
tantum, pro Crawcrok et Berncrok. Et de 6*l*. 15s. de exit. et prof.
villarum de Walrig, Ponthop et Satley current. in onere const.
tantum. Et de 17s. 1d. de exit. villæ de Knychel current. in
onere const. tantum. Et de 7*l*. 12s. de exit. et prof. villarum
de Hedleysyd, Jvesleyburdon, Huntinghous, et Hedley current.
in onere const. tantum. Et de 9*l*. 8s. 8d. de exit. et prof. villæ
de Flaskes cum le Brome current. in onere const. tantum, cum
10s. de curia, et cum 8d. de j libra ceræ. Et de 73s. 9d. de
exit. et prof. villarum de Colpyghill et Ivestan current. in onere
const. tantum. Et de 4*l*. 16s. 5d. de exit. villæ de Grenecroft
current. in onere const. tantum. Et de 12*l*. 14s 1d. de exit. et

prof. villæ de Hamstels cum Brunhop current. in onere const.
tantum, cum 13s. 6d. de curia. Et de 76s. 7d. de exit. et prof.
villæ de Corneshowe current. in onere const. tantum. Et de
75s. 10d. de exit. et prof. villæ de Rughsyd current. in onere
const. tantum, cum 10s. de curia. Et de 4*l.* 11s. 7d. de exit. et
prof. villæ de Tannfeldleigh current. in onere const. tantum,
cum 2s. de curia. Et de 6*l.* 5s. 11d. de exit. villæ de Whetley
cum Holneset current. in onere const. tantum. Et de 78s. 9d.
de exit. villarum de Rowlye et Heley current. in onere const.
tantum, cum 4s. 6d. de curia. Et de 7*l.* 16d. de exit. villarum
de Konkeshed, Aleynscheles, Medomsle, Hamsterle current. in
onere const. tantum. Et de 10s. de exit. villæ de Burseblades
current. in onere const. tantum. Et de 17s. 10d. de exit.
manerii de Colierley et Crukhugh current. in onere const.
tantum. Et de 33s. 8d. de exit. villarum de Witton Gilbert,
Estrowlye, et Langley current. in onere const. tantum. Et de
46s. 5d. de exit. et prof. de Maydenstanhall current. in onere
const. tantum. Et de 67*l.* 23d. de exit. et prof. villæ de
Boldon current. in onere prepositi, cum 42s. 4d. de curia. Et
de 6*l.* 5s. 6d. de aliis exit. et prof. ejusdem villæ current. in
onere const., et non in onere collectoris. Et de 9*l.* 4s. 9d. de
exit. villarum de Magna et Parva Useworth current. in onere
const. tantum. Et de 4*l.* de exit. villæ de Weschington current.
in onere const. tantum. Et de 80*l.* 8s. 4d. de exit. et prof. villæ
et dominii de Whitberne cum Clevedon current. in onere prepositi ibid., cum 65s. 6d. de perquisitis halmotorum ibid. hoc
anno. Et de 54s. 8d. de aliis exit. et prof earundem villarum
et dominii non current. in onere prepositi, set const. Et de
30*l.* 7s. 6d. de exit. et prof. villæ de Ryton current. in onere
prepositi, cum 22s. 6d. de curia. Et de 60s. de aliis exit. dictæ
villæ non current. in onere collectoris, set const. Et de
35*l.* 18s. 1d. de exit. et prof. villæ de Langchestre cum Newe-
bigging, Forth et Hurtebuk current. in onere collectoris, cum
78s. 6d. de curia ibid. hoc anno. Et de 6d. de aliis exit. earundem villarum non current. in onere collectoris, set const. Et de
9*l.* 10s. de exit. et prof. villæ de Benfeldsyd current. in onere
collectoris, cum 4s. de curia. Et de 39s. 4d. de exit. villæ de
Kyowe current. in onere const., sine curia. Et de 22s. 3d. de
exit. villæ de Byllingsyd current. in onere collectoris, sine curia.
Et de 4*l.* 16s. 8d. de exit. villæ de Buttesfeld current. in onere
const. tantum, sine curia. Et de 49*l.* 12s. 5¼d. de exit. et prof.
villæ de Quichame current. in onere prepositi, cum 4*l.* 16s. 4d.
de curia. Et de 46*l.* 18s. 7d. de aliis exit. dictæ villæ non current. in onere collectoris, set const. Et de 52*l.* 19s. 5d. de exit.
et prof. villæ de Bedlington, cum membris, current. in onere

collectoris ibid., cum 25s. 8d. de curia.   Et de 30*l.* 17s. 7d. de
aliis exit. ejusdem villæ cum dominio ibid. non current. in onere
collectoris, set const.   Et de 75s. 8d. de exit. villæ de Brom-
schels current. in onere const. tantum, cum 9s. 6d. de curia.
Summa istius wardæ 733*l.* 2¼d.

ONUS IN WARDA DE ESINGTON.   Et de 77*l.* 16s. 9d. de
exitibus et proficuis villæ de Esington currentibus in onere prepositi ibid., cum 50s. de perquisitis halmotorum ibid.   Et de
54s. 4d. de aliis exit. et prof. ejusdem villæ cum dominio non
current. in onere preposifi, set constabularii.   Et de 26*l.* 19s. 3d.
de exit. et prof. villæ de Casshop current. in onere prepositi, cum
18d. de curia.   Et de 33s. 4d. de aliis exit. ejusdem villæ non
current. in onere preposiﬁ, set const.   Et de 33*l.* 19s. 11d. de
exit. villæ de Schaldeforth current. in onere prepositi, cum
70s. de curia.   Et de 3s. 4d. de aliis exit. ejusdem villæ non
current. in onere collectoris, set const.   Et de 45*l.* 13s. de exit.
villæ de Newbotill current. in onere prepositi, cum 45s. 2d. de
curia.   Et de 31*l.* 10s. 2½d. de exit. villæ de Schirbourne current. in onere collectoris, cum 34s. 8d. de curia.   Et de 3s. 5d.
de aliis exit. dictæ villæ non current. in onere collectoris, set
const.   Et de 82*l.* 7s. 8½d. de exit. et prof. villæ de Refhop
current. in onere collectoris, cum 8*l.* 17s. 10d. de curia.   Et de
6*l.* 19s. 10d. de exit. villæ de Herington current. in onere collectoris, cum 4s. 6d. de curia.   Et de 6s. 8d. pro cariagio duarum
parcium j tonelli vini pro j messuagio, et xl acris terræ, quondam Thomæ Haryngton, in onere const. tantum.   Et de
21*l.* 13s. 3½ ¼d. de exit. villæ de Byrden current. in onere collectoris, cum 5s. 6d. de curia.   Et de 15s. de aliis exit. ejusdem
villæ non current. in onere collectoris, set const.   Et de
4*l.* 2s. ½d. de exit. villæ de Wardon current. in onere collectoris,
cum 3s. 4d. de curia.   Et de 57*l.* 12s. 3½d. de exit. villæ de
Schotton current. in onere collectoris, cum 12s. 2d. de curia.
Et de 36*l.* 19d. de exit. villæ. de Houghton current. in onere
collectoris, cum 57s. 2d. de curia.   Et de 9*l.* 2s. 6d. de aliis
exit. dictæ villæ non current. (in onere) collectoris, set const.
Et de 45*l.* 9s. 2d. de exit. villæ de Wermouth current. in onere
collectoris, cum 113s. 10d. de curia.   Et de 6s. 8d. de aliis exit.
dictæ villæ non current. in onere collectoris, set const.   Et de
8*l.* 9s. 5½d. de exit. villæ de Moreton current. in onere collectoris, cum nichil de curia.   Et de 63*l.* 9s. 10½d. de exit. villæ de
Tunstall current. in onere prepositi, cum 76s. 2d. de curia.   Et
de 10*l.* 6s. 10d. de aliis exit. dictæ villæ cum Sundreland non
current. in onere prepositi, set const.   Et de 39s. 2d. de exit.
villæ de Coxhowe current. in onere const. tantum.   Et de
26s. 8d. de exit. villæ de Hulom current. in onere const. tantum.

Et de 6*l*. 5s. 3¼d. de exit. villæ de Scrueton current. in onere
const. tantum, cum 41s. 3¼d. de bladis de scat. Et de 4*l*. 7s. 6d.
de exit. villæ de Huton current. in onere const. tantum in
denariis. Et de 90*l*. 7s. de exit. et prof. Civitatis et Burgi
Dunelm. current. in onere const. tantum. Et de 18*l*. 17s. 10d.
de exit. et prof. de Queringdon, cum grangia de Whitwell, current. in onere const. tantum. Et de 19s. de exit. villæ de
Huton superius de avena et farina de scat, preter j quart. iiij
buz. ordei liberata manerio de Midilhame. Summa hujus
wardæ 691*l*. 18s. 11¼d.

ONUS IN WARDA DE STOKTON. Et de 61*l*. 2s. 7d. de exitibus et proficuis villæ et dominii de Seggefeld currentibus in
onere collectoris, cum 7*l*. 14s. 4d. de perquisitis hoc anno. Et
de 9*l*. 2s. 2¼d. de aliis exit. dictæ villæ et dominii non current.
in onere collectoris, set constabularii. Et de 84*l*. 5s. 4½d. de
exit. et prof. villæ de Norton current. in onere collectoris, cum
7*l*. 10s. 8d. de curia. Et de 37s. 6d. de aliis exit. dictæ villæ
non current. in onere collectoris, set const. Et de 61s. 4d. de
exit. villæ de Preston current. in onere const. tantum, cum 18d.
de curia. Et de 27*l*. 15s. 2d. de exit. villæ de Carleton current.
in onere collectoris, cum 26s. 6d. de curia. Et de 16s. 4d. de
aliis exit. dictæ villæ non current. in onere collectoris, set const.
Et de 66s. de exit. villæ de Maynesforth current. in onere const.
tantum. Et de 25*l*. 8s. 5d. de exit. villæ de Midilhame
current. in onere collectoris, cum 21s. 10d. de curia. Et de
47*l*. 11s. 11d. de exit. villæ de Corneforth current. in onere
collectoris, cum 102s. 8d. de curia. Et de 10*l*. 16½d. de exit.
villæ de Herdewyk current. in onere collectoris, cum 15s. 4d. de
curia. Et de 17s. 6d. de aliis exit. dictæ villæ non current. in
onere collectoris, set const. Et de 15*l*. 12s. 9½d. de exit. villæ
de Stokton current. in onere collectoris, cum 25s. 4d. de curia.
Et de 10*l*. 17s. 7d. de aliis exit. dictæ villæ non current. in
onere collectoris, set const. Et de 15*l*. 11s. 10¼d. de exit. villæ
de Hertbourne current. in onere collectoris, cum 22s. de curia.
Summa hujus wardæ 317*l*. 7s. 10d.

SADBERGE. Et de 42*l*. 7s. 1d. de exit. et prof. in wapen-
tagio Sadberge, cum membris, hoc anno, current. in onere
ballivi ibid., cum 9s. de perquisitis halmotorum. Summa
42*l*. 7s. 1d.

MINERA CARBONUM. Et de 22*l*. de firma mineræ carbonum
de Evenwod, sic dimissæ ad firmam Johanni de Merley, Willelmo de Blakden, Johanni del Loge et Alexandro Colier ad
terminum vj annorum ad festa Paschæ et S. Michaelis, hoc anno
tercio, per indenturam. Summa 22*l*.

PENSIONES. Et de 8*l*. de pensione Prioris Karliolensis pro ecclesiis de Corbrig et Whitingehame in Archidiaconatu Northumbriæ, sibi appropriatis ad festa Martini et Pentecostes p. a. Et de 20s. de pens. Prioris de Hextildeshame ad eadem festa pro ecclesia de Wardon sibi appropriata. Et de 13s. 4d. de pens. Abbatis de Alba Landa ad term. Martini pro ecclesia de Bolon sibi appr. Et de 40s. de pens. ecclesiæ de Symondbourne ad festa predicta appr. capellæ Domini Regis de Wyndesor. Et de 20s. de pens. ecclesiæ de Benton ad eadem festa appr. clericis Oxoniæ del Balielhall. Et de 20s. de pens. ecclesiæ de Ovingehame ad eadem festa appr. Priori et Conventui de Hextildeshame. Et de 13s. 4d. de pens. ecclesiæ de Emeldon ad eadem festa appr. clericis Oxoniæ de Mertonhall. Et de 20l. de pens. Episcopi Karliolensis pro medietate ecclesiæ Beati Nicholai in villa Novi Castri super Tynam ad festa Paschæ et Michaelis. Et de 20l. de pens. Prioris Karliolensis pro alia medietate dictæ ecclesiæ ad eadem festa. Et de 33l. 6s. 8d. de pens. Prioris de Hextildeshame pro ecclesia de Stanfordhame ad eadem festa. Et de 53s. 4d. de pens. Abbatis de Alnewyk pro ecclesia de Wollore ad festa Martini et Pentecostes. Et de 13s. 4d. de pens. Prioris de Tynmouth pro ecclesia de Hawtwisil, sibi appr. ad (*blank*). Et de 6s. 8d. de pens. Prioris de Hextildeshame pro ecclesia de Aldeston sibi appr. ad (*blank*).   Summa 91l. 6s. 8d.

EXITUS ET AMERCIAMENTA CUM FINIBUS CORAM JUSTICIARIIS. Et de 9l. 14s. de exitibus, finibus, et amerciamentis coram justiciariis ad iij sessiones hoc anno, (ut patet per capita super compotum ostensa.)*   Summa 9l. 14s.

FINES ET RELEVIA CORAM SENESCALLO. Et de 4l. 13s. 8d. de finibus et releviis coram Senescallo hoc anno, (ut patet per parcellas super compotum ostensas.)   Summa 4l. 13s. 4d. *(sic)*.

FINES BREVIUM IN CANCELLARIA. Et de 78s. de finibus brevium in cancellaria hoc anno, (ut patet per exitum super compotum ostensum.)   Summa 78s.

FEODUM CARTARUM CUM FINIBUS ET RELEVIIS IN CANCELLARIA ET PRO HOMAGIO RESPECTUATO. Et de 7l. 6s. de feodis cartarum cum finibus et releviis in cancellaria, et pro homagio respectuato, (ut patet per parcellas super compotum ostensas.) Summa 7l. 6s.

FORINSECA RECEPTA. Et de 66s. 8d. rec. de Johanne Lewyn pro ij partibus prati dominici apud Dunolm. sic vend. eidem hoc ann. Et de 6l. 13s. 4d. rec. de cofris Domini per manus Domini Willelmi Bowes super feodo suo. Et de 13s. 4d. omissis in onere constabularii hoc anno et anno precedente, de

---

* The clause within brackets is an addition in a different hand made at the auditing of the roll. Throughout the remainder of the roll, where any matter is printed within brackets, it is to be understood, that it is a similar addition.

firma passagii aquæ de Stokton, quia dimittitur pro 60s. p. a., ut patet per rotulum dimissionum, et oneratur nisi ad 53s. 4d. supra.   Summa 10*l.* 13s. 4d.

Summa totalis recepti cum arreragiis 3405*l.* 9s. 1¼d.

Expensæ.

Redditus Resolutus.   De quibus computat in redditu resoluto heredibus Johannis Randolf ad term. Martini et Pentecostes 6s. 8d.   Et in redd. resoluto heredibus Johannis de Aselakeby ad eadem festa p. a. 2s.   Summa 8s. 8d.

Feoda Ministrorum.   Et in feodo Domini de Nevill retenti de consilio Domini Episcopi, ad festa Paschæ et S. Michaelis, 33*l.* 6s. 8d.*   Et in feodo Domini Radulphi de Eure Senescalli Dunelm., ad eadem festa p. a., per acquietancias suas, 40*l.**   Et eidem Domino Radulpho de rewardis Domini pro diversis expensis et laboribus suis p. a. 13*l.* 6s. 8d.*   Et eidem Domino Radulpho de redd. villæ de Escom sibi assignato, ad iiij term. majores p. a., 10*l.*   Et eidem Domino Radulpho pro feno et focali per diversos adventus suos apud Dunelm. p. a., (per concordiam secum factam per Dominum), 40s.   Et in feodo Domini Rogeri de Fulthorp Capitalis Justiciarii, ad festa Paschæ et Michaelis, per acquietancias suas, (hic liberatas et allocatas), 10*l.*   Et in feodo Johannis de Preston Justiciarii Scaccarii ad eadem festa, per acquietancias suas, (hic liberatas et allocatas), 6*l.* 13s. 4d. Et in feodo ipsius Constabularii et Receptoris p. a. ad eosdem term. 33*l.* 6s. 8d.   Et in feodo Johannis de Kelingal clerici Justiciariorum, ad eosdem term., per acquietancias suas, (hic liberatas et allocatas), 100s.   Et in feodo Willelmi Lambard retenti de consilio Domini, ad eosdem term., (per acquietancias hic liberatas et allocatas), 4*l.*   Et in feodo Johannis Conyers consimiliter retenti, ad eosdem term., (per acquietancias hic liberatas et allocatas), 40s.   Et in feodo Gilberti de Elvet consimiliter retenti ad eosdem term., (per acquietancias), 40s.*   Et in feodo Willelmi de Blakden unius auditorum Domini p. a., ad eosdem terminos, (per confessionem ipsius), 100s.   Et in feodo Willelmi de Bowes militis consimiliter retenti pro pace et guerra 10*l.*   Et in feodo Willelmi de Weschington consimiliter retenti p. a., (per acquietancias hic liberatas et allocatas), 6*l.* 13s. 4d.   Et in feodo Willelmi de Blackeston consimiliter retenti ad eosdem term., (per acquietancias hic liberatas), 100s.   Et in feodo Walteri de

---

* To this entry is added in another hand, " Deficiunt acquietanciæ."

Hawyk consimiliter retenti, ad eosdem term., (per acquietancias hic liberatas, et literam waranciæ), 100s. Et in feodo Petri Dreng cementarii Domini, ex consuetudine p. a., 40s. Et in feodo Gilberti carpentarii Domini, p. a. ex consuetudine, 40s. Et in feodo Johannis Plomer plumbatoris Domini pro custodia conducti de Aukland, per convencionem secum factam, 20s. Summa 198l. 6s. 8d.

LIBERACIONES IN CAMERAM DOMINI. Et in liberacione facta in cameram Domini, (per manus Domini Johannis Burgeys), in recessu suo versus London, mense Octobris infra hunc compotum, per literam Domini de warancia, (et obligacionem Domini hic super compotum restitutam), 66l. 13s. 4d.* Et in liberacione facta in cameram Domini post festum Natalis Domini infra hunc compotum, per manus Domini Johannis Burgeys, per literam Domini de warancia de data mensis Marcii, (per literam obligacionis Domini Johannis Burgeys hic restitutam), 40l.* Et in liberacione facta in cameram Domini apud London, post festum Paschæ hoc anno, per manus Constabularii proprias, per literam Domini et acquietanciam de 53l. 6s. 8d. (hic liberatas et allocatas,) 20l. Et in liberacione facta in cameram Domini apud Dunolm., per manus Domini Johannis Burgeys, mense Septembris, per literam Domini, videlicet, ad solvendum militibus et armigeris retentis cum Domino pro expensis eorum versus London, per literas Domini directas dicto Domino Johanni pro defensione contra inimicos Franciæ super mare, 20l.* Et in liberacione facta ibid. apud London, primo die Novembris anno quinto, per acquietanciam de 53l. 6s. 8d., (hic liberatam), 33l. 6s. 8d. Et in liberacione facta ibid. vij die Novembris eodem anno, per acquietanciam Domini, (hic liberatam et allocatam), 6l. 13s. 4d.   Summa 186l. 13s. 4d.

LIBERACIONES IN HOSPICIUM DOMINI. Et in liberacione facta Willelmo de Clay clerico dicti hospicii, in denariis liberatis eidem Willelmo, per literam Domini de warancia, et per indenturam contra dictum Willelmum, (hic liberatam et allocatam in partem denariorum sibi debitorum per Dominum) 8l. 7s. 4½d. Et in liberacione facta in dictum hospicium in den. liberatis Johanni Osbern de Stokton per literam Domini, et per indenturam contra dictum Johannem, (hic liberatam in plena solucione omnium den. sibi debitorum pro frumento, avenis, fabis, et pisis empt. pro hospicio Domini ante xxiiij diem Octobris infra tempus compoti) 22l. 15s. 3d. Et in liberacione facta in dictum hospicium, per manus Johannis de Hatfeld hostiarii Domini, pro expensis j carectæ manerii de Midilhame, et hominum et equorum cum dicta carecta cariantium les tentes Domini de

---

* To this entry is added in another hand, "Recepit Burgeys."

Dunelm. usque Newerk, per literas Domini de warancia, (et indenturam hic liberatam et allocatam) 33s. 4d.* Et liberati eidem Johanni de Hatfeld pro vadiis et expensis suis in negociis Domini in Episcopatu Dunelm. per literam Domini, et per acquietanciam dicti Johannis, 20s.* Et liberati in hospicium Domini, per manus Johannis de Creghton, pro expensis equorum suorum apud London, in hospicio Domini, per literam Domini, et acquietanciam dicti Johannis, (hic liberatas et allocatas) 20s.† Et ibid. per manus Willelmi de Homildon de Novo Castro in persolucione 56l. sibi assignatorum per literam Domini, in anno precedente, pro vinis de eo empt. ad opus Domini, preter 46l. allocatos in anno precedente, 10l. Et ibid. per manus dicti Willelmi pro ij doleis vini de eo empt. ad opus Domini hoc anno, (remanent in celario Domini apud Dunolm.) per literam Domini, et acquietanciam dicti Willelmi, (hic liberatas et allocatas) 14l. Summa 58l. 15s. 11½d.

LIBERACIONES DENARIORUM PER LITERAS DOMINI DE ASSIGNACIONE. Et in liberacione facta Domino de Nevill, per manus Thomæ de Claxton receptoris sui, de firmis et reddditibus diversarum villarum assignatis per literam Domini ad recipiendum annuatim, ad festa Martini et Nativitatis S. Johannis, per acquietanciam dicti Thomæ, 90l.,‡ (et residuas 10l. solvit dicto Domino de Nevill per Dominum Johannem Burgeys, ut patet per indenturam inter Thomam Claxton et dictum Johannem factam). Et liberati eidem Domino de Nevill in persolucione de quadam summa de 333l. 6s. 8d. sibi assignata per literam Domini in anno precedente, de term. Martini (et S. Johannis preter) 298l. 6s. 8d. liberatos sibi eodem anno, per manus Thomæ de Claxton, (et preter) 10l. (solutos) per Burgeys per acquietanciam dicti Thomæ (per indenturam hic liberatam et allocatam 25l.)‡ Et liberati eidem Domino de Nevill de denariis per ipsum de prestito liberatis Domino Gerardo Heron apud London, pro custodia castri de Norhame, per literam Domini Episcopi, et per acquietanciam Thomæ de Claxton receptoris dicti Domini de Nevill, (hic liberatas et allocatas) 50l.§ Et liberati eidem Domino de Nevill pro denariis per ipsum de prestito liberatis Domino Duci Ebor. apud London, per literam Domini, et per acquietanciam dicti Thomæ de Claxton, 26l. 13s. 4d.‖ Et in liberacione facta Domino Johanni de Berington monacho in plenam solucionem de 139l. sibi assignatis ad recipiendum de

---

* To this entry is added in the margin in another hand, " Recepit Hatfeld."
† To this entry is added in the margin in another hand, " Recepit Creghton."
‡ To this entry is added in the margin, " Recepit Dominus de Nevill."
§ To this entry is added in the margin, " Recepit Gerardus Heronn."
‖ To this entry is added in the margin, " Recepit Dux Ebor."

diversis exitibus villarum et firmarum, de term. Nativitatis S.
Johannis in anno precedente, preter 117*l*. 14s. 3d. allocatos in
compoto precedente de eadem assignacione, (per literam waranciæ hic liberatam et allocatam, et parcellas assignatas super compotum liberatas, et acquietanciam hic liberatam et allocatam),
21*l*. 5s. 8d.* Et in liberacione facta eidem Domino Johanni
in plenam solucionem de 79*l*. 11s. 2d. sibi assignatis ad recipiendum de exitibus diversarum villarum et firmarum de warda
de Esington, ad term. Cuthberti in Septembri in anno precedente, infra summam de 312*l*. 6s. 8d. assignatam dicto Domino
Johanni de eodem term., et tribus term. sequentibus, in eadem
warda, per quamdam billam sigillatam sigillo Domini continen-
tem parcellas dictæ summæ, preter 46*l*. 7s. 6d. allocatos in compoto precedente, (per acquietanciam dicti Domini Johannis hic
liberatam), 33*l*. 3s. 8d.* Et eidem Domino Johanni in partem
solucionis de 232*l*. 15s. 6d. de residuo dictæ summæ 312*l*. 6s. 8d.
assignatæ ad recipiendum de exitibus diversarum villarum et firmarum dictæ wardæ, de term. S. Martini, Cuthberti in Marcio,
et Nativitatis S. Johannis infra tempus hujus compoti, per indenturam contra Willelmum de Jarum deputatum dicti Domini
Johannis ad recipiendum secundas summas, (per acquietanciam
dicti Domini Johannis Beryngton hic liberatam et allocatam, et
parcellas hic ostensas sibi restitutas, quousque solverit residuum),
198*l*. 18s. 6d.* Et Willelmo de Salesbyry clerico de quadam
annua pensione sibi concessa per Dominum, ad recipiendum de
firma grangiæ de Queringdon, ad term. Martini et Pentecostes,
(per acquietanciam hic liberatam et allocatam), 10*l*.† Et in
liberacione facta Domino Gerardo Heron militi, pro custodia
castri de Norhame, de firmis et exitibus ad term. S. Martini, per
literam Domini, et acquietanciam predicti Domini Gerardi, (hic
liberatas et allocatas), 40*l*.‡ Et eidem Domino Gerardo pro
custodia predicti castri, de firmis et exitibus term. Cuthberti in
Marcio, per literam Domini, et acquietanciam partis, (hic liberatas), 40*l*.‡ Et eidem Domino Gerardo pro custodia dicti castri,
de firmis et exitibus term. Nativitatis S. Johannis, per literam
Domini, et per indenturam pred. Domini Gerardi, pro custodia
j quarterii anni ejusdem castri, (hic liberatas et allocatas),
43*l*. 6s. 8d.‡ Et in liberacione facta Waltero de Hawyk pro
certis terris et tenementis de ipso per Dominum adquisitis, et
pro certis scriptis cartis et confirmacionibus per ipsum liberatis
coram consilio Domini de eisdem terris et tenementis per literam
Domini de warancia, et per unam acquietanciam dicti Walteri,

* To this entry is added in the margin, " Recepit Beryngton."
† To this entry is added in the margin, " Recepit Salesbury."
‡ To this entry is added in the margin, " Recepit Gerardus Heronn."

(hic liberatas et allocatas, et unam indenturam hic liberatam et allocatam), 53*l.* 6s. 8d.* Et in liberacione facta Domino Johanni de Batosforth personæ ecclesiæ de Eggescliff, per literam Domini, et acquietanciam dicti Domini Johannis, et per obligacionem Domini de dicta summa retradita et cancellata, (hic liberatas), 10*l.* Et in liberacione facta Adæ de Bulkhame mercatori villæ Novi Castri super Tynam pro vino et ferro de ipso empt. ad opus Domini, de redd. et exitibus de term. S. Martini et S. Cuthberti in Marcio, per literam Domini, et acquietanciam dicti Adæ, (hic liberatas), 70*l.* 17s. 11d. Et in liberacione facta Johanni Lewyn de firma Burgi Dunelm. de term. Cuthberti in Marcio hoc anno, pro bobus de ipso empt., (et liberatis Willelmo Hoghton pannario London, super sibi debitum), de anno precedente, per literam Domini, et acquietanciam partis, (hic liberatas et allocatas), 21*l.* Et Domino Radulpho de Eure de parcellis cujusdem summæ debitæ bursario Dunelm., de firma dicti Burgi de term. Nativitatis S. Johannis, per literam Domini, et indenturam partis, (ostensas super compotum), 21*l.*† Et liberati predicto Johanni Lewyn pro operibus manerii de Midilhame, per lit. Domini, et acquiet. partis, (hic lib. et alloc.), 20*l.*‡ Et liberati Domino Johanni de Berington monacho, per lit. Domini, et acquiet. partis, (hic lib. et alloc.), pro denariis per ipsum Domino mutuatis, eo tempore quo Dominus Rex fuit apud Dunelm. 20*l.*§ Summa 794*l.* 12s. 5d.

LIBERACIONES BALLIVIS ET MINISTRIS CUM DONIS ET ALLOCACIONIBUS.‖ In liberacione facta Petro Dreng et Gilberto carpentario pro diversis operibus factis, pro maneriis et molendinis Domini, de firmis molendinorum Cestriæ remanentibus in manibus eorundem de anno precedente, precepto Domini Johannis Burgeys, 12*l.* 6s. 8d.¶ Et eisdem de firmis eorundem molendinorum de term. Cuthberti in Marcio et S. Martini hoc anno, precepto ejusdem, 8*l.* 3s. 4d.** Et eisdem Petro et Gilberto de firmis eorundem molendinorum, de term. Nativitatis S. Johannis et S. Cuthberti in Septembri, hoc anno, remanentibus in manibus eorum, ultra 4*l.* de feodo eorum hoc anno, 4*l.* 3s. 4d. Et Roberto Chaliers, armorer, custodi garderopæ et armorum Domini apud Dunelm., per lit. Domini hoc anno in partem inde per manus Willelmi garcionis sui 20s. per acquiet.,

---

* To this entry is added in the margin, " Deficit litera garanciæ."
† To this entry is added in the margin, " Recepit Radulphus Eure, et acquietancia remanet cum Kendale."
‡ To this entry is added, " Recepit Johannes Lewyn."
§ To this entry is added, " Recepit Beryngton."
‖ The following entries are on the back of the roll.
¶ To this entry is added, " recepit Petrus Dryng, recepit Gilbertus carpentarius."
** To this entry is added, " receperunt iidem Petrus et Gilbertus."

272 APPENDIX.—BISHOP FORDHAM.

100s.* Et Johanni de Midilton de Bedlington, ballivo ibid., pro feodo suo, (prout alloc. in compoto precedente), retento cum Domino p. a. 66s. 8d.† Et eidem Johanni pro custodia bosci de Chabington pro anno preterito et isto anno, p. a. dim. marcæ., 13s. 4d.† Et Johanni de Neddreton, tenenti Domini in Estslykburn, infra dominium de Bedlington, pro labore et expensis suis in comitiva Domini in partibus borialibus tempore guerræ, per lit. Domini in firma sua, (hic lib. et alloc.), 40s. Et Roberto armorer pro vadiis suis in anno precedente, per lit. Domini, et acquiet. dicti Roberti, (hic lib.), preter 40s. alloc. in compoto precedente, 4l.‡ Et eidem Roberto postea pro vadiis suis, per manus Willelmi garcionis sui, per lit. Domini, 20s.‡ Et Willelmo de Blackden, de dono Domini, in rewarda pro labore suo pro factura novi rentalis, 100s. Et Roberto de Creghton janitori castri Dunelm. de dono Domini pro rewarda, preter 6s. 8d. sibi prius solutos per Dominum Johannem Burgeys de precepto Domini de eadem rewarda, 6s. 8d. Summa 41l.

EXPENSÆ NECESSARIÆ ET FORINSECÆ. Et soluti Gilberto carpentario pro reparacione portarum sub le Motehall, prostratarum per ventum, 2s. 3d. Et Roberto Skepper pro x flekes de virgis, factis in bosco de Frankleyn, pro ponte tractabili ad portem borialem salvando, ex convencione in certo, 3s. 4d. Et pro pred. flekes cariandis de dicto bosco usque castrum Dunelm. cum j plaustro, per ij vices, 20d. Et Willelmo Prentis pro plates, goionnis, hespes, stapulis, et clavis pro dictis portis sub le Motehall, et similiter pro mangeours in stabulis affirmandis, 2s. 3d. Et soluti pro expensis Domini Radulphi de Eure et Domini Radulphi de Lomley et aliorum apud Dunelm. in crastino Nativitatis S. Johannis, pro j die tenendo, cum Barone de Hilton, per manus et parcellas Domini Alani de Couton, 74s. 11½d.§ Et in expensis ejusdem Domini Radulphi et aliorum secum apud Dunelm., pro j die tenendo, cum Domino Thoma Grey, 69s.§ Et soluti Willelmo de Lonesdal sklattario pro x rodis tegendis super magnam grangiam feni in castro Dunelm., et iij rodis super domum scaccarii, et j roda super cameram auditoris supra stabulum Domini, pro roda 5s., et pro MMMM de sklat lucrandis, preter cariagium, pro mille 4s., 4l. 6s.‖ Et soluti pro ij rotulis pergameni empt. hoc anno pro expensis scaccarii, et pro halmotis et extractis eorum, et pro rotulis Justiciariorum

* This entry is struck out, and the reason given is, "quia infra."
† To this entry is added, "recepit Midilton."
‡ To this entry is added, "recepit Robertus armorer."
§ To this entry is added, "deficiunt parcellæ."
‖ To this entry is added, "recepit Lonesdall."

et extractis eorum, et indenturis, et pro compoto constabularii, et aliis necessariis (prout allocantur in compoto precedente), 24s. Et in v quaternis papiri empt., pro scaccario, hoc anno, 2s. 6d. Et in vj quaternis papiri empt. hoc anno, et liberatis Domino Johanni Burgeys et clericis suis (per confessionem ejusdem), 3s. Et in cancellar' empt. pro eodem hoc anno 3d. Et soluti pro extractis halmotorum et Justiciariorum scribendis hoc anno, 6s. 8d.   Summa 13*l.* 15s. 10½d.

EXPENSÆ NECESSARIÆ PRO CASTRO.   Et in sale empt. pro expensis constabularii hoc anno, ex certa convencione cum Domino, 20s.   Et soluti pro carbonibus empt., pro focali ejusdem, cum prostratione bosci et cariagio ejusdem, hoc anno, 4*l.*   Et pro falcacione et factura et cariagio feni hoc anno, pro porcione constabularii in termino, 20s.   Et Johanni Lewyn pro falcacione, factura et cariagio feni, pro porcione Domini, hoc anno, 46s. 8d.*   Et soluti per feno empt. pro constabulario, hoc anno, loco porcionis prati sui destructi per gentes de exercitu Domini Regis in anno precedente, ubi solebat habere pro porcione sua xx plaustratas, et hoc anno habuit nisi iij plaustratas, et sic deficiunt xvij plaustratæ, precium plaustratæ 5s., 4*l.* 5s.†   Et in iiij quart. ij buz. et dim. frumenti empt. pro liberacione j custodis gaolæ hoc anno, capientis pro xij septimanis j quart., secundum tenuram cartæ suæ, precium quart. 6s., (per literam Domini lib.), 35s. 10½d.‡   Et in stipendio garcionis janitoris p. a., capientis pro porta castri 5s., et pro porta boriali 4s., ut patet per eandem cartam, 9s.‡   Et eidem gaolario pro feno equi sui p. a., capienti per diem 1d., 30s. 5d.‡   Et eidem pro sale et focali pro expensis infra gaolam p. a. 30s.§   Summa 9*l.* 5s. 3½d.

Summa totalis expensarum et liberacionum 1302*l.* 18s. 2½d.

Et debet 2102*l.* 10s. 10½ ¼d.   De quibus allocantur eidem constabulario in denariis liberatis Domino Johanni Burgeys, thesaurario, 497*l.* 12s. 1½ ¼d., in diversis parcellis, per dictum Dominum Johannem receptis, super finibus compotorum diversorum collectorum et aliorum in quatuor wardis et wapentachio Sadberge, sicut continetur in compotis eorundem de tempore predicto, et unde pred. constabularius oneratur superius infra recepta in diversis parcellis de wardis et wapentachio

---

* This entry is struck out.
† This entry is struck out, and the reason given is, " quia sine waranto."
‡ To this entry is added, " videatur litera Domini."
§ This entry is struck out, and the reason given is, " quia non continetur in speciali in carta."

pred., videlicet, in warda de Derlyngton 319*l.* 2s. 6½ ¼d., in
warda Cestriæ 14*l.* 10s. 1½d., in warda de Esyngton 85*l.* 8s. 7d.,
in warda de Stokton 41*l.* 10s. 10½d., et in wapentachio Sadberge 37*l.*, sicut continetur in diversis parcellis ibid., unde
idem Dominus Johannes respondet. Et eidem constabulario
125*l.* 19s. 1½ ¼d., in diversis allocacionibus et decasibus factis
dictis collectoribus et ministris dictarum iiij wardarum et wapen-
tachii in diversis parcellis, contentis in compotis eorundem, de
tempore predicto, unde predictus constabularius oneratur superius, videlicet, in warda de Derlyngton 44*l.* 12s. 5½ ¼d., in warda
Cestriæ 6*l.* 18s. 10d., in warda de Esyngton 44*l.* 5s. ½d., in
warda de Stokton 26*l.* 2s. 5½d., et in wapentachio Sadberge
4*l.* 4d., sicut continetur ibid., unde dictus constabularius oneratur supra. Et dictus constabularius exoneratur de 122*l.* 19s. 2d.
de diversis debitis et respectuatis remanentibus super finem
compotorum diversorum collectorum et ministrorum iiij wardarum predictarum cum wapentachio predicto, unde* predictus
constabularius oneratur superius, videlicet, in warda de Derlyngton 60*l.* 18s. 11½ ¼d., in warda Cestriæ 15*l.* 18s. 8½d., in warda
de Esyngton 30*l.* 18s. 10½d., in warda de Stokton 13*l.* 15s. 10¼d.,
et in wapentachio predicto 26s. 9d., sicut continetur in compotis dictorum collectorum et ministrorum ibid. de tempore
predicto, quæ quidem exoneracio facta est predicto constabulario pro eo, quod quilibet dictorum collectorum et ministrorum
respondet singulariter per se de hujus modi debitis et respectuatis, super finem compotorum suorum de anno in annum,
pro meliori declaracione compotorum, ut videtur auditoribus, unde
predicti collectores et ministri debent inde respondere. Et allocantur eidem constabulario 91*l.* 6s. 8d. super ipsum onerati, et
Domino debiti, pro diversis pensionibus ecclesiarum in Archidiaconatu Northumbriæ pro hoc anno, eo quod Dominus ordinavit
quod dictæ pensiones leventur hoc anno per sequestratorem unde
dictus sequestrator debet respondere.* Et eidem constabulario
22*l.* de firma mineræ carbonum de Evenwode, de terminis Martini
et Pentecostes infra tempus compoti, superius oneratæ, liberatæ
Domino de Nevill in partem majoris summæ sibi per Dominum
debitæ, infra summam 100*l.* sibi assignatam ad percipiendum
per annum super mineras carbonum de Raylegh et Evenwode,
ut patet in compoto magistri forestarii de hoc anno. Et eidem
constabulario 198*l.* 17s. 5½d. liberati Domino Johanni Burgeys
de firmis liberorum tenencium burgorum de Derlyngton et
Aukland, grangiarum et molendinorum in warda de Derlyngton,
ut patet per parcellas super compotum examinatas, de quibus

---

* To this clause is added in the margin, "respondet sequestrator."

idem Dominus Johannes debet respondere.*   Et eidem constabulario 86*l*. 9s. 10½ ¼d. liberati eidem Domino Johanni de
arreragiis ultimi compoti dicti constabularii, ut patet per parcellas super compotum ostensas et examinatas, unde dictus
constabularius oneratur supra inter arreragia, et de quibus idem
Dominus Johannes debet respondere.*

Summa liberacionum, allocacionum et exonoracionum
1145*l*. 4s. 5½ ¼d.   Et debet 957*l*. 6s. 5d.   Et oneratur de
8*l*. 13s. 8d. sibi superflue allocatis de firma grangiæ de Condom, ut patet in pede compoti sui anni precedentis per parcellas inter auditores et Johannem Kendale examinatas.   Et de
30*l*. 2s. 7½d. sibi superflue allocatis de firma burgi et molendinorum de Aukland, ut patet in eodem pede per parcellas inter
dictos auditores et Kendale examinatas.

Summa debiti conjuncti 996*l*. 2s. 8½d.   De quibus allocantur eidem constabulario 23*l*., liberati Nicholao Cook super
lucracionem carbonum in minera de Gatesheued, de quibus
idem Nicholaus debet respondere.†   Et eidem constabulario
26s. 8d. soluti Thomæ Elmeden gaolario et janitori Castri
Dunolm. in persolucionem liberacionis suæ frumenti pro officio
suo ante tempus hujus compoti.   Et eidem constabulario
26s. 8d. de firma burgi de Aukland hoc anno tantum nimis
super ipsum onerati, ex nova dimissione Alano de Couton
firmario ibid., et de cetero nullam habebit inde allocationem.
Et eidem 66s. 8d. de feodo Domini Willelmi Bowes de anno
precedente quia retinetur cum Domino pro 10*l*. p. a., et ibid.
allocantur nisi x marcæ.   Et debet 967*l*. 2s. 8½d. quæ onerantur
in compoto sequente.

* To this clause is added in the margin, " respondet Burgeys."
† To this clause is added in the margin, " respondet Nicholaus Cook."

GLOSSARY.

A

ADEQUANDUS, 32. Bringing together, collecting.

ADJUNCIO, ADJUNCTUS, 222, 240, 244. Added to.

AER', 240. A brood. "*Eyrar*. A brood of swans." *Wright, Prov. Dict.* The word has probably some connection with *eyry*, a breeding-place of birds.

AFFER. Any animal, whether horse or ox, used for purposes of husbandry.

AGISTAMENTUM. Pasturage of horses or cattle.

ALBICIO, 213. Whitewashing.

ALEA, 206. Probably *allium*, garlick.

ALLECES. Herrings.

ALLOCACIO, 275. An allowance made in auditing an account.

AMERCIAMENTUM. A variable sum inflicted by a legal court upon an offender, at its discretion, and in that differing from the invariable *fine*.

ANULUS, 213, 219. The ring or handle of a door.

APPRECIATUS. Appraised, valued at.

APPRUATUS. Made profitable. The word is applied to land lately taken from the waste, and brought into cultivation.

ARCULUS. An ox-bow, an implement of wood so constructed as to hold together the heads of two or more oxen whilst ploughing.

ARDEA. A heron. The heronry is called *aerea*, p. 170, which, though properly belonging to the nest of the hawk species, seems from the Survey to have been indifferently applied to the breeding-place of other birds.

ARREA, 202, 204. A floor.

ARRERAGIUM. An arrear of money in an account.

ARRURA. Ploughed land.

ARRUUS, 167. *Opera arrui,* works due to the lord in *ploughing*.

ASSARTUM. Ground newly cleared and enclosed.

ASSISA. REDDITUS ASSISÆ. Assize, as applied to bread or beer, was the ordinance which regulated the weight, measure, quality and price of the article to which it referred. *Assize rent* was a fixed and unchangeable return accruing from a settled tenure, as opposed to the changeable sum arising from an inferior and more servile one.

ATTELA, 238. The harness or gear belonging to a plough or cart.

AUCA. A goose.

AVANTAGIUM, 257. In this case it seems to indicate a surplus of seed over what had been expended in sowing.

AVENÆ. Oats.

AVERERTH, AVERETH. *Haver* or *aver* is oats. The word is probably used for oat stubble.

AVERIA. All animals, whether horses or oxen, used for purposes of husbandry.

AVIREPE, AVIREPS, 237. Stated works due by the tenants in oat reaping.

AVERPENYS. The money paid in commutation of the service *(avera)* of performing any work by horse or ox, or by carriage with either.

AVIRAKRES, 200, 211; **AVERACRES,** 258. From *œuvre*, work. A stated number of acres of the lord's demesne, which the tenants of the manor are bound to cultivate.

AXACIO, 238; **AXANDUS,** 254; **AXIS,** 246. An axle. The fitting an axle to a cart.

AYEREA, 30, 170. An eyry. Properly the nest of the hawk tribe, but used for the place set apart for breeding and training hawks. It is found in the Survey in connection with herons, and in this wider sense was applied to the nesting place of birds in general.

B

BACES, 233, 238, 254. Used in connection with the *sella* of a cart. Probably the cloth placed under the saddle to prevent its chafing the back of the horse.

BALLIUM. The space included within the outer defence of a castle.

BATELLUS, BOTELLUS, 167, 211. A boat.

BEDMAN, 247. A bedesman. One living in a charitable institution, and giving in return his prayers for the souls of his benefactors. A.S. bidan, to pray.

BEME, 246. ⁕The plough-beam.

BERCARIA, 34, 242. A sheep-walk. A place for rearing and feeding sheep.

BIES, 213. (?)

BIRE, 225. A cow-house.

BISANCIUM, 16. A bezant. A coin of the Eastern Empire, struck at Constantinople *(Bizantium)*, hence its name. Its value was somewhere about two shillings.

BONDAGIUM, BONDUS. Bondage tenure. A servile species of tenure, by which a villan held a house and land. He was bound to the lord to perform certain menial services in tilling the lord's demesne. The land he held, and the services he rendered, varied in quantity in different manors. The name *Bondgate*, not an uncommon one in some of our older towns, is derived from the bond-tenants living in that street.

BORDA, 203, 213. A board, a plank of wood.

BORDNAYLLS, 202. Nails for fastening boards.

BOTELLUS. See *Batellus*.

BOTERA, BOTILLARIA, 30, 239. The buttery.

BOTHA, 30, 32. A booth, hut, a temporary place of lodging.

BOVATA. An oxgang. As much land as a team of oxen could plough. It varied in quantity from twelve to twenty acres, with the nature of the soil, and from other causes.

BOVERIA, BOVARIA, 220. A house for stalling oxen.

BOVICULUS, 222, 240. A young ox.

BRACINA, BRACINAGIUM. A brewhouse.

BRASEUM, BRASIUM. Malt, either from barley or oats.

BRODDS, 203. Short nails.

BUNDA, 5. A boundary.

BURGAGIUM, 194. A holding in a town, and to which were attached certain borough rights.

BURSARIUS, 271. The bursar. He who kept the *bursa*, purse.

C

CALCIATURA, 214, 225. The shoeing, or providing a man with shoes, in part payment for his services.

CAMPUS. The large open field attached to a village, where the tenants had each his portion of land, undivided by any fence from that of his neighbour. In some few places in the county of Durham, such a field still exists, where the land, belonging to different holders, is divided from the adjoining piece by a strip of grass, called in East Yorkshire a *balk*.

CANABUS, 203. Linen cloth, canvass.

CANELLA, 69. A dog-kennel.

CANEVACIUM, 203. Canvass.

CANTARIA. A chantry. A foundation in a church for providing masses for the soul of the founder and others.

CANTELLUM, 208. A fragment or portion, that which is over and above.

CAPISTRUM, 218, 233, 238. A halter.

CAPO. A capon.

CARCOSIUM, CARCOISIUM. A carcase.

CARECTA, CARETTA. CARECTARIUS, CARETTARIUS. A cart. A carter.

CARNISPRIVIUM, 224. The first day of Lent.

CARTSTOURES, 254. The upright pieces of wood which form part of the sides of a cart.

CARUCA. CARUCARIUS. A plough. A ploughman.

CARUCATA. A ploughland. As much land as a plough, with the animals that worked it, could cultivate in a year.

It varied in extent, like the *bovate*, from the nature of the soil, and other causes : at p. 8, it occurs of 120 acres ; at p. 25 of 160 acres.

CASSA, 227. A carcase.

CASTELMAN. A man performing the service, called *castle-ward*, at the lord's castle, at a stated time, and for a certain period, according to his tenure.

CELDRA, SHELDRA. A chaldron. A measure consisting generally of 36 bushels.

CEMENTARIUS. A mason.

CEPUM, 201. Tallow.

CERVISIA. Beer, then as frequently made from oats as from barley.

CHACEA. The hunt. Many lands were held by the service of attending the lord on his hunting expeditions, and by keeping hounds for his use at that time, and by providing ropes, etc., to enclose the deer and other animals in the *haia*, or enclosed place, into which they were driven.

CHAMINUS. A chimney; at p. 88, applied apparently to a conduit.

CIGNICULUS, 241. A young swan, a cygnet.

CIMINUM. Cummin, a spice.

CINDULA, 202, 203, 204. Pro *scindula*. A shingle, a thin board for roofing and such like purposes.

CIRCULA, 205. A hoop, used for binding together the staves of a cask.

CIROTECÆ, CYROTHECÆ, 235. Gloves.

CLAUSUM, 201. A close, a small enclosed piece of ground.

CLAUSURA, 205, 214. The enclosing and fencing of ground.

CLOUTS, CLUTS. Plates of iron, generally used in connection with the *mouldboard* of a plough.

COFRUM, 266. A chest, a coffer.

COLER, 218, 233. A collar for a horse or an ox.

COMPOTUS. An account of money received and expended.

CONDUCTUS. I. A hired person, p. 204, 234. II. A conduit, a leaden-pipe for conveying water, p. 205.

COOPERTURA, COHOPERTURA, COHOPERIENDUS. A roof. Roofing.

COPLA, 219. A couple, a pair.

COQUINA. A kitchen.

CORNAGIUM. Cornage, Noutgeld, Hornyeld. A payment of money made in commutation of a return of cattle, *horned* beasts.

CORRODIUM. An allowance of food, at that time generally of oatmeal. In the north, a mess of oatmeal with hot water poured upon it is still called a crowdy.

COTAGIUS, COTERELLUS, COTMANNUS, COTRELLUS. A cottager. One of the class *villanus*, who held a cottage with land in connection, and who rendered to the lord certain menial services.

COUPARIUS, CUPARIUS, 205, 206. A cooper.

CRETHE, 203. Fr. *crèche*. A crib in a stable.

CRIBRUM, CREBRA, 230, 239. A sieve.

CRIBRUM, CREBRA, 230, 239.

CROFTUM. A small piece of enclosed ground, adjoining a house. A word still in use.

CROKE, 202, 239. The crook of a door.

CRUELLUS, 203. Probably a mistake of the scribe for *turellus*.

CULTURA. A piece of cultivated land.

CUMULATUS. Heaped. Applied to a measure of grain which has not been *straked*, that is, where the grain, which rises above the rim of the vessel, has not been removed, but allowed to go as part of the measure.

CURIA. The court of a manor held for various purposes, and at which the lord's tenants were bound to attend to do service, hence called *secta curiæ*. Used in a different sense at p. 202, as our word *court* is at present, for a yard attached to a farm or other building.

CURIALITAS, 208. Courtesy. Gifts *ex curialitate*, were gifts of courtesy, and not payments or renderings of obligation.

CURTILAGIUM. An enclosure, having sometimes a house upon it.

CUSTUS, 203. Cost. The price of anything.

CUVA, 205. A trough.

D

DAUBANS, 202. Plastering.

DAVERERD, DAVERERTH, DAVERHERTH. See *Avererth*.

DAVERIPE. See *Averipe.*

DEALBATUS. Whitewashed.

DEBILIS, 227, 249. Weak, and so used for damaged or inferior corn ; meadow land injured by water; or, in short, for any produce or implement which is imperfect.

DEMERGIOR, 253. To be under water.

DEMOLITUS, 208. Ground.

DEYAR, 219, 224, 234. A dairy.

DIETA, 256. A day's work.

DISTRINGO. To distrain.

DISTRICTA, 192. A distraint.

DOLEUM, 205, 269. A cask.

DOMINIUM, DOMINICUS. The demesne, land retained by the lord in his own hands, and principally cultivated by the bond-tenants and others, who held land by servile tenure under him.

DORWARD, 23. *Hostiarius,* the door-keeper.

DRAGETTA, 233, 235. This kind of grain occurs only in this place, and there is some difficulty in ascertaining its exact meaning.

DRINGAGIUM, DRENGUS. Drengage, a tenure somewhat between free tenure, and that by which the villans held. A considerable proportion of menial service was performed by the dreng, though not, perhaps, by himself in person, but by his servants.

E

ELEMOSINA. Alms.

ESCAETA. Escheat, a forfeiture of land to the lord, either by defect of heirs, or by the commission of felony or treason.

ESPERUARIUS, 54. The sparrow-hawk.

ESSARTUM. See *Assartum.*

ESTLAND, 204, 205. Used with reference to timber. *Estland boards,* wood from the Baltic or Norway.

ESTUALIS, 201. For *Æstivus.*

EXITUS. An out-coming profit. Used with reference both to rent or produce of land, and to the progeny of animals.

F

FABER. A smith.

FALCACIO. Mowing.

FEMELLA, 226. A female animal.

FENNE, 232. Swampy, wet ground.

FEODUM. A feif, fee. Used in connection with the *feodum militis,* the knight's fee; a certain quantity of land held by the tenure of providing, in time of war, a knight fully equipped for the field.

FEODI FIRMA. See *firma.*

FERRAMENTUM. Iron-work in general, as of carts, ploughs, harrows, &c.

FERRA PEDALIA. Iron shoes for ploughs.

FERRURA. The iron-work connected with shoeing horses. The Ferrers Earls Marshall (*mariscallus*), had hence their name.

FIRMA. Rent. *Feodi firma,* fee-farm, a fixed rent.

FLAKES, 204, 218. The upper part or surface of a scaffold, the floor of a cart.

FLASKE, 10, 232, 245. Low wet ground, what in the north is called *plashy.* In the eastern counties, a place resorted to by wild fowl for shelter and feeding, is called a *flash.* In Shropshire, low lying ground by a stream is called a *flash.* "In Roxburghshire, *flush* is a piece of moist ground, a place where water generally lies."—*Jamieson.* In the county of Durham, Flass, near Esh, a low situation near the Deerness brook, has hence its name.

FLEKE, 272. A hurdle, the same word as *Flakes,* above.

FLEME. The mill-race.

FOCALE. Fuel.

FORGIUM. A smithy.

FORISFACTURA. A forfeiture.

FORUM. A market. The word is used in connection with quantity, *mensura fori,* by the statutable measure, as used in the appointed market.

FOSSATUM, 214. A fence made by digging a ditch, and placing the dug-out earth on one of its sides.

FOWINSON, 60. The time when the deer had young ones, *fauns,* and when in consequence, they needed protection more particularly.

FRISCA, FRISCUS, 184, 228. Land which has been for some time out of cultivation.

FUGACIO. FUGANS, 234. The driving of animals, carts, or ploughs.

FURCA. At page 87, the gallows, which then stood about a quarter of a mile out of Durham, on the road to Newcastle. At page 220, a fork for hay, &c.

FURNUS. A bake-house.

FYMUM, 256. Dung, manure.

G

GABELLUS, GABULA, 203, 205, 219. A gable.

GANG, 246, 254. A set, a complement, as a gang of workmen, a gang of fellies.

GARBA. A sheaf of corn. Still in use in heraldry.

GARDEROBA, 203, 212, 249. A wardrobe, also a privy.

GRANARIUM, 203. A granary. A place for stowing grain.

GRANGIA. The building attached to a manor, where corn, etc., was stored, and where there were houses for the animals connected with a farm.

GRISSEYARD. A place for keeping pigs.

GUMPHA, 202, 203. The crook upon which a hinge turns.

GOIOUN, GUGONN, GOJOUN, 202, 219. A gudgeon; an iron pivot, as that which is fixed into a roller at each end, and upon which it turns.

GUTTERA, 202, 239. A gutter on a roof, in this instance of lead.

GYLFAT, 205. The wort-tub in brewing.

H

HAIA, HAYA, 30, 202. A hedge or other fence; sometimes the materials for making one. In the Survey it is applied to the temporary provision made for enclosing deer and other animals during a hunt.

HALMOTUS, 114. The lord's court in his manor. In this court all offences against the lord, committed within the manor, were tried; all differences between the tenants were settled; all common nuisances, such as selling unwholesome meat, breaking the assize of bread or beer, and using false weights, were tried.

HEKKE, 203. The provision in a stall for holding the hay for the daily use of the animal occupying it.

HERCIA, HERCIATURA. A harrow. Harrowing.

HERNASIUM, 206. Harness, gear of horses and of carts; also, the equipment of a man in armour.

HESPE, 203. A hasp of a door.

HOGG. A gelded sheep in its second year; also, a gelded pig.

HOGGASTER, 223. A still younger animal than a hog.

HOGETTUM, 226, 246. A young hog-pig or sheep.

HORNEYELD, 143. See *Cornagium.*

HOSPICIUM, 162, 167. A hospice, a dwelling place for the time.

HOSTIARIUS, 23. A dore-ward, doorkeeper.

HOSTIUM. *Ostium,* a door.

HURTOUR, 218. "The shoulder of an axle against which the nave of a wheel knocks." *Brockett.*

HUSWYVA. The house-wife. Always exempt from performing any service to the lord.

I J

INCREMENTUM. An addition, generally having reference to some increase made to a tenant's land or dwelling.

INSTAURATOR. The officer in charge of the stock *(instaurum),* and other effects of a manor. Several account rolls of these officers are in existence, in the auditor's office at Durham, but they are all of a date subsequent to the records printed in this volume.

INSTAURUM. Stock, either of cattle or grain.

JERC, 226. A female sheep which has not had a lamb.

JUVENCULA, 222, 243. A young heifer.

K

KERR, 237, 245. Wet, swampy, flat grass-land.

KIPPSTRING, KYPSTRING, 218, 234, 254. A halter.

L

LADA, 69. A load, as a load of hay or corn.

LARDARIUM, 69, 202. A larder.

LATTES, LATTHES, 204. Laths.

LEDLADLE. A lead-ladle.

LEDNAYLLS, 203. Nails for fastening lead upon a roof.

LEGATIO. An errand or message, so in the Survey, though properly an embassy.

LEPORARIUS. A greyhound. As used in the Survey, probably the large strong gaze-hound, used in hunting deer.

LEYES, LEYS, LEYGHES, 32, 201, 233. Grass-land sloping towards a stream.

LEYEND, 253. *Atte leyend*, at the end of the *lea*, or sloping ground.

LIBERACIO, 275. Any payment in money, or in any other equivalent, in return for services. Hence our word *livery* is applied to a servant's clothing.

LIGAMEN, 204. The band of a door or gate.

LISTER, 36. A dyer.

LOCKETT, 223. A lock of wool.

LOGEA, LOGIA, 69. The huts, or temporary dwellings, used during the bishop's hunting expeditions.

LONYNG, 46, 86. A lonnen, a lane. The word is still in use. At that time, when land was not so valuable, the wide and little-used road afforded pasturage, and for the right of grazing cattle in it, a rent was paid to the lord.

LORIMER. A smith, who made bits and other iron-work connected with horses.

LUCRACIO. A winning. The working of stones in a quarry, or of making hay. The expression *to win*, is now used in the same way, as applicable to various things converted into profit.

LYCHINUS, 206. The cotton used for the wick of a candle, or of a lamp.

LYDEGATE, 83. " A gate set up at the end of a village, or elsewhere, to prevent the cattle from straying upon the arable land."— *Wright, Prov. Gloss.*

LYNPYNNE, 238. A linch-pin. The piece of iron which prevents the wheel from falling from the axle.

M

MALMANNUS, 187, 200, 211, 224. The same as *smalmannus*, which occurs in

the Yorkshire Pipe Roll, 31, Hen. I., where the tenants so designated are also called *minuti homines*. Identical with *firmarius* in the Survey.

MALTPENNY, 128. A payment in lieu of a return of malt. See *Scatpeny*.

MANNGOUR, 203. A manger.

MARCA. A computation of money of the value of 13s. 4d.

MARCHIA, 48. A boundary line, a mark of distinction between one estate and another.

MARIOL', 241. A gander, or male goose.

MARLE, 217, 233. Rich loamy clay used for improving light soil.

MASKFAT, 205. A brewing vessel so called. The masking-vat, the mash-tub.

MEREMIUM. Wood for building, and such like purposes.

MERLIO, 61. The merlin, the hawk so called, valuable in falconry for taking the smaller kinds of birds.

METRICH, METRITH. A milch-cow.

MICHELMET. Reaping at Michaelmas, though the meaning is not quite certain. It was probably a service, beyond the usual weekly works of the tenants, arising from the exigencies of reaping time.

MILLAT', 6. Used in connection with hay, and possibly the same word as *mullio*, a hay-cock.

MINERA. A mine. *Minera carbonum*, a coal-mine.

MOLDEBRED. The mould-board of a plough. See *Clut*.

MORA. A moor. At the time of the Survey, moor-land constituted a large part of the county, and was the lord's waste, upon which no enclosure could take place without his permission. Upon the lord's moor were certain rights of pasturage and turf-digging, which were attached to the neighbouring enclosed land and houses of the village.

MORINA. The murrain, a disease among cattle.

MORTUARIUM, 243. A fee due to the Church on death ; it consisted of the best animal of the deceased person.

MOTA, 162. The moat of the bishop's castle at Durham.

MOYANDUS, 214. Some operation in hay-making not sufficiently apparent.

MULLIO. A hay-cock.

MULTO. A wether sheep, or sheep in general.

MULTURA. Moulter. The tenants of a manor were bound to grind their corn at the lord's mill, and for so doing, they gave a certain fixed quantity of the corn to be ground. This proportion of corn varied in different manors, and was the *moulter*. See *Vas*.

N

NATIVUS, 26. A neif. A serf, one born in bondage, having no legal right over himself or his earnings.

NUNDINA. A fair, or market.

O

OPUS. Applied to the daily or weekly works of the tenants of a manor.

OUGHTWARD, OUTEWARD, 9, 10. A military service, which consisted in keeping ward or guard on the borders of the bishoprick.

OUTLAD, 31, 200. The service of carrying or leading (making *ladas*) beyond the manor.

P

PAGETTUS, 147. A page, or serving-boy, here under sixteen years of age.

PALEA, 234. Chaff, applied to corn *in palea*, not winnowed.

PALICIÆ, 205. A paling, a fence made of wood.

PANETRA, 30. A pantry.

PANNAGIUM, 109. Pannage, swynetake. A payment made for the right of feeding swine in the lord's forest. Used in the Survey for the running and feeding of the pigs.

PANNARIUS, 271. A seller of cloth, a draper.

PARCARIUS, 201. A park-keeper.

PARCENARIUS, PERCENARIUS. A partner.

PAVENNA, 244. A pea-hen.

PAVICULUS, 244. A pea-fowl.

PENYFERME, 15, 19, 224. A small payment from bond-tenants.

PERGAMENUM. Parchment.

PESTILENCIA. The plague or pestilence. This plague, so often referred to in the bailiffs' rolls of Bp. Hatfield, was, no doubt, the first of the three great plagues which occurred during the reign of Edward III., and which devastated not this country only, but many other parts of Europe. That in question raged from the end of May until the end of September, 1349.

PETURA, 208 *n*. From the French *pâture*, food of animals.

PICOIS, 202. A pick-axe.

PLANCTURA, 204. A plank of wood for boarding.

PLAUSTRATA, 273. A waggon-load.

PLUMBATOR. A plumber.

PONS TRACTABILIS, 162. A draw-bridge.

PORCARIA, 230. A pig-sty, a place for rearing and feeding pigs.

PORCHER, PORTHA, PORTHER, 204, 219. A porch.

PREBENDA. Provender for horses or cattle, or victuals for men, according to a stated allowance.

PRECARIA, PRECATIO. Boon-day. The service of a day's work which tenants rendered to their lord in agricultural work.

PREPOSITUS. The bailiff or steward of a manor or village.

PRISO, 194. The prison or gaol.

PULLANUS, 214, 222, 226, 236, 249. A young horse.

PULLETARIUS, 208. The hen-man, who had charge of the poultry.

PULLUS, 226. A foal.

PUNDERUS. The pounder or pinder. The man who looked after the cattle on the common pasture of the village, and impounded stray animals in the *punfald*, p. 82, an enclosed place still found in most villages.

PURPRESTURA. An encroachment on the lord's waste or forest, or on the highway.

PUTEUM CARBONUM, 93. A coal-pit. At the time of the Survey, in most cases coal was obtained by means of a horizontal working on the face of a hill side, now called a *groove ;* in this case, from the word *puteus,* a shaft seems to have been sunk.

PUTREDO, 226. The rot, a common disease among sheep.

R

RADA, 69. Carriage by pack-horse.

RAHUNT, 30. The roe-hunt. The roe and the red-deer, at the time of the Survey, abounded in all the wilder parts of the county.

RASER, 152, 257. A measure of grain. It was not invariable. From the entry, p. 152, it appears that three rasers made a quarter; in the Jarrow Rolls, *Surt. Soc.,* pp. 7, 8, 9, four rasers make a quarter.

RASTELL, 220, 254. A hay-rake.

REDDITUS. Return, rent. See *assisa.*

REPARACIO, REPARANDUS, 206, 207, 214. Applied to some operation in the making of hay, perhaps to the putting together again of grass, which put too early into cock, had to be opened out and re-spread.

REPRISA, 169. A deduction from rent, or the value of land, &c., in order to satisfy a payment with which it is chargeable. A payment chargeable on lands or houses.

RETE, 137. Doubtless a standing net for catching salmon, and placed at the mouth of the river Weir.

REWAYNUM, 170, 201, 242. After-math, fog, the second growth of grass, which springs after mowing.

REYNGNES, 254. Rings.

RIDDING, 73. Cleared ground.

RIDELL, 230. A riddle, a kind of sieve.

RINGAGIUM, 29. Probably an error of the scribe for *dringagium.*

RUCKE, 254. A heap, as in the word hay-rick.

RUYTH, 60. The rutting season among deer.

RYLES, 214. Rails of wood.

S

SACCA, 234. A sack for grain.

SACCINUS, 230. Coarse cloth for making sacks.

SALARIUM. A hall.

SCACCARIUM. The exchequer.

SCATT. The word is always used in connection with grain, and has reference either to quantity, as being according to the measure of the Exchequer, see p. 261, or to its being a return which was bound to be rendered into the Exchequer.

SCATFARINA, SCATMALT, 157. Meal and malt *de scatt.*

SCATPENY. A customary payment. Scot and lot, all taxes in general are understood under this denomination. Scatpenys are called under Easington, p. 128, *maltpenys,* and must be understood to be a payment in lieu of an accustomed return of malt.

SCHAFFALD, 204. A skaffald.

SCHOTNAYLLS, 202. Probably short nails. In an account roll of the Priory of Finchale, 1366-7, the word occurs written *schortnaylls.*

SCLATSTANES, SKLATSTANES, 203, 239. Stones for roofing, of thin sand-stone; they are still used in parts of the county, and are called *grey slates,* as opposed to the blue or Welsh slates.

SCLATTATOR, SKLATTARIUS, 202, 239. A slater.

SCOPES, 219. Probably buckets.

SECTA CURIÆ, SECTA COMITATUS. The attendance upon the lord's court, where at certain times the tenants were bound to appear. See *caria.*

SELDA, 163. A stall in a market.

SELFODE, SHELFFODE, 168, 171, 174, 232. Apparently domestics of the lowest grade.

SELIO, 172, 228, 242. A ridge of ground in a field.

SERURA, 202, 239. A lock. At p. 213 we have *serura pendilis,* a pad or hanging lock.

SHELDRA. See *Celdra.*

SHETHE, 233, 238. That part of a plough so called.

SHOPA, 87. A shop.

SHOVELL FERRATUS, 234, 239. A wooden shovel edged with iron.

SIKETTUS, 232, 242, 253. A sike, a wet hollow through which at times a small stream runs.

SKLATT, 204, 272. Slates for roofing. See *Sclatstanes.*

SOMARIUS, 230. A pack-saddle.

SORE, 54. *Sorus* from *saure,* blond, chestnut, was a hawk of the first year, which had not moulted, and whose colour is then lighter than it is afterwards. When the dangerous time of the first moult was passed, it was called *mutus,* and was of a much increased value. In a roll of Bishop Bec, printed in the Appendix to Boldon Book, the relative value of each bird is given, the *mutus* is valued at 5s., the *sorus* at 1s.

SOUDANDUS, 202. Soldering in plumber's work.

SOUDDYNGYRNS, 213. Soldering irons used by a plumber.

SOUTER, 165. A shoemaker.

SPENWITHES, 243. Something connected with the gear of a plough made of willows.

SPIKYNGS, 202, 239. Nails so called, long nails.

SPONNAYLLS, 203.

SPORTA, 225. *Sporta ordetia,* a wicker basket for holding barley.

SPERRA, 230, 239. A spar of wood.

SPERE, SPURE, 203, 213. A screen, a wooden partition.

SQUARRANS, 246. Squaring wood for carpenters' purposes.

SQUIRRALL', 253. An inferior quality of corn.

STAGNUM, STANGNUM. A pond, in the Survey used for the mill-dam.

STALLAGIUM, 137. The payment made for having a stall at a market.

STALPES, 253. Stoops, or posts of wood.

STANBRODDS, 219. Nails for fastening slates upon a roof.

STANLATTES, 219. Laths upon which to fasten slates.

STANNUM, 202. Tin.

STAURUM. Stock, either of grain or animals.

STILT, 233. The part of a plough so called.

STIPULA, 216, 224, 245. Stubble.

STIRC, 222. A heifer.

STOURS, 246. The upright pieces of wood, the staves in the side of a cart to which the planks are nailed.

STRAKNAYLLS, 218. Nails with large heads, used in fastening the iron strakes upon the wheels of a cart.

SUBBOSCUM, 170. Underwood.

SUELLA, 223. A young sow.

SUMMAGIUM, 8. A sumpter horse, a beast of burden, a pack-horse.

SUPERPLUSAGIUM. Surplus, something over and above in an account.

SYLES, 218. Rafters.

T

TAK, 218, 241. The word is used in connection with geese; the exact meaning is not apparent.

TALLIA. A piece of wood on which a sum paid, or accounted for, was noted down by notches cut in the wood, and extending from one side to the other; the tally was then split in half, one part was kept, the other was delivered to the person who rendered the account; this proceeding was a guard against fraud.

TANNUM, 201. Bark.

TASCA. *Ad tascam,* according to task, work by contract.

TASSANS, 206. The word is used in connection with hay, and means putting it into stack.

TAYCIA, 218. *Isl.* tang, tag, vimen, juncus. *Engl.,* a tag. A strand of rope, a thong.

TEME, 246. Probably *temo,* the beam of a plough.

TERA, 246. A tether for a horse.

TERRA. Arable land as distinct from meadow and pasture.

THRAVA, 18. A thrave of corn; it generally consisted of twenty-four sheaves, though in some districts twelve sheaves made the thrave; it is now only applied to straw.

TOFTUM. A piece of enclosed ground on which stood the house of the tenant. It is generally found in conjunction with *croftum,* the one the house and garden, the other a small close adjoining.

TOLNETUM. Toll. A payment made for liberty to buy and sell, for goods sold, in any fair or market within the manor, and for liberty to make and vend, as in the case of beer.

TONELLUM. A tun, as of wine, etc.

TOWIRST, 167. A toll at Stockton, so called.

TRACTUS, 246. Traces of a cart or horse.

TUGGES, 230, 250, 254. Spikes of iron for fastening the woodwork of carts or ploughs.

TUNMELE, 205. A large tub.

TURRELLUS, TURRIS. A tower.

TYNA, 205. A wooden vessel used for brewing, or other purposes.

V

VACCARIA, 67. A place for keeping cows, with ground for pasture, and buildings for shelter.

VANGA, 202. A shovel.

VAS. Used in connection with *multura*, which see. The tenants of a manor are said to render moulter *ad xij vas*, etc., by which is meant that they gave a twelfth part of the corn, which they brought to be ground at the mill of the lord, in payment for having it ground.

VASTUM. The waste, the tract of unappropriated and unenclosed ground, the sole property of the lord, upon which *assarts* were made, and where land was approved *(appruatus)*.

VENELLA, 162. A vennel, a gutter, a drain, also a narrow street.

VENTANDUS, VENTILANDUS, 234. Used in connection with corn, and means winnowing.

VERRARIUS, 205. A glazier.

VERTENELLUS, 202, 203. A crook of a door band.

VILLA, VILLATA. A village or hamlet, with the lands attached to it, as arable, meadow and pasture land, and with common and forest rights.

VILLANUS. A villan. One of that class of servile tenants which was divided into several denominations, as *bondus*, *cotmannus, firmarius*. The villan was attached to the lord's estate, and could in right acquire no property of his own, being himself the property and chattel of the lord. He was bound to perform the lord's work, on his demesne land, in ploughing, sowing, harrowing, reaping, mowing, making hay, and such like agricultural works. This work differed in quantity in various manors. To enable him to live and perform these works, he had a house and portion of land given him by the lord. In process of time this became a settled tenure, and the villan acquired a right in the land, and is in fact the ancestor of the present copyholder. A freeman often held land in villanage, in which case he performed by himself or deputy the accustomed work attached to it, but was in no other way bound to the lord.

VISUS. A *compotus* or account roll, seen and examined.

VIVARIUM, 32. A fish pond.

W

WAPPENTAGIUM, 194. A territorial division used in the northern counties ; another name for a hundred, used in the Palatinate in connection with Sadberge.

WARDA. A territorial division, as in *Chester Ward*. Also the duty of protecting and guarding, as in *warda castri* castle-ward. See *Castelman*.

WARRANCIA, 268. Warranty.

WARRETTA, WARECTA, 228, 237, 242. Fallow land.

WEGGES, 204. Wedges.

WODLADE. A load of wood.

WODSILVER. A payment made in lieu of making *wodlades*, that is, of carting wood for the use of the lord.

WYNDBANDES, 228. Wain ropes.

WYNDAS, 219. A windlass.

Y

YARA, YARE, 137. A weir, a dam thrown across a river, and often used for taking salmon in their upward course, by means of a loch or trap made in the yare.

YARESILVER, 78, 80. A payment made by the tenants in order to keep in repair the *yare*.

YEMALIS, 224, 229, 250. For *hiemalis*.

YEME, 229. For *hieme*.

YHOLWAYTING, YOLEWAYTING, 22, 28. Christmas watching.

INDEX OF PLACES.

G

Gateshead, 88, 262.
Greencroft, 119, 262.
Greenwell, 60.
Greystones, 7.
Grindon, 167.

H

Hamsteels, 120, 263.
Hamsterley, 263.
Harbour House, 77.
Hardwick, 179, 265.
Harperley, 57.
Hartlepool, 197.
Haughton, 7, 260.
————, Parva, 7.
Hedley, 117, 262.
Hedleyside, 117, 262.
Heighington, 16, 260.
———————, Grange of, 256.
Heley, 124, 263.
Helmpark, 60.
Hendon, 132.
Herrington, 157, 264.
Hertburn, 170, 265.
Heworth, 17.
Hollingside (Whickham), 93.
Holmside, 123, 263.
Holmers, 85, 262.
Holom, 153, 264.
Hopyland, 56.
Houghton, 153, 264.
Humbleton, 157.
Hunstanworth, 109.
Huntinghouse, 117, 262.
Hunwick, 34, 50, 261.
Hurtbuck, 113, 263.
Hutton, 153, 265.

I

Ivesleyburdon, 117, 262.
Iveston, 119, 262.

K

Kepier, Hosp. de, 109, 262.
Kibblesworth, 107, 262.
Killerby, 23, 261.
Knycheley, 117, 262.
Kyo, 116, 263.
Kyolawe, 83.

L

Lanchester, 109, 263.
Langley, 125, 263.
Long Newton, 198.
Lutrington, 30.
Lynsak, 53, 261.
Lyntz, 93.

M

Mainsforth, 178, 265.
Marley Hill, 117.
Matwell, 57.
Maydenstanhall, 125, 263.
Mayland, 54.
————, Parva, 54, 57.
Medomsley, 124, 263.
Megsley, 124.
Middleham, 180, 265.
————, Manor of, 236.
Middleton Over., 198.
———— St. George, 198.
Midrige, 20, 261.
————, Grange of, 224.
Morton (Sedgfield), 161.
Morton (Haughton), 197.
Muggleswick, 125.

N

Nesbit, 198.
Nesham, 198.
Nettleworth, 85, 262.
Newbiggin (Heighington), 19, 28, 198, 261.
———— (Lanchester), 110, 263.
Newbottle, 158, 264.
Newfield, 83, 262.
Newland, 60.
Newton juxta Boldon, 98.
Newtoncap, 47, 261.
Newton juxta Dunolm, 83, 262.
Norton, 172, 265.

O

Oldpark, 34.
Ousterleyfield, 123.
Oxenhall, 9, 260.

P

Pelaw, 82, 262.
Pelton, 82, 262.
Pencher, 153.

288

INDEX OF NAMES.

U

Bowman, Joh., 163.
Boynton, Joh. de, 163.
————, Thomas de, *miles*, 145.
Braban, Will., 125.
Bradeley, Bradley, Alicia de, 60.
————, Will., 2.
Braferton, Joh., 16.
Brakenburn, Pet. de, 32.
Brakenbury, Rob. de, 54.
————, Will. de, 57.
Brantyngham, Will., 122.
Brauncepath, Joh., 68.
————, Persona Eccl. de, 61.
Brenkburn, Prior de, 90.
Brereton, Joh., 183.
Brid, Agnes, 35.
Bridlington, *Dom.* Joh. de, 249.
Britle, Britley, Isabella de, 77, 82, 123.
————, Joh. de, 123, 150.
————, Thomas de, 108.
————, Will. de, 83.
Broghton, Will. de, 188.
Broun, Broune, Agnes, 162.
————, Alicia, 25.
————, Rad., 68.
————, Rob., 162.
Brouncroft, Matilda, 9.
Bruntoft, Alan, 125.
Brus, Bruys, Eliota, 59.
————, Joh., 61.
————, Thomas de, 59.
————, Will., 17, 34.
Budlegh, Joh. de, 29.
Bultflour, Will., 107.
Burdon, Gilb. de, 29.
————, Joh., 35, 39, 50, 74, 127, 164.
————, Pet., 245.
————, Walt., 33.
Burg, Rob., 137.
Burgeys, Nich., 184.
Burn, Rob., 162.
Burnynghill, Hugo de, 54, 56.
————, Ric. de, 153.
Burton, Walt. de, 32.
Buttesfield, Joh., 115.
Bynchestre, Rob., 34.
Byssopdale, Will. de, 162.

C

Calne, *Dom.* Rob. de, 207, 208, 209.
Camera, Alicia de, 29.
Camerarius, Gilb., 124.
Cape, Galf., 252.
Carhill, Joh., 35.
Carlell, Rob. de, 121, 153.
Carlo', Adam de, 33.

Carlton, Thomas de, 192.
Carrew, Carrow, Joh. de, 167, 193.
Carter, Joh., 252.
Casson, Adam, 7.
Castell, Thom. del, 88.
Caterik, *Mag.* Rog., 162.
Cates, Rob., 162.
Cestriæ, Decanus, 106.
Chakenhirst, Rob., 51.
Chancellor, Chaunceler, Ric., 57, 244.
————, Thomas, 57, 186.
Charrom, Shorrom, Wyschardus, 73, 107.
Chaumbre, Adam del, 117, 120.
Chesewyk, Cheswyk, Joh. de, 228.
————, Ric., 51.
Chestre, Joh. de, 117, 123, 163, 187, 188.
Chilton, Constantina de, 20.
————, Joh. de, 16, 124.
————, Rog. de, 224, 227.
Claxton, *Dom.* Isabella de, 127.
————, Thomas de, 34, 88, 125.
————, Will. de, 153.
Clerk, Joh., 153, 163.
————, Thomas, 150, 151.
Clerkson, Will., 29.
Clervax, Joh., 1.
Clevedon, Pet. de, 103.
Coke, Cook, Galfr., 35.
————, Joh., 29.
Cokky, Will., 35.
Colynson, Rob., 2.
Colvyll, *Dom.* Thomas, *miles*, 157, 158.
————, *Dom.* Will., 33.
Coly, Rob., 166.
Coigniers, Coniers, Joh. *chiv.*, 39, 57, 66.
————, Nich., 66.
————, Rob., *miles*, 113, 153.
Combe, Coum, Rob. de, 169.
Cones, Herbertus de, 59.
Corbet, Rob., 109.
Corbrig, Hugo, 162.
Cordwaner, Will., 197.
Cornbrigh, Rob., 35.
Cornhall, Joh. de, 153, 162.
Cornshowe, Alan, 121.
Cotman, Ulkinus, 70.
Cotum, Will. de, 7.
Couhird, Joh., 16.
Coundon, Pet. de, 219.
Couper, Joh., 122.
————, Thomas, 123.
Coupman, Joh., 29.
Cowton, Alan, 35.
Coxhowe, *Mag.* Ric. de, 150, 152.
————, Thomas de, 229.
Coxide, Coxside, Rob. de, 252.